천하, 세계와 미래에 대한 중국의 철학

지은이

자오딩양(趙汀陽)

중국사회과학원 철학연구소 연구원.
사회과학원 학부위원, 장성학자, 국무원 특별지원학자이다. 중국의
북경대, 청화대, 인민대, 절강대 등 유수 대학에서 객원교수로 강의 및
연구 활동을 하고 있으며, 유럽의 Transcultura Institut European의
운영위원(Steering member), 미국의 Berggruen Institute의
선임연구원(Senior fellow)이다. 주요 연구 분야는 형이상학, 정치철학,
윤리학이고, 『論可能生活』(1994), 『一個或所有問題』(1998),
『沒有世界觀的世界』(2003), 『天下體系』(2005), 『壞世界研究』(2009),
『每個人的政治』(2010), 『天下的當代性』(2016) 등 저술을 발표하여
현재 중국의 가장 중요한 철학자 중 한 사람으로 손꼽힌다.
특히 21세기 이후 '천하체계'를 제기하여 '천하'담론의 대표학자로
주목받았다. 최근에는 인공지능, 메타버스 등 첨단기술이 인간의
존재에 미치는 영향을 주로 사색하고 있다.

옮긴이

김중섭

제주대학교 통역번역대학원 교수.
서울대 경제학과를 졸업하고 대만 정치대학 동아연구소에서
박사학위를 받았다. 「20세기 중국 '봉건'개념의 의미변천에 대한
역사적 고찰」(2019) 등 논문을 발표하였고, 번역서로
『다산의 사서학』(2015), 『대만과 전통문화』(2015) 등이 있다.

자오팅양 지음
김중섭 옮김

천하,

세계와
미래에 대한
중국의 철학

 이음

차례

옮긴이 머리말

21세기 들어선 이후 '천하'라는 말이 처음 일반 대중의 눈길을 끌게 된 것은 아마 2003년에 개봉한 장이머우 감독의 블록버스터 영화 〈영웅〉 때문일 것이다. 영화에서 자객 '잔검'은 진시황을 죽일 수 있었지만 죽이지 않았다. 나중에 다른 자객 '무명'이 그 이유를 묻자 '잔검'은 뭔가를 모래바닥에 썼다. 그 후 '무명'도 진시황을 죽일 기회가 있었지만 역시 같은 이유로 실행하지 않았다. 그리고 그 바닥에 쓴 글씨가 '천하'라는 것이 밝혀진다. 결국 진시황만이 동란에 빠진 천하를 안정시킬 수 있으니 백성을 위한다면 그를 죽일 수 없다는 것이었다. 이 영화는 전제 군주로 알려진 진시황을 미화하는 것을 통해 중국 정부의 권위주의 통치를 정당화하려는 것처럼 보여 논란의 대상이었고, 또 당시 중국이 굴기(崛起)라는 구호를 내세우면서 보다 적극적인 대외 정책을 전개하기 시작했기 때문에, '천하'라는 키워드는 많은 연상을 하게 만들었다.

한자 문화권의 사람한테 '천하'는 매우 일반적인 단어다. 우리의 일상생활에서도 '삼일천하', '천하장사'처럼 자주 사용되고, 그 뜻은 문맥에 따라 '전 세계'일 때도 있지만, 보통은 말하는 사람이 경험하거나 상상하는 생활 공간을 의미한다.

하지만 중국과 연관하면 상황은 조금 다르다. 중국 사람이 '천하'를 얘기할 때에도 '세계'와 '중국' 두 가지 뜻이 다 내포되어 있지만, 근대 이전의 오랜 기간 동안 이 두 가지 뜻은 겹쳐 있었다고 한다. 한국을 비롯한 이웃 나라에서의 일반적인 인식은, 옛날 중국 사람이 생각하기에는 중국이 세계의 중심이고 주변 국가는 조공하는 속국이며, 중국 사람이 '천하'를 얘기할 때는 '세계는 다 중국 것이다, 중국이 세계를 호령한다.'라는 식의 의식 구조가 바탕에 깔려 있다는 것이다. 따라서 중국 사람이 '천하'라고 말하면 한국 사람은 즉각 '조공 질서', '중화제국' 등 단어가 떠오른다. (옮긴이가 연구자가 아닌 매우 평범한 일반 한국인 몇 명한테 확인한 결과를 봐도 정말 그렇다.)

보는 각도가 좀 다르지만, 중국 사람도 이 점을 인정한다. 19세기 말 열강의 침략에 청나라가 힘없이 무너지자 중국의 거의 모든 전통이 반성과 비판의 대상이 되었고, 중국의 전통 세계관인 '천하' 관념도 그 중의 하나였다. '천하' 관념의 문제는 무엇인가? 량치차오 같은 개량주의자부터 쑨원 같은 혁명가까지 20세기 초의 많은 중국인들은 다음과 같은 인식을 갖고 있었다. 중국은 전통적으로 '천하' 관념만 있지 '국가/민족' 관념은 없었다. 스스로 천조(天朝) 대국이라고 자만하고 외부의 적에 대해서는 회유 정책을 취하며 문화적으로 우월하다는 환상을 갖는다. 우물 안 개구리처럼 세계 정세의 변화에 어두워 결국 망국 직전까지 갔는데 국가/민족 관념이 없기 때문에 중국 사람은 적이 집안까지 쳐들어와도 단결할 줄 모른다는 것이다.

그렇다면 나라를 구하는 길은 무엇인가? 우선 세계관을 '천하에서 만국(萬國)으로' 전환해야 하고, 그 다음 중국도 스스로 만국의 일원이라는 것을 인정하고 다른 국가와 마찬가지로 평등한 권리를 쟁취해야 한다는 것이다.(이것이 바로 민족주의의 길이다.) 그 이후 격동의 20세기를 거치면서 오늘날까지 중국의 모습은 많이 변했지만 이렇게 바뀐 세계관은 그대로 유지되었고, 국제 사회에서도 중국은 한 민족국가라는 정체성으로 행동해 왔다고 할 수 있다.

그런데 21세기 들어서면서 중국은 급성장한 경제력을 바탕으로 확장적인 대외 정책을 추진하기 시작했다. 그리고 서구 열강의 역사 경험에 비추어 볼 때 민족주의는 제국주의, 식민주의, 파시즘 등등으로 이어지기 때문에 중국도 그렇게 될 것이라는 우려가 나온다. 이 와중에 '천하'라는 말이 다시 등장하면서 이웃 나라들은 '중화제국'의 유령이 다시 부활하는 것이 아닌가 하는 경계심을 갖고 중국을 바라보기 시작한다.

이 책의 저자 자오팅양은 바로 이런 시기에 '천하체계'야말로 이상적인 세계 정치 제도라고 주장하여 주목을 받았다. 그는 2005년에 연구 논문을 묶은 『천하체계』를 출간하여 '천하' 담론의 중심 인물이 되었고, 그의 주장을 둘러싸고 중국 내외에서 많은 토론과 비평이 있었다. 그리고 10년이 지난 2016년 초에 그 동안의 후속 연구를 다시 정리하여 이 책으로 출간하였는데, '천하'에 관한 기본 개념은 변함이 없지만 논증과 서술 방식, 그리고 역사의 인용 등 여러 면에서 많은 내용을 추가하였다.

저자는 왜 '천하체계'를 들고 나왔는가? 100년 전인 20세기 초 중국 지식인이 '천하' 관념을 폐기하자고 할 때의 문제의식이 '망한 나라'를 구하기 위한 것이었다면, 21세기 초인 지금 저자가 '천하체계'를 다시 강조하는 이유는 '망한 세계'를 구해야 한다는 문제의식 때문이라고 한다.

저자는 현재의 세계를 엉망이고 형편없는 실패한 시스템이라고 평가하였다. 국제 사회에는 각종 분쟁이 속출하는데도 해결하지 못하고 있고, 각종 불평등과 빈부 격차가 만연하다. 환경 오염, 기후 변화 등으로 지구가 신음하고 있는데, 국가 주권을 능가하면서 더욱 공고해진 세계 자본은 글로벌 금융, 기술, 인터넷 시스템 등을 앞세워 인류를 지배하고 있는 태세다.

이런 문제에 대해 현재 세계 질서를 주도하고 있는 민족국가 체계는 해결 방안을 찾지 못하고 있다. 그럴 수밖에 없는 것이 지금 세계가 잘못된 근본 원인이 바로 이런 민족국가 체계이기 때문이다. 베스트팔렌 조약 이후 정착된 지금의 체계에서 '민족국가'가 가장 높은 주권 단위이고, 국가 이익의 충돌을 조정하는 세계 정부가 없기 때문에 국제 관계는 항상 대립과 경쟁의 무정부 상태이다. 이에 저자는 고대 중국의 '천하체계'가 대안이 될 수 있다고 주장한다.

저자가 말하는 '천하' 체계는 진시황이 통일한 천하도 아니고, 우리가 일반적으로 생각하는 그 이후의 중화제국도 아니며, 그것은 약 3000년 전 고대 중국의 주나라가 설립할 때 주공(周公)이 '발명'한 세계 정치 질서이다. '세계 정치 질서'라고 하는 이유는 '천하체계'를 만들 때 고려하는 대상이 '전 세계'이기 때문이다. 당시 주나라가 관할하는 지역은 매우 작은 지역이지만 그것이 당시 알고 있는 세계이기 때문에 세계 차원의 상상은 가능하다. 주나라 수립 당시 천 개에 가까운 제후국이 있었다고 한다. 그리고 주나라는 힘으로 이 나라들을 복종시킨 것이 아니라 높은 덕망과 모든 나라의 이익을 고려하는 분봉 제도를 통해 모든 나라들이 조화롭게 공존할 수 있도록 했다. 저자는 이것이 전 세계를 잘 다스릴 수 있는 이상적인 세계 정부의 모습이고, 오늘날에도 충분히 참고할 가치가 있다고 본다.

이 책의 내용에도 나오듯이, 3000년 전 주나라의 제도를 오늘날에 적용할 수 없다는 점은 저자도 잘 알고 있다. 따라서 저자는 역사 제도에 대한 기술보다 더 근본적인 정치 철학에 관한 비교를 통해 '천하체계'의 필요성을 설명한다.

저자는 현재 국제 정치가 혼란스럽고 잘못된 근본 원인은 서방의 정치 철학과 세계관에서 비롯되었다고 본다. 문제의 핵심은 다음 세 가지로 요약할 수 있다. 첫째, 홉스의 자연상태 가설. 이는 인간의 본성을 투쟁으로 규정하여 공존과 협력의 가능성을 배제한다. 둘째, 개인이성. 이는 개인의 이익 추구를 최고의 가치로 삼는데 그 결과는 끊임없는 경쟁과 대항, 확장과 약탈이다. 셋째, 일신교(一神敎). 일신교의 정신에 따르면 이교도는 융합할 수 없는 타자이고, 화해할 수 있는 유일한 길은 이들을 개종시키는 것인데, 이것이 정복과 침략으로 이어진다. 그리고 이런 정신은 종교 이외의 영역에도 적용된다. 이상 세 가지요소가 국제 정치에도 복합적으로 작용하여 현재 세계의 모습을 만들어 낸 것이다.

저자는 서구 정치 사상의 이런 문제를 중국의 정치 사상과 대조시키면서, 중국 정치 사상에 내포되어 있는 천하체계는 지금과 같은 정치 문화와 다른 새로운 국제 정치를 보여줄 수 있다고 주장한다.

우선은 홉스와 대조되는 순자의 자연상태에 관한 설정이다. 순자가 보기에 인류는 힘이 약해 반드시 무리를 지어야 생존할 수 있다. 따라서 인류의 자연상태는 투쟁이 아니라 협력이다. 국제 관계도 현실주의적 제로섬이 아니라 협력과 윈-윈이 가능한 것이다. 그 다음, 저자는 '관계이성'으로 '개인이성'을 보완해야 한다고 주장한다. 중국의 전통 사상에 따르면, 사람은 혼자서 존재할 수 없고 반드시 타인과의 관계를 통해서만 존재한다. 좀 더 거슬러 올라간다면, 사람뿐만 아니라 사실 만사만물은 다 음양의 조화에서 나온 것이다. 이익도 마찬가지로 반드시 타인과 함께해야 실현이 가능하다. 상대방이 이득이 있어야 나도 이득이 있고, 한 개인만의 이익을 추구하는 것은 애당초부터 성립되지 않는다. 국가 간의 관계에서도 행위 주체인 국가는 '관계이성'에 따라 행동해야 공존이 가능하다. 그리고 셋째, 천하체계의 기본 정신 중의 하나는 외부가 없다는 '무외(無外)' 원칙인데, 그 핵심 취지는 '화합할 수 없는 타자는 없다'는 뜻이다. 이러한 포용성이 있으므로 천하체계는 '일신교' 사상에 바탕을 둔 현재 서방이 주도하는 국제 사회의 충돌을 막을 수 있다.

저자는 서방 정치 이론에서 정치 이익을 계산하는 단위는 개인-사회-국가 등 세 단계가 있다고 본다. 개인의 이익을 총합하면 공동체의 이익이 되고, 더 나아가 국가의 이익이 도출된다. 국가 이상의 정치 단위는 없다. 따라서 국가 이상의 이익을 상상할 수 없고, 국가와 국가는 충돌할 수밖에 없는 구조가 된다. 반대로 저자가 제시한 '천하체계'의 정치 단위는 가정-국가-천하 등 세 단계이다. 위에서 말한 것처럼 중국의 전통 사상은 관계이성에서 출발하기 때문에 기본 정치 단위는 최소 두 사람이어야 하고, 그것의 가장 일반적인 형태는 가정이다. 가정이 잘 다스려지면 국가도 잘 다스려지고, 더 나아가 천하가 잘 다스려진다. 애당초 어떻게 개인의 이익만을 추구하지 않고 타인과의 관계를 존재의 출발점으로 생각할 수 있었을까? 그것은 중국 고대 사상에서는 이미 '천하'라는 정치 단위를 상상하고 있었기 때문이다. '천하'는 정치 단위이지만 그 안에 하늘의 이치가 포함되어 있고, 하늘은 사사로움이 없기 때문에 '천하'도 완전한 포용성을 갖춘다. 또 역으로 보면, 사람은 어떻게 '천하'를 상상할 수 있는가? 그것은 관계이성이 바로 하늘의 이치에서 나온 것이기 때문이다. 관계이성을 따라서 행동하면 자연스럽게 하늘의 이치를 따르게 되고, 또 '천하'를 상상할 수 있으며, 더 나아가 대동(大同) 세상을 실현할 수 있다. 따라서 저자는 '천하'는 인도(人道)부터 천도(天道)까지 중국의 모든 전통 사상을 포함한 개념이라고 이 책의 머리말에서부터 강조한다.

요컨대 서방의 정치 철학과 달리 중국 전통 사상에는 '국가'보다 상위에 있는 '천하'라는 정치 단위가 선험적 개념으로 설정되어 있고, 이것을 기준으로 국제 관계를 다스리면 지금의 세계가 직면한 문제를 대응할 수 있다고 저자는 주장한다.

이처럼 저자의 천하체계는 국제 관계에 대한 질문에서부터 출발했지만, 인간의 궁극적인 존재에 관한 토론으로 승화하였고, 이러한 철학적 토론이 이 책 전체를 관통하고 있다. 따라서 사실 저자의 천하 담론은 현실 정치와 큰 관련이 없고, 당장 실천할 수 있는 정책 대안도 제시하지 못하고 있다. 저자 자신도 그것이 유토피아라고 인정한다. 다만 철학의 역할은 인류가 가야 할 방향을 가리키는 것이고 저자도 그런 방향을 제시하는 것이라고 설명한다.

앞서 말한 것처럼, 저자는 2000년대 중반부터 계속 '천하'와 관련된 논술을 해왔다. 하지만 시대의 상황과 중국에 대한 선입견 때문인지, 많은 사람은 저자가 말한 '천하체계'를 여전히 진시황의 천하 내지 중화제국과 결부시킨다. 그리고 저자의 표현 방식도 한몫을 했을지 모른다. 저자가 천하체계의 필요성을 강조하기 위해 현재 국제 관계의 문제점을 비판하는데, 그 과정에서 불가피하게 세계 질서를 주도하고 있는 서방, 특히 미국의 정책과 행동을 비난하게 된다. 그리고 그 내용과 서술 방식은 현재 중국 정부의 외교적 수사와 거의 비슷하다. 따라서 외국의 평론가는 대부분 저자의 '천하체계'가 중국의 외교 정책과 관련이 있다고 본다. 예컨대 그동안 한국 국내 매체에 실린 중국 문제 연구자의 평론이나 칼럼을 보면, 대부분은 중국 대외 정책의 사상적 기반이 '천하주의'라고 지목하고, '대국굴기', '중국몽', '일대일로', '인류 운명 공동체' 등 중국의 대외 정책 이념부터 '전랑(戰狼)'과 같은 외교관의 태도까지 모두 '천하주의'와 연관시킨다. 그리고 '천하주의'의 가장 중요한 이론가로서 저자 자오팅양의 이름도 함께 소개된다.

　이러한 '오해'를 풀기 위해서인지, 이 책의 2부에서는 '중국'이라는 실체가 어떻게 형성되었는지를 집중적으로 다루고 있다. 여기서 저자는 '소용돌이 모형'이라는 개념을 제시하였다. 사람들이 '중화제국'이라고 말할 때 늘 '중국'이 주변국을 침략하고 영토를 확장하는 이미지가 떠오른다. 저자는 이것이 잘못된 인식이라고 주장한다. 저자에 따르면, '중국'은 원래 '중원'

이라는 아주 작은 지역에서 시작했지만 정신적, 문화적 자원이
풍부했다. 이후 계속 주변에서 이 자원을 쟁탈하려고 중원에 들
어왔지만, 중원에는 소용돌이와 같은 힘이 있어 일단 들어오면
빠져나가지 못하고 중원에 흡수되었다. 그렇게 이 소용돌이가
점점 커지면서 지금까지 발전해 온 것이다. 중국의 역사를 보
면, 사실 '정통'으로 인식되는 중원 왕조가 주변 유목 민족 왕조
보다 힘이 더 약한 시기가 훨씬 길었다. '비정통'으로 인식되는
주변 왕조가 중원을 쟁탈하려고 할 때 오히려 소용돌이에 말려
들어 흡수되면서 '중국'도 점점 확대된 것이다. 따라서 '중국'이
침략하고 영토를 확장했다는 일반 인식은 역사적 사실과 맞지
않다는 것이다.

　　저자는 진나라 이후 '천하체계'는 실행된 적이 없지만, 그
정신은 중원을 쟁탈하는 소용돌이 속에 계속 남아 있었다고 본
다. '천하'의 '무외' 원칙 때문에 외부자도 소용돌이에 말려들면
더 이상 화합할 수 없는 타자가 아니라 함께 공존할 수 있는 대
상이 된다. 중국 역사상 여러 왕조가 병립하는 시기가 더 많았
지만 이들의 관계는 타자가 아니기 때문에 화합이 가능했고, 만
리장성도 '중국'과 외부를 구별하는 국경선이 아니라 '중원 쟁
탈 소용돌이' 내부의 경계선이다. 이렇게 형성된 중국을 저자는
'천하를 내포한 중국'이라고 표현하였다.

　　이 부분에서 저자는 '천하'가 주는 제국주의적 이미지를
해소하려고 노력하였다. 하지만 중국 역사 속에 있었던 수많은

정복과 전쟁을 지나치게 미화하는 느낌을 주고 있고, 또 '중국' 이 형성하는 과정에 대한 논술이 중국 관방이 주장하는 '다민족 통일 국가론'과 일치하기 때문에 오히려 역효과를 가져오지 않을까 우려된다.

이 책의 독일어 번역판이 2019년에 출판된 후 베를린자유대학교 철학과에서 저자를 초청하여 토론회를 개최하였다. 참석한 독일 및 유럽의 학자와 저자는 이 책에서 논의되었던 천하체계의 철학적 기초, 존재와 당위, 평등과 민주, 인권과 의무, 게임이론 등 많은 문제를 두고 토론을 벌였다. 정리된 내용은 중국의 학술지에 게재되었는데, 이 책의 취지와 저자의 생각을 이해하는 데에 참고가 될 수 있으리라 보고 부록으로 수록하였다.

정리해 본다면, 저자의 '천하' 담론도 20세기 말부터 시작된 '중국 전통 다시 찾기'라는 사상 조류의 하나로 볼 수 있다. 20세기 말부터 중국 지식인은 서방 문명에 기반을 둔 가치관이나 학문에 대해 질의를 하고, 중국의 전통 사상에서 대안을 찾아보려고 시도해왔다. 서방 문명을 근간으로 한 현대 세계가 많은 문제점과 모순을 겪고 있고, 또 아직 해결하지 못하고 있다는 점을 감안했을 때, 중국 전통 사상에서 대안을 찾으려하는 이런 시도는 나름 의미가 있다.

저자가 '천하체계'를 제기한 이유는 세계 정치 혹은 국제 관계에서 발생하고 있는 문제를 해결하기 위한 것이었다고 하지만, 저자의 논술은 인간의 본질적인 문제로 흘러간다. 그리고 세계의 문제를 해결하기 위해 결국 인성을 회복해야 한다는 결론으로 귀결된다. 저자가 현재 전 세계가 공동으로 직면하고 있는 문제는 과학 기술과 자본의 지나친 발전이라고 지적하는데, 그것은 전통 유가에서 말하는 물욕(物欲)의 지나침이다. 그리고 '천하체계'가 그 대안이 될 수 있다고 하는데, '천하체계'의 구체적인 실천 방법에 대해 저자가 말하지는 않았지만, 사실 함축적으로 방법을 제시했다고 볼 수도 있다. 앞서 말한 것처럼 '관계이성'과 '천하'는 순환적인 관계이다. 따라서 이론상 모든 사람이 '관계이성'에 따라 행동하면 '천하체계'를 이룰 수 있다. 그리고 관계이성의 실천 방법은 공자의 인(仁)이라고 저자는 여러 번 얘기했다.

저자의 '천하' 담론은 겉으로는 미국과 서방을 향해 말하는 것처럼 보이지만, 어쩌면 중국 정부 혹은 모든 중국인을 향해 호소하는 것일지도 모르겠다. 저자가 지적한 자본의 논리와 과학 기술의 과도한 팽창, 개인의 맹목적 이익 추구, 인성의 상실 등의 문제는 중국에도 해당된다. 따라서 저자가 '천하체계'를 실천하기 위해 필요하다는 관계이성, 혹은 책 속에서 말하는 '공자개선' 등의 원칙은 중국 사람에게도 필요할 것이고, 더 나아가 전 세계 모든 사람에게 필요할 것이다.

한국은 중국과 전통 사상을 가장 많이 공유하는 나라이고, 또 현대 사회의 여러 문제를 중국보다 조금 일찍 겪었지만 아직 해결하지 못하고 있는 실정이다. 따라서 전통에서 대안을 찾으려는 중국의 노력은 우리에게 항상 의미 있는 타산지석이 될 것이다. 이 책도 그런 효과를 발휘할 수 있기를 기대한다.

끝으로, 이 책을 번역하도록 종용한 서울대학교 아시아연구소 HK교수 김호 교수님께 감사드리고, 번역할 수 있게 해주신 이음출판사의 주일우 대표님께도 감사드린다. 그리고 무엇보다 옮긴이의 서투른 문장을 꼼꼼하게 교정해주신 이승연 선생님께 감사드린다.

2021년 12월
한라산 기슭에서
김중섭

지은이 머리말

천하는 정신성이 충만한 개념이며, 그 안에 사람과 사람의 정신 관계가 있고, 천도(天道)와 인도(人道)의 정신 관계도 있다. 천하의 정신성은 거의 하늘(天)과 같은데, 나는 그것을 묘사하기가 어려워 많이 언급하지는 않았다. 천하는 세계와 관련된 정치 이상이다. 이 책은 현실주의의 방식으로 이상주의적인 천하를 서술하면서 천하의 도(道, 이론)와 천하의 기(器, 응용)의 거리, 이상과 현실의 거리, 역사와 미래의 거리를 설명하고자 한다. 천하는 또 방법론이기도 하다. 나는 이 책에서 천하 개념으로 어떻게 역사, 제도와 정치 공간을 이해하고 더 나아가 어떻게 정치를 다시 정의하는지를 설명할 것이다.

천하 개념은 너무 풍부하기 때문에 이것으로 전개할 수 있는 문제는 매우 많다. 나는 최대한 이 개념에 접근할 수 있는 방법을 찾아야 했다. 이 책은 '종합 텍스트'라고 부를 수 있는 방법을 사용했다. 사물은 원래 하나의 전체인데 우리가 사물의 세부를 이해하고 싶어서 사물을 여러 방면으로 쪼개 놓았다. 따라서 사물은 정치학, 경제학, 윤리학, 미학, 사회학, 역사학 등 여러 학문으로 나누어지고, 각 분야마다 이 사물에 대해 각각 문제를 제기하게 된다. 한 학문 분야가 자기가 제기한 문제에 반드시 대답할 수 있는 것은 아니다. 문제의 해답이 다른 학문 분야에 들어 있을 수도 있기 때문이다. 항상 그런 것은 아니지만, 많은 경우는 확실히 그렇다. 예를 들어, 어떤 정치 문제의 답은 경제에 있고, 어떤 경제 문제의 답은 정치에 있다. 어떤 윤리는 정치 문제를 해결하기 위한 것이고, 어떤 정치 제도는 윤리에 근거를 두고 있다. 어떤 정치적 선택의 이유는 정치가 아니라 역사이고, 어떤 역사의 서사는 사실 신학이다. 소위 '종합 텍스트'의 목적은 바로 사물의 완전성을 복원하고 이 사물과 관련된 각종 질문을 상호 질의하여 다른 학문 분야의 지식으로 서로 설명하는 것이다. '종합 텍스트'의 방법은 철학적이다. 천하와 관련된 연구 중 철학은 사물의 완전성을 회복하는 한 방법이다. 그리고 관련 문제의 답은 역사학, 정치학, 경제학, 게임 이론, 혹은 신학에서 제시할 수 있다. 나는 천하 개념에 관한 이 종합 텍스트가 천하 개념의 풍부함에 부합되기를 바란다.

천하 개념 자체에는 중국의 역사, 전통, 경험과 정신을 대표하는 농후한 감정이 탑재되어 있다. 나는 천하에 대한 철학적 해석을 이성의 해석으로 수렴하고, 감정적 서사와 기정의 가치관을 피하도록 노력하였다. 한 정신적 내용은 무정한 논술을 견딜 수 있어야 진정으로 보편 유효하다고 증명될 수 있다. 예를 들면, 천하 개념을 구축하는 과정에서 유가의 노력이 가장 눈에 띈다. 하지만 그렇다고 유가가 구축한 것이 충분하다는 것은 아니다. 유가의 약점 중 하나는 '낯선 사람 문제'[1]인데, 일부 유가는 이에 대해 변호하려고 하지만 내가 보기에는 감정적 요소가 포함된 변호는 문제에 효과적으로 대응하지 못할 것 같다. 나는 여기서 소위 '무입장' 분석을 제시하고 싶다. '무입장' 분석이란 가치관을 차용한 모든 해석, 비판, 서사를 '무정'한 존재론적 분석, 즉 한 존재가 그 존재 방식으로 유효하게 계속 존재할 수 있는지에 대한 분석으로 수렴하는 것이다. 다시 말해, 감정 혹은 가치관의 영향을 고려하지 않고 오직 한 사물의 행위 논리가 실현 가능한지, 항상 가능한지만 논하는 것이다. 이것은 전제에 관한 문제이다. 존재는 가치보다 우선이다. 오로지 존재해야만 더 잘 존재할 수 있다. 마치 이성으로 감정을 반박할 수 없는 것처럼 감정도 이성을 반박하는 이유가 될 수 없다. 대부분의 사람은 전쟁보다 평화를 더 선호하겠지만, 일부 쓸모없는 정치적 올바름에 기초한 발언을 제외하면 지금까지 어떤 윤리학도 약육강식을 유효하게 반박하지 못하고 있다. 따라서 패권 논리의 잘못을 증명하려고 할 때 윤리학을 사용할 수는 없지만, 게임 이론을 사용하면 패권 논리가 장기적으로는 보복의 게임을 감당할 수 없어 결국 '모방의 비극'을 초래한다는 점을 증명할 수 있다.

역사 자료 사용에 있어서 나는 텍스트 이전의 시대에 대해서는 고고학의 증거를 기준으로 하고, 텍스트가 나타난 이후의 시대는 주로 역사 속에서 사람의 '고정 사유 방식'의 형성에 보편적으로 영향을 준 텍스트를 사용하였다. 예를 들어, 주나라의 천하에 대해서 묘사할 때 주왕조의 텍스트는 당연히 우선적으로 참고할 자료이지만 진한(秦漢) 시대의 텍스트도 배제하지 않았다. 진한 시대의 텍스트 중 주나라 관련 내용은 많은 부분 이미 위작으로 판명되었지만 이런 진한의 텍스트가 서술한 주나라 이야기는 이미 사람들에게 고정된 상상으로 변해 버렸기 때문에 실제 집단적 상상으로 효력이 있다.

　　나의 천하체계와 관련된 초기 연구는 2005년의 『천하체계』[2]에 집중되었고, 출판 이후 많은 학자 연구자의 관심과 비평을 받았다. 하지만 『천하체계』는 천하질서와 관련된 초보적 연구였을 뿐이다. 그로부터 10년이 지나서 나온 이 책은 문제 제기, 논증, 서술 등의 면에서 모두 『천하체계』와 큰 차이가 있다. 물론 기본 관점은 일치한다. 또한 『천하체계』는 2000년에 썼던 두 편의 영문 논문을 다시 번역 정리해서 펴낸 것이다. 영어 쓰기 능력의 한계로 표현하기 어려웠던 많은 고대 자료가 다 생략되었다. 이 책에서는 이런 결함을 어느 정도 수정 보완하였다. 하지만 여전히 비슷한 내용의 고대 자료는 많은 부분 인용하지 않았다. 이 책은 결국 역사학의 논저는 아니다. 역사학자들의 많은 양해를 바란다.

천하질서의 연구가 지속될 수 있는 것은 수많은 친구와 독자의 비평과 건의가 있었기 때문이다. 나는 우선 알랭 르 피숑(Alain Le Pichon)에게 감사하고 싶다. 그가 2000년에 천하 개념과 관련된 두 논문을 쓰라고 내게 권유하였다. 그리고 친 야칭(秦亞靑), 탕이지에(湯一介), 위에다이윈(樂黛雲), 통스쥔(童世駿), 황핑(黃平), 왕밍밍(王銘銘), 윌리엄 칼라한(William Callahan), 프레드 달마이어(Fred Dallmayr), 루카 스카란티노(Luca M. Scarantino), 피터 카첸신(Peter J. Katzensein)에게 감사를 표한다. 이 분들이 가장 먼저 나의 연구에 많은 중요한 의견을 주셨다. 그리고 스티븐 앵글(Stephen C. Angle), 레지드브레(Régis Debray), 프라센지트 두아라(Prasenjit Duara), 깐춘송(干春), 장펑(張鋒), 쉬신(徐昕), 왕이궤이(王義桅), 가오상티오(高尚濤), 저우팡인(周方銀), 엘레나 바라반체바(Elena Barabantseva), 앤서니 카티(Anthony Carty), 선딥 와스리스컬(Sundeep Waslekar), 니콜 라피에르(Nicole Lapierre), 리우칭(劉擎), 바이퉁둥(白彤東), 저우츠청(周熾成), 저우롄(周濂), 순수(孫曙), 장수광(張曙光), 쉬졘신(徐建新), 쟝시웬(江西元)에게 감사를 표한다. 그들의 천하체계에 대한 평론 때문에 많은 문제를 더 깊이 인식할 수 있게 되었다. 그리고 토론과 교류의 자리에서 나에게 지적과 도움을 주었던 장폴 창(Jean-Paul Tchang), 한스 볼러(Hans Boller), 엘리자베스 페리(Elizabeth Perry), 레이너 포스트(Rainer Forst), 죠슈아 라모(Joshua Ramo), 프

란체스코 시시(Francesco Sisci), 장위옌(張宇燕), 한둥위(韓東育), 츠지웨이(慈繼偉), 뤼샹(呂祥), 리허(李河), 청광윈(程廣雲), 장둔(張盾), 관카이(關凱), 자오타오(趙濤), 루딩(陸丁), 챠오량(喬良), 왕샹수이(王湘穗), 팡웨이(潘維), 옌쉬에퉁(閻學通), 웬쩡칭(袁正淸), 성훙(盛洪), 자오취엔성(趙全勝), 선윈징(沈文環), 왕졘위(王健育), 엔노 루돌프(Enno Rudolph), 필립 부루노지(Philippe Brunozzi), 다니엘 빈스완거(Daniel Binswanger), 에브게니 그라치코프(Evgeny Grachikov), 죠엘 토라발(Joël Thoraval), 마이클 필스버리(Michael Pillsbury), 앨이안 존스턴(Iain Johnston), 장 마크 코이코(Jean Marc Coicaud), 차인석, 문정인, 한상진, 마크 시몬스(Mark Siemens), 존 블레어(John G. Blair)에게 감사를 표한다.

특히 장폴 창은 나에게 글로벌 금융에 관한 복잡한 문제를 설명해주었고 또한 대신할 수 없는 많은 도움을 내게 주었다. 한스 볼러는 관계이성은 근대 개인이성의 결함을 보완할 수 있다고 보고 관계이성을 더 자세히 정의하고 서술하라고 내게 건의했다. 뤼샹과 관카이는 중국은 회피할 수 없는 문제이기 때문에 천하와 중국의 관계에 대한 논의를 추가하라고 건의했다. 그래서 나는 이 책의 2부에서 무엇이 중국인가의 문제를 논의하였다. 이것은 중국 역사의 특성에 관한 철학적 이해이기도 하고, 동시에 천하 개념에 대한 역사적 이해이기도 하다. 이 책의 논의가 친구들의 질문에 부분적이나마 답할 수 있기를 바란다.

마지막으로 이 책을 완벽히 기획해 주신 중신출판사의 리난(李楠)과 왕원팅(王文婷)에게 감사를 전한다.

2015년 8월
자오팅양

지은이 머리말 주

1 '낯선 사람 문제'는 저자가 페이샤오퉁(費孝通)의 유가에 대한 질문을 간략하게 요약한 표현이다. 자세한 내용은 1부 6장 「가정과 천하의 순환」 참조.

2 趙汀陽,『天下體系』, 南京, 江蘇教育出版社, 2005년. (자오팅양,『천하체계-21세기 중국의 세계인식』. 노승현 역, 길(2010).)

* 일러두기

내용 중에 나오는 모든 영어 설명은 원서에 있는 그대로 표기하였다.

천하로 정치 개념을 다시 정의한다: 문제, 조건 및 방법

정치 주체로서의 세계

중국은 서사이고, 천하는 이론이다.

글로벌화는 모든 곳의 모든 일에 전방위적으로 개입하여 더 이상 아무도 유유자적하게 외부에 머물 수 없게 되었다. 이 새로운 정치 상황을 외면한다면 오늘의 문제를 파악할 수 없다. 이는 정치 문제가 변했기 때문이 아니라 이 세계가 존재하는 방식이 변했기 때문이다. 미래의 세계에는 그에 상응하는 존재 질서(order of being), 세계의 내부화를 실현하는 질서가 필요하고 나는 그것을 천하체계라고 부른다. 천하는 중국 고대의 개념이지만 중국에만 해당되는 특수 개념은 아니다. 이 개념이 지향하는 문제의식은 중국을 초월하여 세계와 연관된 보편적 문제이다. 천하가 지칭하는 것은 세계성을 갖춘 세계(a world of worldness)이다. 만약 천하를 동태적인 생성 과정으로 이해하자면 그것은 세계의 세계화(the worldlization of world)를 의미한다. 주(周)나라의 천하체계는 이미 먼 옛날 얘기가 되었지만 천하 개념은 우리가 미래 세계를 상상하는 방법으로 남겨졌다. 우리는 미래를 알 수 없지만, 그렇다고 침묵할 수는 없다. 따라서 모든 사람에게 좋은 세계 질서를 상상해보는 것은 가치가 있다.

민족 국가 체계, 제국주의, 패권 경쟁 모델로 정의되는 국제 정치 개념은 점점 글로벌화라는 현실에 대응할 수 없게 된다. 만약 글로벌화 추세가 역행되지 않는다면 민족 국가로 정의되는 최고 권력 및 이와 관련된 국제 정치의 게임은 결국 과거형이 될 것이고, 현대성(근대성)을 초월한 글로벌 체계화 권력(systematical power)과 세계 정치가 다가오는 미래형이다.

천하 개념은 세계가 정치의 주체가 되는 세계 체계, 전 세계를 하나의 정치 단위로 하는 공존 질서(order of coexistence)를 기대한다. 천하로 세계를 이해한다는 것은 전 세계를 하나의 분석 단위로 하여 문제를 분석한다는 것을 의미한다. 그럼으로써 글로벌화의 현실과 부합되는 정치 질서를 상상할 수 있다. 세계를 지배했거나 여전히 지배하고 있는 제국(帝國)은 모두 국가 개념과 국가 이익에 바탕을 두고 있고 모두 세계에 대한 지배를 유지할 수 있는 제국 체계를 지향한다. 그리고 세분화하기도 귀찮은 "세계 기타 지역(the rest of the world)"을 피지배 지역으로 본다. 제국주의적 세계관은 세계를 정복, 지배, 착취의 대상으로 볼 뿐, 세계를 정치의 주체로 본 적이 없다.

"세계를 생각한다"와 "세계로부터 생각한다"는 전혀 다른 사유 방식과 문법이다. 세계를 주어로 이해하는지 목적어로 이해하는지는 "세계가 존재하냐 존재하지 않냐(to be or not to be a world)"를 결정하는 정치 문제이다.

　　천하라는 방법론의 출발점은 바로 천하를 정치의 주체로 보는 것이고, 이것이 바로 관자(管子)와 노자(老子)가 제시한 방법론이다. 관자는 "천하를 천하로 다룬다.(以天下爲天下)"라고 하였고.[1] 노자는 "천하로 천하를 본다(以天下觀天下)"라고 하였다.[2] 이는 국가보다 높고 큰 시야로 세계 정치를 이해하고 세계를 척도로 정치 질서와 정치적 합법성(정당성)을 정의한다는 뜻이다.

　　세계를 척도로 전체 정치 존재로서의 세계를 이해한다는 것은 바로 '천하무외(天下無外, 천하에는 밖이 없다)' 원칙이다.[3] 이것은 천하는 최대 한도의 정치 세계이고 모든 정치적 존재는 천하 안에 있다는 것을 의미한다. '천하무외' 원칙은 형이상학적 원인에 근거를 두고 있다. 하늘은 전체적인 존재이기 때문에 천하도 전체적인 존재이어야 하늘과 맞출 수 있다. 소위 "하늘은 사사롭게 덮지 않고 땅은 사사롭게 싣지 않는다(天無私覆, 地無私載)"라는 말이 바로 그 뜻이다.[4] '천하무외' 원칙은 선험적(transcendentally)으로 세계는 하나의 전체라는 정치 개념을 미리 설정해 놓았기 때문에 천하체계는 내부성(안)만 있지 외부성(밖)은 없다. 따라서 타자와 적(敵)의 개념도 사라지게 된다. 어떤 사람도 받아들일 수 없는 외인(外人)으로 배척되지 않고, 어떤 국가나 민족, 문화도 화해할 수 없는 적으로 인식되지 않는다. 아직 천하체계에 가입하지 않은 어떤 지역이든 천하의 공존하는 질서에 초대받을 수 있다. 천하 개념은 이론상 선험적(先驗的)으로 전체 세계를 포괄하고 있지만 실제로는 아직 존재하지 않는다. 3000년 전 주(周)왕조의 천하체계는 비록 한정된 장소에서 실시한 실험이지만 천하 개념이 어떻게 외부성을 내부성으로 전환하는지를 실제 사례를 통해 보여주었다. 이것은 고대 천하 개념의 가장 중요한 유산이다.

천하 개념은 모든 외부성을 내부성으로 전환하는 것을 약속하기 때문에 논리상으로 절대 화해할 수 없는 철천지원수, 절대적 타자 혹은 정신적 적군 등 개념, 즉 이교도(pagan)의 개념을 배제한다. 이 점은 일신교(一神敎)의 사고방식과 다르다. 비록 유럽에서 기독교는 이미 정신적 상징으로 퇴화하고 더 이상 생활 방식은 아니지만, 이교도 개념은 고정된 사고방식으로 전환되어 유럽의 정치와 문화 담론에 영향을 주고 있다. 만약 타자나 적이 없으면 서방국가의 정치는 방향을 잃거나 심지어 열정과 동력을 잃은 것처럼 된다. 슈미트는 이런 적과 동지를 식별하고 영원한 투쟁 속에서 살아가는 정치 개념을 심도 있게 설명하였다.5 기독교도와 이교도 간의 투쟁이든 기독교 내부의 이단과의 투쟁이든, 홉스의 자연 상태 가설이든 마르크스의 계급 투쟁 이론이든, 민족 국가 체계를 전제로 한 국제 정치 이론이든 헌팅턴의 문명 충돌론이든, 이러한 투쟁 관념은 모두 적과 동지를 구별하는 정치 개념과 밀접한 연관이 있다.

이와 반대로 천하 개념은 타자를 공존 질서에 융합할 수 있는 어떤 방법이 반드시 존재한다고 가정한다. 또 비록 어떤 타자가 완고하게 천하체계에 가입하는 것을 거부한다고 해도 반드시 서로 무사히 평화롭게 지낼 수 있는 공존 방식이 존재할 것이라고 가정한다. 따라서 어떠한 외부 존재도 풀어야 할 문제이지 정복해야 할 대상은 아니다. 대립과 투쟁의 정치와 외부성을 내부성으로 전환시키는 정치를 비교하면 두 정치 개념의 철학적 차이를 볼 수 있다. 나는 대립과 투쟁의 정치는 진정한 정치가 아니고 단지 투쟁과 전쟁뿐이라는 것을 논증할 것이다. 충돌과 투쟁은 인류의 기본 실태이다. 하지만 만약 정치가 단지 어떻게 투쟁을 끝까지 할 것인지를 연구한다면, 영원히 충돌을 해결할 수 없고 오히려 충돌을 지속 강화시킬 뿐이다. 만약 어떤 이론이 단지 현실을 더 나쁘게 만든다면, 우리는 이런 이론을 폐기해야 할 것이다. 대립과 투쟁의 정치 개념은 단지 현실 문제를 반복하고 있을 뿐 해결하지 못하고 있다. 따라서 대립과 투쟁의 정치는 이론상의 문법적 오류(grammatical fallacy in theorizing)이고 심지어 인류의 재난을 가중시키는 존재론적 오류(ontological fallacy)이다. 전쟁과 투쟁은 정치 비효율의 결과이고 심지어 정치의 실패라고 할 수 있다. 정치가 인류의 공동 생활을 구축하는 데에 사용되지 않고, 평화로운 세계를 건설하는 데에 사용되지 않는다면, 정치는 무슨 의미가 있는가? 투쟁의 정치는 인류도 존중하지 않고 세계도 존중하지 않는다. 따라서 투쟁을 핵심으로 하는 정치 개념을 전복시키고 공존을 핵심으로 하는 정치 개념으로 대체해야 할 것이다. 한마디로 정치는 세계를 존중해야 한다.

최악의 가능 세계와 최선의 가능 세계

공동생활이 없으면 정치가 없다. 정치의 유전자 코드를 분석하기 위해 철학자들은 정치적 이론 실험의 출발점, 즉 소위 "원시상태(original situation)"를 설정한다.6 만약 하나의 원시 상태에 정치 개념의 핵심 유전자가 포함되어 있다면, 정치의 비밀을 해석할 수 있을 것이다. 보편적 설명 능력을 갖춘 원시 상태는 모든 가능성을 포함할 수 있어야 한다. 따라서 롤스의 "무지의 장막" 가설(혹은 기타 유사한 가설)은 채택할 수 없다.7 왜냐하면 "무지의 장막"은 "가장 나쁜 가능성"(예를 들면 홉스의 자연상태)을 배제하였기 때문에 보편적 유효성을 갖추지 못하고, 그 유효성은 계약문제에 국한되어 있다. 진정한 보편적 해석 능력을 갖춘 원시상태는 홉스의 가설과 순자(荀子)의 가설이다. 홉스의 자연상태는 비록 가상의 상황이지만 몇 가지 가장 중요한 정치요소가 포함되어 있다. 첫째, 정치 개념은 최악의 가능성을 고려해야 한다. 그렇지 않으면 보편적 설명력을 갖출 수 없다. 둘째, 안전은 제1의 수요다. 셋째, 어떤 타자도 완전히 신임할 수 없다. 홉스 가설의 장점은 최악의 세계의 극한을 보여 주었다는 것이다. 하지만 약점도 있는데 이것은 협력의 유전자(가능성)를 배제했다는 것이다. 그렇게 되면 인류가 충돌에서 협력으로 발전하는 필연성이 없어진다. 홉스 가설의 해결 방안은 강자 집단이 질서를 만드는 것이다. 하지만 이 가정은 여전히 결함이 있다. 질서를 세울 수 있는 힘을 갖춘 집단은 내부적으로 단결해야 하는데, 그렇다면 이 강자 집단 내부의 협력은 어떻게 가능할까? 만약 홉스의 모든 사람이 서로를 적으로 한다는 가설이 옳다면, 어떻게 상호신뢰하는 강자 집단을 형성할 수 있는가? 충돌이 자동으로 협력으로 변하는 것은 불가능하다. 원래부터 모종의 협력 유전자가 존재해야만 이런 변화가 가능하다. 이것이 바로 홉스가 간과했던 충돌을 협력으로 변환시킬 수 있는 변수이다.

순자(荀子)는 아마 가장 먼저 원시 상태를 토론한 사람이다. 그는 홉스보다 1000년도 더 일찍 이 문제를 논하였다. 홉스와 달리 순자는 원시 상태에 협력 유전자라는 요소를 설정하였다. 순자는 사람 개개인의 힘은 약소하고 심지어 소나 말보다 못하니 집단 협력해야만 개개인이 생존할 수 있고, 따라서 협력은 반드시 충돌보다 우선이어야 한다고 생각했다. 순자의 말로는, "사람은 무리 짓지 않을 수 없다."[8] 나는 이 가정을 존재론적 원칙으로 발전시키고 싶다. 즉 공존이 존재보다 우선이다, 혹은 공존은 존재의 조건이라는 것이다. 순자는 경제적 시각에서 정치질서의 형성을 분석하였다. "사람은 태어날 때부터 원하는 것(欲)이 있고 원하는데 얻지 못하면 추구하지 않을 수 없다. 추구하는데 법도와 분별이 없다면 싸우지 않을 수 없다. 싸우면 어지러워지고 어지러우면 궁핍해진다. 선왕은 이런 어지러움이 싫어 예의(禮義)를 정하고 분별시킨다."**9**

순자는 협력이 충돌을 유발한다는 역설을 발견하였다. 즉 협력은 더 큰 이익을 창출하지만, 그것에 대한 분배 때문에 충돌로 이어진다. 협력이 안정적이고 이를 신뢰할 수 있으려면, 협력 유전자를 제도화해야 한다. 순자는 협력 유전자를 설정하여 홉스의 결함을 피할 수 있었지만, 순자의 가설은 홉스의 문제 의식을 완전히 포괄할 수 없었다. 홉스의 가설은 집단 내의 협력 가능성을 설명할 수 없지만, 무정부 상태의 충돌에 대해서는 우수한 해석 능력을 제공해준다. 따라서 순자와 홉스의 이론을 상호보완하면 정치 문제를 충분히 설명할 수 있는 원시상태 이론이 될 수 있다. 즉 집단은 대내적으로 단결하지만 대외적으로는 전쟁인 상태, 나는 이것을 순자-홉스 가설이라고 부른다.

정치의 대상 범위는 최악의 가능 세계와 최선의 가능 세계 두 극단으로 정의된 공간이다. 홉스는 이미 최악의 가능 세계를 정의하였다. 그러면 최선의 가능 세계는 어떤 세계일까? 만약 홉스가 정의한 최악의 가능 세계가 가능한 세계의 집합(the set of possible worlds)의 한쪽 끝이라면, 대칭의 원리에 따라 가능 세계 집합의 다른 한쪽 끝은 상반된 성질을 가진 세계, 즉 불안, 불신, 비협조, 궁핍, 고독 등이 사라진 세계일 것이다. 하지만 인류가 상상할 수 있는 최선의 가능 세계는 최악의 가능 세계와 대칭되는 것이 아니다. 사람들은 모든 좋은 것, 예를 들면 자유, 평등, 박애, 공정, 선량, 평화, 풍요의 극대화, 착취도 압박도 계급도 없고, 모든 사람이 자아 실천을 하고, 인간 소외는 존재하지 않고, 모든 사람이 행복한 그런 세계를 상상한다. 그리고 이런 세계의 신화는 진보론적 역사 신화의 뒷받침이 있어야 한다. 하지만 문제는, 이것은 불가능한 세계이며 가능한 세계가 아니다. 최선의 가능 세계는 아직 명확한 모습을 드러내지 않았다.

인간의 자유는 본성이라는 자연 한계를 초월하지 못한다. 공자는 인정(人情, 본성)을 "성왕의 밭"이라고 하고,[10] 그 밭(인간 본성)의 범위 내에서만 경작할 수 있다고 하였다.[11] 즉 본성의 범위를 넘어 불가능한 세계를 만들 수는 없다는 뜻이다.

인성의 밭을 경작하는 것은 인성이 허락한 범위 내에서 인성을 조절하고, 인성을 위배하는 행동을 하지 않는다는 것이다. 공자는 이상주의자가 아니라 현실주의자이다. 그가 생각하는 최선의 가능 세계는 '대동(大同) 세계'인데, 그것은 모든 사람이 공유하는 서로 믿고 서로 돕는 고도로 안전한 세계이고 특히 경쟁과 모략이 효력을 상실한 평화로운 세계이다. 그의 말을 보자.

큰 도가 행하여질 때, 천하는 공공의 것이다(the world as

common property). 현능한 사람을 뽑고(이 점은 플라톤의 상상과 근접하다), 서로 믿고 화목하였다(이것은 홉스의 자연 상태와는 정반대인 안전 상태이다). 그러므로 사람들은 자기 어버이만을 친애하지 않았고, 자기 자식만을 사랑하지 않았다. 노인은 생을 편안하게 마칠 수 있게 하고, 장년은 쓰일 곳이 있게 하며, 어린이는 성장할 곳이 있게 하고, 홀로 된 자 병든 자 모두 다 부양을 받을 수 있게 한다. 남자는 직업이 있고, 여자는 갈 시집이 있다. 재화가 땅에 버려지는 것이 싫지만 반드시 자기가 소장할 필요는 없고, 힘이 내 몸에서 나오지 않는 것을 싫어하지만 반드시 자신만을 위해서 쓸 필요는 없다. 그러므로 간사한 모략은 폐쇄되어 일어나지 않고(이 점이 가장 중요하다. 만약 어떤 존재 질서가 모든 경쟁과 모략을 무용지물로 만들 수 있다면 반드시 평화 세계일 것이다.) 도둑이나 강도는 일어나지 않았다. 그러므로 대문을 닫을 필요도 없었다. 이것을 대동이라고 한다.[12]

비록 이 최선의 가능 세계는 실현된 적이 없지만, 여전히 현실적인 것이고 불가능한 것이 아니다. 대동 세계가 고려한 것은 안전, 평화, 상호신뢰 등 생존의 조건이고 문화와 종교의 통일성 등을 추구하지 않았다. 이는 공자가 상상한 세계는 생활방식의 다양성을 인정하고 있다는 의미이다. 공자는 다양성과 포용성을 요구하였지 통일성을 요구하지는 않았다. 『중용』에서 말했듯이[13] "천지가 받들거나 덮지 않는 것이 없는 것처럼 만물이 동시에 자라도 서로 해치지 않고 도(道)를 같이 행하여도 서로 어긋나지 않는다", 즉 한 사회는 천지가 만물을 포용하는 것처럼 모든 생활방식을 포용할 수 있어야 한다. 여기에 형이상학적 전제가 하나 있다. 천지는 일체 가능성의 한계이고 최종의 참조 기준이다. 천지가 포용성을 갖추었으므로 천하도 포용성이 있어야 한다. 이것은 라이프니츠가 생각하는 신(하느님)의 기준과 매우 비슷하다. 라이프니츠는 "논리적"으로 신의 세계의 기준은 만물의 공존가능성(compossibility)이라고 추론하였다.[14]

　　내가 상상하는 미래의 천하체계는 대체로 공자의 포용성 기준 혹은 라이프니츠의 공존가능성 기준을 만족하는 그런 세계이다. 천하체계는 이상주의적 환상이 아니다. 천하체계는 모든 사람의 행복을 약속하지 않는다. 그것은 단지 평화와 안전을 보장하는 체계이고 그 제도적 설계의 관건은 경쟁과 적대적 전략이 아무런 이득을 얻을 수 없게 하는 것이다. 더 정확하게 말하면 타자를 파괴하는 어떠한 행동도 이득이 없고 따라서 공존이 존재의 조건이 되는 것이 보장되는 그런 상태이다. 간단히 말하면 천하체계가 기대하는 것은 공존을 원칙으로 하는 세계 존재 질서이다.

정치의 단위

정치 문제는 정치의 단위(political units)에 의해 결정된다. 정치의 단위(체계 혹은 실체)는 정치의 내부성과 외부성을 정의하고 또 정치 문제의 규모, 이익의 계산 방식 및 권력의 작동 방식 등을 결정한다. 예를 들어, 개인은 가장 작은 정치 단위이며 그것은 개인의 이익, 권리, 배타적 이익 계산 방식 및 기타 관련된 정치 문제를 결정한다. 보다 복잡한 정치 단위는 또 다른 정치의 구조와 공간을 정의하고, 어떤 정치 행위나 정치 문제가 가능 혹은 불가능한지를 결정한다.

중국 전통 정치철학에서 정치 단위는 천하(天下)-국가(國)-가정(家) 세 차원이 있다. 개인은 생명의 단위이고, 부분적으로 경제 결산 단위이지만 정치 단위는 아니다. 따라서 고대 중국에서는 정치 자유화나 개인 인권 같은 개념이 나타나지 않았다.[15] 근현대에 와서 서방으로부터 개인 관념이 도입된 후에야 개인이 정치 단위가 될 수 있었다.

천하-국가-가정의 구조에서 천하는 가장 큰 정치 단위일 뿐만 아니라 전체 구조의 최종 해석 원칙이다. 천하는 정치의 전체 맥락을 정의하고 모든 정치 문제는 천하 개념으로 해석할 수 있다. 이런 정치 구조에서 정치 질서는 '천하-국가-가정' 식으로 포용하는 질서(inclusive order)이고, 윤리 질서는 '가정-국가-천하' 식으로 확장하는 질서(extending order)이다. 양자는 상호 설명하는 내적 순환을 형성한다.

현대 정치는 '개인-공동체-민족국가'의 구조로 정의된다. 여기서 국가는 이미 가장 큰 주권 단위이고 국가 이상의 정치 주체는 없다. 개인은 현대 정치 구조의 기초이고 동시에 전체 정치 구조의 최종 해석 기준이다. 이 점은 천하가 정치 구조의 최종 해석 기준인 것과 정반대이다. '개인-공동체-민족국가'의 정치시스템과 '천하-국가-가정'의 정치 시스템은 톱니바퀴 식의 교차 결합 구조를 형성하고 상호보완의 구조를 이룬다. 이러한 상호보완성은 정치 세계의 포용성을 확대시키고 새로운 정치 개념의 구축에 도움이 된다. 만약 '개인' 차원이 결여되면 개개인의 자주성(autonomy)은 보장받을 수 없고, '천하' 차원이 결여되면 세계 제도가 근거할 곳이 없어지고 따라서 무정부 상태를 뛰어넘는 평화 상태에 도달할 수 없다. 특히 글로벌화로 인해 국가 정치와 국제 정치의 통제에서 벗어난 새로운 권력이 형성되고 있는 상황에서 글로벌 정치와 부합하는 세계 제도가 없다면 글로벌 정치는 통제할 수 없는 위험한 게임의 장이 될 수 있다.

현대 정치는 국가 정치와 국제 정치라는 두 개의 정치 문제를 만들어 냈다. 국가 정치의 성질, 목적과 규칙은 매우 명확하지만, 국제 정치의 성질, 목표와 규칙은 불확실하다. 심지어 과연 국제 정치는 국가 간의 충돌을 해결하려는 것인지 더 많은 충돌을 만들어 내려고 하는 것인지 의심받을 때가 많다. 국제 정치는 독자적인 목표와 이상이 없으며 단지 국가 정치의 파생물이고 국가 이익을 위해 봉사하는 책략일 뿐이다. 따라서 국제 정치는 국가 정치의 하위개념에 불과하다. 이에 대해 칸트는 매우 경이로운 구상을 제시한 바 있다. 그는 전쟁은 국가 간의 이익 충돌을 해결할 수 없고 영구적인 평화 방안이 필요하다는 것을 깨달았다. 하지만 칸트가 생각한 "자유 국가 연맹"은 민족 국가를 기초로 하는 국제 정치 개념을 뛰어넘지 못했다. 칸트의 방안은 훗날 헌팅턴이 제기한 문명 충돌 문제에 대응할 수 없고, 심지어 국제 연맹의 안정성과 신뢰성을 보장할 수도 없었다. 배타적 이익의 극대화를 추구하는 국가와 개인 이익의 극대화를 추구하는 개인은 같은 성질이다. 만약 안정적이고 신뢰할 수 있는 공동 이익과 상호 의존적인 생존 조건이 없다면 비슷한 문화를 공유하는 국가의 연맹도 상호 신뢰가 부족하고 불안정할 것이다. 기술과 경제 수준이 고도로 불균등한 현대 세계에서 '세계 기타 지역'을 지배하고 착취하는 제국주의 정책은 필연적으로 강대국이 우선하는 정책(dominating strategy)이 될 것이다. 하지만 세계를 억압하고 착취하는 것은 잠시의 성공만을 가져올 뿐이다. 제국주의는 반항을 피할 수 없고, 또 경쟁자의 모방 전략을 막을 수 없기 때문에 장기적으로 성공할 수 없다. 마르크스는 자본주의는 자신의 무덤을 파는 자를 키운다고 했는데 이는 제국주의에도 적용된다. 하지만 마르크스가 계급 이론을 바탕으로 상상한 "국제주의"도 기대하기 힘들다. 경쟁적인 민족 국가 체계에서 각국의 무산 계급 간의 이익 충돌은 심지어 각국 자본가 계급 간의 이익 충돌보다 더 크다. 따라서 전 세계 무산 계급이 연합할 가능성은 각국의 자본가 계급이 단결할 가능성보다 적다. 세계 존재 질서에 실질적인 변화가 일어나지 않는 한 국제 모순은 효과적으로 해결할 수 없다.

우리는 국제 정치에 기대를 걸 수 없다. 세력 균형, 억제, 제재, 개입 내지 전쟁, 지정학, 문화 패권(hegemony) 등 온갖 전략과 이론은 충돌을 해결하지 못했을 뿐만 아니라 오히려 모순을 악화시킨다. 우리는 세계주의 혹은 국제주의의 윤리적 상상도 기대할 수 없다. 도덕적 유토피아는 인간의 이익 추구와 선택을 바꿀 수 없고 현실 생활의 부조리성을 더 뚜렷하게 부각시킨다. 보편적으로 공유하는 세계가 되기 전에 세계 시민은 어떻게, 또 어디에 존재할 수 있는가? 우리는 미래를 상상할 필요가 있지만, 미래가 이미 실현된 것처럼 행동할 수는 없다.

국제 정치는 국제 충돌을 해결할 수 없을 뿐만 아니라 아직도 계속 상대방을 이길 수 있는 적대적 전략을 연구하고 있다. 민족국가 체계라는 조건하에서 충돌을 해결할 수 있는 좋은 방안이 존재하지 않는다면 결국 끝까지 투쟁하는 수밖에 없다. 국제 정치의 모략은 전혀 어리석지 않다. 오히려 너무 영리하고 정교하다. 그런데, 왜 이렇게 영리한 이론, 전략과 경험이 있는데도 현실 문제가 해결되는 희망이 전혀 보이지 않을까? 사실 미미한 논쟁을 제외하면 국제 정치는 이스라엘-팔레스타인 충돌, 중동 문제, 서방과 러시아, 미국과 중국의 갈등 등 심각한 모순과 충돌을 하나도 해결하시 못했다.

정치분석가는 정치의 실패에 대해 각종 실수의 원인을 분석하고 찾아내는데, 그중 일부는 타당하기도 하다. 하지만 가장 결정적인 원인은 경쟁 상대방도 똑같이 영리한 전략을 사용하고 심지어 전략상 공동 지식(common knowledge)이 있기 때문이다. 따라서 충돌의 딜레마는 피할 길이 없다. 경쟁의 쌍방이 모두 멍청하지 않고 또한 선량하지 않다면 아무리 정교한 전략을 짜더라도 소용이 없다. 잠시 동안 우세를 차지할 수 있더라도 곧 상대방의 모방 혹은 대응 전략 때문에 추격당한다. 국제 정치의 전략과 이론은 이미 극도로 발전되었다. 더 정교한 전략을 만들 수 없는 것은 아니지만, 아무리 정교한 투쟁 전략을 고안해 낸다 해도 실패로 끝나기 마련이다. 이것은 국제 정치 이론의 한계를 의미하며, 국제 정치라는 개념이 점차 효력을 잃어가고 있다는 의미이다. 글로벌화라는 상황에서 국제 정치 이론은 국지(局地) 투쟁 이론으로 위축될 수밖에 없고, 전 세계의 정치 문제를 해결하는 능력을 상실하였다.

글로벌화는 세계의 존재 방식과 인류의 생활 방식을 바꿔 버렸기 때문에 정치 문제도 그에 따라 바뀌게 될 것이다. 바로 글로벌화 때문에 국제 정치의 한계가 드러났고, 국제 정치는 글로벌화가 야기한 새로운 문제에 대응할 능력이 없다. 공동 생활의 개념은 더 이상 민족국가 내부 혹은 공동체 내부에 국한되지 않고 점차 전 세계 규모의 공동 생활로 변화하고 있다. 이와 함께 민족국가 체계의 권력 운영 방식을 초월한 문제가 발생하고 있다. 세계의 모든 국가가 더 긴밀하게 상호 의존하게 되면 세계 주권이라는 문제가 제기된다. 따라서 국가 정치와 국제 정치 외에 제3의 정치 개념이 필요한데, 이것을 '글로벌 정치' 혹은 '세계 정치'라고 부를 수 있다. 이런 새 정치 개념은 전 세계를 가장 큰 범위의 공동 생활 조건으로 이해하고 이로써 세계의 정치 문제를 이해하고 해석한다. 세계 정치의 핵심 문제는 '세계의 내부화'이고 이는 바로 세계를 천하로 이해한다는 의미이다.

세계의 내부화와 세계 주권

비록 국가 정치는 자연스럽게 국제 정치로 발전되지만, 국제 정치는 바로 세계 정치로 발전될 수 없다. 국제 정치와 세계 정치는 정치 논리상 서로 모순된다. 따라서 국제 정치가 세계 정치의 기초가 되는 것이 아니므로, 세계 정치를 논할 때에는 새로운 정치 이론이 필요하다. 현대 정치의 게임 규칙은 개인과 민족국가에 의해서 결정된다. 그리고 현대 정치 제도의 가장 큰 적용 범위는 국가다. 국가 이외의 세계에서는 전략만 있지 제도는 없다. 따라서 주권은 국가의 경계에서 멈추고 정치도 국가의 경계선에서 멈춘다. 정치라는 것이 (국가) 외부 세계로 가면 대항, 심지어는 전쟁으로 변한다. 전쟁은 정치의 연속(클라우제비츠의 말이다)이 아니라 정치의 실패이고 정치가 더 이상 손쓸 방법이 없을 때 하는 도박이다. 세계를 외부적인 존재로 여기기 때문에 국제 정치의 진정한 의미는 정치로 위장된 전쟁이다. 이런 '정치'는 사실 정치와 대립면에 있는 것이다. 현대 정치의 대항 논리 때문에 결코 세계의 무정부 상태와 충돌을 해결할 수 없다. 한 국가가 내부적으로 아무리 질서를 잘 유지해도 세계의 전반적인 무질서 속에서 위협을 받을 수 있고 심지어 빠져나올 수 없는 혼란에 휘말리게 된다. 글로벌화 때문에 정치가 세계 규모의 문제를 직면하게 된다면 국제 전략은 더 이상 힘을 쓸 수 없게 된다.

일부 철학자는 일찍이 현대 정치의 고질병을 인식하였다. 칸트는 국제법을 세계법(cosmopolitan law)으로 발전시켜서 모든 개인이 자기 국가의 시민권을 보유하는 동시에 세계 연방(cosmopolitan commonwealth)의 시민권도 보유함으로써 세계 시민이 되어야 한다고 주장한다. 하지만 앞에서 말한 것처럼 세계가 모든 이가 함께 누리는 세계로 바뀌지 않는 이상 세계 시민은 존재할 수 없고 그저 하나의 가짜 신분일 뿐이다. 여기서 세계 시민에 대한 상상은 사실 미래를 미리 가져다 쓰는 것이다. 칸트 자신도 세계 연방에 대한 상상은 실현 가능성이 적어(그리고 독재로 이어질 가능성이 있다) 결국 "주권 국가의 자유로운 연합"이 가장 좋은 형태라고 주장한다.

하버마스도 유엔은 국제법을 세계법으로 전환해야 하며 인권을 세계법의 기본 원칙으로 삼을 수 있다고 주장한다. 하지만 이런 발상은 모두 같은 약점을 갖는데 바로 '가장 나쁜 가능성'을 고려하지 않기 때문에 심각한 이익과 문화의 충돌 앞에서는 힘을 못 쓰고, 또 현대 정치의 한계를 넘으려고 하는 동시에 현대 정치의 논리를 수호하는 모순에 빠진다. 칸트의 이상은 문화가 고도로 유사한 지역(예컨대 유럽)에는 적용되지만, 궁극적으로는 문명 충돌, 금융 위기, 패권 통치 등 세계 문제를 해결할 수 없고, 심지어 그 연맹이 장기간 계속 안정과 상호 신뢰를 유지하는 것도 보장하지 못한다.(유럽의 내분이 좋은 예다.)

하버마스가 말한 인권 원칙은 현재 유행 중인 상상이지만, 인권 개념에는 답이 없는 윤리 딜레마[16]가 포함되어 있다. 즉, 만약 모든 종류의 인권이 다 지고(至高)의 절대 권리라면 각종 인권이 충돌했을 때 어떻게 할 것인가? 모든 개인의 권리가 절대적 권리라면 각 개인의 권리가 서로 충돌했을 때 어떻게 할 것인가?[17] 혹은 한 지역 사람의 인권이 다른 지역 사람의 인권과 충돌하였을 때 어떻게 할 것인가? 이 모든 딜레마는 어떻게 재판할 것인가? 만약 재판이 가능하다면, 인권보다 더 높은 어떤 원칙이 존재한다는 의미다. 만약 재판이 불가능하다면, 인권이란 개념 속에 역설(패러독스)이 포함되어 있다는 의미다. 인권은 물론 위대한 가치다. 그러나 인권 관련 이론은 오늘날까지도 완전하지 못하고 여러 가지 모순과 문제점이 있기 때문에 충돌 해결의 원칙으로 사용하기 어렵다.

　　현대 정치는 또한 담판, 협상, 계약을 통해 문제를 해결하려고 한다. 국제 계약의 신뢰성이 어느 정도인지의 문제는 차치하더라도, 더 중요한 문제로 협상할 수 없고 용서할 수 없고 따라서 계약을 할 수도 없는 그런 이익과 권리 혹은 종교와 문화의 이견은 또 어떻게 할 것인가? 비록 헌팅턴은 세계 정세에 대해 많은 오판을 하였지만, 그가 제기한 문제는 충분히 강력하여 칸트부터 롤스, 하버마스까지의 이론은 모두 헌팅턴이 제기한 문명 충돌의 문제에 대답할 수 없다.

　　현대 정치의 기본 정신은 구분(dividing), 즉 여러 종류의 경계를 긋는 것이다. 개인의 권리는 개인의 경계이고 주권은 국가의 경계이다. 하지만 이는 동시에 세계를 분열시키는 논리이다. 현대 정치는 이 내재적 모순을 계속 해결하지 못하고 있다. 현대 정치는 모든 경계선을 보호하기 위해 외부의 적을 계속 찾아야 하고, 적이 존재하지 않아도 적을 정해야 한다. 이런 분열의 정치는 세계 곳곳에서 찾아볼 수 있는데, 종교적 이단을 정하는 것부터 종족주의까지, 열전에서 냉전, 식민주의에서 인권 개입, 경제, 군사 패권부터 금융, 기술, 문화 패권까지, 심지어 우주 전쟁 같은 환상에서도 적을 찾고자 하는 충동을 엿볼 수 있다. 자신과 타자를 경계 짓고, 원래 대립하지 않는 사물을 대립시키는 이런 정치는 세계의 내부화야말로 정치가 근본적으로 해결해야 하는 문제라는 것을 깨닫지 못하고, 따라서 세계를 정치의 주체로 인식하지 못할 것이며, 세계에 이익이 되는 것이 무엇인지 설정하지 못하고, 세계에는 세계의 주권이 필요하다는 점도 인식하지 못한다.

따라서 분열의 정치가 서로 충돌하는 문제를 만나게 되면 생각해낼 수 있는 평화 방안이 바로 각종 국제 연맹이나 진영 같은 연합 형태를 조립하는 것이다. 하지만 상호 대립하는 사물은 조립할 수 없고, 따라서 세계도 조립될 수 없다. 전쟁 개념을 부각시킨 홉스의 전통, 아니면 경쟁 개념을 부각시킨 로크의 전통, 혹은 평화 계약을 도모하는 칸트의 전통 등은 모두 충돌의 해로움을 잘 알고 있지만 모두 선험적으로 외부의 타자를 설정하고 있어 주체 간(intersubjective)의 긴장과 충돌을 해소할 수 없다.

중요한 것은, 글로벌화가 세계가 존재하는 방식과 정치 문제의 성질을 바꿔버린 탓에 현대 정치는 새로운 문제에 대해 해석력을 잃었다는 점이다. 현대 정치 개념에 대해 보충 보완하는 작업은 아무런 소용이 없다. 우리는 현대 정치 철학이 완전하지 못한 정치 이론이라는 사실을 인정해야 한다. 세계 내부화 원칙이 없으면 국가 정치를 넘어선 정치 행위의 정당성을 설명할 수 없다.

현대 정치 철학이 정의하는 정치 개념의 보편적 실현 가능성과 정당성에 대해 많은 의문을 제기할 수 있다. 예를 들어, 현대 정치는 민주가 보편적으로 유효하다고 믿는다. 하지만 국가

(국내)의 민주를 세계의 민주로 업그레이드시킨다면 아마 모든 선신국이 동의하지 않을 것이다. (롤스는 민주를 열렬히 사랑하지만 세계의 민주는 반대한다) 공평도 보편적으로 유효하다고 인식되지만 선진국과 자원이 풍부한 국가는 아마 전 세계적 공평을 반대할 것이다. 만약 대량의 인구가 세계 시민과 자유 이동이라는 명목으로 제한 없는 이민을 요구한다면 선진국과 자연 조건이 우수한 국가 역시 받아들이지 않을 것이다.

따라서 현대 정치 철학에서 치켜세우는 가치 혹은 제도는 배타적 전제하에 있는 민족국가에게만 유효하고, 만약 세계 차원에 적용하면 재앙을 초래한다. 따라서 현대 정치 철학은 보편적으로 유효한 정치 이론이 아니라 단지 국가의 이론일 뿐이다. 세계의 정치 문제를 설명하기 위해서는 정치의 새 출발점을 찾아야 한다.

우선 필요한 것은 세계 내부화 원칙이다. 어떤 정치 규칙이 보편적으로 유효하려면 전 세계에서 보편적으로 실시 가능해야 한다. 만약 일부 협력할 수 없거나 배척되는 정치 공간이 존재한다면 이 정치 규칙은 보편 유효하다고 할 수 없다. 어딘가에 이 규칙이 해소할 수 없는 외부적 존재가 있다면 이것이 충돌의 근원이다. 따라서 보편 유효한 정치 규칙은 반드시전 세계에 충만하고 정치의 모든 측면에 도달할 수 있는 전이성(transitivity)과 체계적인 일관성(coherence)이 있어야 한다. 즉 하나의 정치 규칙은 어떤 장소(국가나 지역)와 관계(사람과 사람의 관계 혹은 국가와 국가의 관계)에 적용하더라도, 그 장소나 개인에게 아무런 피해를 주지 않아야 한다. 그렇지 않으면 해소할 수 없는 충돌이 존재하기 마련이다.

물론 이 세계에서는 영원히 충돌이 발생한다. 이것은 생활 속의 현실이고 완전히 '조화로운(和諧)' 세계는 사실상 불가능하다. 하나의 정치 규칙이 보편 유효하다는 것은 그것이 계속 발생하는 충돌을 계속 해소할 수 있는 능력을 갖췄다 뿐이지 충돌의 발생을 막을 수 있다는 뜻은 아니다. 천하체계가 기대하는 것은 '협화(協和, compatibility=공존가능성)'의 정치이고 이른바 '협화만방(協和萬邦, 모든 나라가 공존할 수 있게 함)'의 상태이다. 이 말의 출처는 고대 정치문서집 『상서(尚書)』인데,[18] '협화(공존가능성)'는 적을 벗으로 바꾸고 포용성으로 평화를 보장하는 정치이다. 만약 하나의 정치 규범이 '공존(coexistence)'을 그 존재론적 전제로 하지 않는다면 세계의 내부화를 상상할 수 없다. 공존의 존재론에 따르면, 서로 다른 존재 간에 우연이 아닌 필수적인 상호 의존 관계를 형성할 수 있다면 공존의 선순환을 이룰 수 있다. 안정적이고 신뢰할 수 있는 공존성(coexistentiality)이 있는지가 세계의 내부화 실현 가능 여부의 관건이다.

유가 철학은 가정을 공존의 기본 단위로 보고 가정의 공존성을 더 큰 규모의 공존 단위로 확대해 나가면서 최종적으로 온 세상이 하나의 가족인 천하를 이루려고 했다. 중국의 사회학자

페이샤오퉁은 이런 유가의 낭만적 상상에 대해 의문을 제기했다. 즉 가족애(가족 간의 감정)는 그 적용 범위를 낯선 사람으로 확대하면 매우 희박해지고 거의 효력이 없다는 것이다.[19] 가족애는 내부성의 가장 이상적인 생태이지만 세계는 가족 같은 감정을 형성하기 어렵다. 따라서 '천하'와 '국가', '가정'의 구조는 부분적으로만 유사하지 완전히 일치하지는 않는다. 노자는 보다 더 현실에 근접한 방법론을 제시하였는데 바로 "몸으로 몸을 보고, 집으로 집을 보고, 마을로 마을을 보고, 나라로 나라를 보고, 천하로 천하를 보는 것"이다.[20] 그 뜻은 만약 x를 이해하려면 오직 x 자신으로부터 출발하여 이해해야 한다는 것이다. 노자의 관점을 택한다면 세계의 내부화 원칙을 더 합리적으로 해석할 수 있다. 세계 내부화 원칙은 바로 세계를 모든 것을 포용하는(all inclusive) 천하, 즉 무외(無外, 밖이 없는)의 천하로 만드는 것이다. 그렇게 함으로써 세계는 내부성만 있고 극복할 수 없는 외부성은 없으며 타자를 같이 생활할 수 없는 원수로 인식하지 않으며 다른 가치관을 받아들일 수 없는 이단(paganism)으로 정의하지도 않는다. 이것이 영구적 평화, 보편적 안전 내지 보편적 협력의 필요조건이다. 세계의 내부화는 유가의 "온 세상이 한 가족"인 이상에는 못 미치지만 현실적으로 도달 가능한 상태이다. 외부성이 사라지고 내부성만 존재하는 세계에서는 공존과 협력의 유인이 항상 적대의 유혹보다 크다. 공존의 유혹이 항상 적대의 유혹보다 더 클 때 평화와 안전은 안정적이고 신뢰할 수 있다.

　　세계의 내부화로 보장되는 글로벌 안전은 신뢰성의 면에서 국제 협약이나 세력 균형으로 보장된 국제 안전보다 높다. 국제 정치에는 주로 두 종류의 평화 전략이 있는데 둘 다 신뢰성이 떨어진다. 첫 번째는 패권 체제 주도하의 평화인데, 이런 지배적 체제는 세계를 완전하게 통제할 능력이 없고 또한 신흥 역량이 일어나서 대체하는 것을 막을 수 없다. (역사가 이를 계속해서 증명해주고 있다) 또한 패권의 압박과 착취는 항상 저항과 비협조를 유발하고(압박이 있는 곳에는 저항이 있다) 결국 체제의 붕괴를 초래한다. 두 번째는 세력 균형 전략인데, 균형은 충돌을 해결하지 못하고 단지 교착 상태를 만들 뿐이다. 무한으로 치닫는 경쟁으로 각 측의 기력은 소진되고 동시에 전쟁이라는 모험을 감행할 가능성이 더 커진다. 비록 '상호 확증 파괴'로 세력 균형을 이룬다 해도 기타 파괴적인 변종 전쟁(경제 전쟁, 금융 전쟁, 문화 전쟁 등)으로 인해 같이 쇠퇴하고 몰락하게 된다. 게임 이론가는 계속 충돌을 협력으로 전환하는 방법을 찾느라고 고심해 왔지만, 해결책을 찾지 못했다. 그 근본 원인은 여기서 직면하고 있는 문제는 인식론적인 문제가 아니라 존재론적인 문제이기 때문이다. 따라서 충돌에서 협력으로 진화하는 것은 게임 이론 모형 개발에 기댈 수 없고 존재 질서의 실질적 변화가 있어야 가능하다. 만약 게임에 참여한 각 측이 모두 자기 이익 최대화를 추구한다는 전제 조건을 설정해 놓으면 서로가 부정적인 외부 존재가 될 것이고, 이럴 경우 충돌에는 영원히 해법이 없을 것이다. 게임의 존재론적 조건을 바꾸어야만 게임의 규칙을 바꿀 수 있다. 세계의 내부화를 통해 공존이 존재의 필요 조건이 되어야 새로운 존재 질서가 형성될 수 있고, 그런 후에야 게임 규칙의 변화를 유도할 수 있고 충돌을 협력으로 바꾸는 것이 가능할 것이다.

세계의 내부화가 오랫동안 인류의 고려 사항에서 배제된 이유는 글로벌화 이전까지 국가 간의 상호 의존은 아직 뗄 수 없을 정도로 긴밀하지 않았고, 따라서 국가 이익을 초월하는 세계 공동 이익이 아직 형성되지 않았으니 세계 공동의 정치 문제도 존재하지 않았기 때문이다. 하지만 글로벌화로 인해 세계인의 생활은 서로 연결되었고 경제, 시장, 금융, 기술, 문화 등 모든 분야의 글로벌화로 모든 개인의 생활은 어느 특정 지역(somewhere)에 소속되어 있을 뿐만 아니라 세계 모든 곳(everywhere)에도 동시에 소속되어 있는 상황이다. 지금이 아니더라도 가까운 장래에 반드시 그렇게 될 것이고 인터넷이 바로 그 증거이다. 글로벌화는 단순한 소통 방식 (communication)의 업그레이드가 아니고 세계의 모든 사물의 존재 양상을 변환시키는(trans-existence) 환경을 창출하고 있기 때문에 이는 존재론적 의미가 있는 변화라고 할 수 있다. 곧 다가올 미래의 글로벌 정치는 세계 내부화의 조건하에 게임 규칙 제정, 권력 구축, 이익/자원 분배, 역사/지식 서술 등의 작업을 다시 해야 한다. 따라서 이 작업에 부합하고 전 세계의 공동 생활 질서와 정치적 정당성을 보장할 수 있는 정치 원칙과 제도가 필요할 것이다.

이 명제의 전개 논리는 다음과 같다. 글로벌화는 반드시 세계 내부화라는 문제를 제기한다. 세계 내부화는 새로운 천하체계 구축을 필요로 한다. 그리고 이 새로운 천하체계는 세계가 정치의 주체가 되고 또 세계 주권을 보유한다는 것을 의미한다.

세계 주권에 관해서 나는 그 권력의 세부 상황을 상상할 능력은 없다. 하지만 주나라 천하체계의 일부 제도적 안배를 참고하여 세계 주권이 어떤 것인지는 상상해 볼 수 있다. 이것을 상상하기 위해서는 적어도 다음 두 가지의 기본 규칙이 필요하다. 첫째, 세계 주권은 국가 주권보다 상위에 있지만 국가 주권을 소멸한 것이 아니라 국가 주권에 대한 외부적 제약이다. 세계 주권과 국가 주권은 분업하는 구도를 형성한다. 즉 국가의 내정은 여전히 국가 주권에 귀속하고 국가의 외정(外政) 즉 국가의 대외 행위에 대한 중재는 세계 주권에 귀속되는 것이다. 간단히 말하면 국가 내부의 일은 국가 주권이 관리하고 국가 외부의 일은 세계 주권이 관리한다. 둘째, 인류의 공동 운명과 관련된 일은 모두 세계 주권이 관리해야 한다. 특히 금융 시스템, 첨단 기술, 인터넷 등 글로벌화와 관련된 권력은 모두 세계 주권의 관할로 귀속시켜 적절하게 통제하고 공정하게 사용해야 한다. 이 지구에 특이한 변화가 일어나지 않는다면 앞으로 세계 내부화와 세계 주권의 문제는 미래 정치의 근본 문제가 될 것이다.

지금의 세계는 여전히 비(非)세계(non-world)이다. 단지 지리적으로 존재할 뿐 정치적 존재는 아니다. 앞으로 가장 중요한 정치 문제가 바로 어떻게 세계를 창출하느냐, 즉 어떻게 세계의 내부화를 완성하느냐이다. 정치의 규모가 세계 단위로 발전한다면 정치 문제도 이론의 극한까지 발전하여 모든 가능한 정치 문제가 등장할 것이고, 세계 내부화가 정치의 마지막 문제가 될 것이다. 이것은 정치의 종말을 의미하는 것이 아니라 세계 내부화가 모든 정치 문제를 포괄하는 구조가 되어 모든 정치 수수께끼를 사색할 수 있는 메타 개념(meta concept)이 된다는 것이다. 세계 내부화는 정치란 다름이 아닌 사람이 공동 생활하는 예술, 모든 인간 존재의 공존성을 창출하는 예술, 분쟁의 공간을 공유의 세계로 바꾸는 예술이라는 점을 일깨워줄 것이다. 이런 의미에서 정치는 전쟁의 종결을 의미하고, 만약 어떤 정치가 전쟁을 종료시킬 수 없다면 그것은 정치의 사명을 완수하지 못했다는 뜻이다.

사실 세계의 변화는 이미 사상보다 앞서가고 있다. 글로벌화로 인해 세계는 매일매일 내부화되어가고 있다. 하지만 글로벌화는 자동적으로 이성(理性)에 부합되는 세계 질서를 창출할 수 있을까? 혹은 글로벌화로 인해 자동으로 생성된 질서가 공존 질서로 발전하거나 모든 인류가 보편적으로 받아들일 수 있는 공동 생활 양식이 될 수 있을까? 이에 대해서는 낙관할 수 없다. 우리는 글로벌화로 인해 '나쁜' 세계가 나타날 수 있는 가능성을 고려해야 한다. 예를 들어 고도로 기술화된 세계는 독재에 더 유리할 수 있고, 고도 기술화로 모든 사소한 일상 생활에 대한 지배, 관리, 통제가 더 쉬워질 수 있으며, 심지어 심령 정신세계의 체계화로 자유라는 가치가 유명무실해질 수 있다. 우리는 이런 기술 독재의 가능성을 배제할 수 없다. 만약 첨단 기술과 글로벌 금융 자본이 공모한다면 인류 역사상 전례가 없었던 신형 권력, 일종의 경계가 없는 체계화 권력(systematical power)을 창조하여 대다수 심지어 모든 인류를 통치할 수 있다.

기술과 자본으로 정의되는 세계 질서는 매우 효율성이 높은 질서일 수도 있지만 '좋은' 생활 질서는 아닐 것이다. 마르크스의 개념을 빌리자면 모든 사람이 '소외'되는 질서일 것이다. 역설적인 것은 현대성이 글로벌화를 창출하였는데 현대성은 글로벌화가 가져온 문제를 해결하지 못하고 있다. 왜 현대성은 자신으로부터 태생한 글로벌화 문제에 대해 책임질 수 없는 것일까? 자주 간과된 근본 원인은 현대 기술과 자본의 논리는 현대 정치의 논리와 서로 맞지 않다는 점이다. 현대 기술과 자본의 발전 논리는 세계의 통합과 연결을 통해 극대화를 달성하려는 것이고, 이와 반대로 현대 정치의 목표는 세계를 분할하여 제국주의의 방식으로 세계를 통치하는 것이다.

기술과 자본의 극대화 목표는 글로벌화 추세와 보조를 같이하여 신속하게 발전하였고, 글로벌화 조류와 맞지 않는 현대 정치는 신속하게 쇠락하였다. 세계 각지의 사람들은 기술과 경제의 글로벌화는 받아들이지만 지배당하는 것은 용납할 수 없었다. 따라서 현대 기술과 자본은 현대 정치의 무덤을 파는 자가 되었고 동시에 글로벌 정치 즉 세계 내부화의 물질적 기반을 제공하였다.

충돌하는 사물에 포용성이 형성되려면 반드시 그 사물에 공존성이 있어야만 한다. 따라서 세계 내부화는 글로벌 공존 시스템을 통해서만 실현 가능하고, 기술과 자본의 글로벌화는 세계 내부화의 물질 조건을 제공한다. 하지만 기술과 자본은 단지 자신의 무한 확장만 추구하며 세계 이익에 대해서는 관심이 없고 심지어 무한 발전의 위험에 대해서도 자각하지 못한다. 가장 이성적으로 움직이고 있는 기술과 자본은 목표를 추구하는 데 있어서는 비이성적이다. 그리고 이런 비이성적인 이성은 세계를 구제 불능인 재난에 빠뜨리고 있다. 따라서 세계는 주권이 필요하고, 세계는 천하로 바뀌어야 한다. 세계를 안전하고 평화로운 공동 생활의 공간으로 만들기 위해 우리에게는 새로운 존재 질서를 수립하고 글로벌 정의를 구축하여 기술과 자본의 비이성적인 발전을 통제할 수 있는 글로벌 정치 체계가 필요하다.

관계이성

현대 정치 철학의 핵심 주제는 이익, 권력과 권리의 분배(dis-tribution)이다. 따라서 이는 응용의 철학이고 투쟁의 철학이다. 이것은 중국 고대의 법가(法家)나 종횡가(縱橫家)[21]들이 연구하는 통치와 경쟁의 모략 정치와 비슷하고 '술(術)'에 속한다. 이에 비해 인류의 존재 질서를 구축하려고 하는 정치 철학은 '도(道)'의 영역에 속하고, 여기서 사색하는 주제는 어떤 존재 질서가 공동 생활의 선을 축적할 수 있느냐(積善, contribution)이다. 만약 정치를 존재 질서를 구축하는 예술로 정의한다면, 이는 반드시 평화를 위한 것이지 투쟁을 위한 것이 아닐 것이다. 따라서 투쟁의 이론은 단지 '기술'이고 평화의 이론이야말로 '예술'이다.

존재의 목표는 영원히 존재하는 것이다. 이것은 존재 자체의 공리(公理)이다. 투쟁도 존재하기 위한 방안이다. 하지만 문제는 투쟁은 영원히 존재하는 것을 보장하지 못한다는 점이다. 사실 투쟁은 어쩔 수 없이 선택한 위험 부담이 높은 도박 행위이지 존재의 원래 취지는 아니다. 소크라테스가 지적한 대로 "아무도 일부러 잘못을 저지르지 않는다(no one error knowingly)". 이 말은 만약 더 좋은 선택이 있다면 사람은 일부러 모험하고 투쟁하려고 하지 않을 것이라고도 해석할 수 있다. 이런 의미에서 현대 정치 철학은 인류의 잘못된 행위에 대한 연구라고 할 수 있다. 이런 연구도 필요하지만 정치의 근본 문제를 다루지는 못한다. 권력과 이익의 분배(the distribution of powers and interests)는 인류 공동 생활의 기술적 문제일 뿐이고, 공존을 촉진할 수 있는 행동(the contribution to coexistence)이야말로 공동 생활의 근본이다. 적을 찾는 정치는 실은 정치와 대립되는 것이고 적을 동반자로 바꾸는 것이 비로소 정치이다.

만약 상대방의 생존 조건을 파괴하는 적대 행위를 '전쟁(군사 전쟁, 경제 전쟁, 금융 전쟁, 문화 전쟁, 생물 전쟁 등등 모두 포함)'이라고 정의한다면, 자기 방어 전쟁 이외의 모든 전쟁은 비이성적이다. 왜냐하면 전쟁의 승리로 이성적으로 판단한 '기대 효용'을 달성한 것처럼 보이지만 충분히 긴 시간(예를 들어 브로델이 말한 "장기 지속 시간"에 해당하는 시간)[22]으로 봤을 때 모든 파괴적 적대 행위는 결국 비이성적인 판단 착오로 귀결된다. 우리에게는 '미래성'을 고려한 존재론이 필요하다. 즉 비록 어떤 행위가 즉각적인 목표로 보았을 때 이성적이라고 하더라도 미래에 일어날 수 있는 후속 결과가 상호 보복과 파괴라면 비이성적 행위로 간주해야 한다.

이를 이론적으로 설명하기 위해 '보편 모방' 실험 모델을 설정해 볼 수 있다. 순자-홉스의 게임 환경(이는 해석력이 가장 광범위한 환경 설정이다.)이 주어지고, 모든 게임 참가자가 이성적이어서 자기 이익의 극대화를 추구하고 또한 충분한 학습 능력을 갖추고 있다고 가정하자. 이러한 조건하에 모든 사람은 게임 과정에서 타인으로부터 보다 더 효과적인 이익 추구 전략을 학습할 수 있고, 그리고 그 다음에 이어지는 게임 과정에서 그 같은 전략을 모방하거나 보다 더 효과적인 전략을 내놓을 수 있다. 여러 차례 장기간의 게임 과정에서 능력이 좋은 참가자는 계속해서 더 좋은 전략을 개발하여 우세를 확보하지만 어떤 전략이든 그 우세는 잠시뿐이다. 훌륭한 전략들은 곧 모방 때문에 공동 지식(혹은 상식, common knowledge)이 되어 그 우위도 사라지게 된다. 전체 전략의 수가 한정적이라고 가정한다면 곧 '집단적 전략 소진'의 상황이 나타날 것이다. 만약 전략의 수가 무한하다고 가정하더라도 발명의 속도가 모방의 속도보다 느리기 때문에(모방의 비용은 발명의 비용보다 적다) 역시 '집단적 전략 소진'의 상황이 나타날 것이다. 요컨대, 새로운 전략을 개발하여 차지한 우위는 점차 감소되고 각종 비교 우위 전략이 이미 알려지고 보편적으로 모방되는 상황에서 각 참가자는 서로의 전략을 잘 알고 있으니(소위 지피지기) 일종의 안정 균형 상태에 도달하게 될 것이다.

하지만 보편적으로 채택된 안정 균형 전략은 모든 참가자가 이득을 보는 좋은 전략일 수도 있고 모든 사람이 피해를 보는 나쁜 전략일 수도 있다. 이에 대한 유일한 객관적 검증 기준은 다음과 같다. 한 전략이 모방되어도 보복적 행위를 유발하지 않는다면 이것은 보편적 이득을 줄 수 있는 전략이다. 다시 말해 어떤 전략이 보편적으로 모방되어도 반작용처럼 자신에게 돌아오지 않는다면 좋은 전략이고, 만약 어떤 전략이 모방된 후 제 도끼에 제 발등 찍듯이 최초 발명자에게 피해를 준다면 나쁜 전략이라고 할 수 있고, 이는 반드시 '모방의 비극'을 초래한다.

여기서 두 개의 추론을 도출할 수 있다. 첫째, 만약 어떤 전략이 필연적으로 보복을 유발한다면 모방 시험을 통과하지 못할 것이고 이 전략은 비이성적이라 할 수 있다. 둘째, 보복을 유발하는 전략은 반드시 순환 보복의 딜레마에 빠지게 되니 이 행위의 원래 목표가 아무리 이성적이더라도 보편 모방으로 시작된 순환 행동의 총합(aggregation)은 반드시 비이성적이 될 것이다. 즉 단지 개인의 이성을 만족시킨다고 해서 그 행위가 이성적이라는 보장은 없다. 보복의 힘이 그 행동이 비이성적이라는 것을 증명해줄 것이다. 다시 말하면 한 개인의 행위가 이성적인지 여부는 이 행위 자체의 이성 계산으로 증명할 수 없고, 개인의 이성은 그것이 집단적 이성을 도출할 수 있을 때에만 진정한 이성이라고 할 수 있다.

이 추론은 근현대의 '개인 이성' 개념에 대해 질문을 던진다. 개인 이성은 일반적으로 모든 개인이 자기 이익의 극대화를 행위의 목표로 삼고 논리적으로 이해 득실을 계산할 수 있으며 선택 가능한 집합에 대한 선호도 순서는 일관되어 모순되거나 자가당착에 빠지지 않는다고 가정한다. 하지만 개인 이성은 한 개인의 일방적인 이성적 계산이지 자기와 타자 간의 상호 작용에서 발생한 관계가 최적인지 고려하지 않는다. 사실 모든 인간의 행위는 하나의 목표를 선택하는 동시에 하나의 상호 관계를 선택하게 된다. 중요한 것은 미래는 상호 관계에 의해 결정된다. 따라서 미래는 여러 행위자가 공동으로 결정하는 것이고 개인 이성은 자신의 이익과 부합하는 미래를 보장할 수 없다. 충분한 이성은 상호 작용 속에서도 보편 유효한 이성이다. 달리 말하면, 미래의 상호 작용이 변수로 계산된 후에도 안전의 극대화와 이익의 극대화를 보장할 수 있어야 충분한 이성이라고 할 수 있다. 개인 이성은 안전과 평화를 보장하기에는 부족하고 오히려 적대감과 위험을 증가시킨다. 이런 이성은 상호 신뢰를 증진할 수 없고 오히려 상호 의심을 증대하며 심지어 보복 행위를 유발할 수 있으니 우리는 상호 작용하는 관계 중에서도 유효한 이성 개념을 찾을 필요가 있다.

'보편 모방'의 실험 모형이 보여주는 것처럼 개인 이성 (individual rationality)은 인류의 이성(reason)을 설명하기에는 많이 부족하다. 모든 보편 모방 시험을 통과한 행위 전략은 반드시 개인 이성 외에 또 다른 이성을 상정하고 있다. 그래야만 인류가 이익 공유를 선택하는 것이 가능하다. 역사의 사실이 증명하듯 인류는 여러 종류의 협력을 유지하며 자연 상태에서 벗어날 수 있었다. (이 점에서 순자의 가설이 옳았다.) 개인 이성의 논리에 따르면 단순히 개인 이성에 근거해서 행동한다면 반드시 배타적 이익의 극대화를 선택하게 될 것이다. 하지만 이런 단순한 이성 개념은 이익에 대한 개념도 왜곡한다. 모든 이익이 다 개인의 이익으로 귀결되는 것은 아니다. 많은 이익은 누구나 접근할 수 있지만(accessible) 개인이 배타적으로(exclusive) 소유할 수 있는 것은 아니다. 따라서 개인 이익의 집합은 가능한 이익의 집합보다 작을 것이고, 개인 이익의 나열이 모든 가능한 이익을 반영하는 것은 아니다.

개인 이성은 개인 이익의 집합에만 관심이 있기 때문에 많은 기타 차원의 이익을 간과하여 진정한 이익을 놓치게 된다. 죄수의 딜레마, 공유지의 비극, 무임 승차 등의 문제는 모두 이러한 근시안적인 선택의 결과를 설명하고 있다. 이런 문제를 해결하려면 반드시 개인 이성의 유아독존적 지위를 전복시키고 관계 이성(relational rationality)을 도입해야 한다.

관계 이성과 개인 이성은 서로 대립되는 개념이 아니고 상호 보완하여 완전한 이성 개념을 이룰 수 있는 동전의 양면과 같은 것이다. 개인 이성은 경쟁의 이성이고 관계 이성은 공존의 이성이다. 양자의 조합은 균형 잡힌 이성을 형성한다. 만약 "공존이 존재보다 우선이다"라는 명제가 성립된다면 관계 이성의 사용도 개인 이성보다 우선되어야 한다.

공자도 이런 관계 이성의 우선성에 동의할 것이다. 왜냐하면 공자의 핵심 개념인 인(仁)이 바로 관계 이성의 첫 번째 모델이기 때문이다. 인(仁)을 애(愛)로 풀이하는 것은 윤리학적 의미로 해석하는 것이다. 인(仁)의 존재론적 의미는 "두 사람 사이의 최적인 공존 관계"이다.

　관계 이성은 공존이 우선이라는 것을 의미한다. 공존을 의식한다면 다음의 추론도 성립된다. ① 행위 모방에 따른 보복을 고려하면 우선 '보복 기피(retaliation aversion)' 전략을 선택할 것이다. 이것은 자기 행동의 미래 상호 작용을 고려한 후 더욱 강화되는 위험 기피(risk aversion) 전략이다. ② 따라서 사람은 '개인 이익 극대화'보다 '상호 피해 최소화'를 최우선 목표로 할 것이다. ③ 상호 피해 최소화가 보장된 다음 협력 최대화 및 충돌 최소화를 만족시키는 최적의 공존 상태를 추진하여 모든 개인의 이익을 증진한다.

　나는 홉스의 "존재는 공포 속에서 존재한다."라는 가정에 동의한다. 동시에 순자의 "존재는 공존 속에서 존재한다."라는 가정도 동의한다. 이 두 가정을 종합하면 개인 이성과 관계 이성의 다른 용도를 파악할 수 있다. 개인 이성은 주로 방어 행위에 사용되며 외부의 도전이 있을 때 자신의 이익을 보호하는 것이다. 이것은 현재 일반적으로 이해하는 개인 이성과 조금 다르다. 지금 개인 이성의 목표는 개인 이익의 극대화인데, 이런 '적극적'인 목표는 이성의 또 다른 특성인 위험 기피 원칙과 맞지 않고 모순된다. 만약 개인 이성을 '소극적'으로 자신의 이익을 보호하는 범위로 제한한다면 위험 기피 원칙과도 부합된다.

　관계 이성은 안정적이고 신뢰할 수 있는 공존 상태의 구축에 사용된다. 그 이상적 목표는 '공자개선(孔子改善, Confucian

Improvement)'이다. 즉 이익의 개선은 반드시 모든 당사자의 이익이 동시에 좋아져야 개선이라고 할 수 있다는 것이다.[23] 부연 설명하자면 다음과 같은 상황이다. 한 당사자 X가 x+만큼의 이익 개선을 얻었을 때, 그리고 오직 그때(iff) 다른 당사자 Y가 y+의 이익 개선을 얻게 된다. 역도 성립된다. 따라서 x+를 촉진하는 것이 Y에게 유리한 전략이 된다. 왜냐하면 Y는 y+의 이익을 얻으려면 반드시 x+를 달성시켜야 한다. 역으로 보아도 마찬가지다. '공자개선'은 어떠한 이익 개선 행위이든 반드시 서로 엮여 있는 이익 관계가 있어 모든 관계자가 동시에 '파레토 개선'을 이룰 수 있는 상황을 설정함으로써 원래의 '파레토 개선'이 허용하는 한쪽만 좋아지는 상황을 해소할 수 있다. 파레토 개선의 정의는 어떤 관계자의 이익도 감소하지 않는 상태에서 최소 한쪽의 이득이 증가하는 경우이다. 따라서 일반적으로 얘기하는 파레토 개선은 모든 참가자의 이익이 다 증가하는 것을 필요로 하지는 않고 단지 아무도 이익이 감소하지 않는 상태만을 요구한다. 따라서 파레토 개선은 신뢰할 수 있는 공존 관계를 보장할 수 없고 보편적으로 만족하는 상태에 도달할 수 없다. 이에 비해 '공자개선'이 요구하는 것은 모든 관계자가 만족하는 보편적 이익개선이기 때문에 안정적이고 신뢰할 수 있는 균형을 형성할 수 있고 더 나아가 안정적이고 신뢰 가능한 제도의 기초가 될 수 있다.

보편 모방 실험에서 알 수 있듯이, 무보복성(보복하지 않음)을 만족시킬 수 있는 관계 이성은 효과적인 행위의 근거가 될 뿐만 아니라 보편적으로 유효한 모든 게임 규칙의 근거가 된다. 따라서 무보복성은 모든 헌법의 헌법성(constitutionality)이고 이것으로 헌법, 법률 혹은 제도가 보편적으로 유효한지 검증할 수 있다. 즉 무보복성의 논리에 부합되는 게임 규칙은 반드시 보편 유효한 것이고 따라서 헌법성을 갖춘다. 무보복성이란 현재의 사람이든 미래의 사람이든 모든 사람이 이에 대해 이성적인(감정적이거나 비이성적인 이유는 제외하고) 반대 이유를 제시할 수 없다는 것을 의미한다. 만약 어떤 제도가 현재 사람의 이익만 고려하고 미래 사람의 이익을 고려하지 않는다면 이 제도는 헌법성을 갖췄다고 할 수 없다. 비록 우리는 미래 사람이 구체적으로 무엇을 원하는지 알 수 없지만, 논리적으로 어떤 사람에게 피해를 줄 수 있는 제도를 배제하여 미래 사람의 이익에 대한 피해를 방지할 수 있다.

개인 이성을 바탕으로 제도 이성을 수립하는 경우 모든 개인의 선호를 총합해야 하는데, 이때 개인 이성의 총합이 집단 이성으로 수렴되지 않는다는 문제가 생긴다. 하지만 제도 이성을 관계 이성의 기초 위에 수립한다면 선호 총합의 문제를 피할 수 있고 보편적 합의, 즉 이성적으로 반대할 이유가 없는 상태에 도달할 수 있다. 여기서 관계 이성은 이성이 자신을 제약하는 방식으로 볼 수 있다. 정치가 출현하기 이전에, 예를 들어 홉스의 자연 상태에서 사람들은 이미 개인 이성을 사용하기 시작하였다. 그러고 난 이후에 공동 생활을 영위하기 위해서 관계 이성을 발전시켜 왔다. 이런 의미로 볼 때 효과적으로 공동 생활을 영위할 수 있는 정치야말로 집단 이성이 발전한 모습이고 또 개인 이성을 집단 이성으로 전환하는 예술이기도 하다.

하지만 정치는 여전히 욕망, 정신, 감정의 문제를 직면해야 한다. 이성의 '생각(思, mind)' 문제를 해결했다는 것이 사람의 '마음(心, heart)' 문제를 해결했다는 의미는 아니다. 이성 원칙은 개념상 정치 정당성으로 해석할 수 있지만, 실제로 인정되어야만 그 기능을 발휘할 수 있다. 즉 '생각'은 '마음'의 인정을 받아야 효력을 발휘할 수 있다.

정치적 공정은 정치적 정당성을 의미한다. 우리는 공정보다 더 공정한 것을 상상할 수 없다. 하지만 공정의 개념은 철학의 영역에 속하고 공정에 대한 실질적 이해는 정치에 속한다. 사람들이 실제로 공정을 어떤 모습으로 인식하는지가 중요하다. 즉 공정이란 개념은 일단 현실 세계와 만나게 되면 불가피하게 사람의 주관적인 선호에 의해 증명되고 객관적 측면은 방치된다. 공정 여부가 주관적 의견에 의해 결정된다면, 우리는 공정을 분석할 수 있는 주관적 기준이 무엇인지 분석해봐야 할 것이다. 다음 몇 개의 명제를 살펴보자.

P1:
한 제도가 모든 사람이 동의한 제도일 때, 그리고 오직 그럴 때에만(iff) 이 제도는 정당하다.

이 기준은 가장 완벽하지만 너무 엄격하다. 그리고 불가능하다. 심지어 이론상으로도 모든 사람이 동의하는 완벽한 제도는 상상할 수 없다. 따라서 그 차선책으로 다음 명제를 상상할 수 있다.

P2:

한 제도는 다수가 동의한 제도일 때, 그리고 오직 그럴 때에만(iff) 이 제도는 정당하다.

이것은 지금의 민주주의 방안에 해당한다. 다수의 합의가 만장일치의 합의보다 약하기 때문에 다수의 의견으로 공정을 정의한다면 한 가지 구속 요건을 추가해야 한다. 예를 들어 공동 이익 x를 두고 x를 어떻게 실현할지에 대해 a, b, c 세 가지의 기술적 방안을 고르라고 할 때, 이때 민주적 '총합(더하기)'으로 공정한 결과를 얻을 가능성이 커진다. 즉 민주가 '방안의 선택'에 사용되고 '이익의 선택'에 사용되는 것이 아니라면 비교적 쉽게 공정한 결론을 도출할 수 있다.

민주 제도는 공공 선택을 도출할 수 있는 효과적 절차이다. 하지만 민주 제도는 가치 판단의 기준이 아니고 민주 제도가 공공 이익과 개인 이익에 더 유리한 선택을 한다는 보장은 없다. 따라서 우리는 민주 제도에 가려져 있는 보다 더 본질적인 질문을 추궁해야 한다. 즉 민주는 민심을 실현할 수 있는가? 여기서 다음의 명제를 도출할 수 있다.

P3:
한 제도가 민심에 부합할 때, 그리고 오직 그럴 때에만 (iff) 이 제도는 정당하다.

민주 제도는 민심을 전달하는 방식의 일종이다. 하지만 민주는 민심을 정확하게 전달할 수 있는가? 이것은 늘 문제였다. 금전 유혹, 선전 조작, 투기 심리, 격정(激情), 무지 및 잘못된 정보 등의 원인으로 민의는 오도되고 왜곡될 수 있다. 이런 조작과 잘못된 정보가 없더라도 민주 제도가 민심을 정확하게 전달할 수 있다는 보장이 없다. 애로의 불가능성 정리[24]는 선거 제도의 한계 때문에 유권자가 원치 않는 결과를 얻게 되는 상황을 설명하고 있다.

민심의 개념은 사실 모호하다. 중국 고대의 철학자는 민심 개념을 사용하면서 명확한 정의를 내리지 않았고 마치 그들에게는 이 개념에 대해 암묵적으로 합의가 있는 것 같았다. 오늘날 우리는 이 개념이 사용된 맥락을 통해 추측할 수밖에 없다. 민심은 대중 개개인의 민의가 아니라 모든 사람의 이익과 수요에 더 가깝고, 대중의 의지를 총합한 '중의(衆意)'가 아니라 루소의 '일반 의지'[25]와 더 가까운 개념이다. 민심은 장시간 동안 이성적 실천으로 모든 사람에게 유리하다는 것이 증명된 공유의 개념이다. 민심의 존재 형태는 사상(思想)이지 심리(心理)가 아니다. 민심은 집단적 욕망의 표현이 아니라 공유할 수 있는 경험, 전통과 역사를 탑재한 생활 방식이다. 각종 문명이 공동으로 인정하는 법률과 윤리 원칙이 민심에 속한다. 이렇게 말해도 여전히 민심에 명확한 정의를 내리는 것은 쉽지 않다. 민심과 유사한 현대 개념을 찾아본다면 아마도 '보편 가치(universal values)'를 들 수 있을 것이다. 하지만 이 '보편 가치'도 현재까지 잘 정의되지 못하고 있는데, 그 원인은 아이러니하게도 보편 가치를 판단할 수 있는 보편 기준이 없다는 데에 있다. 논리적으로 볼 때 보편 가치는 적어도 다음 두 명제를 의미한다. 첫째, 어떤 가치들은 보편적이다. 둘째, 이 가치들은 보편적으로 선하다. 첫 번째 명제에 대해서는 큰 논쟁이 없다. 만약 어떤 가치가 어떤 일에 유효하다면 모든 같은 일에도 유효해야 한다. 다시 말하면 하나의 일에 유효한 가치는 이와 같은 모든 일에 자동적으로 유효하다. 이러한 특성을 무차별적 보편 전달성이라고 할 수 있다. 이것은 명확하다. 하지만 두 번째 명제의 '보편적으로 선하다'의 의미에 대해서는 명확하지 않다. 왜냐하면 보편성은 반드시 '보편 선(善)'을 분석적으로 암시(analytically implies)하지는 않는다. 보편적으로 선한 사물은 반드시 절대적으로 필요한 사물일 것이니, '필요 가치(necessary values)'를 도입해서 보편 가치를 정의한다면 필요 가치는 반드시 보편적으로 선한 가치일 것이다. 그렇지 않다면 필요하지 않을 것이기 때문이다. 따라서 가치의 필요성이 가치의 보편성을 설명하는 키워드이다. 하나의 가치가 필요하면서 동시에 보편해야 보편적인 선(善)이라고 할 수 있다. 가치의 보편 필요성은 적어도 두 가지 방식으로 그 답을 구할 수 있다. 하나는 개인을 분석 단위로 하여 모든 사람에게 적용되는(applied to everyone) 가치를 구하는 것이고, 다른 하나는 관계를 분석 단위로 하여 모든 상호 관계에 적용되는(applied to every correlation) 가치를 구하는 것이다. 이 두 가지 해법의 효과는 매우 다르다.

만약 개인을 단위로 하는 해법을 채택한다면 하나의 가치가 보편 필요하다는 것을 증명하기 위해서는 모든 개인의 선호를 고려해야 하며 이때 다음의 몇 가지 상황이 가능하다. ① 모든 사람이 원한다(all wants). 하지만 모든 사람이 x를 원한다는 것은 x가 보편적 욕구 대상이라는 것만 설명하지 x가 보편적으로 정당하다는 것을 증명하지는 못한다. ② 보편화한다(universalization). 칸트의 고전적 명제는 이렇다. "내가 원칙 x를 인정한다면 나는 x가 모든 사람에게 유효하다는 것에 동의한다." 칸트의 원칙은 "모든 사람이 원한다"는 원칙의 문제점을 보완할 수 있지만 여러 방안 사이의 충돌 문제를 해결하지 못한다. 예를 들어 "아무개가 모든 사람이 기독교인이 되는 것에 동의한다", 혹은 "아무개가 모든 사람이 마약을 복용하는 것에 동의한다"와 같은 명제는 보편적으로 받아들이기 힘들다. 따라서 다양한 의견이 존재하는 상황에서 보편화 원칙은 성립될 수 없다. ③ 공동 합의한다(common consent). 이것은 매우 강력한 원칙이지만 충분히 유효하지는 않다. 모든 사람의 합의는 x가 보편적으로 인정되었다는 것을 설명하지만 x가 보편적으로 유익하다는 것을 증명할 수는 없다. 모든 사람이 공동으로 잘못을 저지르거나 집단으로 타락하는 경우가 불가능하지 않다. 예를 들어 현대인이 미래를 소비하는 방식으로 자연 자원을 사용하고 필요 이상으로 소비 생활을 하는 것이 그런 것이다. 따라서 개인을 분석 단위로 할 경우 보편 필요 가치의 답을 구하기 어렵다. 만약 관계를 단위로 하여 답을 구한다면 고려할 것은 모든 사람이 받아들일 수 있는 관계이다. 이때 보편 필연 가치는 다음을 의미한다. ① 보편적 혜택. 만약 어떤 관계로 인해 보편적 혜택이 이루어진다면 모든 사람은 이에 동의할 것이다. 보편적 혜택은 앞서 말한 '공동 합의'가 초래할 수 있는 최악의 상황(모두가 피해를 본다)을 배제한다. '보편적 혜택'에는 항상 '공동 합의'가 내포되어 있지만, 공동 합의가 반드시 '보편 혜택'을 내포하는 것은 아니다. 관계를 분석 단위로 하는 장점은 개인 선호의 총합 대신 객관적인 혜택 효과를 선택의 우선순위로 하여 보다 더 이성에 부합한다. ② 보편적 포용(universal compatibility). 만약 어떤 관계가 상호 포용하는 협력을 보장한다면 모든 사람이 이에 동의할 것이다. 보편적 포용 관계는 어떤 생활 방식이든 간섭하지 않고 어느 특정 집단이든 우대하지 않으며 대칭적으로 각 측에게 혜택을 주는 것이다. 즉 우선 고려되는 것은 관계이지 어느 한 측의 이익이 아니다. 따라서 보편적 포용 관계는 다양한 방안의 충돌 문제를 효과적으로 해결할 수 있다.

정치의 새 출발점

이상의 분석은 정치 개념을 천하 개념, 공존 원칙, 관계 이성으로 다시 정의해야 한다는 점을 설명하기 위한 것이다. 천하의 무외(無外, all-inclusiveness) 원칙은 정치의 맥락을 충분히 확장시켜서 모든 정치 개념과 문제의 위치, 조건과 성질을 명확하게 할 수 있다. 공존원칙은 정치는 통치와 지배의 기술이 아니라 공동 생활의 예술이라는 것을 의미하고 이것은 천하정치의 기본 신념이기도 하다. 관계 이성은 천하정치의 기본 운행 규칙이고 이것으로 세계 제도와 세계 규칙, 그리고 보편적 민심을 전달하는 보편 필요 가치를 정의할 수 있다. 따라서 천하이론은 단순한 세계 정치 이론이 아니라 새로운 정치 개념, 정치의 새 출발점, 전쟁과 작별하는 새 출발점을 의미한다.

이익과 가치의 충돌 문제를 해결하려면 정치는 악을 이기는 기술이 아니라 선의 예술이 되어야 한다. 다시 말하면 정치는 투쟁의 기술이 아니라 적을 동지로 바꾸는 예술이 되어야 한다. 진정으로 심각한 정치 문제는 선과 악의 충돌이 아니라 선과 선의 충돌이다. 선과 악의 충돌은 아무런 문제가 없고 선이 반드시 악을 이긴다는 것은 모든 인류의 공통 신념이다. 하지만 두 종류의 선이 그 차이 때문에 충돌하고 하나의 선이 다른 선을 멸망시키려고 하는 것이 정치의 비극이며, 이것이 세계의 분열과 실패를 초래한다. 천하 개념이 설정한 정치의 새 출발점은 세계의 내부화를 통해 세계를 정치의 주체로 구축하고 모든 사람에게 속하는 세계 주권을 확립함으로써 서로 적대시하는 세계를 공유의 세계로 바꾸는 것이다. "천하위공(天下爲公)"이란 말은 "천하는 천하 사람이 공유하는 천하이다"라고 해석해야 한다.[26]

서론 주

<u>1</u> 『관자(管子).목민(牧民)』. "以家為鄉,
鄉不可為也. 以鄉為國, 國不可為也.
以國為天下, 天下不可為也. 以家為家,
以鄉為鄉, 以國為國, 以天下為天下
(집으로 마을을 다루면 마을을 다룰 수
없다. 마을로 나라를 다루면 나라를
다룰 수 없다. 나라로 천하를 다루면
천하를 다룰 수 없다. 집은 집으로
다루고, 마을은 마을로 다루고, 나라는
나라로 다루고, 천하는 천하로 다루어야
한다.)"

<u>2</u> 『노자(老子).도덕경(道德經). 제54장
(第五十四章)』. "修之於身, 其德乃眞.
修之於家, 其德乃餘, 修之於鄉, 其德乃長.
修之於國, 其德乃豐, 修之於天下,
其德乃普. 故以身觀身, 以家觀家,
以鄉觀鄉, 以國觀國, 以天下觀天下
(몸에 그런 도를 닦으면 그 덕은 몸을
참되게 해준다. 집에 그런 도를 닦으면
그 덕은 집을 여유롭게 한다. 마을에
그런 도를 닦으면 그 덕은 마을을
오래가게 하고, 나라에 그런 도를 닦으면
그 덕은 나라를 풍요롭게 한다. 천하에
그런 도를 닦으면 그 덕은 천하에 널리
미치게 된다. 그러므로 몸으로 몸을
보고, 집으로 집을 보고, 마을로 마을을
보고, 나라로 나라를 보고, 천하로
천하를 본다.)"

<u>3</u> 『공양전(公羊傳). 은공원년(隱公元年)』.
"王者無外, 言奔則有外之辭也(주(周)의
천하는 모든 것을 포괄하는 세계이기
때문에 그 안에 외국이 존재하지 않는다.
주나라의 관료가 제후국으로 가서
취직하거나 피난 가더라도 奔(출국)
이라고 할 수 없다. 왜냐하면 모든
지방이 천하에 속해 있기 때문이다.)"

<u>4</u> 『예기(禮記). 공자한거제이십구
(孔子閑居第二十九)』. "天無私覆,
地無私載, 日月無私照(하늘은 사사롭게
덮지 않고, 땅은 사사롭게 싣지 않으며,
해와 달은 사사롭게 비추지 않는다.)"
거의 같은 표현이 다음 책에서도
나온다. 『여씨춘추(呂氏春秋).맹춘기
(孟春紀).거사(去私)』. "天無私覆也,
地無私載也, 日月無私燭也, 四時無私行也
(하늘은 사사롭게 덮지 않고,
땅은 사사롭게 싣지 않으며, 해와 달은
사사롭게 비추지 않고, 사계절은
사사롭게 바뀌지 않는다.)"

<u>5</u> 칼 슈미트는 "정치의 요지는 적과
동지를 구분하는 것이다."라고 했다.
다음 책 참조. Carl Schmitt.
The Concept of the Political.
Chicago: The University of Chicago
Press, 1996. (칼 슈미트, 『정치적인
것의 개념』, 김효전, 정태호 옮김,
살림(2012).)

6 원시 상태에 대해 처음으로 언급한 것은 홉스의 "자연 상태"이다. 하지만 오늘날에는 롤스의 표현인 "원시 상태"를 더 많이 사용한다. 원시 상태라고 하면 자연 상태보다 더 많은 가능성을 포함할 수 있다. 원시 상태는 순수 상상에서 나온 이론상의 상태일 수 있고, 반드시 자연 상태일 필요가 없다. 저자 자오팅양의 다른 책(『第一哲學的支點』, 北京: 生活讀書新知三聯書店, 2013, pp.151-172)에서 이 문제를 집중적으로 다룬다.

7 계약 문제만 보더라도 롤스의 가정이 반드시 롤스의 결론을 도출할 수 있는 것은 아니다. 여기에는 최소 두 가지 논리적 결함이 있다. ① 무지의 장막 조건 하에 위험 기피(risk-aversion) 원칙에 따라 사람들이 재산을 균등하게 분배하는 공산주의 사회를 선택할 가능성이 롤스가 추천한 자유 경쟁 하에서 가난한 자를 보조하는 신자유주의 사회를 선택할 가능성보다 크다. ② 무지의 장막이 제거되면 개인 이익 최대화 원칙에 따라 일부 사람들은 무지의 조건 하에서 체결한 불리한 계약을 계속 수용하지 않을 것이고 계약을 수정하거나 파기하려 들 것이다.

8 『순자(荀子)·왕제(王制)』. "人生不能無群"

9 『순자(荀子)·예론(禮論)』. "人生而有欲, 欲而不得, 則不能無求. 求而無度量分界, 則不能不爭; 爭則亂, 亂則窮. 先王惡其亂也, 故制禮義以分之"

10 『예기(禮記)·예운(禮運)』. "故人情者, 聖王之田也, 修禮以耕之, 陳義以種之, 講學以耨之(인정이란 것은 성왕의 밭이다. 예로 경작하고, 의로 씨를 뿌리고, 배움으로 김맨다.)"

11 『예기(禮記)·예운(禮運)』. "故聖人作則, 必以天地為本, 以陰陽為端, 以四時為柄, 以日星為紀, 月以為量, 鬼神以為徒, 五行以為質, 禮義以為器, 人情以為田, 四靈以為畜(성인이 규칙을 만들 때 반드시 천지를 본보기로 한다. 음양으로 단서를 삼고, 사시로 자루를 삼고, 해와 별로 강기를 삼고, 달로 구분을 하고, 귀신을 무리로 삼고, 오행을 바탕으로 삼고, 예의를 그릇으로 삼고, 인정을 밭으로 삼고, 사령을 가축으로 심는다.)" 이것은 공자의 말로 전해지지만, 후학 제자가 가공한 말로 보인다.

12 『예기(禮記)·예운(禮運)』. "大道之行也, 天下為公, 選賢與能, 講信修睦. 故人不獨親其親, 不獨子其子, 使老有所終, 壯有所用, 幼有所長, 鰥寡孤獨廢疾者皆有所養. 男有分, 女有歸. 貨惡其棄於地也, 不必藏於己. 力惡其不出於身也, 不必為己. 是故謀閉而不興, 盜竊亂賊而不作, 故外戶而不閉, 是謂大同"

13 『예기(禮記)·중용(中庸)』. "辟如天地之無不持載, 無不覆幬…… 萬物並育而不相害, 道並行而不相悖"

14 저자 자오팅양의 다음 글 참조. 「時間的分叉─作為存在論問題的當代性」, 『哲學研究』, 2014年 6月.

15 5·4운동 이래 많은 사람이 중국 문화는 개인의 자유와 권리를 반대한다고 비판하는데, 이런 견해는 역사적 맥락에 맞지 않는다. 사실은 고대 중국에서 개인은 정치 단위가 아니었기 때문에 개인의 자유나 권리 등의 문제는 (반대하는 대상이 아니라) 존재하지 않았다.

16 윤리 딜레마란 여러 선(善)을 동시에 만족할 수 없는 상황을 말한다. 예를 들면 한 사람의 생명을 희생하여 다른 사람의 생명을 구하는 상황이 그런 것이다.

17 [옮긴이] 여기서 각종 인권의 충돌이라는 것은 예를 들면 '자유'와 '평등'이 충돌하는 경우이고, 각 개인의 권리충돌이라는 것은 개인A의 권리가 개인B의 권리와 충돌하는 경우이다.

18 『상서(尙書)·요전(堯典)』. "曰若稽古帝堯, 曰放勳, 欽明文思安安, 允恭克讓, 光被四表, 格于上下. 克明俊德, 以親九族, 九族旣睦, 平章百姓. 百姓昭明, 協和萬邦, 黎民於變時雍(옛날 요임금의 이름은 방훈이시다. 그는 공경하고 밝고 지식과 덕망이 편안하시다. 진실로 공손하고 능히 겸양하시어 광채가 사방에 입혀지고 천지에 이르셨다. 능히 큰 덕을 밝히셔서 구족을 보살피신다. 구족이 이미 화목하면 백성을 고루 밝히신다. 백성이 환히 밝으면 만방을 화합하신다. 더 많은 백성이 변하여 모두가 화목하게 된다.)"

19 페이샤오퉁(費孝通),『향토중국(鄕土中國)』, 北京: 生活·讀書·新知三聯書店, 1985년, pp.21~33

20 『도덕경(道德經)·제54장(第五十四章)』. "以身觀身, 以家觀家, 以鄕觀鄕, 以邦觀邦, 以天下觀天下(몸으로 몸을 보고, 집으로 집을 보고, 마을로 마을을 보고, 나라로 나라를 보고, 천하로 천하를 본다.)"

21 [옮긴이] 종횡가란 전국시대에 각 나라를 돌아다니며 책략과 변설로 열국의 연합을 추진하거나 연맹의 해체를 도모하는 사상가 또는 학파를 말한다. 동쪽에 있는 열국을 세로로 연합하여 서쪽의 진나라에 대항하는 합종책(合縱策)과 진나라가 가로 방향으로 각국과 연합하는 연횡책(連橫策)이 대표적이어서 종횡가라고 부른다.

22 [옮긴이] 프랑스 역사학자 페르낭 브로델(Fernand Braudel)은 역사의 지속 시간대를 장기 지속(구조), 중기 지속(국면 혹은 콩종튀르), 단기 지속(사건) 등 세 종류의 시간대로 나눈다. 역사란 결국 이처럼 세 가지 상이한 시간의 흐름에 따라 진행되는 복합체인데, 역사학자는 단기적인 사건보다 장기 지속하는 구조를 보아야 한다고 그는 주장한다.

23 공자의 원래 설명은 "己欲立而立人, 己欲達而達人(자기가 서고 싶다면 남을 서게 하고, 자기가 이루고 싶다면 남도 이루게 한다)"이다.『논어(論語). 옹야(雍也)』.

24 [옮긴이] '애로의 불가능성 정리
(Arrow's Impossibility Theorem)'란
민주적 투표 제도로 개인들의 선호를
통합하여 하나의 유효한 사회적 선호로
만드는 것은 불가능하고, 합리적 사회
의사 결정은 책임지는 공공 기관에
의해서만 가능하다는 경제학자 케네스
애로(Knneth Arrow)의 학설이다.

25 [옮긴이] 루소의 사회계약론에서 공동의
이익 혹은 복지를 추구하는 의지를
일반 의지라고 정의하고, 개인의 이익을
추구하는 의지를 특수 의지라고 정의한다.

26 다음 문장을 참고하라.
『여씨춘추(呂氏春秋)·귀공(貴公)』.
"天下非一人之天下, 天下之天下也."
『육도(六韜)·무도(武韜)·발계(發啓)』.
"天下者非一人之天下, 乃天下之天下也."
(두 문장의 뜻은 같다. 천하는 한 사람의
천하가 아니고 천하의 천하다.)

1부

천하 개념 이야기

1장

세계로부터 시작한 정치

정치에는 적어도 두 개의 결정적 의미가 있는 시작점이 있다. 하나는 국가 정치 개념의 시작인 그리스의 도시 국가이고, 다른 하나는 세계 정치를 구축한 중국의 천하이다. 진정한 정치가 나타나기 이전에 인류 역사에는 이미 긴 시간의 통치가 있었고 여러 왕조가 있었다. 하지만 통치는 정치가 아니다. 통치의 논리는 강자의 질서로, 공동체 안에서는 우두머리에게 복종하고 대외 관계에서는 강자한테 복종하는 자연 질서이다. 이때는 아직 자연 질서를 초월하는 정치 질서, 즉 이성 원칙을 근거로 권력을 운영하고 이익을 분배하는 정치 질서가 형성되지 않았다. 공자는 정치를 "올바른 것(政者正也)"이라고 정의하고[1] 또 "정치는 덕으로 한다(爲政以德)"[2]고 말한다. 그 의미는 무력 통치를 넘어 모든 사람에게 유리한 이성 질서를 수립하는 것만이 정치라고 할 수 있다는 것이다. 사실 정치 질서의 시작점이 또 하나 있는데 바로 종교적 질서를 정치 질서의 기초로 삼는 이스라엘-유대 왕국이다. 하지만 고대 이스라엘의 신학 질서는 나의 지식과 여기서 토론할 문제의 범위를 벗어나기 때문에 논외로 하겠다.

그리스의 도시 국가는 기적이고 중국의 천하도 기적이다. 그리스의 도시 국가를 유럽 정치의 시작으로 보는 것은 그리스 이전에 도시 국가가 없었다는 뜻이 아니다. 호머(호메로스)의 서사시에는 정치적 공공 공간(agora, 광장)이 묘사되었고 크레타의 문명 유적에서도 아고라의 존재가 확인되었다. 하지만 개인 생활과 공공 영역의 성질과 기능이 명확해진 성숙한 공공 영역의 시작은 그리스의 도시 국가로 보아야 한다. 마찬가지로 주나라의 천하체계도 전설에서 더 오래된 원형을 찾을 수 있지만 그 것은 성왕들의 비전 혹은 상상이지 아직 제도화하지 않았다. 제도적으로 성숙한 천하체계는 주나라가 약 3000년 전에 발명한 것이다. 정치의 다른 출발점이 서로 다른 길과 정치 문제로 이어졌고, 도시 국가와 천하로 시작한 정치 이야기가 갈라진 시간(the forking paths of time, 보르헤스(Borges)의 표현을 빌려 씀)[3] 속에서 각자 발전하다가 근현대에 와서야 만나고 또 충돌하게 된다. 그리고 글로벌화는 이 두 이야기를 엮어 하나의 미래를 만들고 있다.

주나라의 천하체계는 세계 문제를 출발점으로 삼는 정치적 사고를 창출하였다. 이런 정치 세계관 혹은 정치 상상이 언제부터 시작했는지는 단정하기 힘들다. 고대 문헌에서는 늘 이런 세계관을 4000년 전의 요순우탕(堯舜禹湯) 등 고대 성왕으로 거슬러 올라가서 그때 이미 천자가 "천하만국"[4]을 다스리는 정치 제도가 생겼다고 하지만 이는 확인이 안 된 전설이고 아마도 주나라 사람이 자신의 정치 이상으로 이전 시대의 정치에 대해 해석했을 가능성이 크다. 성왕 시대는 대개 추장 국가(chiefdom)의 상태였고 추장(부족) 간에 느슨한 협력 관계가 존재할 수 있었고 성왕은 덕망 있는 맹주일 수 있었겠지만, 아직 법적 제도가 형성되지 않았을 것이다. 왕궈웨이(王國維)는 하(夏)상(商) 시대의 상황을 "제후와 천자의 관계는 후세 제후와 맹주의 관계와 비슷하고 아직 군신(君臣)의 구분이 없다."라고 설명하였다.[5] 또 다른 증거는 『상서』에 따르면 주나라 초기 군주는 여전히 제후를 "우방군(友邦君)"이라고 불렀다.[6] 하지만 같은 『상서』를 보면 고대 성왕은 이미 각 부족(국가)의 관계를 조정하는 능력을 갖추었던 것으로 보인다. 소위 "협화만방(協和萬邦)"이다.[7] 예를 들면 홍수 다스리기, 역법 도량형 예악(禮樂)의 제정 등과 같은 부족 공동 대사의 토론을 주재했다.[8] 그 당시 부족 간의 협력은 가능했던 것 같지만 여전히 비제도적인 협력이다. 고대 사람은 옛날 것을 숭상하는 경향이 있어 늘 자신의 성취를 선인에게 돌린다. 더욱 합리적인 추론은 다음과 같다. 하상(夏商) 시대를 포함한 성왕 시대에는 법적인 정치 제도가 아직 형성되지 않았기 때문에 천하 공주(共主)는 법적인 통치자가 아니라 호소력이 있는 맹주였을 것이다. 하지만 성왕 시대에 이미 천하에 대한 상상이 시작하였고 이미 '세계적인' 정치 시야가 있었기 때문에 '협화만방'의 전설이 나타나게 되었을 것이다.

제도화된 천하체계는 주나라 때 시작한 것이다. 고대 사회에서 제도 혁명이 일어난다면 반드시 심상치 않은 조건과 시기가 있어야 할 것이다. 그래서 주나라의 천하체계는 특별한 해석이 필요한 곤혹스러운 문제다. 3000년 전에 세계 정치를 핵심 관심 사항으로 하는 정치 제도를 구상하는 것은 너무나 비약적인 발상이다. 주나라 사람은 왜 이런 발상을 했을까? 왜 이런 발상을 해야만 했을까? 왜 세계를 하나의 완정한 정치 존재로 인식했을까? 이런 사고방식은 모두 역사적 상식과 어긋나는 것이다. 일반적인 역사 경로는 부족 사회에서 국가 정치로 발전하는 것이지 세계 정치로 발전하는 것이 아니다.

주나라의 천하체계는 고대에서는 물론 심상치 않은 창조이지만 오늘의 세계에서도 여전히 현실을 초월한 미래지향적 발상이다. 주나라가 천하체계를 고안한 것에는 분명 독특한 역사적 원인이 있을 것이다. 우리는 역사의 맥락으로 돌아가서 그 원인을 찾아보고자 한다.

상(商)나라 때 주나라는 작은 방국(邦國)이고 중국 서북쪽에 위치하며 반농경 반유목 사회였다.[9] 상의 정치 중심지는 중원에 있고 농업 기술이 발달하여 인구는 백만 명이 넘었을 것으로 추정된다. 주나라는 얼마나 작은가? 역사학자에 따르면 주나라 인구는 5만 명 이상으로 추정되고 많아야 6-7만 명이었다.[10] 주나라의 임금은 덕망이 높아 작은 나라 사이에서 호소력이 있었고, 주무왕(周武王)이 상을 정벌할 때 많은 우방이 파병하여 도왔다고 한다. 사마천에 따르면 그 규모는 전차(수레) 300대(乘), 정예 부대(虎賁) 3000명, 군사(甲士) 45000명이었다.[11] 전설에 의하면 상나라의 주왕(紂王)은 70만 대군을 보냈다는데 이는 좀 과장되었을 것이다. 전체 인구가 백만 명인 나라가 군대 10만을 보내도 이미 전 국민을 동원한 셈이다. 아무튼 주왕(紂王)의 군대가 주나라 연합군보다 수적으로 우세였지만, 주왕(紂王)의 잔혹무도함과 기타 알 수 없는 원인으로 일부 군대가 반란하여 전쟁은 주무왕(周武王)의 승리로 끝나고 주왕(紂王)은 자살하였다. 주(周)는 맹주의 지위를 얻게 되었지만, 은상(殷商)의 유민은 여전히 많았고 또 일부 친(親)상 제후와 원래부터 복종하지 않는 부족도 있었다. 백성의 마음은 아직 안정되지 않았고 반란도 여러 곳에서 일어났다. 따라서 작은 나라로 중원의 주인 자리를 차지한 주나라 정권은 역사상 전례가 없었던 문제에 직면하게 된다. 즉 어떻게 작은 것으로 큰 것을 다스리고 하나로 여럿을 다스리는가?

하나로 여럿을 다스리는 전통적 방식은 가장 강대한 패권에 의해 실현된다. 즉 하나로 여럿을 다스리는 전제 조건은 큰 것이 작은 것을 다스리는 것이고, 이것이 자연의 통치 방식이다. 고대 사회에서 인구는 가장 중요한 경제 자원이면서 동시에 가장 중요한 정치 및 군사적 자원이고 모든 역량의 기초라고 할 수 있다. 하지만 주(周)는 작은 나라로서 인구 자원에 한계가 있어서 "큰 것이 작은 것을 다스린다"는 원칙을 적용할 수 없었고 오히려 작은 것이 큰 것을 다스린다는 전제 조건하에서 하나로 여럿을 다스려야 했다. 이것은 전에 없는 새로운 문제였다.

주(周)가 제후를 연합하여 상(商)을 이길 수 있었던 것은 도덕적 호소력이 있었기 때문이다. 하지만 도덕으로 권력과 이익에 대한 수요를 충족할 수는 없기 때문에 이런 도덕적 호소로 일시적으로 전쟁에 동원을 할 수는 있지만 각 부족의 지속적인 지지와 충성을 유지할 수는 없었다. 그리고 주나라가 처한 작은 것으로 큰 것을 다스려야 하는 상황 때문에 패권 방식을 채택할 가능성은 처음부터 없었다. 주나라 정권이 선택할 수 있는 길은 오직 하나만 남았는데, 그것은 바로 무력이 아닌 제도의 매력으로 통치할 수 있는 정치 제도를 발명하는 것이었다.

주나라 정권은 시작부터 복잡한 제도를 설계해야 한다는 문제를 직면해야 했다. 자기 실력으로 패권적 통치 방식을 실행할 수 없었고 자기 한 부족의 힘으로 맹주의 지위를 장기간 유지할 수도 없었기 때문에 각 나라(부족)가 동의하는 협력 제도를 설계해야 자신의 맹주 권위 심지어 자신의 생존을 보장할 수 있었다. 이때의 관건은 모든 다른 나라의 '외부성' 문제를 해결하는 것인데, 다시 말하면 외부에 있는 여러 나라를 내부적 존재로 전환하는 것이다. 이러기 위해서 주나라 정권은 국가보다 상위에 있는 세계 체계를 창출하여 세계의 내부화를 실현하고 그럼으로써 세계 체계의 공동 이익 혹은 공유 이익으로 자신의 이익을 보장한 것이다. 하나의 세계 체계가 성공하기 위해서는 이 체계가 제공할 수 있는 공동 이익 혹은 협력 이익이 체계를 배반 혹은 거부하는 이익보다 커야 할 것이다. 다시 말해, 각 부족이 세계 체계에 가입할 때 얻을 수 있는 이익이 체계를 거부하는 이익보다 커야 사람들이 이 체계를 동의하고 지지할 것이다. 이는 고도의 상상력이 필요한 어려운 제도 설계인데, 주나라 정권이 직면했던 특수한 역사 상황이 이런 문제에 대응할 것을 요구한 것이다. 세계 질서가 국가 생존의 조건이 되었고, 그리고 세계가 다스려지는 것이 한 국가를 다스리는 전제가 되었다. 그렇다면 세계 정치는 국가 정치보다 우선되어야 하고 이로써 바로 '세계의 내부화' 즉 천하를 창제한 것이다.

그 당시에는 수많은 부족이 있었고 천 개의 나라(千邦)가 있었다고 전해진다. 비록 이 천 개의 나라가 차지한 지역은 지금 중국의 절반도 안 되지만 그것은 당시 고대 사람이 알고 있던 세계의 전부였다. 이 지역은 지금의 세계보다 훨씬 작지만 세계로 취급되었고 '천하'라고 불렸다. 면적 크기는 중요하지 않다. 중요한 것은 세계 의식, 즉 전 세계를 고려 대상으로 하는 정치 의식이다. 천하는 복잡한 의미를 지닌 개념인데 논리상 천하는 전 세계를 지칭한다. 이 세계는 자연 세계이기도 하고 정치 세계이기도 하다. 사실 자연 세계와 정치 세계는 지금까지도 결합을 이루지 못한 상황이어서 천하는 동적(動的)인 개념으로 이해되어야 하고 정치 세계와 자연 세계가 결합될 때까지 천하는 단지 세계에 대한 하나의 이상적 개념일 뿐이다.

비록 주나라 사람이 3000년 전에 구축한 정치 세계는 천하의 매우 작은 부분이지만 정치적 실험을 하기에는 충분한 공간이다. 주나라가 발명한 천하체계는 세계적 정치 체계이다. 이것이 완전한 존재로서의 정치 세계를 정의하였는데, 이것이 소위 '창제천하(創制天下)'이다.[12]

천하체계는 일반적으로 주공(周公)이 설계했다고 전해지지만, 아마 주공을 우두머리로 하는 정치가 집단의 집단 창작으로 보는 것이 더 타당할 것이다. 주나라의 천하체계는 중국 역사의 첫 혁명이고 엄격한 의미에서 정치의 시작이다. 왕궈웨이(王國維)는 "중국 정치와 문화의 변혁이 은주(殷周) 교체 시기보다 더 극심했던 적은 없다. 이때 옛 제도 옛 문화가 폐지되고 새 제도 새 문화가 나타났다."라고 지적했다.[13] 주나라의 제도가 내포한 많은 의미심장한 정치 문제는 오늘날 그 중요성이 더 부각되고 있다. 그리스가 정의, 공공 영역, 민주 등 인류가 지속적으로 토론하는 의제를 제시한 것처럼, 주나라도 천하, 덕치, 협화(協和), 민심 등의 의제를 제기하였다. 가장 중요한 것은 천하체계가 처음으로 자연의 대지(大地)를 정치적인 천하로 전환하여 세계 정치의 기본 의미를 확정지었다는 점이다.

주공이 천하체계를 창제한 직접 목적은 "작은 것으로 큰 것을 다스리고" "하나가 여럿을 다스리는" 특수 상황을 해결하기 위한 것이다. 하지만 이 특수 상황을 해결하는 방안에서 보편적 의미가 있는 정치 모형이 탄생하였다. 천하체계는 세계적 공유 제도가 갖추어야 할 기본 성질을 제시했는데, 이 점에서 그 보편성을 확인할 수 있다. 그 기본 성질은 다음과 같다. ① 천하체계는 각 나라가 천하체계에 가입하는 이득이 외부에 머무는 이득보다 크다는 것을 보증한다. 따라서 모든 나라는 기꺼이 이를 인정하고 가입한다. ② 천하체계는 각 나라가 이익 면에서 상호 의존하고 호혜 관계를 형성한다. 따라서 세계의 보편적 안전과 영구적 평화 질서를 보장한다. ③ 천하체계는 각 나라의 이익에 도움을 주는 공공 이익, 공유 이익, 공공 사업 등을 실시하여 천하체계의 보편적이며 함께 누릴 수 있는 성질을 보장한다. 총괄해서 말하면 천하체계는 세계의 내부화를 실현하고 세계를 외부성은 없고 내부성만 있는 곳으로 만든다.

주공의 창제는 주로 분봉(分封) 제도, 예악(禮樂) 제도와 덕치(德治) 원칙, 이렇게 세 가지로 나눠 볼 수 있다. 분봉 제도는 하나의 세계를 분할해서 다스리는 감독 보호 제도이다. 천하는 하나의 네트워크이고 여기에는 이 네트워크 주체에 소속되는 수많은 정치 실체가 포함되어 있는데 바로 세계 정치 주체에 소속된 여러 제후국이다. 여기서 세계 정치 주체의 주권 소유자 즉 천하의 종주국은 천하 체계의 공동 안전과 전체 질서를 감독하고 체계의 공동 이익을 보호한다. 각 제후국은 독립하고 자치(自治)하지만 동시에 또 전체 네트워크 질서에 속한다. 제후국은 종주국과 상호 의존 관계를 유지하고 제후국은 종주국의 감독을 받으면서 동시에 종주국을 감독하기도 한다. 분봉 제도의 설계는 상당히 복잡하며 자세한 내용은 뒤에서 다시 얘기하겠다.

예악 제도는 정신적 측면의 존재 질서를 구축하는 것이다. 예악은 생활에 정신적 의미를 부여한다. 즉 모든 행동거지, 업무 절차 등 일상 생활에 일정한 예의 형식을 부여함으로써 엄숙성과 정신성을 갖추게 하고 사람이 천지를 경외하고 타인을 존중하며 자연과 사물을 잘 대할 수 있도록 하는 것이다. 요컨대 예악은 모든 존재하는 사물에 존엄성과 엄숙성을 부여하기 때문에 '신성(神聖)성'을 지닌다. 예악을 통해 생활 속의 모든 사물을 신성화하는 것은 일종의 종교적 정신으로 볼 수 있지만 초월적 종교는 아니다. 왜냐하면 신성화된 대상은 속세 생활을 벗어난 신이 아니라 속세 생활 그 자체이기 때문이다. 예악의 엄숙성을 통해 일상 생활에 신성성을 부여하고 종교적 정신을 일상 생활과 융합하는 것은 중국 문화의 특수한 전통이었지만, 역사상 여러 차례의 '예악 붕괴'로 인해 그같은 전통은 이미 사라지고 예의지국이라는 전설로만 남았다. 하지만 예악을 통해 생활을 신성화하는 것은 주공이 예악 제도를 만든 목적이 아니었고 부수적인 효과였다. 주공이 처리하고자 하는 문제는 종교 문제가 아니라 정치 문제였다. 예악은 분봉 제도와 맞추어 실행하는 생활 질서이고 그 목적은 천하의 정신 측면에서의 조화를 창출하기 위한 것이다. 예악 의식은 모든 사물에 정신성을 부여하였고 이로써 보편적으로 나눌 수 있는 정신 경험을 생산하였다. 사물을 정신적으로 공유할 수 있게 되면서 물질적 이익의 배타성도 초월할 수 있게 된다. 즉 화(和)가 쟁(爭)을 초월하는 상태이다. 이른바 "예의의 가장 중요한 작용은 화목이다(禮之用, 和爲貴)"라는 말이 바로 이 뜻이다.[14]

덕치는 자주 윤리학 원칙으로 오인되지만 실제로 그것은 정치경제학 원칙이다. '덕(德)'이 윤리 개념으로 전환되기 전에는 원래 이익 분배 문제를 처리하는 공정의 개념이었다. 소위 "덕은 좋은 정치에 있고, 정치는 백성을 잘 살게 하는 데에 있다(德惟善政, 政在養民)"라는 말은 이를 뜻하는 것이다.[15] '덕치'란 이익을 보편적으로 공유하고 공정하게 분배한다는 의미다. 덕이 있는 정치라면 모든 사람의 이익을 최대화하는 것을 목표로 삼아야 하며 단지 총량의 극대화만 추구하는 것이 아니다. 주공은 덕치만이 정치의 정당성을 증명할 수 있다고 믿었다. 힘은 멀리 갈 수 없고 오직 덕만이 멀리 갈 수 있다. 오직 덕으로서만 보편적으로 세계에서 통할 수 있고 만민에 이를 수 있으며 만대에 이어갈 수 있다. 주공의 이러한 깨달음은 진정한 정치 개념에 대한 발견을 의미한다. 즉 무력 통치는 정치가 아니라 단지 통치일 뿐이고 진정한 정치는 보편적 협력과 공동 생활을 창조하는 예술이다. 이런 의미에서 주나라의 천하체계는 정치 실험일 뿐만 아니라 일종의 정치 개념을 전하는 것이다.

1장 주

1   『논어(論語)·안연(顏淵)』

2   『논어(論語)·위정(爲政)』

3   [옮긴이] 아르헨티나 작가 보르헤스의
    단편「두 갈래로 갈라지는 오솔길들의
    정원」에서 나온 개념으로, 갈라진
    시간과 공간은 다른 우주로 이어진다는
    은유이다.(호르헤 루이스 보르헤스,
    『픽션들』, 송병선 옮김, 민음사(2011).)

4   『상서(尙書)·익직(益稷)』.
    "바다끝의 창생과 만방의 백성에
    이른다.(至於海隅蒼生, 萬邦黎獻)";
    『전국책(戰國策)·제책(齊策)』.
    "옛날 우임금때 천하는 만국이 있다.
    (古大禹之時, 天下萬國)"

5   왕궈웨이(王國維),『관당집림
    (觀堂集林)·은주제도론(殷周制度論)』,
    石家莊: 河北教育出版社, 2001년, p.296.

6   『상서(尙書)·목서(牧誓)』,
    『상서(尙書)·대고(大誥)』.

7   『상서(尙書)·요전(堯典)』.

8   『상서(尙書)·요전(堯典)』,
    『상서(尙書)·순전(舜典)』.

9   『사기(史記)·주본기(周本紀)』에 따르면,
    주는 원래 농경을 하다가 유목으로
    바꿨고 나중에 다시 농경으로 바꿨다고
    한다.

10 쉬줘윈(許倬雲),『西周史』, 北京: 生活·
    讀書·新知三聯書店, 2001년, pp.77~78.

11 사마천(司馬遷),
    『사기(史記)·주본기(周本紀)』.

12 『관자(管子)·패언(霸言)』.

13 왕궈웨이(王國維),『觀堂集林·
    殷周制度論』, 石家莊: 河北教育出版社,
    2001년, pp.287~288.

14 『논어(論語)·학이(學而)』.

15 『상서(尙書)·대우모(大禹謨)』.

삼층 세계의 천하

천하는 삼위일체 구조의 세계 개념, 즉 차원이 다른 세 가지 세계가 중첩하여 이루어진 개념이다. 그 세 가지는 기본적으로 다음과 같다.

1.

지리학 측면으로 볼 때 천하는 하늘 아래의 모든 땅을 의미하므로 즉 전 세계이다.

가장 오래된 얘기는 『시경』의 "부천지하, 막비왕토(溥天之下, 莫非王土. 하늘 아래 왕의 땅이 아닌 곳이 없다.)"이다.[1] 천하는 전 세계를 지칭하지만 고대인은 세계가 얼마나 큰지 모른다. 초기 중국이 통치하는 구주(九州)는 "왼쪽으로는 동해까지, 오른쪽으로는 유사(流沙, 사막)까지, 앞으로는 교지(交趾, 지금 베트남 북부)까지, 뒤로는 유도(幽都, 미지의 어둠의 땅)까지"의 범위이다.[2] 바다, 높은 산, 사막이

가로막혀 있기 때문에 고대인은 먼 세계에 대해 희미한 지식밖에 갖고 있지 않았다. 한(漢)나라가 서역과 교통을 시작하기 전까지 먼 세계와는 단지 물질 교환만 있었고 정치적 교류는 없었다. 실제 통치 지역 이외의 지역을 사해(四海)라고 불렀는데 진짜 바다여서가 아니라 어두운 미지의 지역이란 뜻이다. 사해도 천하에 속하지만 아직 천하체계에 가입하지 않은 지역이다. 고대인의 상상 속에서 천하는 얼마나 클까? 이에 대해 제환공(齊桓公)이 관중(管仲)한테 물은 적이 있는데, 관중의 대답은 "동서 2만 8천리, 남북 2만 6천리"였다.3 중국의 가장 오래된 지리학 저서 『산해경(山海經)』에도 비슷한 서술이 있다.4 선진(先秦)의 리(里)는 약 414m이고5 계산하면 관중이 상상한 천하는 동서 약 11600km, 남북 약 10800km이니 지구보다는 훨씬 작지만 아시아와 거의 비슷하다. 2000년 전의 사람치고는 꽤 대단한 상상이다. 이것보다 더 큰 상상도 있는데 추연(鄒衍)은 천하는 81개의 구주(九州)로 구성되었고 중국은 그중 하나라고 보았다.6 이는 또 지나치게 크게 상상한 것으로 환상에 가깝다.

2.

사회심리학 측면으로 볼 때 천하는 세계 모든 사람의 공동 선택, 즉 '민심'이다. 천하 개념 속에서 사람은 토지보다 중요하다. "천하를 얻다(得天下)"라고 말할 때에는 천하의 토지를 지배하게 되었다는 뜻보다 세계 만민의 지지를 얻었다는 뜻이 더 강하다. 고대 사람은 만약 인심을 얻지 못하면 토지를 점령해도 이용할 수 없다고 믿었다. 그래서 관중이 "천하를 다투는 자는 반드시 먼저 사람을 쟁취한다(夫爭天下者, 必先爭人)",[7] "사람을 잘 다루는 것이 천하의 가장 중요한 일이다(人不可不務也, 此天下之極也)"[8]라고 말했다. 순자도 "천하를 얻는다는 것은 남들이 토지를 들고 귀순한다는 것이 아니라 도(道)가 사람을 하나로 뭉치게 하기에 충분하다는 것이다(取天下者, 非負其土地而從之之謂也, 道足以壹人而已矣)"라고 말했다.[9] 민심은 토지의 진정한 귀속을 결정한다. 따라서 천하는 지리적 개념뿐만 아니라 심리적 사회적 개념이다.

3.

정치학 측면으로 볼 때 천하는 세계 제도를 의미한다. 세계 제도는 세계 정치의 전체성과 주권을 정의하였다. 바꾸어 말하면 세계 제도가 세계를 완전한 하나의 정치 존재로 만든다. 이에 대해서는 형이상학적 혹은 신학적 이유가 있다. 즉 하늘에 완전하고 조화로운 질서가 있으니 천하도 완전하고 조화로운 질서가 있어야 한다. 이것을 배천(配天, 하늘의 이치에 맞춤)이라고 한다.[10] 그리고 또 현실 정치 측면의 이유가 있다. 즉 만약 세계 제도가 없다면 천하는 결국 분열된 난세의 땅이 될 것이고 평화는 영원히 기대힐 수 없다. 묵자(墨子)가 "천하의 정의를 통일하면 천하는 다스려진다(一同天下之義, 是以天下治也)"라고 말한 것도 이런 뜻이다.[11] 이런 의미에서 세계 제도를 실현한 천하라야 천하의 마지막 완성 형태라고 할 수 있다. 이것은 천하가 최종 자연 세계, 사회 심리 세계, 정치 세계의 완전한 결합을 실현하였다는 의미이다. 세계의 제도화는 바로 관중이 말한 "창제천하"이다.[12]

여기서 볼 수 있듯이 천하는 일반적으로 얘기하는 세계보다 더 풍부한 의미를 내포하고 있고 이것은 자연 세계, 사회 심리 세계, 정치 세계 삼자를 합친 세계이다. 만약 모든 문제를 해결하는 데 있어 반드시 그 문제가 처한 맥락에서만 충분히 유효한 이해와 해석을 할 수 있고 가장 큰 한도의 맥락이 바로 그 문제 해석의 한계라면, 정치 문제에 대해서 가장 큰 한도의 맥락은 바로 '천하'이고 따라서 천하 개념은 모든 정치 문제를 해석하는 극한 조건이다.

2장 주

<u>1</u> 『시경(詩經)·소아(小雅)·북산(北山)』.

<u>2</u> 『회남자(淮南子)·태족훈(泰族訓)』.

<u>3</u> 『관자(管子)·지수(地數)』.

<u>4</u> 『산해경(山海經)·중산경(中山經)』.

<u>5</u> 자이광주(翟光珠),『中國古代標準化』,
太原: 山西人民出版社, 1996년, p.80.

<u>6</u> 『사기(史記)·권74(卷七十四)』,
北京: 中華書局, 1982년, p.2344.

<u>7</u> 『관자(管子)·패언(霸言)』.

<u>8</u> 『관자(管子)·오보(五輔)』.

<u>9</u> 『관자(荀子)·왕패(王霸)』.

<u>10</u> 『예기(禮記)·중용(中庸)』.

<u>11</u> 『묵자(墨子)·상동상(尚同上)』.

<u>12</u> 『관자(管子)·패언(霸言)』.

3장

배천-하늘의 이치에 맞춘다

천하질서는 하늘(天)의 질서에 근거한 것이고, 천하의 전체성 및 조율성은 하늘의 전체성 및 조율성과 일치한다. 이러한 하늘의 이치에 맞춘다는 배천(配天) 신념은 일종의 정치 신학(神學)적 상상이지만 이런 상상은 자연 형이상학, 즉 도(道)의 형이상학으로부터 비롯되었다.

　고대 중국에서는 자연을 하늘과 땅(천지)으로 나누었고, 사람은 천지 사이에 존재하면서 천지를 연결하는 중간적 존재로 보았다. 천-지-인 삼자의 일치점 혹은 공통점은 도(道)이다. 도(道)는 최적의 가능한 존재 방식(the best of the possible ways to be), 혹은 어떤 존재가 가장 잘 존재할 수 있는 방식을 의미한다. 존재를 천-지-인 세 범주로 나누는 것은 과학적 관점도 아니고 인식론적 관점도 아니라 미학적 형이상학적 관점이다. 사람의 미학적 눈으로 볼 때 자연은 하늘과 땅 두 가지 모습으로 나타난다. 대지는 현실 생활의 모든 것을 짊어지며 사람의 삶의 터전이자 자원이면서 천하의 소재지이다. 하늘은 모든 가능성을 감싸주며 만물의 원칙이자 한계이다. 대지가 모든 것을 짊어진다는 은유적 함의는 모성의 양육과 사심 없는 베풂이다. 하늘이 감싸준다는 은유적 함의는 부성의 지도와 감독이다. 고대 중국에는 초월적인 일신교가 형성되지 않아 유일신이 선지자에게 지령을 전달하는 상황을 설정한 적이 없다. 따라서 하늘은 비록 존재의 이치를 지시하지만 하늘은 말이 없다. 그렇다면 하늘의 도리는 어떻게 사람에게 전달되는가? 또 어떤 정보가 전달되는가?

하늘은 말을 하지 않고 자연의 변화를 통해 하늘의 도리를 보여준다. 공자가 말했다. "하늘이 언제 말을 했던가. 사계절이 돌아가고 만물이 자란다. 하늘이 언제 말을 했던가.(天何言哉. 四時行焉, 百物生焉, 天何言哉)"[1] 맹자도 비슷한 얘기를 했다. "하늘은 말이 없다. 일과 행동으로 보여줄 뿐이다.(天不言, 以行與事示之而已矣)"[2] 자연의 빠른 변화로 사물도 순식간에 변화한다. 흔들리는 사물을 측정하기 힘들다면 사람의 사상도 사물에 초점을 둘 수 없다. 특정 사물에 초점을 두더라도 그것을 이해할 수 없고 단지 사물 주변에서 떠돌며 그 변화의 세(勢, 추세)를 따라갈 뿐이다. 세(勢)는 한 상태가 다른 상태로 변화하는 가능성이다. 즉 한 사물이 '원래대로인 것(being as it is)'에서 '원래대로가 아닌 것(being as it is not)'으로 변화하는 상태이다. 세(勢)는 미완성, 불확정, 그리고 개방되어 있다는 특성이 있는데, 이에 대한 가장 인상적인 표현은 아르헨티나 작가 보르헤스의 "갈라진 시간(the forking paths of time)"이다.

하늘이 보여주는 도리가 사물의 변하지 않는 본질이 아니라 만물의 지속 변화하는 세(勢)라면, 도(道)의 형이상학도 사물의 본질을 추구하는 것이 아니라 만물의 변화를 수용할 수 있는 상(象, comprehensive images, 종합 이미지)을 찾는 것이다. 상(象)은 아무것도 단언하지 않고 단지 가능성을 제시할 뿐이다. 즉 변화의 도리에 대해 알아차리는 것이다.

도의 형이상학은 변화에 관한 형이상학(metaphysics of becoming)이다. 이것은 존재에 관한 형이상학(metaphysics of being)과는 다른 목적과 문제의식을 지니고 있다. 도의 형이상학은 존재에 대해 놀라지도 않고 곤혹스러워하지도 않는다. 존재는 이미 선택할 수 없는 기정 사실이기 때문에 문제가 되지 않는다. 우리는 사실 존재에 대해 문제 제기조차 할 수 없다. 여기서 존재는 망각된 것이 아니라 단지 간섭받지 않는 것일 뿐이다. 사람은 필연이고 절대적인 존재를 귀찮게 할 능력도 없고 또 그렇게 해서도 안 된다. 오직 선택할 수 있는 가능성만이 인간의 운명이다. 따라서 도의 형이상학은 '변화'에만 관심이 있고 '본질'에 대해서는 별로 생각하지 않는다. 어떻게 변할지(how becoming)만 고민하고 무엇이 있는지(what is there)에 대해서는 고민하지 않는다. 무언가 있으면 그것이 그것이다. 그것은 이미 주어진 상태이다. 중요한 것은 존재의 무한한 가능

상태이다. 노자가 말한 것처럼 "따를 수 있는 도는 근본의 도가 아니다. 정의할 수 있는 개념은 근본 개념이 아니다.(道可道非常道, 名可名非常名)"[3]

자연은 모든 가능한 선택의 존재론적 한계이다. 그러므로 천도(天道)가 인도(人道)보다 우위에 있으며 사람은 자연을 위해 법칙을 정해줄 수 없다. 자연은 인간의 주관 의지에 맞추어 조절하지 않는다. 인간이 자신을 조절하여 자연에 적응하는 것만 가능하다. 그러므로 만물은 사람의 척도이지만, 그 역은 성립하지 않는다. 천도(天道)를 벗어난 어떠한 인도(人道)도 자신의 존재 근거를 포기한 것과 같고, 끝내 재앙과 요얼(妖孼)의 길로 나아가게 된다.

도의 형이상학은 자연의 존재론적 의도를 이해함으로써 존재하는 도리를 이해하려고 한다. 존재 자체를 볼 때, 존재의 의도는 계속 존재하고 영원히 존재하는 것이다. 존재란 존재 자신에 대한 지속적인 긍정이고, 존재의 자아 긍정은 변화 속에서 존재한다는 것이다. 변하지 않는 것은 죽은 것이다. 존재 자체(being)는 변화가 없고 본질(essence)도 변화가 없기 때문에 존재 자체와 본질은 모두 죽은 것이고 실제로는 존재하지 않는다. 오직 변화(becoming)만이 존재할 수 있다(to be being). 『주역』에 나오는 "천지의 큰 덕은 사는 것이다.(天地之大德曰生)"[4] "그 것을 잇는 것이 선(善)이요, 그것을 이루는 것이 성(性)이다.(繼之者善也, 成之者性也)"[5]라는 말은 이를 얘기하고 있다. 그렇다면 어떻게 이것이 존재 자신의 의도라는 것을 알 수 있는가? 왜 존재의 의도는 죽는 것이 아닌가? 아마도 이렇게 이해할 수 있다. 존재하지 않는 것은 존재에 대한 부정이다, 그리고 존재는 그 자신의 부정을 추구할 수 없다, 따라서 존재는 바로 영원히 존재하는 것을 위한 것이다. 존재의 의도가 영원히 존재하는 것이라면 존재의 의미는 그 미래성(futureness)에 있고, 잘 존재하기 위해서는 '일신(日新, 날로 새로워짐)'을 해야 한다. 『주역』은 인도(人道)가 천도(天道)를 기준으로 한다면 그 뜻을 다 얻을 수 있다고 주장한다. "천지와 비슷하기 때문에 어긋나지 않는다."**6** 노자도 비슷한 생각을 했다. "사람은 대지를 본받고, 대지는 하늘을 본받고, 하늘은 도를 본받고, 도는 자연을 본받는다."**7**

자연은 신(神)적인 것이지만 신은 아니다. 하늘은 말하지 않으니 하늘이 인간에게 소식을 전달할 때는 선지자를 통하지 않고 자연의 온갖 변화로 암시한다. 자연의 암시를 사람이 이해할 필요가 있고 이런 자연의 변화를 읽을 수 있는 사람이 '성인(聖人)'이다. 뜻이 명확한 개념으로는 자연의 변화를 표현할 수 없으니 전설에 따르면 성인은 의미가 개방적인 '상(象)'을 만들어 변화의 이치를 은유적으로 표현하였다고 한다. 『주역』에는 64개의 상(象)이 있는데 이것은 64종의 변화 즉 세(勢)를 의미하며, 이것으로 행동과 운명 간의 가능한 연관성을 추산한다. 이 구체적인 숫자는 단지 신비주의적인 상상이고 너무 따질 필요는 없다. 『주역』은 고대의 점복(占卜)책인 『역경(易經)』을 근거로 발전한 형이상학 텍스트이므로 점칠 때 사용한 비밀 코드를 이어받아 수많은 억측과 연상을 유발하였다. 여기서 우리는 그 신비주의적 추론에는 관심이 없고 오직 이 책이 암시하는 천도(天道)에 대해서 알고 싶다. 천도(天道)는 천하의 도리에 대한 형이상학적 근거이다. 그렇다면 천도는 무엇을 전달했는가? 이것이 바로 공자가 해석하고자 하는 은유이다.

공자는 『역경』을 주해하면서 『역경』의 용도가 "천하의 뜻을 소통하고 천하의 사업을 결정하고 천하의 의문을 해결하는 것"이라고 했다.[8] 『주역』의 형이상학은 정치에 큰 의미가 있는 존재론 원칙 "생생(生生, let all beings be in becoming)"을 제시하였다. 『주역』에서는 이렇게 말한다. "모든 존재를 살게 하는 것이 역이다."[9] '역(易)'의 일차적 해석은 "부단히 새로 바꾸고 변화한다."이고, 동시에 내포된 또 하나의 뜻은 "(부단히 새로 바꾸고 변화하는 것은) 영구 불변의 도리"이다. 따라서 이 말의 완전한 뜻은 "새로 바꾸고 변화하는 모든 생명을 생기 넘치게 하기 위한 것이고 이것이 영원불변의 도리"이다. 이 존재론 원칙에 포함된 "천하의 사업"은 바로 모든 생명이 상호 포용하고 공존할 수 있는 세계, 즉 포용성(compatibility)과 공존성(co-existentiality)을 갖춘 세계이다. 이런 세계에서 모든 존재는 존재할 수 있으며 또한 생기가 충만하다. 여기서 존재론 원칙은 정치 원칙으로 전환할 수 있다. 천하는 하늘과 대응하는 존재이기 때문에 천도(天道)와 인도(人道)는 대칭 관계이고 존재론 원칙도 정치 원칙과 대칭 관계를 이룬다. 하늘이 세계를 덮고 있기 때문에 천하는 세계의 척도에 도달해야 한다. 하늘의 의도는 모든 존재의 상호 포용과 공존이기 때문에 천하의 의도도 모든 사람의 포용과 공존이어야 한다. 따라서 천하의 존재 질서는 필히 공존성을 그 구축 원칙으로 삼을 것이고 천하를 창제하는 것은 충돌과 분열의 세계를 내부화하여 상호 포용하는 천하로 전환하는 것이다. 세계가 아직 천하로 바뀌지 않았다면 모든 개인 그리고 모든 국가는 영원한 평화를 누릴 수 없다. 소위 "천하가 어지러우면 나라가 안정하지 못하고 나라가 어지러우면 집안이 안정하지 못하고 집안이 어지러우면 이 한 몸이 안정하지 못하다."[10]가 바로 이런 상황이다.

3장 주

<u>1</u> 『논어(論語)·양화(陽貨)』.

<u>2</u> 『맹자(孟子)·만장상(萬章上)』.

<u>3</u> 노자(老子),『도덕경(道德经)·
제1장(第一章)』. 어떤 사람은 이 말을
"말할 수 있는 도는 보편적인 도가
아니다. 명명할 수 있는 개념은 보편적
개념이 아니다."라고 해석하는데,
틀렸다고 할 수는 없지만 노자의 원래
뜻을 벗어난 것이다.『도덕경』은
전권을 통틀어서 도가 뭔지 설명하고
있고 또 '변화'만이 불변의 도라고
명확하게 얘기하고 있다.

<u>4</u> 『주역(周易)·계사하전(系辭下傳)·
제1장(第一章)』.

<u>5</u> 『주역(周易)·계사하전(系辭上傳)·
제5장(第五章)』.

<u>6</u> 『주역(周易)·계사하전(系辭上傳)·
제4장(第四章)』. "與天地相似, 故不違"

<u>7</u> 노자(老子),『도덕경(道德經)·
제25장(第二十五章)』. "人法地, 地法天,
天法道, 道法自然"

<u>8</u> 『주역(周易)·계사하전(系辭上傳)·
제11장(第十一章)』. "以通天下之志,
以定天下之業, 以斷天下之疑"

<u>9</u> 『주역(周易)·계사하전(系辭上傳)·
제5장(第五章)』. "生生之謂易"

<u>10</u> 『여씨춘추(呂氏春秋)·권13(卷十三)·
유대(論大)』. "天下大亂, 無有安國,
一國盡亂, 無有安家, 一家皆亂, 無有安身"

4장

제도적 안배

천하체계는 천도(天道)를 인도(人道)로 전환하는 사업이다. 주공이 설계한 분봉 제도는 정치사(政治史)에서 독창적인 제도 실험이었다. 이 실험은 천하의 이념을 충분히 실현하지는 못했지만 천하체계의 유일한 실험이었고, 그 제도 설계의 득과 실은 미래의 천하체계에 중요한 참고가 될 수 있다.

주나라의 분봉 제도는 세계의 땅을 망라할 수 있는 등급 구조의 네트워크이다. 오늘의 시각으로 보아도 천하체계의 네트워크는 시대성 심지어 미래성을 갖추고 있지만, 그 등급 구조는 오늘날의 가치관과 맞지 않는 지배 구조로 간주되기 쉽다. 하지만 등급이 없는 사회는 오늘날까지도 실천되지 못한 이상이다. 고대 사회에 등급 제도가 존재했지만 오늘날의 사회에도 사실상 등급이 존재한다. 비록 등급 제도는 평등의 가치에 위배되지만 사회를 운영하는 데에 필요하다. 가치에는 가치의 도리가 있고 현실에는 현실의 도리가 있다.

구체적으로 본다면, 주나라의 천하체계 네트워크는 세 등급으로 나뉜다. 제1등급은 세계의 후견(보호 감독) 중심인 종주국(천자의 직할 구역)이고, 제2등급은 봉국(封國)과 복국(服國)으로 구성된 제후국들이다. 여기서 '봉국'은 주나라 때 새로 생긴 나라고 '복국'은 이미 있는 상태에서 천하체계에 가입한 나라이다. 제3등급은 제후국 아래(혹은 안)의 귀족 사대부의 채읍(采邑, 영지)이다. 이렇듯 '천하-국가-가정' 세 등급의 정치 단위가 통치 네트워크를 구성한다.

　　정치학의 기준으로 볼 때, 주나라가 천하체계를 창립하기 전에는 아직 제도화된 법적 국가가 없었고 각 지방을 실제로 통치하는 정치 세력들만 있었다. 이들을 방국(邦國)이라고 부르지만 추장 가족이 통치하는 추장 국가 혹은 부족 국가였다. 역사학이나 인류학의 기준으로 볼 때 일정 규모의 왕성(王城)과 통치하는 땅이 있으면 이를 국가로 볼 수 있다. 이런 기준이라면 주나라 이전에도 이미 여러 국가가 있었던 것이다. 이것은 기준이 다른 문제이므로 이에 대해 자세히 따질 필요는 없다.

　　주나라는 법적인 천하 제도를 만들면서 동시에 법적인 국가 제도를 만들었다. 분봉과 수납의 방식으로 각지의 정치 세력을 하나의 체계로 망라하고 법률(제도)로 등급제와 통치 제도를 확정하였다. 봉국은 주나라의 귀족과 이성(異姓) 공신에게 주어졌으며 기록에 따르면 71개의 봉국이 있었는데 그중 같은 성씨의 나라가 53개였다.[1] 복국은 봉국보다 훨씬 많은데 652개가 있었다고 하고 800개가 있었다는 설도 있다.<u>2</u> 제후국의 숫자가 이렇게 많은 이유는 한편으로는 전통 정치 세력을 존중한 결과이고 다른 한편으로는 천하체계의 안정 혹은 안전을 위한 것이다. 그 정치 논리는 수백 년 후 가의(賈誼)가 다음과 같이 설파하였다. "천하의 다스림과 안정을 원한다면 제후를 많이 세우고 그 힘을 적게 하는 것보다 더 좋은 방법이 없다. 힘이 적으면 의리로 다스리기 쉽고, 나라가 작으면 나쁜 마음도 없어진다.(欲天下之治安, 莫若眾建諸侯而少其力, 力少則易使以義, 國小則亡邪心)"<u>3</u>

주나라의 천하체계 네트워크는 다음 몇 가지 특성이 있다. ① 지역 구조는 전체 구조의 복제판이고 모든 지역은 규모가 작은 완전한 시스템이다. 이것은 부분 집합과 모집합의 관계와 유사하다. 따라서 정치 질서는 보편적으로 전이되고(transitive) 각 나라는 독립적으로 자치를 한다. 종주국은 천하제도, 보편 질서와 체계의 공동 이익 유지 등을 책임지고, 자치하는 제후국의 내부 문제는 각자 해결하고 스스로 해결할 수 없는 문제가 발생하면 종주국이 직접 지원하거나 다른 나라를 조직하여 도와준다. ② 전체 네트워크 시스템은 무한 개방성을 지닌다. 이론상으로 천하체계의 크기는 세계와 같다. 비록 이상과 실제 간에 차이가 있지만, 무한 개방성은 무한 상호 포용을 의미한다. ③ 천하체계의 특징은 자발적인 협력이고, 그 정당성은 만민의 인정과 지지에서 온다. 각 나라는 자발적으로 가입하거나 탈퇴할 수 있다. ④ 모든 나라는 종주국을 대체하여 천하의 새 중심으로 발전할 가능성이 있다. 즉 혁명의 가능성을 인정하는 것이다. 하지만 혁명은 천명(天命)의 증명(정치적 정당성)이 있어야 한다. 만약 종주국이 극악무도하여 민심을 잃으면 대체할 수 있다.

종주국과 제후국의 권리와 의무의 안배는 대략 다음과 같다. ① 천자는 천하 토지의 소유권을 갖고 있고 핵심 지역 일부분을 직할 지구 즉 종주국으로 한다. 명산대천(名山大川) 등 배분할 수 없는 공공 자원도 천자에 귀속되고 기타 토지는 제후에게 분봉한다. ② 제후는 분봉 받은 토지와 인민의 사용권은 있지만 소유권은 없다. 따라서 토지와 인민은 모두 양도할 수 없다. ③ 종주국은 전체 체계의 공공 질서를 유지하고 제후국은 국내에서 고도의 자치권을 갖는다. 그와 동시에 제후국은 종주국의 공공 질서 유지 비용을 분담해야 한다. 그 방식은 납공(納貢)과 복역(服役)인데 이것은 세금과 다르다.(세금보다 훨씬 낮은 수준). 납공은 주로 각 지방의 특수 물자(광물 혹은 특산품)를 제공하고, 복역은 주로 공역(工役, 수리 공사 혹은 도로 등 기초 시설 공사)과 병역(兵役, 반란 토벌)이다. 제후는 정기적으로 조정에 와서 업무 보고를 해야 하고 천자도 때때로 제후국에 가서 시찰한다. ④ 종주국은 가장 많은 군사력을 갖고 있고 제후국은 등급, 인구와 토지에 따라 군대를 보유한다. 제도에 따르면 천자는 6군(軍, 1군은 1만2천5백 명)을 보유하고, 대제후국은 3군, 중제후국은 2군, 소제후국은 1군을 보유한다.[4] 이런 배치 하에 종주국의 병력은 압도적인 우세가 아니어서 힘의 균형을 이룰 수 있다. 만약 종주국이 덕을 잃으면 몇 개 제후국의 힘만 합쳐도 이를 전복시킬 수 있다.

천하체계의 지리적 구도에 대해 주나라는 반은 정치적이고 반은 종교적인 모델을 설계하였다. 즉 가족 구조를 모방하여 천하 네트워크에 적용하고 가족의 친소(親疏)와 원근(遠近) 관계를 정치 관계로 탈바꿈한 것이다. 천자는 천하의 중심에 있고 왕기(王畿) 즉 종주국을 직할한다. 천자가 있는 곳이 바로 '중국(中國)'이다. 왕기(王畿)는 '천리(千里)의 땅'이며 이 범위 안은 '내복(內服)'이고 제후국으로 구성된 '외복(外服)'과 구별된다. 제후국은 5백리 단위로 점차 밖으로 확장된다. 하지만 이것은 단지 이상적인 설계로, 지리 조건과 전통 부족 세력 범위 때문에 실제로는 이렇게 반듯하게 배치될 수 없었다. 내복과 외복을 합쳐 오복(五服)[5]이라 했고, 또 구복(九服)[6]이라는 설도 있다. 가깝거나 먼 가족 관계/정치 관계는 바로 등급 관계로 반영된다. 봉국(封國)의 작위(爵位)는 복국(服國)보다 높고, 또 종주국과 군사 경제 문화 등 다방면에서 더욱 밀접한 관계를 유지한다.[7] 그리고 가장 바깥에 있는 먼 방국(邦國)은 상징적인 책봉과 조공 관계만 유지한다.

주공이 천하체계를 설계할 때는 이성주의와 이상주의를 모두 고려하였다. 천하체계는 모든 나라를 하나의 공존 체계 안에 포함하여, 평화적 관계를 최저 기준으로 삼아 상호 이익 최적화의 가능성을 바탕으로 여러 다른 차원의 협력을 설정하였다. 이것이 소위 '협화만방(協和萬邦)'의 원칙이고, 그 기본 정신은 협력 최대화, 충돌 최소화의 세계를 구축하는 것이다. 주나라는 이런 설계에 힘입어 8백 년 동안 지속되었고 중국 역사상 가장 긴 왕조가 되었다. 물론 주나라 후반기는 계속 쇠락하고 붕괴되는 과정에 있었고 이는 이 제도의 예상치 못한 설계 오류와 관계가 있다. 이 점에 대해서는 뒤에서 설명하겠다.

4장 주

1 『순자(荀子)·유효(儒效)』.
　　"周公兼制天下, 立七十一國,
　　姬姓獨居五十三人."

2 『일주서(逸周書)·세부(世俘)』,
　　『여씨춘추(呂氏春秋)·관세(觀世)』.

3 『한서(漢書)·가의전(賈誼傳)』.

4 『주례(周禮)·하관사마(夏官司馬)』,
　　『좌전(左傳)·양공14년(襄公十四年)』.

5 『국어(國語)·주어상(周語上)』.

6 『주례(周禮)·하관(夏官)·대사마(大司馬)』.

7 『상서(尚書)·우공(禹貢)』.

5장

무외 - 바깥이 없는 세계[1]

천하의 근본 원칙은 '무외(無外, 밖이 없다)'이다. 바로 해석하면 전 세계가 내부이고 외부가 없다는 뜻이다. 즉 천하는 외부성이 없고 내부성만 있는 세계다. 여기서 무외는 세계의 내부화를 실현하는 정치 문제이고 세계의 모든 곳이 천하의 내부가 될 때, 즉 모든 사람이 상호 포용성과 공존성을 구비할 때 세계가 비로소 천하가 된다.

『예기』에 "천자는 나간다고 말하지 않는다.(天子不言出)"라는 구절이 있는데,[2] 그 뜻은 천하의 어떤 곳이든 천자의 집이기 때문에 어디를 가도 천하 밖으로 나가지 않았으니 나갔다고 말할 수 없다는 것이다. 『춘추공양전』에도 주(周) 천자의 대신은 제후국에 취직이나 피난을 하러 가도 '출분(出奔)'이라는 표현을 쓸 수 없다고 했다. 그 이유는 그는 어디를 가도 천하의 내부를 벗어나지 않았기 때문이다.[3] 천자는 천하의 모든 토지의 소유권을 갖고 있기 때문에 온 천하는 천자의 집이다. 그래서

"왕자무외(王者無外)"라고 하는 것이다.4 고대의 시가(詩歌)도 이렇게 읊고 있다. "온 하늘 아래 왕의 영토가 아님이 없으며, 온 땅끝까지 왕의 신하가 아님이 없다."5

공자가 보기에는 '무외'의 천하도 가장 이상적인 천하가 아니다. 이상적인 천하는 "천하위공(天下爲公)"6이다. 즉 천하는 모든 사람의 공공재라는 것이다. 여불위(呂不韋)의 해석이 더 명확하다. "천하는 한 사람의 천하가 아니고 천하 사람의 천하다.(天下非一人之天下也, 天下人之天下也)"7 '왕자무외(王者無外)'의 천하는 세계의 무외(無外)를 실현한 것뿐이고 세계 소유권의 '무외' 특성 즉 천하의 공유를 실현한 것은 아니라서 주나라의 천하체계와 이상적인 천하체계의 격차를 알 수 있다. 하지만 우리가 역사적 맥락을 넘어 당시의 제도를 비판할 필요는 없다. 주나라의 제도는 이미 군주제 조건하에서 공유하는 천하의 극치에 도달했던 것이다.

이상적인 천하의 무외를 설명하기 위해 『여씨춘추(呂氏春秋)』에서 (지어낸 이야기로 추측되지만) 인상적인 예를 들었다. 어느 형(荊)나라 사람이 활을 잃어버렸는데 찾으려고 하지 않았다. 왜냐고 물으니 "형나라 사람이 잃어버리고 형나라 사람이 주울 것이니 뭐 하러 찾는가"라고 말했다. 이것을 듣고 공자가 평론했다. "형나라를 빼면 더 좋았을 것이다." 노자는 이를 듣고 "사람을 빼면 더 좋았을 것이다."라고 평했다.8 그 형나라 사람은 온 국민이 하나라는 경지에 도달했고, 공자는 세계 만민이 하나라는 경지에 도달했으며, 노자는 세계 만물이 하나라는 경지에 도달했다. 노자의 경지는 이미 정치 문제를 벗어나 형이상학적 차원의 문제가 되어버렸고 공자의 평가가 천하무외의 정치 원칙에 더 근접하다. 하지만 공자의 경지도 사실 너무 이상화한 것이다. 현실에서는 어떤 제도도 인간의 이기심을 극복할 수 없다. 따라서 천하무외 원칙의 실천 목표도 매우 현실적이다. 즉 공동 이익과 공유 이익이 있는 체계를 만들어 모든 국가와 개인이 이 체계와 그 규칙을 받아들일 수 있게 하자는 것이다. 달리 말하면, 어떤 국가 혹은 개인이 이 천하체계를 받아들여서 얻을 수 있는 이익이 이 체계를 파괴해서 얻을 수 있는 이익보다 더 커야 한다. 이런 의미로 볼 때 천하체계는 합당한 '무외'의 특성을 지닌다.

그럼 천하체계 내부에는 중심과 주변의 인식이 있는가? 예를 들어 화이(華夷)의 구별 같은 문제가 있다. 이 문제는 역사적 맥락에서 이해해야 한다. 고대에서 화이라는 말은 지역과 자연 조건의 차이로 발생한 생산, 생활 방식과 문화 풍속의 차이를 지칭하는 것이고 일종의 묘사성(descriptive) 어휘인 데다 중성의 개념이다.[9] 여기에 종족 혹은 민족에 대한 차별이나 멸시의 뜻은 없었다. 고대의 지리인류학 문헌인 『산해경(山海經)』에서는 먼 지방의 온갖 기괴한 생활 양식을 기술하고 있는데, 그 내용이 읽는 사람을 놀라게 하지만 단지 경험의 서술일 뿐이다. 발달한 지역이 낙후한 지역보다 우월하다는 생각은 지금까지도 모든 인류 사회에 존재하는 인지상정이다. 고대 중원 지방이 먼저 발달한 것도 역사적 사실이다. 중원에서 가장 먼저 성숙한 문자가 발달되었고 이를 기초로 문명이 빠른 속도로 발전하여 고대 천하의 중심이 되었다.[10]

　　주변 부족은 자연스레 중심을 지향하는 행동을 하기 시작했고, 모방 학습과 물자 탈취, 심지어는 중원의 통치권 획득 등 그 방법은 다양하다. 중원은 각 부족 공동의 경쟁 대상이자 장소가 되었고 승자는 중원 문명을 점유하고 또한 계속 발전시킨다. 맹자도 일찍이 일부 성왕은 만이(蠻夷) 출신이고 예를 들어 순(舜)은 동이(東夷) 사람이고 주문왕(周文王)은 서이(西夷) 사람이라고 했다.[11] 중요한 것은 천하무외의 개념은 선험적으로 대립적인 외부성을 배제하고 동시에 다양성과 포용성을 인정하였다는 것이다. 만이(蠻夷)와 융적(戎狄)은 다 오복(五服) 안에 있고 사해의 먼 나라도 천하 안에 있다. 발달한 중원 문화는 스스로 문명의 모범이라고 생각하지만 기타 문화에도 장점이 있다는 사실을 부정하지 않는다.

　　춘추시대 유여(由余)의 이야기가 좋은 예다. 유여가 서북에 있는 융(戎)왕의 사신으로 진(秦)나라에 갔다. 진왕 무공(繆公)이 "중국은 시서(詩書) 예악 등 법도로 다스리는데 여전히 나라가 어지럽다. 너희 융이(戎夷)는 이런 것도 없는데 더 어렵지 않은가?"라고 묻자 유여는 답했다. "이것이 바로 중국이 어지러운 이유다. 옛 성인 황제(黃帝)가 예악 법도를 만든 후 솔선수범

했는데도 소치(小治)만 이루었다. 후대에 와서는 더 교만해지고 법도를 지키지 않았다.. 우리 융이는 다르다. 주상은 덕을 품고 신하를 대하고, 신하는 충신(忠信)을 품고 주상을 모신다. 나라를 다스리는 것이 마치 몸을 다스리는 것과 같다. 어떻게 다스려지는지 모르는 것이 진정한 성인의 다스림이다." 무공은 감명받아 신하에게 "이웃 나라에 성인이 있더라."라고 말했다.[12]

더 유명한 예는 조무령왕(趙武靈王)의 경우다. 조무령왕이 호복기사(胡服騎射, 오랑캐 복장으로 말 타고 활쏘기)의 개혁을 시도하자 귀족 대신은 반대한다. 이유는 중국은 성인의 가르침과 예악이 있어 늘 멀리서 와서 보고 배워 가는데 만약 거꾸로 먼 나라의 옷을 입고 옛 가르침을 바꿔버리면 민심을 거스르게 된다는 것이다. 이에 대해 조무령왕은 "상민은 습속에 구애받고 학자는 배운 것에 구애받는다. 둘 다 멀리 보지 못한다. 삼대(三代)는 복식이 다르지만 성왕이 되었고, 오백(五伯)은 가르침을 따르지 않아도 잘 다스렸다. 고금(古今)의 풍속이 다른데 어찌 고대를 따르는가. 제왕(帝王)은 서로 계승하지 않았는데 어떤 예를 따르는가. 몸에 이로우면 옷(服)이 되는 것이고 일에 편하면 가르침이 되는 것이다. 때를 보고 법을 제정하는 것이고 일을 보고 예(禮)를 제정하는 것이다. 법령 제도는 각각 그 시의(時宜)를 따르는 것이고, 의복과 기물은 쓰기 편해야 하는 것이다. 따라서 나라를 다스리는데 도(道)가 하나일 필요가 없고 옛것을 따라야 할 필요는 없다."라고 답했다.[13]

그 외에도 선진(先秦) 때 중원 제후의 일부 왕족 귀족이 만(蠻), 이(夷), 융(戎) 등의 글자를 이름으로 사용한 예가 있어서, 이 글자들이 부정적인 의미가 아니라는 점을 알 수 있다. 이에 대해 왕커(王柯)는 재미있는 해석을 내놓았다. "유목 민족은 힘이 세고 건장하니 만이(蠻夷) 등 이름은 사내아이가 강건하기를 희망하는 뜻일 가능성이 있다."[14]

이론상으로 천하무외는 세계의 공유성을 의미하며 누구라도 천하질서의 구축에 참여할 권리가 있고 어떤 민족도 천하질서의 주도자가 될 수 있다. 문화의 경계를 두지 않았기 때문에 천하 개념은 보편적인 흡수력과 해석력을 지닌다. 역사상 여러 민족이 중원에 진입했고 특히 요(遼), 금(金), 원(元), 청(淸) 등 왕조는 모두 천하 개념으로 그 정당성 즉 천명(天命)을 해석했다.

5장 주

1 [옮긴이] '무외(無外)'는 이 책의 핵심
개념 중의 하나인데, 뜻은 문자대로
'밖이 없다, 외부가 없다'이고, 저자는
부연하여 '타자가 없다'는 의미로도
많이 사용한다. 문맥에 따라 '무외'
혹은 풀어서 표기한다.

2 『예기(禮記)·곡례하(曲禮下)』.

3 『춘춘공양전(春秋公羊傳)·
은공(隱公)·1-1-6』.

4 사마광(司馬光), 『자치통감(資治通鑒)·
권27(卷二十七)·한기19(漢紀十九)』.
"春秋之義, 王者無外, 欲一於天下也"

5 『시경(詩經)·소아(小雅)·북산(北山)』.
"普天之下, 莫非王土, 率土之濱, 莫非王臣"

6 『예기(禮記)·예운(禮運)』.

7 『여씨춘추(呂氏春秋)·권1(卷一)·
귀공(貴公)』.

8 『여씨춘추(呂氏春秋)·권1(卷一)·
귀공(貴公)』.

9 『예기(禮記)·왕제(王制)』.

10 전설에 따르면 중원에 문자가 있는
것은 신석기 시대인 황제(黃帝)
시대부터라고 하지만 천명쟈의 고증에
의하면 완정한 사상을 전달할 수 있는
문자는 그렇게 일찍 나오지 않았고
은상(殷商) 초기 혹은 이보다 약간
이른 시기, 약 3500-4000년 전쯤에
나타났을 것이다. 천명쟈(陳夢家),
『中國文字學』, 北京: 中華書局, 2011년,
pp.11~15; 『殷墟卜辭綜述』, 北京:
中華書局, 1956년, p.644.

11 『맹자(孟子)·이루하(離婁下)』.

12 『사기(史記)·진본기(秦本紀)』.

13 『전국책(戰國策)·조책(趙策)·
무령왕평주간거(武靈王平晝間居)』.

14 왕커(王柯), 『民族與國家』, 北京:
中國社會科學出版社, 2001년, pp.32~33.

6장

가정과 천하의 순환

주나라 천하체계의 핵심적인 창조는 가정(家)을 세계로 전환하고 동시에 세계를 가정으로 전환하는 양방향의 구조다. 이 두 방향은 모두 가정과 천하의 구조는 같다는 전제를 두고 있지만 방향에 따라 다른 의미를 지닌다. 천하를 출발점으로 삼을 때에는 '천하-국가-가정'이라는 정치 질서를 의미하고, 가족에서 출발할 때에는 "가정-국가-천하"라는 윤리 질서를 의미한다. 두 가지 질서가 결합하여 "천하-국가-가정-국가-천하"의 순환 구조, 즉 정치와 윤리의 상호 해석 구조를 형성한다. 이런 순환 해석 구조는 무의미한 자기 참조(self-referent)나 순환 논증이 아니고 정치와 윤리의 상호 해석과 상호 증명이다. 한편으로는 가족 윤리를 천하까지 넓히고 다른 한편으로는 천하 정치로 모든 가정을 보호한다.

　"가정-국가-천하"의 윤리 확대 방식은 가정을 모방하여 가족 관계를 천하질서로 변환하는 것을 의미한다. 천자는 천하의 공동 질서와 공동 이익을 유지할 의무가 있는데 이것은 가장의 책임과 비슷하다. 이것이 소위 "천자는 백성의 부모로서 천하의 왕이 된다.(天子作民父母以爲天下王)"라는 말이다.[1] 토지와 인민을 나눠 주는 분봉(分封)은 가족의 형제 분가(分家)와 비슷하여 비록 천하를 분할해서 다스리지만 계속 "사해 안은 한 가족 같은(四海之內若一家)" 관계를 유지한다.[2] "천하-국가-가정"의 모델은 천하를 모든 사람이 소유하는 공동 재산으로 보고 천하가 모든 나라와 가정의 안전과 이익을 보장하도록 한다. 만약 가정을 천하로 바꾸는 윤리적 '무외'가 박애를 의미한다면 천하를 가정으로 바꾸는 정치적 '무외'는 공정을 의미한다.

윤리적 무외는 인도주의다. 따라서 맹자는 "나의 어른을 모시듯이 남의 어른도 모신다. 나의 어린애를 보살피듯 남의 어린애도 보살핀다. 이러면 천하가 손바닥 안에서 움직일 수 있다. 따라서 은덕을 보급하면 사해를 보장할 수 있다."라고 말한다.[3]

정치적 무외는 왕도(王道)이다. 왕도란 『상서』에서 말하는 것처럼 "치우침도 없고 편드는 일도 없는 넓고 평탄한 길, 뒤집힘도 없고 기울어짐도 없는 정직한 길"이다.[4] 혹은 공자가 말한 것처럼 "하늘과 땅, 해와 달처럼 사사로움이 없는" 것이다.[5]

여기서 '무외'의 윤리 질서와 정치 질서의 순환성을 확인할 수 있다. 한편으로는 가정 개념으로 세계는 하나라는 특성을 정의함으로써 천하의 내부성을 확정하고, 다른 한편으로는 공정하고 사사로움 없는 개념으로 천하의 공유성을 정의하여 천하의 보편성을 확정한다. 이렇게 함으로써 천하 개념과 가정 개념은 결합되고 내부성과 보편성은 일치를 이룬다.

'무외' 원칙에 따라 오직 전 세계가 내부화되어야 천하 대치(大治)에 도달할 수 있다. 내부화의 세계에서 정치 질서는 보편적으로 전달 가능한 것이다. 그리고 정치 질서가 각 정치 단계 사이에서 모순 없이 관통되어야 보편적으로 유효하고 신뢰 가능하다. 주나라의 제도를 볼 때 정치 질서와 윤리 질서는 천하-국가-가정 및 가정-국가-천하 양방향으로 모두 전달 가능하여 일종의 내부 순환을 형성한다. 윤리 원칙과 정치 원칙은 이 순환에서 모두 필수 불가결하고 따라서 동등하게 중요하다. 하지만 결국 두 개의 원칙이기 때문에 어느 것이 주인공이고 어느 것이 보조 역할인가의 문제가 생긴다.

이 문제는 『주역』의 원리와 비슷하다. 『주역』에 따르면 자연은 음양이라는 동등하게 중요한 요소로 이루어졌지만, 양은 주(主)이고 음은 보(輔)이다. 하지만 천하-국가-가정의 구조에서 천하의 사사로움 없는(無私) 원칙을 주로 볼 건지 가족의 사랑을 보편화하는(親親) 원칙을 주로 볼 건지는 미결의 문제다. 주나라 후반기의 춘추전국시대에는 이 문제에 대한 여러 가지 다른 해석이 나온다.

관중(管仲)과 노자의 해석에 따르면 천하-국가-가정 질서의 근본 의미는 보편성에 있다. 천하는 모든 사람의 집합이고 각 나라와 각 가정은 천하의 부분 집합이다. 각 정치 단위에 자기만의 독립된 이익과 독자적 질서가 있다면 더 큰 규모의 정치 단위에도 더 큰 규모의 공공 이익과 공공 질서가 있기 마련이다. 천하는 가장 큰 규모의 공공 이익과 공공 질서이므로 천하는 하늘처럼 사사로움 없이 모든 사람을 보호해야 할 것이다. 관중은 이렇게 말했다. "집을 다루는 법으로 마을을 다루면 마을은 다루어지지 않고, 마을을 다루는 법으로 나라를 다루면 나라는 다루어지지 않고, 나라를 다루는 법으로 천하를 다루면 천하는 다루어지지 않는다. 집은 집으로 다루고, 마을은 마을로 다루고, 나라는 나라로 다루고, 천하는 천하로 다루어야 한다. 같은 성씨가 아니라고, 같은 마을이 아니라고, 같은 나라가 아니라고 먼 사람의 말을 안 들어서는 안 된다. 하늘과 땅에 어디 사사로움과 편애가 있는가? 오직 군주의 품격만이 일월과 같다."6 즉 천하는 '하늘과 땅'처럼 사사로움이 없어야 하고 가정, 민족, 국가의 입장을 초월해서 다스려야 한다. 노자는 더 간결하고 더 유명한 말을 하였다. "몸으로 몸을 보고, 집으로 집을 보고, 마을로 마을을 보고, 나라로 나라를 보고, 천하로 천하를 본다."7 관중은 노자보다 이른 시대 사람이고 또 노자는 주나라 국가자료실 관리원으로 일했다고 하니 아마 관중의 저술을 읽었을 가능성이 있다. 관중과 노자의 견해는 모두 『상서』에서 정의한 "치우침이나 편들기 없는(無偏無黨)" 왕도와 가깝다.8

관중과 법가(法家) 모두 공정하고 사사로움 없는 왕도는 법(法)으로 나타난다고 믿었다. 선진(先秦) 시대의 법(法)은 지금의 법률보다 더 큰 개념으로 실제로는 전 사회의 게임 규칙, 특히 '상벌' 제도를 의미한다. 이때 법률은 '벌'을 담당하고 이익 분배 제도는 '상'을 담당하며 이 둘을 합치면 이익을 보상하고 죄악을 징벌하는 치우침 없는 게임 규칙이다. 하나의 게임 규칙이 선에는 좋은 결과, 악에는 나쁜 결과가 있다는 것을 확실하게 해준다면 천하를 다스릴 수 있다. 관중은 이렇게 말한다. "친소(親疏) 원근(遠近) 귀천(貴賤) 미악(美惡)을 따지지 않고 판단한다. 법제(法制)를 실행하고 마치 천지에 사사로움이 없는 것처럼 한다."2 여기서 말하는 법제(法制, rule by law)는 법치(法治, rule of law)가 아니다. 법제의 한계는 그 규칙의 정당성을 설명할 수 없고, 그 규칙의 헌법성(constitutionality)을 스스로 증명할 수 없다는 점에 있다. 문제의 원인은, 사사로움이 없는 법제가 반드시 좋은 삶을 보증하는 것이 아니며, 심지어 인성을 위배할 수도 있다는 데에 있다.

공자는 "천하-국가-가정" 질서의 기초에 대해 다른 견해를 갖고 있다. 공자는 이성적 질서는 결국 인정(人情)을 기초로 해야 한다는 점을 알고 있었다. 인정을 넘어선 어떠한 정치 질서도 민심에 위배되며 사람들의 언행 불일치로 인해 붕괴되고 만다. 따라서 공자는 법제를 믿지 않는다. 하지만 인정 속에는 선천적으로 사심(私心)이 있다. 인정 속에 또 다른 강력한 무사(無私)의 요소가 극기(克己)하지 않는다면 인정 때문에 반드시 충돌이 일어난다. 인정 속에 반드시 따로 무사 유전자가 있어야만 무사의 질서를 도출할 수 있다. 공자가 인정 속에서 찾은 무사 유전자는 '친친(親親, 가족 사랑)'이다. 친족에 대한 사람의 사랑은 조건이 없다. 그래서 사사로움이 없다. 따라서 공자는 '친친'을 도덕의 기초로 본다. '친친'의 사회 형태는 가족이다. 따라서 가족은 개인의 사심을 초월한 인애(仁愛)의 원산지이고 인류의 모든 인애 유전자의 담지체이니 천하 일가의 원형이 될 수 있다. 공자에게는 천하-국가-가정의 정치 질서는 반드시 가정-국가-천하의 도덕 질서를 최종 근거로 해야 하고, 바로 가정-국가-천하의 도덕 질서 때문에 천하-국가-가정 정치 질서의 정당성이 보장된다. 천하는 모든 나라와 가족을 한 체계에 포함시킬 뿐만 아니라 천하 자체를 하나의 큰 가족으로 변환시킨다. 가족의 비유는 『상서』에도 있다. "가족 나라에서 시작하여 사해에서 종료된다."[10], "천자는 백성의 부모로서 천하의 왕이 된다."[11]

유가는 가족을 모든 인도(人道)의 유전자를 포함하고 있는 신격화(神性)에 가까운 생활 공간으로 보고, 개인 가치나 사회 계약 등으로 환원(reduced)할 수 없는 선험적 의미를 지닌다고 본다. 유가가 보기에, 사람은 관계에 의해 정의된다. 따라서 개체 a를 묘사할 때 a만 단독으로 묘사해서는 안 되고 반드시 "$(a \wedge b) \wedge (a \wedge c) \wedge (a \wedge d)$.....일 때, 그리고 오직 그럴 때에만(iff) 개체 a가 존재한다."라고 묘사해야 한다. 가족의 모형으로 삶을 이해한다는 것은 가족의 논리, 즉 '논리곱($\wedge$)'으로 화목,

의무, 평화 등을 추구하는 것이다. 이와 대조적으로 만약 개인으로 삶을 정의한다면 개인의 논리, 즉 '논리합(∨)'으로 권리, 이익과 투쟁을 추구하는 것이다. 현실 생활에서는 가족 관계에서도 투쟁이 있을 수 있다. 하지만 이것은 유가의 개념을 부정하는 사례가 될 수 없다. 유가는 단지 가능성 면에서 가족은 개인의 이익 계산이 점차 감소되고 조건 없는 상호 배려와 상호 책임을 형성하기에 가장 유리한 일종의 생태 환경이라고 보는 것이다. 이런 의미에서 이상 개념으로서의 가족은 사람의 도리(人道)를 해석하기에 충분하고 "인도의 극치(人道竭矣)"라고 할 수 있다.[12]

　　따라서 가족의 원칙은 모든 사회 문제, 국가 문제 또는 천하 문제를 해결하는 최적의 선택으로 여겨진다. 가정-국가-천하의 도덕 확장 방법에 대해 의문이 없는 것은 아니다. 전국 시기에 상앙(商鞅)이 이미 날카로운 비판을 제기했다. "친친(親親)하고 사사로운 것을 사랑하라는데, 친친하면 구별이 생기고 사사로움을 사랑하면 위험하게 된다."[13] 즉 가족은 개인의 절대적 이기심을 초월하였지만 가족 단위의 상대적 이기주의를 유발하고 각 집안이 이기적으로 행동한 결과 야기하는 충돌은 개개인의 이기주의 때문에 일어나는 충돌이나 마찬가지다. 따라서 유가의 이론은 도움이 안 된다는 것이다. 현대 학자 페이샤오퉁도 비슷한 질문을 던졌다. 가족을 중심으로 확대하는 구조는 "파문(波紋, 물결)의 동심원"과 비슷하여 한 층 한 층 밖으로 멀어져 가면서 약해진다. 감정에 기초한 도덕적 배려도 낯선 사람한테는 아무런 효력이 없다. 가족 원칙은 확대 과정에서 체감(遞減) 효과가 발생하는 약점이 있다. 따라서 페이샤오퉁은 유가의 고전 담론인 "수신-제가-치국-평천하"[14]에도 사실은 이기적인 논리가 내포되어 있다고 본다. "사람은 자신을 위해서 가족을 희생할 수 있고 가족을 위해서 당(黨)을 희생할 수 있고 당을 위해서 나라를 희생할 수 있고, 나라를 위해서 천하를 희생할 수 있다."[15] 가족 모형이 보편적 인애(仁愛)를 보장할 수 없다면 천하 모형으로도 전환할 수 없다는 얘기다.

공자도 이 문제점을 알고 있었다. 공자는 인애의 확대는 모범 사례의 힘을 빌려야 한다고 생각했다. 하지만 문제는 모든 사람이 도덕적 모범을 칭찬하지만 모방하고 그에 따라 실천할지는 의문이다. 좋은 것을 따라서 같이한다는 보장은 없고, 무임승차(free-rider)의 문제는 늘 존재한다. 상앙(商鞅)은 정확하게 지적했다. "인자(仁者)는 남에게 인(仁)을 베풀 수 있지만 남을 어질게 할 수 없다. 의자(義者)는 남을 사랑할 수 있지만 남도 사랑할 줄 알게 할 수 없다. 따라서 인의(仁義)로 천하를 다스릴 수 없다."[16] 여기서 문제는 지식과 행동의 불일치이다. 유가의 가설에 따르면 인도(人道)는 자명한 것이고 사람들은 논증할 필요 없이 선악을 알고 있다. 하지만 사람들은 선악을 분명히 알고 있는데도 그것을 어긴다. 이것은 도덕의 자명성(自明性, self-evidence)이 사람들의 도덕적 선택을 보장할 수는 없다는 뜻이다. 공자가 직면한 곤경은 소크라테스와 정반대인 상황이다. 소크라테스는 아무도 일부러 잘못을 저지르지 않는다고 믿었다.(no one errs knowingly) 왜냐하면 사람이 무엇이 좋은 것인지 알고 있다면 어리석게도 나쁜 쪽을 선택하지는 않을 것이다. 공자가 본 현실은 그렇지 않았다. 『예기(禮記)·방기(坊記)』에서 공자는 "큰 이익이든 작은 이익이든 사람은 이익을 보면 의(義)를 망각한다"라고 실망을 나타냈다고 한다.

비록 공자가 생각한 모범 사례의 힘은 효력이 없어 보이지만, 공자가 제기한 모범 사례의 문제에는 중요한 이론적 의미가 담겨 있다. 모범 사례를 모방하려는 의지가 사람들에게 없는 것이 아니라, 공자가 제시한 도덕적 모범에 모방을 유발하는 효과가 없다는 점이다. 사실 모범 사례는 중요한 사회 영향력을 발휘하고, 모방 효과는 집단적 선택을 설명할 수 있는 중요한 요소다. (앞에서 논술한 '모방 실험' 게임은 바로 공자로부터 힌트를 얻은 것이다.) 문제는 진정으로 영향력이 있는 모범 사례는 도덕적 모범이 아니라 이익을 얻은 사례, 즉 소위 말하는 성공 사례이다. 단순한 도덕 모범은 영향력이 미미하며, 도덕 모범인 동시에 성공(이익을 얻은) 모범이어야만 큰 영향력을 발휘할 수 있다. 즉 도덕 모범은 성공 모범과 일치해야 사회에 영향을 줄 수 있다. 이것이 바로 공자가 간과한 핵심적 문제다. 법가(상앙과 한비자)는 이익을 얻은 모범만이 보편적 매력을 지닌다고 인식하였고 따라서 '상벌'의 규칙만이 보편적으로 유효한 질서를 만들 수 있다고 믿었다. 즉 사사로움이 없는 천도(天道)를 참조한 사사로움이 없는 인도(人道)만이 천하질서를 수립할 수 있다는 것이다.

총괄해서 보면, '천하-국가-가정'과 '가정-국가-천하' 두 종류의 질서로 인해 주나라의 천하체계는 이중적 성격을 지닌다. 한편으로는 체계화된 공존성(systematical co-existentiality)이 있고 다른 한편으로는 보편적인 보호성(universal patronage)이 있어 양자가 상호 증명하는 순환 해석 구조를 형성하는 동시에 내부적 긴장 상태를 형성하였다. 바로 이런 내부적 긴장 때문에 천하체계는 일종의 자아 수정 능력을 갖춘 존재 질서가 될 수 있었다. 주나라의 제도를 보면 천하-국가-가정과 가정-국가-천하 두 가지 질서는 이론적 측면에서 동등하게 중요하며, 실천적 측면에서는 탄력 있는 해석의 여지를 남겼다.

1 『상서(尚書)·홍범(洪範)』.

2 『순자(荀子)·의병(議兵)』.

3 『맹자(孟子)·양혜왕상(梁惠王上)』.
"老吾老, 以及人之老, 幼吾幼, 以及人之幼,
天下可運於掌. 故推恩足以保四海"

4 『상서(尚書)·홍범(洪範)』. "無偏無黨,
王道蕩蕩, 無黨無偏, 王道平平, 無反無側,
王道正直"

5 『예기(禮記)·공자한거(孔子閑居)』.
"天無私覆, 地無私載, 日月無私照"

6 『관자(管子)·목민(牧民)』. "以家爲鄉,
鄉不可爲也. 以鄉爲國, 國不可爲也.
以國爲天下, 天下不可爲也. 以家爲家,
以鄉爲鄉, 以國爲國, 以天下爲天下.
毋曰不同生, 遠者不聽, 毋曰不同鄉,
遠者不行, 毋曰不同國, 遠者不從.
如地如天, 何私何親. 如月如日, 唯君之節"

7 『도덕경(道德經)·제54장(第五十四章)』.
故以身觀身, 以家觀家, 以鄉觀鄉, 以邦觀邦,
以天下觀天下.

8 『상서(尚書)·홍범제12하(洪範第十二下)』

9 『관자(管子)·임법(任法)』. "不知親疏,
遠近, 貴賤, 美惡, 以度量斷之, 以法制行之,
如天地之無私也"

10 『상서(尚書)·이훈(伊訓)』. "始丁家邦,
终于四海"

11 『상서(尚書)·홍범(洪範)』.
"天子作民父母以爲天下王"

12 『예기(禮記)·대전(大傳)』.

13 『상군서(商君書)·개새(開塞)』.
"其道親親而愛私, 親親則別, 愛私則險"

14 『예기(禮記)·대학(大學)』.

15 페이샤오퉁(費孝通), 『鄉土中國』, 北京:
生活·讀書·新知三聯書店, 1985년, p.27

16 『상군서(商君書)·획책(畫策)』.
"仁者能仁於人, 而不能使人仁,
義者能愛於人, 而不能使人愛.
是以知仁義之不足以治天下也"

천명

정치 정당성은 정치 질서의 존폐와 관련된 중대한 문제다. 정당성을 증명할 수 없다면 그 정치 질서는 보편적 인정과 지지를 얻을 수 없고, 두 가지 위험에 처하게 된다. 첫째, 사회의 비협조 때문에 정치 질서는 실행할 수 없거나 사라진다. 이에 대해 공자는 이렇게 설명한다. "이름이 바르지 못하면 말(담론)이 순조롭지 못하고, 말이 순조롭지 못하면 일이 성사되지 않는다."[1] 둘째, 사회의 협력을 얻지 못한 정치 질서는 사회 동원 능력이 부족하고 따라서 다른 정치 역량의 도전에 저항할 수 없어 전복되기 쉽다.

정치 정당성이 바로 정치 질서의 천명(天命)이고 천명을 잃으면 혁명(革命)이 일어난다. 정당성이 부족한 정권은 폭력으로 유지할 수밖에 없다. 하지만 강한 폭력은 효율적인 사회를 수립할 수 없고 비효율적인 사회는 결국 정치의 붕괴를 초래한다. 즉 정치와 사회 양자가 조화롭지 못하면 정치는 결국 실패하게 된다. 소위 혁명은 권력을 쟁탈하는 것이 아니라 새로운 정치 질서를 구축하는 것이다. 엄격한 의미로 볼 때 혁명은 반드시 제도 혁명이어야 한다. 만약 어떤 정치 역량이 앞선 정권을 무너뜨리고 원래의 제도를 이어받았다면 정통(正統)을 계승했다고 할 수 있지만 혁명은 아니다. 이런 기준으로 본다면 중국 역사상 진정한 제도 혁명은 세 번밖에 없었다. 즉 주나라가 천하체계를 수립한 것, 진한(秦漢)이 통일된 행정 제도인 군현제(郡縣制)를 수립한 것, 그리고 청나라가 물러난 후 아직까지 정리가 안 된 현재 제도이다.

중국은 일찍부터 정치 정당성에 대해 고민하였는데 이는 아마도 작은 주(周)나라가 큰 상(商)나라를 정복했다는 특수한 역사 사건과 관련이 있을 것이다. 주나라 이전까지 '천명'은 신비한 신앙이었다. 상나라에서 천명을 보는 관점은 통치는 하늘로부터 그 명을 받은 것이고 천명은 상제(上帝)라고 부르는 하늘의 의지에서 온 것이라고 강조한다. 그 당시 '상제'의 개념은 모든 사람을 평등하게 대하는 보편 의지가 아니라, 은상(殷商) 부족만 보살펴주는 전유의 보호신이고 대체로 조상신과 합일된 상상의 대상이었다. 은상 부족은, 천명은 조상의 유산이고 이런 조상의 은덕은 다른 부족과는 무관하다고 생각했다.[2] 하늘에 대해 계속 공경을 유지하면 상제는 은나라를 버리지 않을 것이니, 지속적으로 제사하는 것이 천명을 유지하는 방법이었다.

주(周)는 작은 나라지만 상(商)을 이겼고 인위적 기적으로 은상이 천명을 전유한다는 신화를 무너뜨렸다. 이는 천명은 제사와 무관하다는 점을 증명하였는데, 그 증거로 은상은 늘 하늘에 대한 제사를 융성하게 거행했고 공경함에 해이했던 적이 없지만 하늘은 은상에 대한 비호를 포기하고 『시경』에서 읊은 것처럼 "서쪽을 바라보고(乃眷西顧)"[3] 덕이 있는 주(周)를 돕게 됐다고 했다. 따라서 하늘은 천하 모든 사람이 공유하는 하늘이며, 공자가 말한 "하늘은 사사롭게 덮지 않고 땅은 사사롭게 신지 않고 해와 달은 사사롭게 비추지 않는다."[4]도 이런 뜻이다.

하늘이 누군가를 보우하기로 결정할 때에는 제사와 관계없이 덕행이 천명에 부합하는지를 본다. 은상(殷商)은 덕을 잃었고 주(周)는 덕이 현저하니 하늘이 천명을 주(周)에게 주었다. 이것이 『시경』에서 칭송하는 새로운 천명 의식이다. "문왕(文王)의 신령이 하늘에서 밝히도다. 주(周)는 오래된 나라지만 새로 천명을 받았다. 위대한 천명으로 상(商)의 후손을 보유하게 되었다. 상의 후손은 그 숫자가 많은데 상제가 명을 내렸으니 주에 복종하게 됐다. 그래서 천명은 무상(無常)하다는 것을 알 수 있다. 왕의 충신들은 조상을 잊어서는 안 된다. 덕행을 수양하고 천명에 부합해야 하고 스스로 복을 구해야 한다."[5]

주나라는 덕행으로 천명을 다시 정의하였고 이는 의미심장한 혁명이었다. 고대 사람의 천명 개념을 더 깊이 알아보기 위해서는 문명 초기로 돌아가야 한다. 정치 이전의 자연 상태는 무력 통치에 의존하는 약육강식의 세상이고 아직까지 정치는 없었다. 인류 초기 사회에 초보의 문명은 있었지만 여전히 약육강식의 규칙이 지속되고 있었다.(그것은 지금도 마찬가지이다.) 하지만 무력으로 모든 시간과 공간을 지배할 수 없고 무력 통제를 벗어난 대량의 시간과 공간은 항상 존재했고 무력 통치에는 항상 빈틈이 있었다. 고대 사람들은 아마 경험으로 무력의 한계를 발견하고 단결된 정신 생활이 결정적인 정치적 의미가 있다는 것을 알게 되었다. 정신 생활은 집단적으로 공유할 수 있는 경험이고 정신 생활을 통제하면 사람들의 마음(심령)을 통제할 수 있었고 마음의 일치와 합의는 정치 권력의 기초가 된다.

가장 간단하고 호소력 있는 정신 생활은 종교다. 고대의 생활은 거의 자연의 힘에 의해 지배되었기 때문에 고대 사람은 자연의 보살핌과 비호를 받고 싶었고 또한 하늘의 말씀을 듣고 싶었다. 그래서 나타난 것이 무당인데, 무당은 하늘과 통하는 기술이 있어서 하늘의 정보를 들을 수 있고 따라서 담론 권력을 얻게 된다. 종교의 가장 중요한 기능 중 하나가 담론 권력인데 역사 초기에 무당과 부족의 수령은 하나였다. 갑골문의 점친 기록(卜辭)을 보면 은상(殷商) 시기까지도 왕은 무당의 우두머리를 겸하고 있었다.[6] 도대체 무당이 담론 권력이 있어서 왕이 된 것인지, 수령이 담론 권력을 갖기 위해 무당을 겸직한 것인지는 증거가 부족하여 확실하게 알 수 없다. 하지만 수령이 무당을 겸임하는 것이 무당이 왕이 되는 것보다는 더 합리적인 추론이다. 왜냐하면 고대에서 가장 위험한 도전에 대응할 수 있는 자가 부족의 수령이 되는데 당시 가장 위험한 도전은 다른 부족의 공격과 전쟁일 것이다. 따라서 초기의 부족 수령은 군사수령일 것이다. 따라서 군사 지도자가 무당을 겸하는 것이 더 합리적이다. 리쩌허우(李澤厚)는 비록 나중에 전문직 무당이 생겨났지만 정치 지도자는 신권(神權)을 장악하기 위해 여전히 무당의 우두머리를 겸임하였다고 한다.[7]

무당의 점치기, 제사, 기도 등의 방법을 제외하고 나면 사람이 하늘과 소통하여 도움을 청할 별도의 방법은 없다. 따라서 무속 종교는 먼 고대의 가장 중요한 정신 생활이다. 이것은 사람의 심령을 포함한 거의 모든 것을 설명할 수 있으니 권력으로 발전하게 된다. 만약 심령에 대한 지배를 통일시키고 만민 일심의 상태를 만들려면 무술 종교도 통일할 필요가 있다. 부족의 수령은 반드시 종교 담론과 절차 해석 등의 권력을 독점하려 할 것이고, 그러기 위해서는 종교를 관방(官方)화하고 민간의 종교 행위를 금지시켜야 한다. 상고 시대에 발생한 '절지천통(絶地天通, 하늘과 땅의 연결을 끊다)'이 이런 혁명적인 사건이다. 전설에 따르면 그때 각 부족은 장기간 혼전하여 사람들은 안전감을 찾기 위해 각자 신에게 빌고 집집마다 제사하고 모든 사람이 무당 노릇을 하게 되었다. 무술이 모든 사람이 할 수 있는 일이 되자 엄숙함을 잃고 투기와 사기가 되어버려 신령은 재앙을 내리고 백성은 고난에 빠진다. 이때 성왕 전욱(顓頊)이 종교 활동을 정돈하여 민간의 종교 행위를 금지하고 민간 무당과 천신 간의 소통을 단절시켜 버렸다. 이것이 이른바 '절지천통'이다. 이는 종교를 없애는 것이 아니라 종교를 수령 혹은 관방의 전유물로 만들고 '민과 신이 섞이지 않는 상태(民神不雜)'를 만드는 것이다. 이 사건에 대한 가장 오랜 기록은『상서, 여형(呂刑)』에 나와 있는데, 자세한 설명은 없고 단지 전욱(顓頊)이 "중(重)과 려(黎)에게 천지의 소통을 끊으라고 명했다.(乃命重黎絕地天通)"라고만 나온다. 후세에 초소왕(楚昭王)이 신하 관사부(觀射父)에게 물었다. 만약 천지의 통로를 끊지 않았다면 "백성이 정말로 하늘에 올라갈 수 있을까?" 관사부는 이 사건의 시말을 자세하게 설명했다. "그런 뜻이 아니다. 고대에 백성과 신령은 섞이지 않았고 각자 자기 질서를 지키고 어지럽히지 않았다. 하지만 나중에 민과 신이 서로 혼잡하게 되어 구별이 없어지고 집집마다 제사하고 사람마다 무당을 하여 신뢰가 사라졌다. 백성은 제사하느라 궁핍해졌지만 복은 오지 않았다. 제사에는 법도가 없고 민과 신은 동등하게 되어 백성은 서약을 경시하고 경외심이 없어졌다. 신도 사람의 규범을 경멸하고 잘못해도 바로잡지 않았다. 그래서 곡식은 잘 안되고 제사할 물품도 없었다, 재앙은 빈번하게 일어나고 그 끝이 없었다. 따라서 전욱은 중(重)을 시켜 신을 화합하게 하고 려(黎)를 시켜 백성을 화합하게 하여 질서를 회복하고 서로 침범이 없게 했다. 이것이 절지천통이다."[8] 장광즈(張光直)의 분석에 따르면 무술 민간화의 시기는 대략 앙소(仰韶) 문화 시대이고 '절지천통'의 시기는 용산(龍山) 문화 시대로

추측된다.[9]

　'절지천통' 사건은 당시의 부족 수령들이 이미 담론 권력이나 정신적 통치의 중요성을 인식했다는 것을 의미한다. 예언을 독점하면 미래를 독점할 수 있다. 만약 각 집안마다 각자의 신과 통하는 방법이 있다면 수령의 권위는 붕괴된다. 은나라는 종교적 색채가 강했고 신권 독점의 전통을 이어받아 상제와 은의 조상을 일체화하여 은상(殷商)만 보호하는 신을 만들어 하늘의 소식을 독점하고 천명의 대변인이 되었다.(이 점은 유대인이 선민(選民)으로서 신의 소식을 독점하는 것과 비슷하다.)

　주나라의 혁명은 정치 혁명이었을 뿐만 아니라 신학 혁명이기도 하다. 주나라의 신학 혁명은 기독교의 유대교에 대한 개혁과 다소 유사한 점이 있다. 이런 점을 과대할 필요는 없지만 양자는 적어도 한 가지 점에서 비슷하다. 기독교가 신의 구원을 모든 인류에게 개방되는 보편적 신의 은혜로 재해석한 것처럼 주나라도 원래 상나라에 의해 독점된 특수 천명을 보편 천명으로 재해석하여 덕행을 기준으로 천명을 선택하는 보편성을 갖추게 했다. 천명의 보편성은 천하 개념의 중요한 기초인데, 하늘이 편애 없는 보편성을 지녀야 천하도 마찬가지로 보편성과 공유성을 지니고 천하인의 천하가 될 수 있다. '천하'라는 단어는 주나라 이전에 이미 존재했을지 모르지만 주나라의 신학 혁명이 있기 전에 천명은 아직 보편 개념이 되지 못했고 상나라는 심지어 '천명' 대신 '제명(帝命, 즉 상제의 명령, 이 말은 상나라의 상제는 특수신이라는 것을 암시한다)'을 더 애용했다.<u>10</u> '천하'라는 말도 아마 지리적 함의만 있었고 아직 세계, 민심, 제도 삼자 합일의 개념이 아니었다. 보편적 '천명' 개념이 없다면 개방적이고 공유하는 '무외'의 천하도 있을 수 없다. 주나라의 신학 혁명은 일련의 큰 변화를 가져왔다.

1.

덕행으로 천명을 받을 자격을 다시 정의하였고 이는 천명이 변화할 수 있다는 점을 의미한다. 하늘 신은 어느 특정 민족의 보호신이 아니라 천하인이 공유하는 보호신이기 때문에 천명을 얻을 수 있는 조건도 행운이나 우연이 아니고 비교할 수 있는 품격 즉 덕행이다. 소위 덕행이라는 것은 하늘을 대신하여 천하를 보살피는 행위이고 천하 만민이 계속 번창하고 각자의 이득을 얻게 하는 의무이다. 이 의무를 다하지 못하면 덕을 잃은 것이고 곧 정당성을 잃은 것이다. 이것은 혁명의 이론적 기초이다.

2.

천명의 강림은 덕행에 의해서 결정되니 점복(占卜)도 더 이상 하늘의 소식을 대표하는 것이 아니다. 이것은 미래관의 혁명을 의미한다. 미래는 점치기 예언으로 알 수 있는 것이 아니고 행동에 의해 창조되는 것이다 행동이 운명을 결정하지 계시(啓示)가 운명을 알려주는 것이 아니다. 주나라가 덕행으로 성공했다는 사실이 천명을 다시 이해하는 계기가 되었다. 즉 하늘의 의지와 사람의 행동은 상호작용하는 관계이고 하늘은 사람의 행동에 근거하여 어떤 운명을 내릴 것인지를 결정한다. 따라서 미래는 예정된 것이 아니라 사람과 하늘이 상호작용을 한 후에 결정된다. 하지만 주나라 사람은 점치는 전통을 완전히 없애버리지는 않았고 다만 그것을 부차적 참고용으로 격하시켰다. 『상서·홍범』에 나오는 한 이야기에서 주나라 초기에 점치기가 차지한 위치를 알아볼 수 있다. 주무왕(周武王)이 은나라 유민 기자(箕子)에게 어떤 충고가 있는지 물었다. 기자의 충고 중 하나가 미래 예측에 관한 것이다. 만약 미래에 대해 의심이 간다면, 먼저 군주 스스로 생각해 보고, 그다음 대신들과 상의해 보고, 그다음 서민과 상의해 보고, 그 다음 거북이점 및 점괘를 본다. 만약 군주, 대신, 서민, 거북이점, 점괘 등 다섯 가지 의견이 모두 일치하면 아무 의심 없이 행동하면 된다. 만약 그중 두 종류의 사람이 반대하고 두 가지 점이 다 찬성으로 나왔다면 역시 행동할 수 있다. 만약 두 가지 점 중 하나가 반대라면, 대내 행동은 해도 되지만 대외 행동은 하면 안 된다. 만약 두 종류의 점이 모두 반대하면 행동을 포기하는 것이 좋다.[11] 주무왕이 이 충고를 얼마나 실천했는지는 모르지만, 이 충고는 미래를 판단할 때 사람의 의견이 차지하는 비중이 더 크다는 것을 보여준다. 왜냐하면 거북이점과 점괘가 모두 반대로 나올 확률은 4분의 1밖에 안 되기 때문이다.

3.

미래에 대한 재해석은 역사성을 핵심으로 하는 존재 의식을 확립하였다. 역사의 중요성은 예언의 중요성을 대체하였고 역사 의식은 계시(선지) 의식을 초월하였다. 행동이 미래를 창출하고 동시에 역사도 창출한다. 역사는 운명의 중요한 변수가 되고 과거의 덕행만이 미래에 좋은 운명을 가져오고 덕을 잃으면 미래에 액운을 가져온다. 따라서 주나라의 개국 선왕은 계속 후손에게 덕행으로 미래를 담보해야 한다고 훈시한다. 주나라로 인해 역사 의식이 중국 사상의 핵심으로 자리잡게 되었다(이른바 "육경은 다 역사다(六經皆史)"). 이로 인해 중국 문화는 계시(啓示) 문화가 아닌 역사 문화가 되었다. 미래관의 변화가 바로 역사 의식이 계시 의식을 압도한 관건이 되었을 것이다. 이것으로 '리쩌허우(李澤厚) 추측'을 설명할 수 있을지도 모르겠다. '리쩌허우 추측'이란 중국 문화의 비밀은 일찍부터 무술(巫術) 의식에서 역사 의식으로 전환했다는 사실에 숨겨져 있을지도 모르겠다고 하는 리쩌허우의 생각이다. 그리고 리쩌허우는 이 복잡한 전환 과정의 구체적인 내용은 이미 알아내기 힘들다고 본다.[12] 아마 전환 과정의 세부적인 내용은 복원하기 힘들 수 있다. 하지만 나는 주나라의 덕행 관념이 전환을 유발한 임계점이라고 믿는다. 덕행이 미래의 운명을 보장하였으니 덕행의 역사 기록이 바로 미래 운명의 비밀 코드이다.

4.

천명(정치 정당성)은 덕행에 귀결되지만 덕행에는 여전히 믿을 만한 직접 증거(evidence)가 필요하다. 주나라 사람의 생각에 가장 직접적으로 덕행을 증명할 수 있는 증거는 민심이다. 왜냐하면 민심은 무형의 천명을 가장 잘 보여 줄 수 있는 방법이기 때문이다.[13] 천명이 바뀌었다는 신호가 민심의 이동이며, 주나라의 문헌에는 이에 대한 서술이 매우 많다. 예를 들면 "탕(湯)과 무왕(武王)의 혁명은 하늘을 따르고 민심에 호응한 것이다."[14] "민심이 원하면 하늘은 따른다. 하늘은 백성이 보는 것을 보고 백성이 듣는 것을 듣는다"[15] 등이 있다. 맹자도 말했다. "걸주(桀紂)가 천하를 잃은 것은 백성을 잃었기 때문이고 백성을 잃은 것은 마음을 잃었기 때문이다."[16] 아무튼 천명은 덕행을 근거로 하고 덕행은 민심을 증거로 한다. 주나라 사상은 정치 정당성을 위한 완정된 해석 틀을 제공하였다.

여기서 문제가 끝나는 것이 아니라 이제 시작일 뿐이다. 만약 넉치를 승명하는 게 민심이라면 민심은 또 무엇인가? 통계학의 결과인가, 사람들의 보편적이고 이성적인 선택인가? 경제학 개념인가, 정치학 개념인가? 주나라 문헌에 의하면 민심은 오직 이익만 따른다. 덕치란 모든 사람이 보편적으로 이익을 얻게 하는 것이라서 민심은 반드시 덕치를 지지할 것이다. "왕이 천하의 백성을 원한다면 먼저 이익을 마련한다. 그러면 사람은 저절로 오게 된다. 마치 겨울의 햇빛이나 여름의 그늘처럼 부르지 않아도 사람은 스스로 찾아온다. 이것을 귀덕(歸德)이라고 한다."[17] "하늘은 사심이 없고 오로지 덕 있는 사람을 도와준다. 민심은 일정하지 않고 오로지 혜택을 마음에 둔다."[18]

춘추전국시대의 문헌에서도 이를 비슷하게 이해하고 있다. 관중은 이렇게 말했다. "정치가 흥하려면 민심을 따라야 한다. 정치가 망한 이유는 민심을 위배했기 때문이다. 백성이 근심 걱정을 싫어하니 나는 즐거움을 준다. 백성이 가난을 싫어하니 나는 부귀를 준다. 백성은 높은 곳에서 떨어지는 것을 싫어하니 나는 안전한 곳에 안치시킨다. 백성은 대가 끊기는 것을 싫어하니 나는 양육하고 보살펴준다."[19] 순자(荀子)는 이렇게 말한다. "천하의 공동 이익을 흥하게 하고 천하의 공동 해악을 없애면 천하는 따르게 된다."[20] 강태공(姜太公)의 이름을 빌린 전국시대의 책 『육도(六韜)』에서도 이를 자세하게 논술했다. "천하와 이익을 같이하면 천하를 얻고 천하의 이익을 멋대로 하면 천하를 잃는다. 하늘에는 때가 있고 땅에는 재물이 있다. 사람과 같이 누릴 수 있는 자는 어진(仁) 사람이다. 인(仁)이 있는 곳에는 천하가 따라간다. 사람과 동고동락하는 것은 의(義)로운 것이다. 의(義)가 있는 곳에는 천하가 찾아간다. 모든 사람은 죽음을 싫어하고 살기를 원하고, 덕을 좋아하고 이익을 따라간다. 이익을 낳는 것이 도(道)이다. 도가 있으면 천하가 따른다."[21]

간단히 말하면 민심의 요지는 세 가지다. ① 백성이 가장 관심 있는 것은 생존 조건과 물질적 이익이니 이익으로 백성에게 혜택을 주는 것이 민심을 얻는 방법이다. ② 민심의 향배는 백성이 따르는지 여부로 판단한다. 이것은 '발로 투표'하는 것에 해당된다. ③ 민심의 향배는 정치 정당성을 증명할 뿐만 아니라 혁명 정당성을 증명하기도 한다. 선진(先秦) 시기 민심에 대한 이해는 정치경제학 영역에 속해 있다는 것을 알 수 있다. 덕치의 취지는 이익을 흥하게 하고 피해를 없애는 것이다. 현대의 말로 바꾸어 본다면 안전 보장과 이익의 보편 공급이다. 총괄해 보면, 좋은 정치는 천하인을 위해 행복을 도모하는 것이고 이것은 장기간 동안 중국인이 이해해 온 좋은 정치이다.

분명한 것은 고대 중국에서 말하는 민심은 민정(民情)이지 민의(民意)는 아니다. 민의는 통계 결과로 나오는 수치이며, 민정은 모든 사람의 마음이 같이 느끼는 수요이고 자신을 타인에게 적용하면 직관적으로 알 수 있는 보편적 감정이다. 관중

(管仲)이 말한 것처럼 "사람의 감정은 다르지 않다. 그러니 민정(民情)을 통제할 수 있다."[22] 주관적인 욕구(wants)와 객관적인 수요(needs) 사이에 명확한 구별을 하는 것은 쉽지 않지만 민정(民情)은 주로 생존과 관련된 개념이고 생존에 필요한 안전과 물질 이익이 포함되지만 가치관과 종교 신앙은 포함되지 않는 것 같다. 이것은 고대 사회의 상황과 관련이 있는데 고대 사회는 기본 가치관 면에서 아직 뚜렷한 구분이 발생하지 않았다. 따라서 고대 사회에서는 공공 선택(public choice)보다 더 안정적인 공동 선택(common choice)을 택한다. 민정(民情)을 알려면 통계학을 동원할 필요가 없고 사람 마음에 대한 이성적인 판단만 한다면 알 수 있다. 이런 의미에서 민심에 부합하는 덕치는 모든 사람이 이익을 얻을 수 있는 제도적 안배라고 할 수 있다.

민심을 기준으로 한다고 해서 절대 실수가 없는 것은 아니다. 만인의 마음은 잘못된 선택을 내릴 수도 있고, 심지어 공동 이익을 보장해주는 것도 아니다. 비이성적인 집단 선택으로 대중 자신이 피해를 보는 경우도 많이 있다. 플라톤 등 그리스 철학자가 민주를 반대했고, 공자 등 선진(先秦) 철학자는 정치는 민심에 부합해야 한다고 말하지만 동시에 민중의 일시적인 마음에 귀를 기울이는 것을 반대했다. 그 이유는 민중은 무엇이 자신들에게 진정으로 유리한지 모른다는 것이다. 그리스와 중국의 고대 철학자는 모두 모든 사람이 반대할 수 없고 동의하는 보편적인 선을 찾으려고 했는데, 그리스 철학자가 찾은 것은 보편 이성으로 증명할 수 있는 지식이고 중국 철학자가 찾은 것은 보편적 인정(사람의 감정)에 포함된 도덕이다.

보편 이성의 문제점은 정확한 지식이 있어도 사람이 잘못된 선택을 내리는 것을 막을 수 없다는 것이다. 왜냐하면 행동의 최종 이유는 진리가 아니라 이익 혹은 욕망이기 때문이다. 따라서 보편적 인정(人情)이 합리적 선택을 하는 보편적 근거로 더 타당하다. 유가에는 매우 중요한 직관(直觀)이 있는데, 어떤 이성 원칙이 아무리 완벽하더라도 인정을 벗어나면 효력을 상실한다는 것이다. 인정과 무관하다면 생활에서도 의미가 없다. 하지만 사람이 선택하는 것은 생활이지 완벽한 개념은 아니다.

보편 인정에도 심각한 문제점이 하나 있는데, 바로 이기심이 가장 강력한 인지상정이고 이기심보다 더 유효한 인정을 찾기 힘들다는 것이다. 여기서 유가는 딜레마에 빠지게 된다. 즉 보편 원칙은 인정을 바탕으로 해야 하지만 정(情)으로는 이(理)를 도출할 수 없다는 것이다.

어떤 가능한 생활 방식이든 모두 자기와 타인 간의 관계의 형식으로 나타난다. 타인이 없다면 생활도 없다. 타인과의 외부 관계가 생활의 가능성을 정의한다. 타인에 의해 거절된 인정은 보편 원칙이 될 수 없다. 따라서 보편 인정은 사람의 본성에서 도출할 수 없고 오로지 인간 관계에서 도출할 수밖에 없다. 최적의 대인 관계가 바로 인정의 보편 원칙이다. 공자는 다음과 같은 사실을 발견했다. 두 사람의 관계가 모든 가능한 생활의 최소한도이다. 따라서 보편적 인정은 반드시 두 사람의 관계 속에 숨겨져 있을 것이다. '인(仁)'의 원래 뜻은 바로 '두 사람 사이'이다. 이것은 '어떤 두 사람이든 모두가 동의할 수 있는 최적의 상호 관계'라는 의미가 함축되어 있다. 일종의 관계는 상대방에게 유익하거나 적어도 피해를 주지 않아야 상대방이 받아들일 수 있다. 만약 상대방이 수용하지 않으면 인(仁)을 이룰 수 없다. 공자는 인(仁)은 "타인을 사랑하는 것(愛人)", 즉 타인의 생명과 이익을 존중하는 것이라고 했다.23 그 원칙은 "내가 서 있고 도달하고 싶은 곳에 남도 이르게 하는 것"24과 "내가 원하지 않는 것은 남에게도 하지 않는 것"25이다. 전자는 적극 원칙이고 후자는 소극 원칙이다. 공자의 소극 원칙은 기독교의 황금률과 거의 같고, 적극 원칙은 나와 타인이 공동으로 이익을 증진하는 것을 의미하며 기독교의 황금률보다 훨씬 앞서 있다.

보편 이성과 보편 인정은 상호 보완할 수 있다. 보편 이성은 공정 원칙을 의미하고 보편 인정은 합리 원칙(reasonability)을 의미한다. 보편 이성은 모든 사람이 준수해야 하는 규칙을 의미하고 보편 인정은 모든 사람이 기꺼이 받아들이는 규칙을 의미한다. 따라서 보편 이성이 생산하는 공공재는 법률이고 보편 인정이 생산하는 것은 도덕이다. 공자의 생각에는 보편 인정이 정의한 도덕이 바로 항시 불변의 민심이다. 민심이 도덕과 일치하기 때문에 도덕에 부합하는 것이 민심에 부합하는 것이다. 이런 의미에서 공자는 도덕이 정치 정당성의 근거라고 믿는다. 덕을 공경하는 것은 백성을 보유하는 것이고 백성을 보유하는 것이 천명을 보유하는 것이라고 보는 주나라 사상도 이로써 이해할 수 있다. 왕궈웨이(王國維)는 주나라의 정치에 대해 명확하게 설명했다. "천(天), 명(命), 민(民), 덕(德), 네 가지가 하나로 관통되어 주나라의 천하를 다스리는 핵심 법칙을 이룬다. 주나라의 제도와 의식은 사실 모두 도덕을 위해 만든 것이다."[26] 허우와이루(侯外廬)는 "이와 반대로 주나라의 도덕은 모두 제도 때문에 생겨난 것이라고 하면 더 정확할 것이다."라고 논평했다.[27] 이것도 매우 정교한 견해다. 주나라의 도덕 원칙은 그 제도의 핵심 관념이고 그 제도는 도덕 원칙의 현실적 경계이다.

7장 주

1 『논어(論語)·자로(子路)』. "名不正,
則言不順, 言不順, 則事不成"

2 장꽝즈(張光直), 『中國青銅時代』,
北京: 生活·讀書·新知三聯書店, 1999년,
pp.414~415; 쉬줘윈(許倬雲), 『西周史』,
北京: 生活·讀書·新知三聯書店, 2001년,
pp.101~103.

3 『시경(詩經)·대아(大雅)·황의(皇矣)』.

4 『예기(禮記)·공자한거(孔子閑居)』.
"天無私覆, 地無私載, 日月無私照"

5 『시경(詩經)·대아(大雅)·문왕(文王)』.
"文王在上, 於昭於天. 周雖舊邦, 其命維新.
假哉天命, 有商孫子. 商之孫子, 其麗不億.
上帝既命, 侯於周服. 侯服於周, 天命靡常.
王之藎臣, 無念爾祖, 無念爾祖, 聿修厥德.
永言配命, 自求多福"

6 장꽝즈(張光直), 『美術, 神話與祭祀』,
北京: 生活·讀書·新知三聯書店, 2013년,
p.37

7 리쩌허우(李澤厚), 『由巫到禮, 釋禮歸仁』,
北京: 生活·讀書·新知三聯書店, 2015년,
pp.6~7

8 『국어(國語)·초어하(楚語下)』.

9 장꽝즈(張光直), 『中國考古學論文集』,
北京: 生活·讀書·新知三聯書店, 1999년,
p.393.

10 천명쟈는 은상 시기에는 천명을
'제명'이라고 불렀고, 천명은 주나라
사람의 표현이라고 본다. 천명쟈
(陳夢家), 『尙書通論』, 北京: 中華書局,
2005년, p.207.

11 『상서(尙書)·홍범(洪範)』.

12 리쩌허우(李澤厚), 『由巫到禮, 釋禮歸仁』,
北京: 生活·讀書·新知三聯書店, 2015년,
pp.13~20.

13 『상서(尙書)·강고제15(康誥第十五)』.

14 『주역(周易)·혁(革)·단(彖)』. "湯武革命,
順乎天而應乎人"

15 『상서(尙書)·태서(泰誓)』. "民之所欲,
天必從之" "天視自我民視, 天聽自我民聽"

16 『맹자(孟子)·이루상(離婁上)』.
"桀紂之失天下也, 失其民也, 失其民也,
失其心也"

17 『일주서(逸周書)·대취해(大聚解)』.
"王若欲求天下民, 先設其利, 而民自至,
譬之若冬日之陽, 夏日之陰, 不召而民自來.
此謂歸德"

18 『상서(尙書)·채중지명(蔡仲之命)』.
"皇天無親, 惟德是輔. 民心無常, 惟惠之懷"

19 『관자(管子)·목민(牧民)』. "政之所興,
在順民心. 政之所廢, 在逆民心. 民惡憂勞,
我佚樂之. 民惡貧賤, 我富貴之. 民惡危墜,
我存安之. 民惡滅絕, 我生育之"

20 『순자(荀子)·정론(正論)』. "興天下之同利,
除天下之同害, 而天下歸之也"

21 『육도(六韜)·문도(文韜)·문사(文師)』.
"同天下之利者則得天下,
擅天下之利者則失天下. 天有時, 地有財,
能與人共之者仁也. 仁之所在, 天下歸之.
與人同憂同樂, 同好同惡者, 義也. 義之所在,
天下赴之. 凡人惡死而樂生, 好德而歸利.
能生利者道也. 道之所在, 天下歸之"

22 『관자(管子)·권수(權修)』. "人情不二,
故民情可得而御也"

23 『논어(論語)·안연(顏淵)』.

24 『논어(論語)·옹야(雍也)』.
"己欲立而立人, 己欲達而達人"

25 『논어(論語)·안연(顏淵)』.
"己所不欲, 勿施於人"

26 왕궈웨이(王國維), 「殷商制度論」,
『觀堂集林』, 石家莊: 河北教育出版社,
2001년, pp.301~302.

27 허우와이루(侯外廬), 『中國古代社會史論』,
石家莊: 河北教育出版社, 2003년, p.206.

8장

덕치와 협화

'덕치(德治)천하'와 '협화(協和)만방'은 주나라의 두 가지 기본 정치 책략이고 그 제도와 밀접하게 관련되어 있다. 그럼 책략과 제도 중 어느 것이 더 중요할까? 이것은 당시 제기된 의문이 아니고 주나라 정치 제도에 숨어 있는 문제다. 현대의 관점으로 말한다면 한 책략이 실천 과정에서 안정적 균형을 달성하였다면 제도화될 가능성이 매우 크다. 이렇게 본다면 제도는 더 중요한 질서의 모음이고 한 사회의 결정 요소이다. 하지만 제도결정론은 사회를 너무 기계적으로 해석하여 마치 제도만 설정되면 사회는 제도에 의해 자동으로 운영되는 것처럼 얘기한다. 이는 분명 문제가 있다. 왜냐하면 사람은 충분한 응변 능력을 갖추고 있어서 한 제도를 왜곡하거나 해체하여 제도의 실패를 초래할 가능성이 얼마든지 있다.

비트겐슈타인의 '규칙 따르기 역설'은 제도결정론에 대한 철학적 질의로 볼 수 있다.[1] 제도는 일종의 게임 규칙이고 규칙의 최종 의미는 구체적 실천을 통해서만 해석이 가능하다. 규칙이 미래의 상황과 세부적 실천 과정을 미리 정할 수 없기 때문에 오로지 실천을 거쳐야만 규칙의 실제 운용 상황을 알 수 있다. 그리고 규칙의 개별 실천 상황은 완전히 같을 수 없기 때문에 명확하게 정의된 규칙이더라도 이 규칙의 모든 응용 실천이 항상 일치한다고 확신할 수는 없다. 실천의 정황과 중복이 안 되는 특성 때문에 규칙은 계속 유동적으로 해석된다. 실천이 늘 유연하게 규칙을 해석한다면 진정으로 규칙을 따르는 행위가 무엇인지를 정의할 수 없게 된다. 물론 비트겐슈타인의 규칙 따르기 역설은 약간 과장된 면이 있다. 전문적이고 정확성이 매우 높은 규칙은 대체로 그 실천의 유연성을 제한하고 있기 때문에 모든 규칙이 부정되는 그런 상황은 발생하지 않을 것이다. 하지만 비트겐슈타인의 역설은 일상 생활의 대부분 규칙에 여전히 유효하다. 왜냐하면 대부분의 생활 환경은 조건이 충분히 통제되는 실험실 상태와는 다르게 항상 불확실성이 존재한다. 비트겐슈타인은 해체주의자가 아니고 기껏해야 회의론자다. 그는 단지 다음과 같은 주장을 하고 싶은 것이다. 규칙의 의미는 이미 발생한 실천 사례가 제공한 해석에 국한된다. 하지만 규칙은 미래의 실천이 어떤 해석을 내놓을지 사전에 알 수 없다. 즉 규칙은 스스로 해석하기에는 부족하고 실천에 의해서 해석할 수밖에 없다. 이미 실천된 것은 이미 주어진 해석이다. 하지만 이미 나와 있는 해석으로는 아직 실천하지 않은 해석을 도출할 수 없다. 이런 규칙의 문제점은 적어도 책략은 제도와 동등하게 중요하고 심지어 제도보다 더 정치 이상에 가까울 수 있다는 점을 보여주고 있다.

주나라의 제도 설계는 상고부터 하나라 상나라의 제도를 참고하여 그 득실을 바탕으로 혁명적인 개혁을 했다고 전해진다. 이는 주나라가 제도는 양보할 수 없는 정치 원칙이 아니라 정치 원칙의 특정 표현 방식이라고 믿었다는 것을 시사한다. 주나라의 정치 원칙은 바로 정치의 영역과 정치의 성질을 정의한 천하 개념과 선정(善政)을 정의한 덕치(德治) 책략과 협화(協和, 포용) 책략이다. 천하, 덕치, 협화야말로 주나라 정치의 진정한 정신적 유산이다. 분봉 제도나 예악 제도는 당시에만 유효한 제도이고 변경 불가한 정치 원칙은 아니다. 사실 주나라 후반에 제후들은 이미 제도를 바꾸기 시작하여 공자가 이것을 "예악 붕괴"라고 비판하였고 진시황은 더 철저하게 제도를 바꿔버렸다.

주나라의 정치는 덕치 책략과 협화 책략을 선정(善政)의 근본 원칙으로 보았다. 정당한 책략을 사용해야 제도의 유효성을 보장할 수 있다. 제도는 스스로 해석할 수 없고 오로지 실천을 통해서만 해석할 수 있다. 따라서 실천 책략은 제도보다 더 근본이 되고, 좋은 실천 책략이 있어야 제도의 순조로운 운행을 보장할 수 있다. 제도는 각종 의식 규범 법률 등으로 고정된 기능의 형식이고 정치의 기(器, 도구)에 속한다. 책략은 행위와 결합된 정치 원칙이고 정치의 도(道, 원리)에 속한다. 그 본질을 볼 때, 제도는 이미 안정된 균형 책략을 근거로 하여 제정한 것이기 때문에 고정된 인습 구조를 따르게 된다. 이런 의미에서 제도는 타성에 빠졌다고 볼 수 있고, 아직 고정되지 않은 책략만 활동성이 있다.『주역』에 따르면 형이상적인 도(道)가 영원불변의 원칙이 될 수 있는 이유는 항상 변화하는 능력을 갖추고 있기 때문이다. 따라서 활동성을 유지한 책략이 오히려 제도보다 더 불변의 도(道)에 가깝다. 덕치와 협화 두 책략은 바로『주역』의 '생생(生生, let all beings be in becoming)' 원칙의 정치적 표현이다. 덕치와 협화의 초점은 좀 다르다. 덕치의 목표는 사회의 내부화이고 협화의 목표는 세계의 내부화이다. 그 기본 정신은 비슷하여 둘 모두 협력의 최대화와 충돌의 최소화를 위한 책략이다. 그 공동 정신은 모든 사람이 기꺼이 받아들이는 보편 질서를 창출하는 것인데, 이는 공자가 말한 좋은 정치의 기준 "가까운 사람은 좋아하고 먼 사람은 찾아온다."와 비슷하다.[2]

덕(德)의 개념은 주나라 이후 중국 정치와 윤리의 핵심 개념이 되었다. 고대 문헌과 고고 연구에 의하면 덕 개념은 주나라의 발명일 가능성이 있고 은나라 때까지는 아직 덕 개념이 없었다고 한다. (이 설은 아직 정설이 아니지만) 주나라 때의 대표적 문헌인『상서』의 곳곳에서 덕치에 관한 논술을 볼 수 있다. 예를 들면 "덕이란 좋은 정치이고, 정치는 백성을 키우는 것이다. 덕을 바르게 하고 각종 자원을 잘 이용하여 백성을 풍요롭고 화목하게 한다."[3] 덕의 원래 뜻은 올바른 마음인데 이는 공정(公

正) 원칙, 특히 분배의 공정을 의미한다. "덕은 득이다"[4]라는 말이 있는데 그 뜻은 덕이 있으면 남에게 혜택을 주어 타인이 이익을 얻을 수 있다는 것이다. 또 관자(管子)는 이렇게 말했다. "사랑하고, 생산하고, 부양하고, 육성한다. 백성을 이롭게 하고 자신은 받지 않고, 그래서 천하가 따른다. 이것이 덕이다."[5] 덕은 민심을 얻기 위한 정치 책략으로 백성을 사랑하고 부양하고 이익을 얻게 하면서 자신은 탐하지 않으면 민심을 얻을 수 있다. 인민은 이익을 얻고 통치자는 권력을 얻는다. 이런 관점으로 볼 때 덕치는 이익과 권력을 교환하는 정치 책략이라고 할 수 있다. 역시 관자의 말이다. "선왕이 천하를 얻은 것은 넓고 큰 덕이 있어서였다고 하는데, 이는 물질의 이익을 얘기하는 것이다."[6] 여기서 알 수 있듯이 덕치의 원래 뜻은 모든 사람의 물질적 이익을 보장해주는 것이다.

상나라를 멸망시키기 전에 주나라는 이미 덕이 있어 제후의 추앙을 받았다. 기록에 따르면 주나라 왕은 늘 "덕을 닦고 선을 행하여 제후는 다 상나라의 주왕(紂王)을 배반하고 서백(西伯, 주문왕)[7]한테로 갔다."[8] 주공(周公)은 "덕이 있는 사람이 천하를 얻는다."라는 경험을 "천하를 다스리는" 전통으로 전환하려고 했다. 덕치 책략은 분명 장기적 안목을 갖춘 정치 의식이다. 이로써 두 가지 측면에서 장기적 안정을 도모할 수 있다.

첫째, 장기적으로 봤을 때 덕치의 효력은 무력보다 훨씬 크다. 순자(荀子)는 이에 대해 길게 논증하였는데 요지는 이렇다. 인간에게는 무력, 재화, 덕치 등 세 가지 통치 방식이 있다. 무력은 인심을 얻지 못하므로 통치는 오래가지 못한다. 부와 재화는 매력적이지만 사람의 무한한 탐욕을 만족시킬 수 없으므로 오래 통치하지 못한다. 덕치는 공정하게 이익을 나눌 수 있으므로 유일하게 오래 갈 수 있는 정치이다.[9]

둘째, 덕치의 힘은 민심이 형성한 집단적 힘에서 나온다. 만약 계속 덕치를 유지한다면 생활은 질서가 있고 이익은 보장되어서 인민은 보수적인 경향이 강해지고 반역의 적극성이 없어진다. 왜냐하면 현상을 유지하는 것이 사람들의 최적화 책략이기 때문이다.

덕치의 핵심 개념은 공정이다. 『국어』에서는 "올바름은 덕의 도리이다"[10]라고 했고, 공자도 "정치란 올바름이다"[11]라고 했다. 공정이 없으면 보편 유효한 준칙도 없어 여러 가지 이유로 모든 규칙을 파괴할 수 있다. 고대 사회에서 공정은 다 고전적 공정을 지칭하는데, 주로 두 가지 원칙이 있다. ① 비례 원칙. 모든 사람이 얻을 자격이 있는 만큼 얻는다. ② 대칭 원칙. 한 사람이 어떻게 남을 대하면 남도 그와 같이 그 사람을 대한다. 비례(ratio)와 대칭(symmetry)으로 정의된 고전적 공정은 평등(equality)과 공평(fairness)으로 정의된 현대의 공정과 분명한 차이가 있다. 현대의 관점에서 볼 때 고전적 공정은 불평등하기 때문에 받아들일 수 없다. 마찬가지로 고대의 관점에서 볼 때 현대의 공정도 받아들일 수 없다. 왜냐하면 현대식으로 하면 비례 관계는 파괴되고 그러면 오히려 평등을 위반하게 된다. 고대의 평등관은 "유제비제(維齊非齊, 단순한 평등은 평등이 아니다.)"[12]이고 이것이 하늘의 도리이다. 즉 평등은 균등하게 나누는 것이 아니라 비례에 따라서 분배하는 것이다.

덕치의 가장 중요한 항목은 토지 정책이다. 법률은 모든 가정이 일정 면적의 토지를 분배받을 수 있다고 규정하고, 경작하는 자는 자기 경작지를 보장받을 수 있다. 동시에 토지의 매매와 양도를 금지하여 사람이 토지를 잃는 것을 방지한다. 토지의 사용권이 안정적이면(토지의 소유권은 천자에 있다.) 생활은 보장되고 사회 질서도 안정된다. 공후(公侯) 혹은 종주국의 고위 관리(경(卿), 사대부 등, 현대의 국무총리나 군 장교, 부처 장관 정도)는 급에 따라 50리부터 100리의 토지를 분배받을 수 있다. 제후국의 고위 관리는 급에 따라 800묘에서 3200묘의 토지를 얻을 수 있고, 기술 관료 혹은 전문 인사(사(士)계급)도 등급에 따라 100묘에서 400묘의 토지를 얻을 수 있다. 평민도 최하급의 사(士)와 같은 100묘를 얻을 수 있다.[13] 이러한 정책이 공정한지 역사적 조건을 기준으로 확인해야 할 것이다. 기록에 의하면 성왕은 자신의 이익을 제한하고 그것을 백성에게 나눠줬다고 한다.[14] 가능한 조건하에서 인민의 이익을 최대화하고, 이익의 분배가 귀족 아닌 백성에게 상대적으로 유리하면 완벽한 덕치라고 평가받는다. 주나라는 아직 계급 사회였기 때문에 계급을 타파하는 이익 분배를 할 수 없었으므로, 덕치는 인민 이익의 극대화라기보다 통치자의 착취 최소화라고 하는 편이 더 정확하다.

그 다음으로 덕치는 정부가 인민을 위해 생계에 유리한 공공 조건을 마련해줘야 한다고 강조한다. 이것은 생생(生生)의 신념과 관련이 있는데 대지의 큰 덕은 생생이기 때문에 천하정치의 큰 덕도 역시 생생이다. 생산을 촉진할 수 있으면 천도(天道)에 부합한다. 관자는 경제와 사회 복지를 위한 덕치 정책을 자세히 소개하였다. "밭을 개척하고, 집을 짓고, 나무를 심고, 백성을 격려하고, 농사를 장려하고, 집을 수리하는 일이 생활을 풍요롭게 한다는 것이다. 재원을 개발하고, 적체된 물자를 통하게 하고, 도로를 수선하고, 시장을 활성화하고, 오가는 것을 조심하는 일이 재물을 수송한다는 것이다. 물을 준설하고, 도랑을 보수하고, 회류 여울을 뚫고, 쌓인 토사를 제거하고, 막힌 수로를 뚫고, 나루 교량을 점검하는 일이 편리를 제공한다는 것이다. 조세를 적게 걷고, 부역을 가볍게 하고, 형벌을 느슨하게 하고, 죄를 사면하고, 작은 잘못은 용서하는 일이 관용의 정치를 한다는 것이다. 노인을 봉양하고, 어린애를 보살피고, 홀로 된 자를 구제해주고, 병든 자를 돌봐주고, 상 당한 자를 위로해주는 일이 급한 자를 도와준다는 것이다. 추운 자에게 옷을 주고, 배고픈 자에게 음식을 주고, 가난한 자를 도와주고, 피곤한 자를 일으켜주고, 절망한 자를 지원해주는 일이 궁한 자를 일어나게 한다는 것이다. 이상 여섯 가지가 덕정(德政)을 흥하게 하는 조치이다. 이 여섯 가지를 실행한다면 백성이 원하는 것은 다 얻을 수 있다. 인민은 욕구가 만족되어야 윗사람의 말을 듣는다. 인민이 윗사람의 말을 들어야 정치가 잘 될 수 있다. 따라서 덕정은 반드시 실행해야 한다."[15] 『일주서(逸周書)』에서도 덕치와 관련된 각종 조치를 소개하였는데 그중 일부는 지금의 관점에서 보더라도 합리적이다. 예를 들면, 마을에 의사를 두고 약을 준비하여 질병에 대비한다, 곡식을 심을 수 없는 곳에는 나무를 심는다, 봄에는 나무를 베지 않고 초목을 자라게 하며, 여름에는 망을 치지 않고 물고기를 자라게 한다.[16] 자연 생태 보호와 지속 가능 발전도 덕치 정책에 속한다는 얘기다.

덕치는 권력의 분배에도 적용되는데 역시 공정을 원칙으로 삼는다. 구체적 정책은 현인(賢人)이 권력을 장악하게 하고 또한 그 권력을 보장해 주는 것이다. "벼슬을 주고 일을 시킬 때 오직 현인과 능력 있는 자만 쓴다."[17] 그래서 "재야에 묻힌 현인이 없도록 한다."[18] 일설에 의하면 권력의 공정한 분배는 상고 성왕의 선양(禪讓)과 공추(公推) 공의(公議)로 거슬러 올라갈 수 있다. '현인과 능력 있는 자'를 임용하는 정책은 현인에게 이익이 되지만 사회 전체에도 이익이 된다. 그 이유는 일반 백성은 개인 이익에만 관심이 있지만 현인은 공공 이익과 보편 이익에 더 관심을 갖기 때문이다. 이런 말을 현대 사회에서 하면 '정치적 올바름'에 어긋난다고 비난 받겠지만, 정치의 기능 면을 볼 때 현인과 능력 있는 자를 임용한다는 의미는 제도가 무능하고 무효한 실천에 의해 파괴되는 것을 방지하는 데에 있다. 이것은 사회 공동 이익과 연관된 정당한 이유이다.

주나라 제도의 또 하나 중요한 책략은 협화(協和, compatibility)이다. 덕치가 해결하고자 하는 문제가 '정부는 인민에 대해 무엇을 해야 하는가'라면 협화가 해결하려는 문제는 '서로 다른 이익 주체가 어떻게 협력하는가'이다. 모든 충돌은 이기심(私)에서 나온다. 관자는 "사사로움이야말로 천하를 어지럽히는 것이다."[19]라고 말했다. 이기심은 변할 수 없는 인간 본성이다. 역사가 증명했듯이, 평등, 공산, 복지, 개인 권리 등 어떤 제도적 안배도 이기심이 야기한 충돌을 해결하지 못했다. 그러면 인성이 이기적이라는 전제 조건하에 필연적으로 협력을 도출할 수 있는 책략이 있을까? 협화 책략은 바로 이 문제에 대한 의미 깊은 사색이다. '화(和)'라는 개념은 고대 파이프 관악기의 화성(和聲) 효과에서 나온 것인데 다양성을 조율하고 상호 보완한다는 의미가 담겨 있다. 『상서』에서 '협화'는 모든 정치 실체 간의 협력을 보장하는 원칙이다. 이른바 "협화만방(協和萬邦, 모든 나라를 조율한다)"[20] "사방의 백성을 화합시킨다(和恒四方民)"[21]는 이런 뜻이다.

화(和)의 뜻은 원래 명확했는데 바로 서로 다른 사물의 상호 포용과 상호 보완이다. 하지만 알 수 없는 원인으로 춘추 시기에 혼란이 생겨 화(和)와 동(同, uniformity)의 차이를 구별 못하고 그에 따라 화-동 논쟁이 발생하였다. 『좌전(左傳)』에 의하면, 제경공(齊景公)은 화(和)와 동(同)이 같다고 생각했다. 그래서 안사(晏子)는 일장 연설을 하여 '화'와 '동'의 차이를 설명했다. "화(和)는 국을 끓이는 것과 같다. 장작에 불을 붙여 물 식초 젓갈 소금 매실로 생선을 조린다. 요리사가 이를 화(和)하여 맛을 조절하고 부족한 것은 더 넣고 너무 많은 것은 뺀다. 군신(君臣)의 관계도 그러하다. 군주가 옳다고 하는 것 중에 잘못이 있다면 신하는 그 잘못을 알려 옳은 것을 완성시킨다. 군주가 잘못이라고 보는 것 중에 옳은 부분이 있다면 신하는 그 옳은 것을 알려 수정한다." "선왕이 오미(五味)를 조절하고 오성(五聲)을 조율한 것은 마음을 평온하게 하고 정치를 잘하기 위한 것이다. 소리도 맛과 같다. 기운, 몸놀림, 악기, 음율, 바람, 노래 등이 서로 어우러져야 한다. 맑고 흐린 것(淸濁), 크고 작은 것(大小), 길고 짧은 것(長短), 빠르고 느린 것(疾徐), 슬프고 즐거운 것(哀樂), 강하고 부드러운 것(剛柔), 느리고 빠른 것(遲速), 높고 낮은 것(高下), 나가고 들어오는 것(出入) 등이 서로 어울려야 한다. 군자는 이를 듣고 마음을 평온하게 한다. 마음이 평온하면 덕(德)도 조화(和)를 이룬다." "만약 물로써 물을 보완한다면 (맛이 없어) 누가 먹겠는가? 거문고와 비파 소리가 한결같다면 누가 듣겠는가? 그래서 동(同)은 안 되는 것이다."[22] 『국어』에서 사백(史伯)은 더욱 깊이 있게 분석했다. "화(和)는 만물을 생성하고, 동(同)은 지속하지 못하게 한다. 화(和)는 서로 다른 것을 균형시키는 것이므로 따라서 풍요롭게 성장하고 만물이 귀속된다. 같은 것끼리 계속 합치면 결국 다 버리게 된다." "소리가 단일하면 들을 수 없고, 색깔이 단일하면 아름답지 않고, 맛이 단일하면 풍성하지 않고, 사물이 단일하면 비교할 수 없다."[23] 이상의 논의에서 알 수 있듯이 '화'는 다양성의 조합이고 '동'은 보편적 단일화이다. '동'이 바람직하지 않은 이유는 '동'은 사물의 다양성과 풍부성을 없애고 생활의 의미와 기회를 잃게 한다. 단독으로 생존할 수 있는 생물은 없다. 이에 비해 '화'는 만물 생명의 원천이고 여러 다양성이 상호 배합하여 만물이 성장할 수 있다. 따라서 '화'는 만물 성장의 조건이다. 관자는 이에 대해 "화하면 생성되고 불화하면 생성되지 않는다."[24]라고 개괄하였다.

'화'의 개념에는 관계의 존재론이 내포되어 있다. 그 요지는 첫째, 관계가 존재를 결정한다. 사물은 단독으로 존재할 수 없고 반드시 관련 있는 어떤 다른 사물이 그 사물의 존재 조건이 된다. 따라서 공존(co-existence)은 모든 존재(existence)의 필요조건이다. 둘째, 공존 관계의 최저 기준은 상호 상해의 최소화다. 셋째, 공존 관계의 최고 기준은 상호 이익의 최대화이다. 이때 상호 의존하는 공영(共榮) 공멸(共滅)의 관계가 형성되어 어느 한 측도 일방적으로 이익을 증진할 수 없다. 이 '협화' 책략은 게임 모델로 설명하면 다음과 같다. 첫째, 게임 참가자 X, Y 사이에 다음과 같은 호혜 균형이 있다. X는 자신에 귀속한 이익 x를 얻을 때, 그리고 오직 그럴 때에만 Y도 자신에 귀속된 이익 y를 얻을 수 있다. X가 피해를 볼 때, 그리고 오직 그럴 때에만 Y도 피해를 본다. 둘째, X가 이익 증가 x+를 얻을 때, 그리고 오직 그럴 때에만 Y는 이익 증가 y+를 얻는다. 역 또한 성립된다. 셋째, 호혜 균형에서 달성한 이익 개선은 모두 각자 독립적으로 행동할 때 얻을 수 있는 이익 개선보다 크다.

'협화' 책략은 결함이 없는 협력 책략으로서 가장 안정적인 협력과 각 측 모두 만족스러운 이익 개선을 창출한다. 협화 책략은 파레토 개선보다 더 이상적이다. 파레토 개선은 사회의 총체적 발전을 보여주지만 사회 각 구성원의 보편적 만족을 보장하지는 못한다. 파레토 개선의 정의는 다른 사람의 이익(효용)을 감소시키지 않는 한도에서 일부 사람의 이익을 향상시키는 것인데, 이익 개선이 없거나 이익 개선이 상대적으로 작은 집단은 사회 전체로 볼 때 커진 '경제학의 파이'에 만족한다는 보장이 없다. 그들에게 필요한 것은 아마 '심리학의 파이'일 것이다. 만약 심리적 손실감이 경제적 파이가 커지면서 얻은 이익보다 크다면 사람들은 만족하지 않을 것이다. 오직 협화 책략만이 모든 사람이 만족할 수 있는 상황에 도달할 수 있다. 이것은 모든 구성원이 동시 개선을 이루는 파레토 개선이라고 볼 수 있다.

협화 책략이 표현하고 있는 것이 바로 공자가 얘기한 "자기가 서고 싶을 때 남도 서게 하고, 자기가 이루고 싶을 때 남도 이루게 한다."[25]는 원칙이다. 논리 부호와 영어로 표기하면 "established iff let established; improved iff let improved"인데, 공자에 경의를 표하기 위해 나는 이 협화 책략을 공자개선(Confucian Improvement)이라고 부른다.

협화 책략의 약점은 적용 조건이 까다롭다는 것이다. 협화 책략을 형성할 수 있는 객관 조건이 곳곳에 있는 것은 아니다. 주나라도 단지 부분적으로만 협화 책략을 실천했을 뿐이고 실천은 항상 관념보다 취약하다는 것을 알 수 있다. 사실 주나라 중반기부터 천하체계는 협화 상태를 잃어가기 시작했고 계속 쇠퇴하여 결국 멸망하였다. 비록 주나라는 완벽하지 못했지만 적어도 좋은 질서를 유지했었다. 그렇다면 왜 좋은 질서도 붕괴되는가? 주나라가 천하체계를 창제한 것에 특수한 원인이 있는 것처럼, 그 쇠락에도 특수한 원인이 있다. 이어서 '좋은 질서는 너무 좋기 때문에 붕괴될 수 있다'는 역설을 설명해 보겠다.

1 Ludwig Wittgenstein, *Philosophical
  Investigations*. New York:
  The Macmillan Company, 1964, p.201
  (국내 번역서는 여러 판본이 있으며,
  가장 최근에 나온 것으로 비트겐슈타인,
  『철학적 탐구』, 이영철 옮김, 책세상
  (2019)이 있다.)

2 『논어(論語)·자로(子路)』.
  "近者悅, 遠者來"

3 『상서(尙書)·대우모(大禹謨)』. "德惟善政,
  政在養民. 正德, 利用, 厚生, 惟和"

4 『예기(禮記)·악기(樂記)』. "德者得也"

5 『관자(管子)·정(正)』. "愛之, 生之, 養之,
  成之. 利民不德(得), 天下親之, 曰德"

6 『관자(管子)·패언(霸言)』.
  "夫先王取天下也,
  術術乎大德哉, 物利之謂也"

7 [옮긴이] 주나라가 아직 상나라의
  제후국일 때 왕의 호칭(작위)이 서백
  (西伯)이다. 덕망이 높은 서백은 주문왕
  (周文王)이고, 상나라를 멸망시키고
  주왕조를 설립한 사람은 그의 아들
  주무왕(周武王)이다. 그리고 '천하'를
  창제한 주공(周公)은 주문왕의 아들이자
  주무왕의 동생이다.

8 『사기(史記)·주본기(周本紀)』.

9 『순자(荀子)·의병(議兵)』.

10 『국어(國語)·주어하(周語下)』.
   "夫正, 德之道也"

11 『논어(論語)·안연(顏淵)』. "政者正也"

12 『상서(尙書)·여형(呂刑)』, 『순자(荀子)·
   왕제(王制)』.

13 취통쭈(瞿同祖)『中國封建社會』, 上海:
   上海世紀出版集團, 2003년, pp.87~100

14 『안자춘추(晏子春秋)·내편간상
   (內篇問上)·제11(第十一)』.
   "薄於身而厚於民, 約於身而廣於世"

15 『관자(管子)·오보(五輔)』. "德有六興,
   曰: 辟田疇, 利壇宅, 修樹藝, 勸士民,
   勉稼穡, 修墻屋, 此謂厚其生. 發伏利,
   輸墆積, 修道途, 便關市, 慎將宿,
   此謂輸之以財. 導水潦, 利阹溝, 決潘渚,
   潰泥滯, 通郁閉, 慎津梁, 此謂遺之以利.
   薄徵斂, 輕征賦, 弛刑罰, 赦罪戾, 宥小過,
   此謂寬其政. 養長老, 慈幼孤, 恤鰥寡,
   問疾病, 吊禍喪, 此謂匡其急. 衣凍寒,
   食饑渴, 匡貧窶, 振罷露. 資乏絕,
   此謂振其窮. 凡此六者, 德之興也.
   六者既布, 則民之所欲, 無不得矣.
   夫民必得其所欲, 然後聽上, 聽上,
   然後政可善爲也. 故曰德不可不興也"

16 『일주서(逸周書)·대취해(大聚解)』.
   "鄉立巫醫, 具百藥以備疾災"
   "不可樹穀者樹之材木" 春三月山林不登斧,
   以成草木之長, 夏三月川澤不入網罟,
   以成魚鱉之長"

17 『상서(尚書)·무성(武成)』.
"建官惟賢, 位事惟能"

18 『상서(尚書)·대우모(大禹謨)』.
"野無遺賢"

19 『관자(管子)·심술하(心術下)』.
"私者, 亂天下者也"

20 『상서(尚書)·낙고(洛誥)』.

21 『좌전(左傳)·소공20년(昭公二十年)』,
『안자춘추(晏子春秋)·외편(外篇)·
제5(第五)』.

22 『국어(國語)·정어(鄭語)』.

23 『관자(管子)·내업(內業)』.
"和乃生, 不和不生"

24 『논어(論語)·옹야(雍也)』.
"己欲立而立人, 己欲達而達人"

9장

왜 좋은 질서도 붕괴되는가

천하 개념 이야기는 점점 끝나간다. 춘추 시기 주나라는 쇠락해지고 천하는 다시 난세가 되어 제후는 서로 정벌하고 패주가 되려고 다툰다. 전쟁과 권모가 주류가 되었다. 역사 조건으로 볼 때 주나라는 분명 좋은 사회였고 2000년 동안 계속해서 모범이었다. 하지만 주나라는 붕괴했다. 이는 좋은 질서도 장기간 동안 유지될 수 없다는 의미이며, 심각한 문제다. 문학적 전통 해석은 유행하는 공식처럼 왕조의 붕괴를 마지막 통치자의 타락 부패 때문이라고 서술한다. 물론 주나라 후기에 황당한 이야기도 있지만 주나라는 끝까지 부패한 왕조는 아니었다. 주나라는 부패 때문에 망한 것이 아니라 좋은 질서의 고상한 결함 때문에 망한 것이다.

정치 질서는 인간 세계에서 창조한 비자연적 존재 질서이다. 이런 의미에서 역사라는 것은 인류의 창세(創世) 과정이고 사람의 존재론도 일종의 창세 이론이다. 세계를 창조한 창세론은 신의 영역이지만 역사를 창조한 창세론은 사람의 영역이다. 인류의 모든 문제는 모두 세계를 위해 역사를 창조하는 창세론 딜레마에서 나온다. 이 딜레마란 인류는 질서를 창조할 능력은 있지만 모순이 전혀 없는 질서를 창조할 능력은 없고, 역사를 창조할 능력은 있지만 미래를 통제할 능력은 없다는 것이다. 따라서 미래는 항상 치명적인 문제이다.

앞서 얘기한 것처럼 주나라가 발명한 천하체계는 "작은 것이 큰 것을 다스리고", "하나로써 여럿을 다스리는" 특수 상황에서 유효한 정치 질서를 구축하기 위한 것이다. 이것은 역사상 유일무이하고 현재까지 두 번 다시 나타나지 않은 상황이다. 이 상황 때문에 주나라는 자기 이익의 최대화를 추구할 수 없었고 자기 이익을 최소로 압축한 후 공정에 가까운 질서와 합리적인 이익 분배로 정치 권력을 보장했다. 이 때문에 주나라는 모범 왕조가 되었다. 고대 사회는 일반적으로 전제(專制) 정치를 실시했지만, 주나라의 정치 질서는 예외였고 전제로 주나라의 정치를 설명하려면 맞지 않는다. 비록 주나라 정치에도 군주제나 귀족 세습 등 전제적 요소는 있었지만, 주나라의 천하체계는 이익과 권력을 분배하는 세계 체계이고 확실히 권력과 이익에 대한 독점을 포기하였다. 그리고 주나라는 덕치를 실시했기 때문에 종주국이 공공재를 제공하기 위해 부담한 비용이 제후국으로부터 받은 수입보다 적었다. 따라서 '세계 평화'와 '세계 질서'를 유지하기 위한 지출은 주로 종주국이 부담한다. 그리고 각 제후국의 공물은 주로 각지의 특산품(철기, 소금, 보검 등 실용 물품부터 보석, 모피와 같은 사치품, 그리고 코끼리, 말 같은 동물도 있었다)이고 이것은 경의를 표하는 선물이지 정해진 수량의 세수(稅收)가 아니었다. 시간이 지나면서 주나라 종주국의 경제력은 각 제후의 조공 물자로 인해 더 강해지는 것이 아니라 오히려 공공재의 부담 때문에 더 약해졌다. 여기서 알 수 있는 것은 주나라의 종주국 지위는 정치적 권위만 있고 전제(專制)에서 발생하는 경제적 이익을 누리지는 못했다는 점이다. 또한 주나라는 천자와 사대부가 천하를 '공동 통치'하는 성왕의 전통을 채택하였는데 이런 제도하에서는 천자가 독단적으로 결정할 수 없고 정한 제도를 따라야 할 뿐만 아니라 대신과도 상의해야 한다. '공동 통치'는 '민주'가 아니지만 협상 정치의 특성을 갖추었다. 주나라 정치의 특성을 고려한다면 이 제도를 '감독제(supervisorship)'라고 부르는 것이 적절할 것이다. 현대 정치학은 왕왕 '민주'와 '전제' 두 개념으로 모든 정치 제도를 설명하려고 드는데, 이것은 너무 빈약하고 정치의 수많은 가능성을 포괄하지 못한다.

주나라의 정치는 충분히 좋은 정치 질서이기 때문에 그것이 왜 붕괴했는지에 대해 더더욱 생각해 볼 필요가 있다. 어떤 불리한 요소가 주나라의 질서를 파괴했는가? 서주(西周) 말년에 서북 지방 유목 민족의 공격으로 수도를 옮겨 동주(東周) 시대로 넘어갔는데, 이 사건 때문에 유목 민족의 반란이 주나라 제도 쇠락의 원인으로 설명되고 천도(遷都)는 쇠락의 대표적 지표로 해석되어 왔다. 하지만 이런 이해는 인과 관계가 뒤집힌 꼴이다. 주나라가 먼저 쇠락해서 질서를 유지할 수 없기 때문에 일부 방국(유목 민족)이 반란한 것이지 그 역은 사실이 아니다. 주나라의 천하는 여러 민족(혹은 부족)을 포괄하고 성공적으로 '협화만방(協和萬邦)'하여 보편적 평화 질서를 수립했다. 하지만 주나라와 유목 민족 간의 협력에는 한 가지 약점이 있는데, 유목 민족과 주나라의 관계는 주로 정치 관계이고 실질적인 경제 협력은 없었다는 점이다. 유목 민족의 생활 방식 때문에 생활 수단(자원)의 축적이 부족하여 중원의 물자는 항상 큰 유혹이 된다. 만약 중원과 유목 민족 간에 안정적인 무역 관계가 유지된다면 약탈의 필요성은 많이 줄어들 수 있다. 하지만 중원 지방은 생활 물자가 풍부하여 유목 민족으로부터 원하는 것이 별로 없어 무역을 하려는 적극성도 미미하고 간혹 한정적인 교환만 이루어질 뿐이다. 또 주나라는 소박한 생활을 숭상하여 먼 나라의 희귀 물품을 귀하게 여기는 것을 반대했다.『상서』에 기록된 것처럼 주나라는 외국과 교류하여 "주변의 외국은 멀고 가깝고 할 것 없이 모두 손님으로 와서 지방 특산물을 바쳤다." 하지만 물질에 빠지는 것을 경계하여 "특이한 물건을 귀하게 여기지 않고, 먼 곳의 물건을 보배처럼 여기지 않았다."[1] 이렇게 먼 나라의 물품을 경시하니 유목 민족과 적극적으로 경제 교류를 하려 들지 않았을 것이고, 당연히 유목 민족의 정치 협력과 충성을 유지하기 힘들었을 것이다. 하지만 유목 민족의 반란은 주나라 쇠락의 근본 원인이 아니라 부차적인 것이다.

주나라의 쇠락은 아마도 실천하기 힘든 높은 기준의 덕치 때문일 것이다. 덕치로 흥했다가 덕치로 망했다고도 할 수 있다. 덕치는 좋지만 주나라의 제도는 설계상의 결함 때문에 장기적으로 지속하기 힘들었다. 쉬줘윈(許倬雲)과 거즈이(葛志毅)의 연구에 의하면, 주나라의 분봉은 서주(西周) 중반 때 이미 정지되었다. 분봉을 하기 싫어서 그런 것이 아니라 더 이상 분봉할 토지가 없었기 때문이다.2 이것은 주나라가 예상 못했던 제도적 한계다. 당시 주나라가 지배하는 토지는 물론 한정적이지만 설령 주나라가 정말 전 세계를 지배했더라도 토지는 결국 한정적이다. 분봉은 언젠가 중단될 것이고 후대에 귀족이나 공신이 '마땅히 받아야 할' 분봉을 받지 못하면 제도의 인센티브는 사라지고 만다. 천하의 공공 이익을 위해 일하는 사람은 적어지고 심지어 불평불만이 발생할 것이다. 또한 주나라의 제도에 의하면 봉국은 세습하는 것이고 중대한 잘못이 없다면 그 봉국을 박탈하거나 바꾸어 봉하는 일이 거의 없다. 따라서 제후의 최적화 전략은 기존의 가업을 지키는 것이고 천하의 공공 이익을 위해 힘쓰지 않을 것이다. 잘못을 저지르지 않는 것이 공훈을 세우는 것보다 훨씬 쉬우니, 가업을 경영하는 것이 천하의 공공 이익을 위해 노력하는 것보다 훨씬 선호될 것이다. 따라서 기득권자는 천하의 이익에 대해서 더 이상 관심을 갖지 않게 된다.

주나라 천하제도의 장점은 네트워크식의 상호 의존, 호혜 협력의 관계이다. 하지만 이런 천하체계는 고대의 경제와 기술 조건으로 볼 때 너무 앞선 것이어서 그 제도적 장점을 충분히 발휘할 수 없었다. 주나라는 공유할 수 있는 네트워크 질서를 수립하였지만 사실상 '공유할 수 있는 이익'은 그리 많지 않았다. 우선 그 당시는 이 체계와 부합하는 네트워크식 경제 유동이 없었고 따라서 체계 전체가 혜택을 누릴 수 있는 그런 공공재를 제공하기 힘들었다. 물질적 조건이 천하의 개념을 따라갈 수 없기 때문에 주나라 천하체계의 정치 기능은 경제 기능보다 훨씬 강하다. 따라서 주나라의 천하는 정치 천하이고 아직 경제 천하를 형성하지 못했다고 할 수 있다. 주나라 시대의 경제는 아직도 각 지방이 자급자족하는 형태였고, 비록 통상무역은 있었지만 각 나라가 경제적으로 상호의존하게 될 정도는 아니었다. 예의(禮儀)를 중심으로 하는 정치 코드가 경제 교류보다 훨씬 더 큰 의미를 지닌다. 그러니 왜 공자가 예악 제도를 주나라 제도의 핵심이라고 보는지 이해가 될 것이다.

　　결국 제후와 사대부 호족은 점차 천하는 단지 이상적인 개념일 뿐이고 각국의 현실 이익이 천하의 공동 이익보다 더 중요하다는 점을 알게 되었다. 따라서 각 제후는 앞다투어 자신의 힘을 키우고 점점 강대해진 제후는 더 이상 종주국이 제공하는 안전 보장을 필요로 하지 않게 된다. 다른 한편 종주국 주나라는 천하의 공공 질서 공공 안전 비용과 분봉의 비용을 담당해

야 하니 자기 자원은 날로 고갈되고, 각 제후에게 분배할 수 있
는 이익이 탕진되면 덕치는 빈말이 되고 영향력도 사라진다. 주
나라의 군사 역량은 중기부터 이미 반역 제후국을 제압하지 못
할 정도로 약화되었고 천하 전체의 안정을 유지하기에는 더욱
더 턱없이 부족했다.

　　유목 민족의 공격을 막지 못해 주나라는 도읍을 동쪽으로
옮겼고 이 과정에서 종주국의 직할지를 대부분 잃었고 경제력
과 정치적 권위 모두 크게 감소하여 더 이상 제후를 관리할 수
없게 되었다. 제후는 명의상 여전히 천자를 존중하지만 실질 이
익과 관련된 문제가 생기면 전혀 양보하지 않았다. 춘추시대 초
기 정(鄭)나라가 맨 먼저 천하질서를 파괴하여 한 작은 나라를
합병시켰는데, 주나라는 이 천하제도를 어긴 위법 행위에 대해
아무런 조치를 내리지 못하였다. 이어서 정나라는 농작물 때문
에 주나라와 충돌했는데, 정나라 군대가 주나라를 격파하고 왕
을 다치게 하였다. 이 두 사건은 당시 게임 규칙이 변했다는 것
을 세상에 알리는 상징적인 사건이었다. 주나라의 종주국 지위
는 명예직으로 퇴화되었고 비록 명목상 권위는 그 이후에도 수
백년 동안 지속되었지만 정치적 영향력은 심지어 오늘의 유엔
보다 못하였다. 주천자(周天子)의 의미는 정치 정당성의 평계가
되었고 패권국은 모두 천자를 대표한다거나 천하질서를 유지
한다는 이름으로 다른 나라를 침략하고 병탄했다. 명의상 각 제
후국은 아직 천하체계에 속해 있었지만, 천하의 세계 정치는 이

미 패권국의 국제 정치가 되었다. 이런 정치의 발전 과정은 매우 특수하다. 즉 정치는 '세계 정치'에서 시작했고(주왕조), 그 다음 '국제 정치'로 퇴화하고(춘추전국), 마지막에 이르러 '국가 정치'가 되었다(진(秦)나라 이후부터 청(淸)나라까지).

진시황의 건국은 중국 정치의 중요한 분수령이다. 즉 천하 체계와 세계 정치를 고별하고 국가를 절대 권력으로 하는 국가 정치를 시작한 것이다. 주나라의 권력이 쇠약해진 춘추전국시대의 각 패권 제후가 생각하는 것은 어떻게 난세를 종료시키고 천하체계를 재건하여 천하의 새 주인이 되는가였다. 마지막 6국을 정복하기 전에 진나라에서 이미 새 정치 제도를 기획하고 있었다는 확실한 증거는 없다. 물론 상앙(商鞅), 한비(韓非), 이사(李斯) 등은 정치 개혁의 필요성을 계속 강조했지만 '새 정치'의 개념은 여전히 모호했다. 6국을 멸망시킨 후에야 비로소 '새 정치'가 새로운 의제로 등장하게 된 것이다.

800년 동안 지속된 주나라의 천하체계는 이미 전통이 되었다. 하지만 진시황의 건국은 심지어 이것보다 더 오래된 전통, 즉 귀족 제도를 파괴하였다. 진나라 왕실 외에 기타 모든 귀족은 나라 혹은 영지를 잃어 더 이상 귀족이 아니게 됐는데, 귀족 전통의 단절은 사회 구조를 근본적으로 바꿔 놓았다. 천하에 속해 있는 수많은 부족은 모두 유구한 역사를 지녔고 대부분 고증할 수 없는 연대로 거슬러 올라간다. 부족의 통치 집단은 세습 귀족이고 이 귀족 계층은 고대 사회의 기초를 형성하였다.

천하의 공주(共主)는 바꿀 수 있지만 귀족은 계속해서 부족의 합법적 대표였다. 춘추전국시대 몇백 년의 병합으로 귀족 대부분은 사라졌고, 진시황이 남은 마지막 귀족을 소멸한 후 귀족은 더 이상 하나의 사회 계층(혹은 구성 요소)이 아니었다. 진나라가 열국을 정복한 것은 전적으로 무력에 의한 것이고 정복자는 아무하고도 협상할 필요가 없이 전권(全權)으로 자신의 통치를 구축할 수 있었다. 정복한 세계를 관리하는 것과 귀순한 세계를 관리하는 것은 완전히 다른 문제다.

천하체계는 사라졌지만 천하 관념은 여전히 존재한다. 진나라 통치 집단 내부에서는 새 정치 제도가 필요한지에 대해 격렬하게 토론하였다. 이사(李斯)는 제도 개혁을 주장하고 천하체계를 재건하는 것에 반대했다.『사기』에 기록된 관련 논의는 다음과 같다.

승상(丞相) 왕관(王綰) 등이 말했다. "제후는 막 정복되었고 연(燕)나라 제(齊)나라 형(荊)나라의 땅은 멀리 있어 왕을 세우지 않으면 다스릴 수 없습니다. 황자를 왕으로 세우는 것을 건의하니 허락 바랍니다." 진시황은 신하들과 상의하도록 하였다. 대신들은 다 괜찮다고 했다. 정위(廷尉) 이사(李斯)가 말했다. "주나라 문왕(文王)과 무왕(武王)은 자제와 동성 종족을 많이 봉했습니다. 하지만 그 후대는 점점 소원하게 되어 원수처럼 서로 공격했습니다. 제후는 더 심하게 전쟁을 했고 천자는 전쟁을 금지할 수 없었습니다. 현재 천하가 폐하의 공덕에 의해 통일되어 군현으로 되어 있고, 황자 공신에 대해서는 공공의 세금으로 후하게 상을 주니 통제가 훨씬 쉽습니다. 천하 사람들이 다른 마음을 갖지 않도록 하는 것이 천하를 평안하게 하는 방법입니다. 제후를 설치하는 것은 좋지 않습니다." 진시황은 말했다. "이전에 천하는 끊임없는 전쟁 때문에 고생했는데 이건 다 제후 국왕이 있었기 때문이다. 조상의 덕으로 천하가 평정되었는데, 또 다시 나라를 세우면 전쟁을 조장하는 꼴이다. 그것을 평정하려면 어렵지 않겠는가. 정위의 말이 맞다."[3]

주나라 제도의 문제점에 대한 이사(李斯)의 비평은 한쪽으로 치우쳤지만 그 영향은 컸다. 주나라의 천하체계는 비록 이론상으로 합리적이지만 실제로 실행할 때 각국 관계가 점점 멀어지는 것을 막지 못했고 영원한 협력 관계를 유지하지 못했다. 문제의 근원은 분권 제도 때문에 종주국의 실력이 제후국을 통제할 수 없게 된다는 것이다. 따라서 진시황은 중앙 집권의 군현제 국가를 세웠다. 이로써 천하체계는 끝이 났다.

1   『상서(尚書)·여오(旅獒)』. "四夷咸賓,
無有遠邇, 畢獻方物" "不貴異物, 不寶遠物"

2   쉬줘윈(許倬雲), 『西周史』, 北京: 生活·
讀書·新知三聯書店, 2001년, p.311;
거즈이(葛誌毅), 『周代分封制度研究』,
哈爾濱: 黑龍江人民出版社, 2005년,
p.229.

3   『사기(史記)·진시황본기(秦始皇本紀)』.

방법론으로서의 천하

주나라의 종말은 제도의 실패 때문이 아니다. 제도 설계의 결함은 조절 수정할 수 있다. 문제는 이상이 시대를 앞섰다는 것에 있다. 주나라의 실험은 후세에게 정치 방법론으로서의 유산을 남겨줬다는 의미가 있다.

천하 개념은 용량이 가장 큰 정치 분석 구조를 창조하여 세계의 문제를 분석하는 기준을 제공하였다. 세계 정치든 국제 정치든 국가 정치든 모두 천하의 틀 안에서 분석할 수 있다. 또한 천하 개념은 세계를 하나의 물리 존재가 아닌 정치 주체로 인식하며, 따라서 세계는 그 자신만의 정치적 의미를 갖추게 된다. 즉 세계에는 국가 이익으로 환원할 수 없는 세계 이익이 있으며, 세계의 문제는 세계의 관점에서 보아야 하지 국가의 관점에서 이해하려 해서는 안 된다. 이 정치 방법론은 관중의 "집을 집으로 다루고, 마을을 마을로 다루고, 나라를 나라로 다루고, 천하를 천하로 다룬다."[1]와 노자의 "몸으로 몸을 보고, 집으로 집을 보고, 마을로 마을을 보고, 나라로 나라를 보고, 천하로 천하를 본다."[2] 두 고전 서술에서 따온 것이다.

천하 개념에는 정치 질서를 구축하는 존재론적 근거인 정치 존재론도 포함하고 있는데, 이것을 '공존의 존재론(ontology of coexistence)'이라고 볼 수 있다. 만약 세계에 보편 공유하는 공존 질서(order of coexistence)를 만들지 못하면 대립, 충돌, 전쟁을 극복할 수 없고 전 인류의 공동 생활도 구축할 수 없다. 세계가 분열되고 상호 대항하는 상태라면 모든 사회는 부정적인 외부성을 갖추게 되고 이것은 정치의 실패이다. 그리고 정치의 실패는 반드시 인류 생활 전반에 영향을 준다. 따라서 정치는 정치만의 문제가 아니고 전 인류의 생사와 관련된 존재론적 문제이다. 여기서 천하의 '무외(無外)' 개념의 중요성을 알 수 있다. '무외' 개념은 세계를 선험적으로 외부성이 없고 내부성만 있는 전체 존재로 보고, 선험적으로 세계는 모든 사람의 공공 이익과 공공 자원이라는 것을 인정하며, 선험적으로 상호 포용할 수 없는 이단의 개념을 배제하였다. 동시에 선험적으로 세계의 다양성과 그 포용 관계를 인정하고 일방적 보편주의나 문화 제국주의를 거부하였다. 이것이 『예기』에서 말하는 "예는 가서 가르치지 않는다"는 원칙, 즉 "예는 사람이 와서 배운다는 것은 들었지만 찾아가서 가르친다는 것은 듣지 못했다."이다.[3]

세계의 내부화를 완성하는 것이 세계 정치의 선험적 사명이다. 세계 내부화를 실현하는 데 있어서 협력적인 관계 이성은 분명 경쟁적인 개인 이성보다 우수하다. 관계 이성은 개인 이성을 거부하지 않고, 이 둘의 관계는 양자택일(alternative)의 대립 관계가 아니라 이성의 양면이다. 관계 이성의 우선적 고려 사항은 상호 피해의 최소화이기 때문에 일단 상대방으로부터 오는 보복을 배제할 수 있고, 그 다음으로 상호 이익의 최대화를 도모할 수 있다. 만약 관계 이성이 개인 이성보다 우선할 수 있다면 관계 이성을 개인 이성의 제약 조건으로 삼을 수 있고 상호 수용으로 경쟁을 제한할 수 있다. 그리고 충돌의 최소화로 협력의 최대화를 보장하고 더 나아가 최대의 공동 이익 혹은 공유 가능한 이익을 보장할 수 있다. 관계 이성의 목표는 협력의 이익이 경쟁의 이익보다 큰 사회 질서를 창출하여 공자개선(Confucian Improvement), 즉 어떤 이익 개선은 반드시 모든 당사자의 이익을 동시에 개선시키는 상태에 도달하는 것이다. 공자개선은 모든 개인이 동시에 파레토 개선을 달성한다는 의미이기 때문에 안정적이고 신뢰 가능한 제도적 기초가 될 수 있다.

천하체계는 내부화된 세계 체계(an internalized world-system)이고 이것은 제국주의의 지배적 세계 체계(a dominating world-system)와는 완전히 다르다. 월러스틴은 제국주의의 세계 체계에 대해 명확하게 설명하였다. "세계 체계의 생명력은 충돌하는 각종 힘으로 구성된다. 이 충돌하는 여러 힘의 압력 작용으로 세계 체계가 하나로 뭉쳐진다. 그리고 각 집단이 계속 그것을 자신에게 유리하게 개조하려고 할 때 세계 체계는 다시 분열된다."<u>4</u> 분명 제국주의의 세계 체계에서 결정적인 역할을 한 것은 열강의 국가 이익이다. 이와 달리 천하체계의 목표는 세계 주권을 구축하고 이 세계 주권의 권력으로 전 세계에 유리한 공동 이익을 창조하는 것이다. 정확히 말하면 천하체계의 목표는 세계 충돌의 최소화와 협력의 최대화이다.

『육도(六韜)』에는 천하 관념에 대한 결론이 있는데 여기에 인용한다.

> 문왕이 태공에게 물었다. "어떻게 천하를 다스릴 수 있을까." 태공이 답했다.
> "(도량의) 크기가 천하를 덮을 수 있어야 천하를 포용할 수 있다. 신의가 천하를 덮을 수 있어야 천하를 제약할 수 있다. 인으로 천하를 덮을 수 있어야 천하를 품을 수 있다. 은혜가 천하를 덮을 수 있어야 천하를 보전할 수 있다. 권력이 천하를 덮을 수 있어야 천하를 잃지 않을 수 있다. 따라서 천하를 이롭게 한 자를 천하가 받아들인다. 천하를 해롭게 한 자는 천하가 그를 거절한다. 천하를 성장하게 하는 자는 천하가 그를 덕으로 대한다. 천하를 살해하는 자는 천하가 그를 적대시한다. 천하를 통하게 하는 자는 천하도 그와 통한다. 천하를 궁하게 한 자는 천하가 그를 원수로 여긴다. 천하를 안정하게 한 자는 천하가 그를 의지한다. 천하를 위태롭게 하는 자는 천하가 그를 재앙으로

여긴다. 천하는 한 사람의 천하가 아니다. 오직 도가 있는
사람만이 머물 수 있다.[5]

이 한 바탕 선언식의 논술은 비록 좀 과장되었지만, 대체로 천
하정치에 대한 옛사람들의 이상화된 상상을 표현하였다.

10장 주

1 　『관자(管子)·목민(牧民)』. "以家爲家,
以鄕爲鄕, 以國爲國, 以天下爲天下"

2 　노자(老子), 『도덕경(道德經)·제54장
(第五十四章)』. "以身觀身, 以家觀家,
以鄕觀鄕, 以邦觀邦, 以天下觀天下"

3 　『예기(禮記)·곡례상(曲禮上)』.
"禮, 聞來學, 不聞往敎"

4 　이매뉴얼 월러스틴(華勒斯坦),
『現代世界體系·卷1』, 北京:
高等敎育出版社, 1998년, p.460.

5 　『육도(六韜)·무도(武韜)·순계(順啓)』.
이것은 강태공을 사칭한 논술이고,
대략 전국시대에 쓰여진 작품이다.

2부

천하를 내포한 중국

11장

소용돌이 모형

중국을 서술하는 것이 천하를 서술하기보다 더 어렵다. 천하 안에 국가가 있고, 국가 안에 가족이 있다. 이 체계는 단계와 구조가 분명하고 질서 정연하다. 중국은 그 안에 천하 구조를 내포하고 있는 국가이고 천하의 본질로 국가의 행태를 띠는 국가이다. 그러면 국가 구조와 천하 구조는 어떻게 결합되고 또 어떻게 형성되었는가?

중국의 생성과 지속의 동적 구조를 분석하기 전에 우선 몇 가지 개념을 명확히 해야 한다. 주나라의 천하체계는 춘추시대 때 쇠락하였고 진(秦)나라 때 멸망했다. 선진(先秦) 시대는 전(前)중국의 천하 시대에 속한다. 진시황이 창립한 행정 통합의 군현 제도[1] 때문에 천하는 중국으로 수축되었다. 이후부터 역사는 천하 이야기에서 중국 이야기로 전환하였다. 그래서 진나라부터 청나라까지는 고대 중국이다. 비록 진나라의 제도는 천하체계를 종결하였지만 천하 개념은 여전히 정치 유전자로 중국의 실체에 남아 있어서, 중국을 천하성을 포함한 국가로 만들었다. 진한(秦漢) 이후의 숭국은 더 이상 천하를 경영하지 않았지만 중국을 천하의 축소판으로 경영하려고 했다. 이 두 종류의 정치는 각각 이루고자 하는 목표가 있다. 천하를 경영하는 최종 목적은 전 세계의 내부화(internalization of the world)를 실현하여 세계를 더 이상 외부성(externalities)이 없는 만인이 공유하는 사회로 만들고 모든 정치 실체가 상호 포용하고 공존할 수 있게 하는 것이다. 이것이 이른바 '협화만방'이다.[2] 이에 비해 중국을 경영하는 주요 의도는 중국을 영원히 존재하게 하는 것이고 더 이상 세계의 내부화는 신경 안 쓰게 되었다. 그러므로 외부 세계는 위협과 도전으로 변해버렸다. 주나라 때 "먼 곳 사람이 오지 않게 되었다."[3]는 것은 주목왕(周穆王)의 잘못으로 야기된 질서 파괴로 간주된다.[4] 하지만 진한(秦漢) 이후 만약 황복(荒服)의 부족이 중원에 안 온다면 태평세월이고 나라의 큰 복이라고 여겨진다. 천하 '무외'의 고민이 사라지니 국가의 '내외' 문제가 초점이 된다. 따라서 중국 경영의 주의력은 어떻게 장기간 안정적인 내부 질서를 구축하느냐에 집중되었고 동시에 중국을 어떠한 외부 경쟁에도 견딜 수 있는 국가로 만드는 데 치중되었다. 천하무외의 이상은 원래 "천하를 한 집안으로 하고 중국을 한 사람으로 한다."[5]는 것인데 주나라 천하체계의 종결에 따라 '천하무외'의 이상은 중국 내부의 상호 포용 및 다양성의 원칙으로 변했다. 바로 이 원칙 때문에 천하 구조를 내포한 중국이 실현된 것이다.

　　고대 중국은 이런 특성 때문에 처음부터 미완성의 개념이고 또 늘 개방성을 지닌 존재다. 즉 중국은 연속되는 변화 속에 존재하며 그 존재 방식을 '역(易)'이라고 한다. '역'은 항상 변화하는 불변의 도리를 의미하며 변화와 불변의 복합체다. 따라서 중국이라는 것은 발전의 과정으로 표현되고, 그 실체 규모는 계속 변해왔다. 때로는 진(秦)나라의 중원이고, 때로는 당(唐)원(元)청(淸) 같은 통일된 왕조이고, 때로는 십육국, 남북조, 오대십국 혹은 송(宋)요(遼)금(金)서하(西夏)가 병립하는 분열의 땅이었다. 사실 진한(秦漢) 이래 중국이 분열의 땅으로 있었던 시간이 통일의 땅으로 있었던 시간보다 더 길다. 하지만 대일통(大一統)은 시종 정치 신학(神學)과 같은 신념으로 존재해 왔다. 역사상 중국은 분합(分合)의 동적 과정이다. 비록 분과 합이 계속 순환하지만, 그 내재적 목적은 합이다. 대일통은 권력에 대한 추구이기도 하지만 평화와 휴식에 대한 필요이기도 하다. 『주역』의 존재론 원칙을 보면, '생생(生生, 사는 것을 살게 한다)'은 존재의 근본 목적이고 만인과 만물의 '생생'에 유리한 정치 상태가 합리적 존재 상태이다. 신념은 중요하지만 결국 결정 작용을 하는 객관 동력이 있어야 한다. 단지 대일통의 신념만 갖고는 중국의 연속성과 응집력을 설명할 수 없다. 반드시 어떤 거스를 수 없는 객관적 동력이 있을 것인데, 이것이 여기서 분석해야 할 문제이다.

현대인의 역사 서술은 현대의 사유를 내포한 상태에서 역사를 이해하기 쉽다. 물론 지금의 상황을 기준으로 과거의 상황에 대해 문제를 제기할 수는 있지만, 지금의 상황을 과거의 상황으로 뒤바꾸어서는 안 된다. 만약 현재의 개념으로 고대의 사실에 비추어 갖다 맞춘다면, 이런 '역방향 구축' 작업은 역사 자체의 맥락을 절단시키며 역사는 단서 없는 줄거리의 조합이 되어버리면서 역사성(historicity)을 잃어버린다. 예를 들어 서방역사 맥락에서 들어온 민족 국가, 민족주의, 정복 왕조, 제국주의 등 학술 개념은 서방의 역사에는 일관성 있게 연결되지만, 그것으로 중국 역사를 해석할 때에는 역사 맥락의 단절을 초래한다. 비록 1911년 이후 중국도 어느 정도 서방이 주도하는 역사 맥락에 포함되었지만(인체에 비유하자면, 현대 중국은 경락(經絡)이 단절된 이후 어떤 방식으로든 다시 살아난 것이다.) 고대 중국에 대한 서술을 서방의 단서로 역으로 구축하면 결국 엉뚱한 결론을 얻게 된다.

중국의 정신 세계는 무술(巫術)에서 시작하여 역사 의식에서 완성된다. 전몽쟈(陳夢家)가 서술한 것처럼 "무속(巫)에서 역사(史)로" 발전하는 과정이다.[6] 장광즈(張光直)의 고증에 따르면, 중국 문명 초기에 정신(심령) 해석력이 있는 '무당'과 정치적 수령인 '왕'은 동일인이었고, 그만큼 정신적 권력이 (정치 권력과 대비했을 때) 중요했다. 문자가 출현한 이후 '역사'가 더 강력한 정신적 해석력이 있기 때문에 사관(史官)과 무당도 한때 동일인이었다.[7] 리쩌허우(李澤厚)는 무속이 역사로 발전하여 나중에 역사 의식이 주도하는 정신 전통을 형성한 것이 중국 문명의 관건이라고 보고, 이를 '무사(巫史) 전통'이라고 불렀다.[8]

역사가 존재에 대한 해석권을 취득한 이후 중국에서 존재에 대한 반성은 늘 역사적 형태를 취해 왔다. 존재(being)는 변화(becoming)로 이해되었다. 이와 대조로 서방 사상의 존재에 대한 반성은 그리스 시대부터 개념적이었다. 즉 존재는 반드시 영원한 개념에 의지해서 존재하는 것이다. 중국의 정신 세계는 역사를 척도로 하고 모든 존재의 의미는 역사성 속에서 전개된다. 그래서 "육경은 모두 역사다(六經皆史)"라고 한다.

공자에 따르면 『춘추』를 쓴 목적은 대의(大義), 즉 존재가 마땅히 존재하는 도리를 전달하는 것이다. 각종 서술이 해석하는 정통(正統) 혹은 대의(大義)는 다를 수 있지만 정통에 대한 해석은 모두 일종의 서술을 뒷받침할 수 있다. 하지만 무엇이 정통이냐에 대한 논증은 자신의 서술로는 안 된다. 그러면 효력 없는 순환 논증이 되기 때문이다. 미언(微言)[9]으로 대의(大義)를 전달할 수는 있지만 대의(大義)는 스스로를 증명할 수 없다. 사마천(司馬遷)의 '통변(通變, 변화의 이치에 통달하다)' 의식이 역사의 변화 그 자체, 존재의 변화의 도리에 더 접근하고 있다. 여기서 나는 정통에 관한 서술은 토론하지 않고 중국은 어떤 집단 행동을 통해 형성된 것인지만 분석할 것이다. 즉 역사 서술자의 가치관으로 중국이 어떤 모양인지를 이해하지 않고 역사 행위

자의 게임 선택으로 중국이 왜 이런 모양인지를 이해해 보고자
한다.

중국의 성장 과정은 장기간의 게임으로 이해해 볼 수 있
다. 그중에서 변천 과정에 대해 사람마다 다른 가치 판단을 내
릴 것이다. 하지만 중국을 형성한 관건은 행위자의 이성적 행동
이다. 행위자의 행동이 한 게임의 문제, 목적과 성질을 정의한
다. 여기서 주목해야 할 점은 두 가지다. ① 중국이 연속적인 존
재라면 중국의 연속성을 형성한 동력 구조는 무엇인가? ② 생
존에 가장 유리한 우세 유전자가 계속 복제될 텐데 중국 역사에
계속 복제되는 유전자는 무엇인가?

역사의 인연과 기회가 달라서 초기의 중국 정치는 세계 정
치 즉 천하체계를 틀로 하여 국가와 가정을 건설하였고, 서방의
정치는 도시 국가에서 시작하였다. 이 두 종류의 정치 유전자는
상호 보완할 수 있지만 합쳐질 수 없는 서로 다른 성격을 지닌
다. 진한(秦漢) 이후 중국은 '국가 정치'로 전환하였지만 이는 서
방의 국가 개념과 다르다. 중국은 도시 국가도 아니고 민족 국
가도 아니며 심지어 서방 개념의 제국(帝國)도 아니다. 비록 고
대 중국은 제국과 일부 유사점이 있지만(예를 들어 법적인 국경
이 없다), 사실 내용은 많이 다르다. 외관상 '제국'과 비슷한 고대
중국은 제국주의의 특성이 부족하다. 확장하지 않은 것은 아니
지만, 확장은 국가 건립의 목표도 아니었고 국가 행위의 동력도
아니었다. 중국을 대국(大國, leading power)[10]이라고 할 수 있

겠지만 이런 표현은 중국의 정치 성격을 전달하지 못하고 있다. 또 현재 서방과 중국 국내에서 유행하는 다른 관점은 중국을 민족국가와 다른 '문명국가'로 보는 것이다.[11] 중국은 분명 민족국가는 아니지만, 중국을 '문명국가'로 정의하는 것에도 여러 문제점이 있다. 만약 문명으로 중국을 정의한다면 왜 다른 문명으로 다른 국가를 정의할 수는 없는가? 다른 문명은 특색이 없어 정체성을 정의할 수 없다는 말인가? 그리고 마찬가지로 다민족 다문화인 인도, 러시아, 미국은 또 어떻게 이해해야 하는가? 그리고 민족으로 국가를 정의할 때 명확한 정치 특성이 있지만, 문명으로 국가를 정의할 때 똑같이 명확한 정치 특성을 말하기는 어렵다. 국가는 정치적 존재이니 국가에 대한 정의는 결국 그 정치적 성격을 설명해야 한다. 만약 단지 인류학의 특성으로 중국을 이해한다면 왕밍밍(王銘銘)의 '문명체(文明體)' 개념도 문명국가보다는 더 타당하다.[12]

중국을 민족국가와 다르게 한 특성은 중국의 정치 개념 혹은 원칙, 즉 중국 정치의 시작인 '무외(無外)'와 '협화(協和)'이다. 이런 의미에서 중국은 천하의 축소판(microcosm), 천하를 내부 구조로 하는 국가(a world-pattern state)이다. 단, 이상의 개념은 고대에만 적용된다. 현대 중국에도 전통 중국의 성질과 현대 국가의 성질이라는 이중 성질이 있다. 현대 중국은 고대 중국의 유전자에 현대 국가의 성질을 추가하여 현대 주권 국가가 되었지만 여전히 민족국가는 아니다. 현대 중국의 성질에 관한 논쟁은 "현대 국가는 반드시 민족국가"라는 현대 국가에 대한 편협한 이해에서 시작된다. 실제 상황을 보면 현대 주권 국가는 적어도 두 개의 기본 유형이 있다. 하나는 유럽 각국과 같은 민족국가이고 또 하나는 미국, 중국, 러시아, 인도와 같은 합중국(合衆國)이다. 합중국도 법정 영토와 법정 주권 등 현대 국가의 성질을 갖추었지만 다민족 다문화의 특성 때문에 민족국가와 구별된다. 현재의 추세로 볼 때 많은 민족국가는 점점 합중국으로 변해가고 있다. 유럽 각국의 아랍인, 아프리카인, 아시아인의 숫자가 신속하게 증가하여 이미 원래 의미의 민족국가라고 보기는 힘들다. 합중국이 현대 국가의 주요 유형으로 발전할 가능성이 크다.

중국 정치는 그 안에 계속 천하 유전자를 내포하고 있어서, 비록 천하가 중국으로 축소되었어도 고대 중국에는 민족국가나 민족주의에 대한 호소가 없었다. 중국은 청나라 말기 서방 민족국가의 도전을 받은 후 비로소 민족국가와 민족주의를 학습하기 시작하였다. 량치차오(梁啓超)는 아마 가장 먼저 서방의 민족주의와 민족국가를 배우고 현대 국가로 전환해야 한다고 주장한 사람일 것이다.[13]

고대 중국에는 정권만 있지 주권 개념은 없으며 법적인 국경도 없다. 소위 영토는 실력 변화에 따라 변화한다. 고대의 전쟁도 민족 전쟁이 아니고 정권 간의 전쟁이다. 송나라와 전쟁을 치른 요(遼)나라 군대의 통수(統帥) 한덕양(韓德讓)은 한인(漢人)이고, 남송을 멸망시킨 원(元) 군대의 최고 통수 장홍범(張弘範)도 한인이다. 오늘날의 민족주의 개념으로 본다면 이들은 민족 반역자로 취급될 것이다. 하지만 역사의 맥락에서 그들은 북방 왕조에서 태어나 생활한 주민이고 북방 왕조도 '중국' 의식을 갖고 있었다. 마치 문천상(文天祥)[14]이 정통은 남송에 있다고 생각하는 것처럼 장홍범은 천명이 원(元)에 있다고 생각했다. 만약 민족의 충돌이 아니라면, 고대 중국이 분합(分合)을 하게 하는 동력은 무엇인가? 이런 역사 동력은 어떻게 형성됐는가? 중국은 만민(萬民, 현재의 말로 하면 다민족)이 집합하는 곳이고 중국 역사도 만민이 합작하여 만든 여러 실마리가 교차되어 있는 이야기다. 모든 연속성 있는 역사를 보면 항상 어떤 사건 혹은 문제가 계속 반복하여 나타난다. 그럼 무엇 때문에 이런 유사한 사건이 계속 발생하는가? 가장 간단한 해석은 그것을 '전통'으로 귀결하는 것이다. 중국이 지속적으로 존재한 것은 일반적으로 중국 문화 전통 때문이라고 서술되고, 그것은 또 일반적으로 유가 전통으로 귀결되고, 유가 전통은 또 선명한 도덕성으로 설명된다. 이러한 문화 신화에는 몇 가지 문제가 있다. 우선, 어떤 역사적 사실이 있어 중국이 도덕적으로 더 고상하다는 것을 증명하는가? 우리는 실제 행위와 도덕 교리 사이의 괴리를 무시할 수 없다.[15] 따라서 실제 역사 행위를 만들어낸 다른 더 강력한 이유와 동력을 생각해봐야 한다. 다음으로, 유가 사상은 송나라 이후에야 최고 권위의 위치에 도달했지만, 그때 중국의 존재 모형은 이미 형성되었다. 따라서 숭국 개념 형성의 원인은 다른 데에서 찾아야 한다. 유가는 물론 중국의 전통 중 가장 중요한 요소이다. 하지만 중국 전통 안에 다양성이 동시에 존재한다는 것도 분명한 사실이다. 그보다 더 중요한 문제는, 전통이 역사에 대해 충분한 해석력을 갖추었다 해도 전통은 여전히 근본적인 해석은 아니라는 점이다. 우리는 여전히 이런 질문을 해야 한다. 왜 이런 전통이 생겼는가? 이런 전통의 매력은 무엇인가? 어떤 한 전통에는 왜 전파의 한계점 혹은 경계선이 있는가?

역사 사건은 이야기일 뿐이고 이야기 배후에는 그 내재적 동력과 구조가 숨어 있다. 어떤 사건이 계속 발생하는 동력이 무엇인가? 이는 설명이 필요한 문제이다. 역사 사건은 창의적이고 변화무쌍하지만 그 역사성은 변화하고 다양한 이야기 안에서 중복되는 동력 구조 속에 숨어 있다. 이런 내재적 동력 구조는 하나의 역사가 어떤 역사인지를 규정하는 일종의 게임이다. 역사성은 역사 이야기 속에 직접 표출되지 않고 역사의 서사성 안에 숨어 있는 반(反)서사성이고 반복할 수 없는 사건을 관통하는 반복성이다. 따라서 역사성은 형이상학적 의미를 지니며 한 존재가 왜 존재하는지를 설명할 수 있다. 어떤 존재의 시간이 스스로 깨닫는 동력 구조를 갖춘다면 역사성이 되고, 역사가 시간을 점유하게 된다. 역사성을 이해하는 방식은 다양한데, 초월(초경험)적 신학(神學)일 수도 있고 자연 신학일 수도 있다. 만약 역사에 궁극의 목표가 있다고 이해되면 역사성은 일종의 사명이 된다. 만약 역사를 무한하게 전개되는 과정으로 이해한다면 역사성은 한 존재가 자신의 영생을 찾는 성장 방식이 된다. 후자가 바로 중국 역사가 지향하는 생생(生生)과 일신(日新)의 의미이다.

존재의 직접 동력은 생존 자원을 찾는 것이다. 이것이 자연 상태다. 존재가 안정적이고 신뢰 가능한 지속을 추구한다면, 혹은 한 존재가 미래에 대한 점유를 도모한다면, 정치 자원을 찾아야 한다. 이때부터 정치 상태에 진입한다. 달리 말하면, 처음에 존재 자체를 도모하는 것은 경제 문제이고, 타인에게 빼앗기지 않는 미래를 추구하는 것은 정치 문제가 된다. 생존을 유지하는 단순 경제 활동은 사람과 자연의 관계이고 이것은 아직 역사가 아니다. 일단 이익 관계 때문에 권력 문제가 발생하면 사람과 사람의 경쟁(게임)으로 진입하게 되고 정치와 함께 역사도 시작된다. 권력은 질서 수립을 의미하고 이용 가능 자원 (available resources)을 지배 가능 자원(controlled resources)으로 바꿔 지속적으로 존재하는 것도 신뢰할 수 있는 기대가 된다. 이런 의미에서 정치란 질서를 통해 미래를 점유하려는 것이다. 만약 한 질서가 미래는 이렇게 가야 한다고 설정한다면 이 질서는 역사를 창조하고 있는 것이다. 그래서 에릭 보겔린(Eric Voegelin)의 "역사의 질서는 질서의 역사에서 온다."라는 말도 이해가 된다.[16]

만약 한 역사 질서가 대중이 추구하는 정치 자원이 되면 사람들이 공동 참여하는 게임을 형성할 것이고 또 이로부터 공동의 역사가 형성된다. 중국에서는 어떤 역사 질서와 어떤 게임이 중국의 역사를 만민의 공동 역사로 만들었는가? 한 역사 질서 혹은 게임이 만민의 공동 관심사가 되었을 때 그것은 하나의 포컬 포인트(focal point, 집합점)가 된다. 이것은 쉘링(Thomas C. Schelling)의 게임 이론 개념을 차용한 것인데, 사람들이 사전에 상의하지 않았지만 약속이라도 한 것처럼 같이하는 선택을 지칭한다.[17] 여기서 '포컬 포인트' 개념으로 공동 역사의 형성을 해석해 볼 수 있다. 중국은 중원 문화가 계속 주변으로 '확장' 혹은 '복사(輻射)'하면서 형성되었다는 관점이 유행하는데, 이런 관점은 가정일 뿐이고 도대체 어디서 비롯되었는지 모르겠다. 장광즈(張光直)는 중원이 밖으로 확장했다는 관점은 착각이고, 사실은 각 지방의 문명이 '상호 교류'했다고 주장한다. 그리고 이런 착각이 형성된 원인 중 하나는 고고학의 관심이 한때 중원에 집중되어 중원의 핵심 지위에 대한 착각을 불러일으킨 것이다.[18] 신석기 시대에 중국 땅에 수준이 비슷한 여러 문명이 있었다는 것을 감안하면 장광즈의 생각은 하(夏)상(商)주(周) 이전의 역사에 대해서는 더 정확하다고 볼 수 있다. 하지만 하상주 이후 중원은 사실 중국의 핵심이 되었다. 이 핵심의 성질과 핵심-주변의 관계를 어떻게 이해하느냐가 근본적인 문제다. 달리 말해 왜 중국이 중원과 각 지방을 포함한 전체적 존재가 되었느냐를 설명하는 것이 중요하다.

중국의 형성 과정 중에 확실히 문화적 상호 교류와 중심이 확장하는 현상이 존재하였다. 하지만 이 두 가지 현상만으로 위의 질문에 답하기에는 불충분하다. 상호 교류가 필연적으로 핵심-주변을 포함한 중국 전체로 이어진다는 보장은 없다. 문화 간 상호 교류가 있어도 각자의 독립성을 유지하는 것은 가능하며 통합으로 연결되는 필연성은 없다. 중심이 외연으로 확대했다는 설도 필연적 결과가 될 수 없다. 왜냐하면 주변에서 중심으로 들어오는 사례도 비슷하게 많다. 또 중요한 것은 중심의 확장은 저항에 부딪칠 수도 있고 경쟁에서 패할 수도 있기 때문에 반드시 통합을 달성할 수 있는 것은 아니다. 이론상 대규모의 정치와 문화의 실체를 형성할 수 있는 근본 원인은 흡인력(吸引力)이다. 즉 공자가 말한 "가까운 사람은 좋아하고 먼 사람은 찾아온다."[19]는 상황이다. 그래서 나는 '포컬 포인트' 모형으로 중국을 해석하려고 한다. 반드시 무언가 흡인력이 있기 때문에 중국이 공동의 선택이 된 것이다.

중국 역사에는 여러 가지 연구할 만한 포컬 포인트가 있지만 여기서 분석하고 싶은 것은 중국 고대역사를 관통하는 정치 게임, 즉 중원을 핵심으로 하는 '천하 쟁탈' 게임이다. 그 동력 구조는 강력한 구심력(중심으로 빨려드는 힘)이 있는 소용돌이 모형이다. 수많은 관계자는 이 소용돌이의 유혹을 못 이겨 앞다퉈 스스로 게임에 참가하였고 또 많은 관련자는 수동적으로 이 게임에 빨려들기도 했다. 게임의 소용돌이는 점차 확대하고 최종 균형에 도달하여 한 광역을 이루는 중국을 형성하였다. 지리상으로 볼 때 북쪽 사막에서 강남까지, 동쪽 바다에서 서역까지의 공간이 쟁탈전의 무대가 되고, 이 공간의 핵심 지역을 보통 중원이라고 부른다. 중원은 지리, 기후, 교통 등의 조건 때문에 초기 중국에서 가장 발달한 지역이었고 동시에 정치 경제 문화의 중심이라서 천하 쟁탈 게임에서 반드시 차지해야 할 곳이 되었다. "축록중원(逐鹿中原, 중원을 쟁탈한다)"이라는 고사성어가 중국 역사의 이런 경쟁 게임을 아주 생동하게 묘사하였다. 자오휘(趙輝)는 이 고사성어가 중원을 핵심으로 하는 중국 역사의 주류 발전추세를 잘 반영했다고 주장한다.[20] 만약 모든 실력 있는 경쟁자가 다 중원 쟁탈에 관심이 있다면, 그 다음으로 설명해야 할 문제는 다음과 같이 이어진다. 왜 중원 쟁탈의 게임은 소용돌이 모형처럼 멈출 수 없게 되어 결국에 중국 역사의 연속성을 형성하였는가? 왜 중원 쟁탈은 각자 할거(割據)하는 균형에 만족하지 않고 대일통을 추구하는 구심력으로 발전하였는가? 궁극적으로 중원은 어떤 대체 불가한 특수자원이 있기에 반드시 차지하려고 하는가?

장광즈는 문명의 동력이 정치와 부의 결합이라고 설명한다.[21] 정치가 부를 추구하는 것은 상식이지만 문제는 고대의 중원인 황하 중류 지역은 물질적으로 풍부하지만 압도적인 우세는 아니었고 또 모든 기술이 가장 앞선 것도 아니었다. 고고학의 연구에 따르면 고대 중국에 북으로는 내몽골과 요녕 일대, 남으로는 장강(양자강) 유역까지의 지역에 여러 문명이 밀집 분포되어 있었고 생활 수준도 큰 차이가 없었다. 그들은 왜 자기가 있는 곳에 만족하지 않고 중원으로 진출하려고 했을까? 비록 중원의 물질 조건이 상대적으로 약간 우세였다고는 해도, 그것만으로는 왜 모든 부족이 중원을 지향하였는지를 설명할 수는 없다.

중원의 우세를 생각할 때, 물질적 부나 교통 위치 모두 중요한 요소이지만 결정적인 요인은 아닌 것 같다. 우리는 물질적 조건 이외에 다른 요소를 생각해야 할 것이다. 물질 세계의 소모성과 달리 정신 세계는 이용하면 할수록 더 많은 부가 가치와 매력이 생기고 더 많은 심령을 유인한다. 따라서 중원의 특수 지위는 그곳에 쟁취할 만한 정신 세계, 모든 사람이 이용하여 권력을 획득하거나 유지할 수 있는 그런 정신 세계가 있기 때문이라고 생각해 볼 수 있다. 중원 정신 세계의 흡인력 혹은 보편 공유 가능성은 다음 몇 가지 요소에서 찾아볼 수 있다.

1.

한자. 이것은 초기 중원에서 형성된 문자인데, 그 당시 대량의 정보를 기록하고 저장할 수 있는 빅데이터이고 복잡한 사상과 서사(이야기)를 탑재할 수 있는 매체이다. 따라서 한자를 탑재 매개체로 한 정신 세계는 당시 중국에서

가장 큰 전파력을 지닌 정보와 지식이다.<u>22</u>

2.

사상 체계. 중원 문화는 당시 가장 큰 해석력과 성찰력을 지닌 사상 체계로 인류 행위를 성찰하고 만물을 설명할 수 있는 세계관과 역사관을 갖추었고, 이런 내용은『주역』『상서』『주례』『시경』『춘추』등 문헌에 수록되어 있다. 중원의 사상 체계는 공간을 조직하고 시간을 점유하는 능력, 역사성과 공공성을 갖추었기 때문에 대규모 사회를 조직하는 능력과 제도를 창출하는 능력을 구비하였다. 역사, 사회, 제도, 권력 등에 대한 정당성과 자아 해석 능력을 갖추었기 때문에 당시 중국에서 가장 우위에 있는 정신 자원이 되었다.

3.

천하 관념. 주나라가 만든 천하 개념도 결정적인 요소이다. 천하 개념의 '무외' 원칙은 최대한도의 포용성을 의미하고, 어느 누구의 참여도 거부하지 않기 때문에 누구나 참여할 수 있는 게임 모형을 미리 설정해 놓은 것이다. 따라서 천하는 모든 사람에게 매력적이고 동등하게 이용할 수 있는 정치 자원이다. 여기에 맞춰 주나라의 천명(天命) 관념은 덕(德)을 갖추는 것을 천하를 얻을 수 있는 이유로 설명하고 있다. 이것이 혁명의 정당성을 논증하는 셈이고 천하 쟁탈에 뛰어들어도 정당한 명분이 있게 된다. 천하 관념은 특수성을 보편성으로 바꾸는 좋은 예이다. 천하 개념은 주나라의 특수 발명이지만 천하 개념의 내용은 보편적 의미를 지닌다. 따라서 정치 신학(神學)의 자원으로 수용된다.[23]

4.
정치 신학의 확장 효과. 각축전의 승리자들은 우세 자원의 합법적 이용과 안정적인 점유를 위해 거의 모두가 주나라가 창조한 천명 계승 서사를 선택한 후 자신의 왕조를 유구한 정치 전승 서사에 첨부하여 이 긴 역사 이야기의 새 장으로 만들고 이것으로 자신의 정치 정당성을 확보하려 한다. 따라서 부단히 풍부해지는 역사 자체가 하나의 정치 신화가 되었고 이런 정치 자원을 이용할 수 있으므로 아무도 거부하지 않았다.

이 외에도 여러 요소가 있겠지만 이상의 몇 개로 이미 중원 쟁탈의 소용돌이 모형을 충분히 설명할 수 있다. 소용돌이 효과의 특징은 그 지속적인 구심력(중심으로 빨려드는 힘)이다. 역사를 보면 처음에 일부 정치 세력이 우세 자원을 쟁탈하기 위해 중원 쟁탈 게임에 참가하면서 소용돌이가 만들어졌고, 더 많은 정치 세력이 말려들면서 소용돌이의 규모는 점점 더 커지게 된다. 우세 자원과 정치 정당성이 계속 누적되면서 소용돌이의 구심력 효과도 점점 증강된다. 천하 쟁탈 게임의 지속적인 소용돌이 효과가 중국을 만들었고, 이 소용돌이의 개방성 때문에 중국은 계속 성장하는 개념이 되었다.

<u>1</u> 한때 일부 역사학자는 서방의 역사
개념을 모방하여 진(秦)나라부터
청(淸)나라까지의 제도를 '봉건(封建)
전제(專制)'라고 불렀는데 이는
잘못된 정의다. 주(周)나라야말로
봉건(封建)이고 진나라 이후는
군현(郡縣)이다. 지금은 대부분의
사람들이 이런 잘못된 개념을 사용하지
않고 서방 정치학 개념을 인용하여
진나라부터 청나라까지의 제도를 '중앙
집권''전제 체제'라고 부른다. 이런
개념은 좀 더 사실에 가깝지만 역시
정확하지 않다. 진나라 이후의 왕조는
비록 황제를 최고 권력으로 삼지만
고대의 '공치(共治)' 전통이 아직 남아
있다. 제도를 무시하는 폭군이 아니면
황제는 일반적으로 독재(獨裁)를 할 수
없다. 진한(秦漢) 때 여러 단계의 '상의
(商議) 정치'가 형성되어 내각 관원들이
어전(御前) 회의에서 토론하고 국가
대사를 결정한다. 중대하거나 결정
내리기 어려운 사안에 대해서는 중앙
부처의 관료들이 참가하는 백관(百官)
회의를 소집하고 황제가 최종 비준한다.
역대의 제도는 다소 차이가 있지만
기본 원칙은 비슷하다. 위잉스(余英時)의
연구에 의하면 송대(宋代)의 공치
정치가 가장 좋은 상태였다고 한다.
아무튼 중국의 역대 왕조를 '전제'로
묘사하는 것은 적절하지 않다. 그렇다고
공치 정치라고 부르는 것도 과장된 것
같다. 왜냐하면 황제가 최종 결정권을
갖고 있었기 때문이다. 현대 정치학에서
중국 왕조 제도를 정확하게 서술할 수
있는 개념이 부족하기 때문에 여기서는

임시 방편으로 '행정 통합' 제도라고
표현했다. 그 이유는 중국 왕조의 가장
주요한 정치 상태는 관민(官民, 관료
집단과 민간 사회)의 구분이고 황제가
관할하는 관료 집단이 통치하는 것이다.
그래서 '행정 통합'이라고 표현하였다.

<u>2</u> 천하체계는 '협화(協和, compatibility)'
의 정치를 목표로 삼고 있다. 이른바
'협화만방(協和萬邦)'인데 이 말은
중국의 가장 오래된 정치문서집
『상서(尙書)』에서 온 것이다. '협화'의
뜻은 적을 벗(友)으로 변환하고
포용성으로 평화를 보장하는 정치이다.

<u>3</u> 호전적인 주목왕은 견융(犬戎)이 제때
진공(進貢)하지 않아서 토벌하였는데,
비록 승리하기는 했지만 주나라의
협화 정치 전통을 위배하여 황복(荒服)
각 부족의 마음을 잃어 각 부족은
더 이상 조공하지 않았다.

<u>4</u> 『국어(國語)·주어상(周語上)』.
"荒服者不至"

<u>5</u> 『예기(禮記)·예운(禮運)』.
"以天下爲一家, 以中國爲一人"

<u>6</u> 전몽쟈(陳夢家), 「商代的神話與巫術」,
『燕京學報』 제20호, 1936년

<u>7</u> 장광즈(張光直), 『美術, 神話與祭祀』,
北京, 生活·讀書·新知三聯書店, 2013년,
p.85

<u>8</u> 리쩌허우(李澤厚), 『由巫到禮·釋禮歸仁』,
北京, 生活·讀書·新知三聯書店, 2015년,
pp.13~21

<u>9</u> [옮긴이] '미언(微言)'은 공자가
『춘추』를 저술한 방식인데, 직설적이지
않고 뜻이 은밀한 문장으로 대의
(大義)를 전달하는 것이다.

10 이전에 발표한 글에서 나는 'great power'라는 표현을 썼는데, 뤼샹(呂祥) 선생이 'leading power'를 쓰라고 건의하였다. 왜냐면 'great power'는 현재의 언어 환경에서 이미 강권 (强權)을 암시하는 부정적인 의미를 띠고 있기 때문이다.

11 레벤슨(Joseph R. Levenson), 루시안 파이(Lucian Pye) 등 서방 학자는 중국을 '문명 국가'라고 정의한다. 더 일찍 이 개념을 제기한 사람은 아마 그라네(Marcel Granet)일 것이다. 그라네는 '문명 국가'라는 용어를 사용하지 않았지만 그의 책『중국문명 (中國文明)』(1929)에서는 중국 사회를 하나의 문명으로 취급하고 분석하였다. 현대 유가도 비슷한 견해를 제기한다. 치엔무(錢穆)는 "민족과 국가는 다 문화를 위해 존재한다."라고 했다. (『중국문화사개론(中國文化史導論)』, 北京, 商務印書館, 1994년, p.23 참조. [초판은 1948년]) 량수밍(梁漱溟)은 "중국은 사회로 국가를 대체하였다." 라고 했다.(『중국현대학술경전. 량수밍 편(中國現代學術經典·梁漱溟卷)』, 石家莊, 河北教育出版社, 1996년, p.520 참조. [초판은 1949년]) 량수밍은 친구의 편지를 인용해서 1920년 러셀 (Bertrand Russell)이 중국을 방문하여 상해에서 강연을 할 때 "중국은 사실 한 문화체이지 국가는 아니다."라고 말한 것을 언급하였다.(앞의 책, p.255) 이것으로 보아 중국이 문명 국가라는 개념을 가장 먼저 제기한 것은 러셀일 수도 있다.

12 왕밍밍(王銘銘),「中國, 民族體還是文明體?」,『文化縱橫』, 2008년, 제12호.

13 량치차오는 1901년에 민족주의를 제창했고(「國家思想變遷異同論」, 飲冰室合集·第1冊·文集6), 1902년에는 민족국가를 주장했다. (「論民族競爭之大勢」, 飲冰室合集· 第2冊·文集10).

14 [옮긴이] 남송의 충신으로 남송이 원나라에 멸망할 때까지 저항하다가 처형당했다. 과거에는 민족 대의 (大義)의 상징으로 칭송 받았지만, 중국 정부가 '다민족통일국가'를 강조하면서 그를 '민족 영웅'으로 볼 수 있는지를 두고 논란이 있었다.

15 민간 속담은 교리보다 더 정확하게 진정한 사회 상황을 반영한다. 리칭산은 대량의 상호 모순되는 속담을 분석하여 중국인 행동 원인의 이중성을 설명하였다. 예를 들면 어떤 속담은 정직하라고 하고 다른 속담은 원활하게 행동하라고 건의한다. 리칭산(李慶善), 『中國人新論-從民諺看民心』, 北京, 中國社會科學出版社, 1996년.

16 Eric Voegelin, *Order and History*, Volume I, Israel and Revelation, 霍偉岸, 葉穎譯,『秩序與歷史·卷一· 以色列與啟示』, 南京, 譯林出版社, 2010년, p.19.

17 Thomas C. Schelling, *The Strategy of Conflict*, 趙華等 譯,『沖突的戰略』, 北京, 華夏出版社, 2011년, pp.48~51. (토머스 셸링,『갈등의 전략』, 이경남 옮김, 한국경제신문사(2012).)

18 장광즈(張光直), 『古代中國考古學』, 北京, 生活·讀書·新知三聯書店, 2013년, p.434.

19 『논어(論語)·자로(子路)』, "近者悅, 遠者來"

20 자오휘(趙輝), 「以中原為中心的歷史趨勢的形成」, 『文物』2000년 第1期.

21 장광즈(張光直), 『考古學專題六講』, 北京, 生活·讀書·新知三聯書店, 2013년, p.156.

22 아직 정설은 아니지만 초기 중국에 한자 외에 이문(彝文)도 있었다고 한다. 이문은 서남 민족의 고문자인데, 현재의 이족(彝族) 문자와 연관이 있다고 한다. 현재 남아 있는 이문 자료는 주로 명청 시대의 문헌이고 내용은 대부분 무술(巫術) 점복(占卜)과 관련된 것이다. 하지만 고대 이문은 언제 발생하였는지, 일상 생활에 사용되었는지, 추상적이고 복잡한 사상을 전달할 정도로 성숙되었는지 등은 아직 많은 추가 연구가 필요하다.

23 기독교도 특수를 보편으로 변환한 성공 사례다. 예수의 수난과 부활은 특수한 이야기이지만 모든 사람에게 개방하는 보편 신앙이 되었다.

천하의 축소판

고고학자들은 보통 신석기 시대를 문명 형성기로 본다. 중동의 메소포타미아와 이집트 문명과 비교할 때 중국 문명의 형성이 그리 이른 것은 아니지만[1] 현재 출토한 문물로 보아 중국 문명은 독자적으로 발생했을 것이다. 신석기 시대 중기에 중원 지역에 이미 농업 생산이 있었지만 아직 농경, 유목과 수렵이 혼합된 경제 형태였다. 수공업 기술은 이미 도기(陶器)와 옥기(玉器)를 생산할 수 있었고 이미 원시적인 축산업이 있었다.[2] 신석기 시대 후기에 실크 방직과 청동기가 나타났고 특히 대규모 취락지가 형성되고 성(城)이 출현하였다. 산서(山西) 남부 임분(臨汾) 분지의 도사(陶寺) 유적에 면적이 280만 평방미터에 달하는 큰 성이 있는데,[3] 이 정도의 큰 성은 왕성(王城)으로 추측되고 시간은 하(夏) 왕조보다 이르고(아마 전설에 나오는 어느 성왕의 것일지도 모른다) 또 초기 문자로 보이는 부호(符號)도 있었다.[4] 장광즈의 연구에 따르면 신석기 시대 말기 중원에서 이미 '중국' 문화의 기본 특징을 찾아볼 수 있었다. 예를 들어 조, 쌀, 수수의 재배, 돼지, 개, 소, 양, 말의 사육, 흙을 다진 건축, 양잠(養蠶), 도기(陶器), 목조(木雕), 동기(銅器), 도철(饕餮) 문양, 갑골 점치기, 상형 문자 등이 대체로 황하 유역을 핵심으로 하는 초기 중국 문화를 정의하는 특징이다.[5] 그 외에도 앙소(仰韶), 대계(大溪), 홍산(紅山)에서 출토한 문물을 보면 몽골, 중원에서 장강 유역까지 모두 용(龍)의 형상을 발견할 수 있다. 몽골 홍산에서 발견된 옥룡(玉龍)은 현재까지 가장 오래된 용 형상으로 전해지고 있지만 쉬홍(許宏)의 고증에 의하면 이리두(二里頭)에서 출토한 녹송석용형기(綠松石龍形器)가 진정한 세부 특징을 구비한 '중국식 용'이라고 한다.[6] 아무튼 이것은 이 광대한 지역에 이미 상당한 문화 공동성이 있다는 것을 의미한다.[7] 장광즈는 기원전 4000년쯤에 화북 화남 지역의 문화는 이미 더 큰 문화 상호 영향권(sphere of interaction)으로 연결되어 있었다고 추측했다.[8] 전설에 따르면 기원전 2000년쯤에 중국의 왕조 시대가 시작했지만, 첫 번째 왕조인 하(夏) 왕조는 장기간 동안 확실한 증거가 없었다. 1960년부터 발굴을 시작한 이리두 유적은 하(夏) 문화의 증거라고 인식되었다. 탄소-14 측정 결과는 기원전 1900년에서 1500년인데 전설 속의 하 왕조 시기와 일치한다.[9] 하지만 상 왕조 초기나 하-상 교체 시기로 보는 고고학자도 많아 아직 결론이 나지 않았다. 그리고 하 문화의 존재로 하 왕조의 존재를 증명할 수 있으려면 아직 더 많은 증거가 필요하다.[10]

이리두 유적의 소재지 낙양(洛陽) 평원은 고대부터 천하의 중심으로 인식되었던 곳이다. 하(夏)은(殷)주(周) 삼대를 포함한 중국 절반 정도의 왕조가 이곳을 도읍으로 삼았다. 이리두 문화에 앞서 낙양과 그 주변 지역은 신석기 시기 중원의 핵심 문화 지역이고 앙소와 용산 문화의 소재지이니 문화의 연속성을 알 수 있다. 쉬훙은 이리두 유적이 중국의 원형이고 가장 최초의 '중국'이라고 본다.[11] 그렇게 보는 중요한 증거는 이리두 유적의 핵심 지역에 왕궁의 터로 추측되는 유적이 있는데, 전체 면적이 10만 평방미터이고 주(主) 궁전의 면적이 1만 평방미터이고 그 건축의 구도는 한눈에 보아도 자금성의 구도와 비슷하다는 것을 알 수 있다(물론 자금성보다 훨씬 간단하지만).[12] 1963년 합서(陝西)에서 출토된 '하준(何尊)'이라는 청동기에 주성왕(周成王)이 도읍을 건설한 후 업적을 기록한 명문(銘文)이 있는데 그중에 "余其宅茲中國(나는 이 중국에 거처를 정했으니)"라는 문구가 있었고 이것이 문자로 기록된 가장 이른 '중국'이다. '하준' 명문의 '중국'이 가리키는 곳은 바로 이리두 유적이 위치한 낙양 분지다.[13]

이리두 유적의 주인공이 하(夏) 왕조인지는 아직 더 고증해야겠지만 그 유적 내용의 풍부함을 보면 그 당시 이미 대량의 자원과 기술을 보유했던 것을 알 수 있다. 경제 형태는 농업, 목축업과 수렵을 혼합하였고, 옥석, 도기, 칠기, 청동기, 방직품, 주기(酒器) 등 예기(禮器)나 생활용품, 그리고 이륜차까지 보유하였다. 유적에서 많이 발견된 바다 조개는 당시 중원이 이미 먼 연해 지방과 교류가 있었다는 것을 말해준다.[14] 이리두 유적과 가장 가까운 해안의 직선 거리는 약 600킬로미터다. 하지만 쉬훙의 연구에 따르면, 이리두에서 발굴된 조개는 열대 바다에서 나는 개오지(속칭 寶貝)이므로 가까운 황해나 동해에서 왔을 리가 없다. 그리고 중국 남쪽 바다에서 왔다면 오는 도중 아무런 고고학적 흔적도 남기지 않았다는 것은 이치상 맞지 않다.[15] 따라서 이리두의 조개는 아마도 머나먼 인도양에서 출발하여 유라시아 대초원을 지나 북방 유목 민족을 통해 들어왔을 가능성이 크다. 또 그런 이유로 그토록 귀하게 여기는 것이다. 이리두 문화 유적 중 가장 의미가 있고 또 가장 논쟁이 많은 것이 도기(陶器)에 새긴 부호가 과연 초기 문자인가이다. 그 부호를 보면 문자와 닮았지만 해독할 수 없다. 신석기 시대의 부호는 부분적으로 훗날 문자의 근원일 수 있다. 그 구조의 유사성 때문에 쉬훙은 이리두의 부호가 훗날의 갑골문이나 금문(金文)과 연관이 있다고 본다. 하지만 성숙한 문자 체계가 있는지는 "편(篇)을 이루는 문서"가 발견되어야 증명할 수 있다.[16] 장광즈는 띄엄띄엄 나타난 부호는 아직 문자 체계를 형성하지 못했다고 보는 입장이다.[17] 이리두 문화보다 수백 년 늦은 은(殷)상(商) 문화는 확실하게 성숙한 문자 체계를 보유하였다. 갑골문이 이를 증명할 수 있고, 또 고전 기록에 의하면 "오직 은나라 선인이 책과 전적(典籍)이 있다."[18]라고 하니 은(殷)상(商)의 문자는 이미 제도나 사건을 기록할 수 있을 정도로 성숙해졌다는 것을 알 수 있다.

문자의 성숙에는 장기간의 과정이 필요하다. 따라서 고고학자는 "하(夏)나라 때 문자를 사용하지 않았다는 것은 상상하기 힘들다."라고 주장한다.[19]

일찍이 천멍쟈(陳夢家)는 "한자가 발달한 시점은 지금부터 약 3500년 전, 길게 보아도 4000년을 넘지 않을 것이다." "은상(殷商) 사람의 특유한 문화일 것이다."라고 판단했는데[20] 대체로 맞는 말이다.

이리두 문화에는 중원 문화의 기본 요소가 이미 포함되어 있다. 초기 중원 문화의 요소를 다 나열하기는 힘들지만 몇 개의 예를 들어 설명할 수 있다. 이리두의 왕궁은 수천 년 지속된 '중축선(中軸線)' 개념을 보여주고 있다. 쉬훙이 말한 것처럼 중국의 가장 이른 '자금성'이다.[21] 신학적 은유로서, 중축선 개념은 중국의 대부분 공간 구도에서 찾아볼 수 있다. 이 개념은 가옥, 정원, 궁전에서부터 도시까지, 심지어 국가 내지 천하에 대한 이해 방식에도 들어 있다. 중축선 대칭 구도를 갖춘 가옥은 가정(家)이기도 하고 국가(國)의 축소 모형이기도 하며 더 나아가 천하의 미니 모형이기도 하다. 또 이리두의 건축 구조도 수천 년 이어온 중국 전통 건축의 기본 양식을 갖추었다. 량스청(梁思成)이 정리한 내용에 따르면 중국의 들보-기둥식 건축물은 특이한 외부 윤곽을 가지고 있는데, 위에는 "날개처럼 펴진

지붕"이 있고 아래에는 "높고 두터운 계단 기초"가 받쳐준다.[22] 이런 건축 양식에는 형이상학적 은유의 성질이 있는데, 사방으로 뻗어 나간 지붕은 하늘을 상징하고, 두터운 기초 받침은 땅을 상징하며, 사람은 하늘과 땅 사이에 있는 것으로 '천지인'의 관계 구조를 상징한다. 하늘과 땅의 형상을 거처에 포함시키는 것은 『중용』에서 말한 "배천(配天, 하늘의 이치에 맞춘다)" 원칙을 따르는 것이다.[23]

중원 문화에는 초월적인 종교가 없지만 자연에 대해서는 신학적인 해석을 한다. 자연은 만물의 이치에 있어 최종 기준이고 자연의 이치는 자신을 기준으로 한다. 즉 노자가 말한 "도법자연(道法自然)"이다. 자신을 기준으로 할 수 있는 것은 신성한 존재라는 징표이다. 따라서 중국에서 자연은 신학적 개념이다. 자연과 일치한다는 것, 혹은 '배천'은 인간 세계를 판단하는 신학적 기준이 된다. 천지(天地)를 집안에다 복제하는 것은 '배천'을 상징적으로 보여주며 또 경천(敬天)의 예의이기도 하다. 따라서 중국의 가정(家)은 단순한 가정의 개념이 아니라 자연 신학의 개념이기도 하다. 그리고 '천하-국가-가정-국가-천하'라는 순환 복제 구조는 '중국'이라는 개념에 신성(神性)을 부여하고 정치 신학적 의미를 지니게 하였다.

종교감(感)과 신성은 모든 인류가 예외 없이 갖고 있는 자연 감정이다. 종교감은 질문할 필요가 없는 신성에 대한 믿음에서 온다. 이것은 한 문화가 안정감을 갖는 원천이다. 따라서 안정적으로 지속된 문화에 종교감이 없다는 것은 상상하기 힘들다(반드시 조직과 교리가 있는 종교일 필요는 없지만). 가장 이해하기 쉬운 신성(神性)은 초월성(超越性)이다. 따라서 많은 종교는 초월적인 최고 지상(至上)의 존재를 설정한다. 곤혹스럽게도 지속적이고 안정적인 중국 본토 문화에는 초월적인 종교가 자생하지 않았다. 학자들은 이 이해하기 힘든 현상을 설명하려고 계속 애를 썼다. 예를 들면 량수밍(梁漱溟)은 "도덕이 종교를 대신했다"고 하고, 차이위엔페이(蔡元培)는 "미학(美育)으로 대신했다"고 했다. 도덕과 문학은 중국 문화에서 높은 지위에 있는 것은 사실이지만 지상의 신성을 지니지는 않는다. 자연의 이치와 달리 도덕과 문학은 자신 스스로를 절대 기준으로 삼을 수 없다. 궁극적 기준이 아니기 때문에 신성을 갖추지 못하고, 일관된 판단 기준이 없다. 윤리와 심미(審美)의 기준은 항상 논쟁의 대상이고 따라서 결코 종교를 대체할 수 없다.

고대 중국인에게 진정으로 신성을 갖춘 개념으로는 우선 '자연의 이치'를 들 수 있다. 그 다음은 '자연의 이치'와 가장 가까운 '천하'다. 그 다음은 아마도 상징적으로 천지의 질서를 복제하고 동시에 천지의 신성도 복제한 '중국'이다. 만약 중국 고대의 도덕 신념에 신성이 있다면 그것은 인간의 이치(人道)가 하늘의 이치(天道)에 맞추어졌기 때문이다. 자연은 신성이 있는 곳이고, 도덕은 단지 자연 신성의 전환된 형태이다. 마찬가지로 시(詩)나 문학도 자연의 이치를 증명한다. 문학이 해와 달, 산천

초목을 찬송하는 것도 자연 경관의 미학적 효과 때문이 아니라 자연의 신성 때문이다.

　'중국' 개념의 신학적 성질을 알면 왜 '중국(가운데 있는 나라, middle kingdom)' 개념이 많은 질문과 우려를 불러일으키는지 이해할 수 있다. 만약 '중국' 개념이 단지 지리적인 의미로 '세계의 중심에 있다'는 뜻이라면, 이것은 세계 어디서나 볼 수 있는 주관적 감정이고 진지하게 대응할 필요가 없다. 중국 개념에 신학적 의미가 포함되어 있기 때문에, 일신교(一神敎)에서 보면 심각하게 대처해야 하는 이단 개념이다. 유가는 중국 문화와 다른 문화를 구별하는 근본 요인이 도덕 관념이라고 생각한다. 하지만 유가의 도덕은 (남에게는) 특수한 윤리로 인식되지 않았다. 이것이 명나라 말엽 마테오 리치가 중국에 왔을 때 느낀 점이다. 그는 유가 도덕과 기독교 도덕은 대동소이하다고 보았고 따라서 중국은 선교하기 매우 좋은 땅이라고 생각했다. 선교사가 중국에서 봉착한 어려움은 도덕 관념의 차이와 상관없었고 주로 사고방식의 차이 때문이었다. 당시 중국의 기독교 '신도'들은 동시에 계속해서 유교, 불교, 도교, 조상, 재물신 등 신령을 믿었고 선교사는 이런 '불성실'을 용납할 수 없었다. 사실 세계 각지에서 인류가 직면한 기본 생활 문제는 같으니 도덕에도 큰 차이가 없다. 따라서 윤리 도덕으로 중국의 본질적인 특성을 설명하는 데에는 한계가 있다.

　중국 개념의 신학화에는 그 나름의 실마리가 있다. 고대 중국의 상상에 따르면 천하의 가운데가 중국이다. 이런 상상은 지리적 감각에서 시작했을 가능성이 있고, 앞에서 말한 것처럼 최초의 '중국'은 낙양 평원에 있었는데 나중에 점차 서안(西安)-산서(山西) 남부-낙양으로 연결되는 지대로 확대되어 후세의 '중원'이 되었다. 이곳은 사방으로 통하는 위치에 있어 지리적 중심의 역할을 할 수 있다. 비록 중국 개념은 이미 천지 공간 구조의 상상을 통해 자연적 신성을 표현하였지만 하(夏)상(商) 시기에는 아직 정치 신학의 개념으로 발전하지 않았을 것이다. 주나라가 '세계성'을 지닌 천하 개념을 수립하였고 이 천하체계 안에는 천 개의 나라가 있으며 중국은 그 가운데에 있으면서 종주국 역할을 한다. 천하체계의 각 계층은 모두 같은 구조이다. 천하가 중국으로 수렴되고 중국은 천하의 유전자를 계승하여 세계 구조를 포함하는 국가가 된다. 이러한 천하 성질 때문에 중국은 천지 질서를 복제한 자연 신학 개념과 천하 질서를 복제한 정치 신학 개념을 동시에 갖추게 되었다. 중국이라는 공간의 진화는 동시에 공간 개념의 진화이기도 하다. 나라 국(國)자의 본래 뜻은 성읍이다. 글자의 모양은 성벽으로 둘러싼 땅을 무기(戈)로 보호하는 형상이다. 한 국가가 관할하는 범위는 읍성 외에도 교(郊)와 야(野)가 있다. 읍성의 근방 주변 지역은 교(郊)인데, 거기에는 여러 작은 성과 향(鄕)이 있으며 정치 권리와 의무를 지닌 국인(國人)의 거주지이다. 교(郊) 이외의 농업 지구는 야(野)이고 정치 권리가 없는 서민 혹은 야인(野人)이 사는 곳이다.[24] '중국'은 종주국의 도읍이며 동시에 왕조의 수도이다. 주 성왕(周成王)은 새 도읍을 건설한 후 "중국에 집을 마련했다.(余 其宅茲中國)"라고 선포했는데 이 중국은 바로 낙양에 있다. 그 이후 '중국'의 개념은 점차 종주국의 수도에서 종주국 전체, 왕 기(王畿)로 확대되었으며 대략 춘추 시대에 중국은 중원 지역 을 가리키는 개념이 되었고, 주나라 체계에서는 종친(宗親) 관 계와 예악 문화를 갖춘 제후국도 모두 중국에 포함되는데 주로 황하 유역의 하남(河南), 섬서(陝西), 산서(山西), 산동(山東), 하 북(河北)에 분포되어 있고, 남방과 북방의 야만 부족과 구별된 다. 이것은 '중국'에 지리적 의미 외에 문화적 의미가 추가로 부 가되었다는 것을 의미한다. 장강 유역의 형(荊), 초(楚), 오(吳), 월(越) 등 나라의 문화가 중원과 가까워지고 또 중원 쟁패 게임 에 참여할 수 있는 실력을 갖추었을 때 중국 개념은 장강 유역 으로 확대되었다. 더 많은 지역이 중원 쟁탈의 게임에 참여하게 되면서 중국의 개념도 계속 확대되었고, 지금의 중국보다 더 큰 지역으로 확장한 적도 있다. 가장 큰 것은 원(元)나라의 경우인 데, 서쪽으로는 총령(蔥嶺, 파미르 고원)을 넘었고 동쪽으로는 동 해까지, 북쪽으로는 시베리아, 남쪽으로는 남해까지였다. 그 다 음으로 넓고, 그리고 장기적으로 안정된 영역은 청나라 때인데, 마찬가지로 서쪽으로는 총령(蔥嶺)을 넘었고 동쪽으로는 동해, 북으로는 몽골과 시베리아의 일부, 남으로는 남해까지가 중국 의 범위였다. 중국이라는 개념은 천하 쟁탈의 소용돌이 효과에 의해서 결정되고, 따라서 중국의 규모는 천하 쟁탈 게임에 얼마나 많은 참여자가 참여했는지에 의해서 결정된다. 중원 쟁탈전의 소용돌이 효과 때문에 중국은 다양한 문화를 종합하여 보유하게 된다.

중국 종합 문화의 형성 방식은 말 그대로 '화(化)'이다. '화'는 변화하는 것이지만 한쪽만의 변화가 아니라 항상 상호 변화시키는 것이다. 따라서 '화'는 종교의 귀의(皈依, converting)가 아니고 여러 문화가 공동으로 존재 질서를 재구성하는 것이다. '화'에 가장 가까운 변화 형식은 유전자 변이 혹은 유전자 조합이다. 이런 의미에서 '화'에 능숙한 중국 개념은 '생물성'을 지녔다고 할 수 있고, 또 탈레브의 개념을 빌려서 표현한다면 원상태 유지를 거부하고 변이에 능숙한 '안티프래질(antifragile)' 특성이 있는 것이다.[25] 중국이 가진 '화'를 잘하는 능력은 천하의 신념과 관련이 있다. 천하 원칙만이 상호 변화 과정에 대한 합리적이고 합법적인 해석을 제공할 수 있다. 이것이 중국 개념 속에서 천하 유전자가 발휘하는 역할이다.

여러 민족 여러 문화가 서로 변화시키는 과정 속에 중원 문화는 줄곧 상호 변화의 주요 자원이었다. 중원에 들어온 유목 민족은 원래 고유의 문화를 유지하였지만(북위(北魏) 효문제(孝文帝)의 전반 한화(漢化)는 예외였다) 중원의 고도로 성숙한 지식 생산 체계, 다량의 문헌 도서, 교육 시스템, 학술 시스템 같은 것이 없기 때문에 이성적 판단을 한 후 중원의 발달한 기존

문화 자원을 접수하게 되고, 나아가서 중원 문화의 소유자와 추진자가 된다. 과거 제도는 중국 문화의 일대 발명이라고 말하지만, 그것은 선비(鮮卑) 혈통인 수문제(隋文帝) 때 창립한 것이다. 또 중원에 들어온 유목 민족 왕조는 한인(漢人) 왕조 못지않게 유학(儒學)을 적극적으로 추진하였다. 유목 왕조가 공자에게 추시(追諡)한 봉호(封號)는 한인 왕조와 비슷하거나 더 높은 등급이다. 한(漢) 왕조는 공자를 공작(公爵)으로 봉했고 당(唐)은 왕(王)으로 명(明)은 선사(先師)의 호칭을 봉했는데, 서하(西夏)는 공자를 최고 호칭인 '황제'로 봉했고 원(元)은 왕(王)으로 했으며 청(淸)은 지성선사(至聖先師) 호칭을 추가했다. 또 다른 예로, 정주이학(程朱理學, 성리학)을 과거 시험의 채점 기준으로 한 것은 원(元)나라 때부터였고 오히려 송나라 때 성리학은 그렇게 높은 지위를 누리지 못했다.[26] 문화의 원산지는 그 문화의 해석권을 독점할 수 없고, 어떤 문화를 일단 같이 공유하게 되면 공동 자원이 된다. 여러 민족이 중원 문화를 공유한 현상은 유럽 각국이 그리스, 로마, 예루살렘의 문화를 공유한 것과 같다.

상호 변화는 분명한 역사적 사실이지만, 누가 이 상호 변화를 주도하는가는 누가 중국의 정통을 대표하는가와 관련된 민감한 문제다. 이 문제가 민감한 이유는 역사적 맥락 때문이다. 대부분의 경우 중원 쟁탈 소용돌이에 빨려든 경쟁 참가자는 중국인으로 변했고 경쟁자의 원래 거주지도 소용돌이에 말려들어 중국에 합병되었다. 흉노, 선비, 돌궐, 거란, 여진, 몽고,

만주 등 다 그렇다. 송나라 이전에 중원으로 들어온 북방 경쟁자의 승리는 비교적 짧았지만 송나라 시기에는 300년 동안 할거(割據) 국면을 유지하였다. 중국 북방은 요(遼)나라가 있고 그 영토는 송(宋)보다 컸으며, 서북에는 서하(西夏)가 있었고, 송은 중원과 남방만 차지하였다. 금(金)이 요를 대체하면서 영토를 회하(淮河)까지 확장하고 동시에 중원의 대부분을 차지하였다. 이때부터 누가 중국의 '정통'을 대표하느냐가 문제되기 시작했다.

　　요와 송이 대치할 때 권력으로 봐서 송은 약세였고 심지어 평화를 위해 요한테 납공(納貢)을 했다. 따라서 요는 당연하게 스스로 중국의 정통이라고 여겼다. 하지만 외교 문서의 수사(修辭)를 보면 온화하게 평등한 분할이라고 표현했다. 요흥종(遼興宗)과 요도종(遼道宗)이 송인종(宋仁宗)과 송신종(宋神宗)에게 보낸 국서(國書)를 보면 "땅은 두 나라로 나뉘지만, 양국은 한 가족이다.(境分二國, 兩朝事同一家)"라고 적혀 있다. 더 흥미로운 건, 요태종(遼太宗)이 후진(後晉)을 멸망시킨 후 진시황이 '만세의 중국'을 위해 만들었다는 전국(傳國)의 옥새(玉璽)를 얻었다는 이야기이다. 전국의 옥새는 줄곧 천명의 징표로 신성화되었고 옥새를 얻었다는 것은 정통을 이어 받았다는 상징이기도 하였다. 그래서 요흥종 때 과거 시험의 제목이 "전국의 보물을 보유하면 정통임을 논술하라(有傳國寶為正統賦)"였다고 한다.[27] 송은 약세였기 때문에 요와 정반대의 논리를 펼쳐 화이지변(華夷之辨)을 강조하게 되었다. 왕통링(王桐齡)에 따르면, 송은 영토도 작고 힘도 약해서 요, 서하, 금, 원에 대항하기 힘들었기 때문에 '존왕양이(尊王攘夷)' 학설이 발달하게 된 것은 당연한 이치였다.[28] 거자오광(葛兆光)도 요, 서하, 금과 병립하는 상황 때문에 송나라는 "유래 없는 중국 신분에 대한 불안감"에 빠지게 되었다고 지적했다.[29] 이러한 초조함와 불안감 때문에 송나라의 정치 서사는 천명의 보편성에서 특수성으로 후퇴하였고 '천하인의 천하' 개념을 '한인(漢人)의 중국'으로 대체하였다. 이것은 주나라가 창조한 보편적 천명 전통에서 이탈하고, 천명을 특정 민족의 사유 재산이나 은상(殷商)처럼 하늘의 특별한 보살핌으로 해석하려는 것이다. 이러한 후퇴는 내부 단결의 효과는 있지만, 그 대가로 정치 서사의 광범위한 포용력을 잃어 버렸다.

원나라 때 사단(謝端)이 요, 송, 금의 정통성에 관한 토론에서 분할 통치 상황을 근거로 요와 금을 북조(北朝)로, 송을 남조(南朝)로 정의하며 둘 다 중국의 정권이라고 했다.[30] 남북 분할은 일반적으로 임시 상태로 보기 때문에 각 왕조는 자기 주장이 있지만 근본 문제는 건드리지 않았다. 하지만 원과 청은 이민족으로 전체 중국을 장악하였고 비록 둘 다 어느 정도 중원 문화를 받아들이고 변화하였지만 원과 청의 속성은 송대(宋代) 이래의 유가 담론의 한계를 벗어나서 정통에 대한 재해석이 필요하였다. 원의 경우를 보면, 원은 불평등한 민족 정책을 실시하여 기본 정책은 몽골인의 지위를 부각시키는 것이고, 통치의 필요 때문에 부분적으로 중원의 제도와 문화를 채택하였지만,

정책 기관의 몽골인 수가 반을 넘고 색목인(色目人)도 한인(漢人)보다 많았다.[31] 원은 또 진시황의 전국 옥새를 포기하고 별도로 국새를 만들었는데[32] 이것은 원이 새 전통을 개척하려는 의도가 있다는 것을 암시한다.

원나라의 역사적 지위를 어떻게 해석할 것인가는 주원장(朱元璋)이 명나라를 세운 후 직면한 '전례 없는 난제'였다. 주원장은 양면적인 해석을 내놓았다. 우선 몽골은 천하를 정복하였는데 그것은 분명히 천명을 받아서였을 것이고 그렇지 않았다면 성공할 수 없었을 것이다. 몽골이 천명을 받아서 천하를 통치했기 때문에 중국을 통치하는 것도 하늘의 뜻이다. 하지만 몽골은 결국 중국을 통치하기에는 적합하지 않아 천명은 다시 중원으로 돌아와 명나라에게로 온 것이다.[33] 따라서 주원장은 정통의 계승을 상징하는 역대 제왕묘에 원세조(元世祖) 쿠빌라이(忽必烈)를 중국 정통 황제 중의 한 명으로 모셨다. 정통에 대한 주원장의 해석은 새로운 것은 아니지만 송나라 이래의 화이지변(華夷之辨)을 부정하고 주나라의 전통적 천명 해석으로 회귀한 것이다. 주나라의 사상은 전통 중국에서 최고의 권위를 갖고 있고 그 권위는 송나라 유가보다 훨씬 높기 때문에 주원장의 해석도 쉽게 성립될 수 있다. 송나라나 명나라 유가의 화이 토론도 선진(先秦)의 경전에서 근거를 찾고 주로 공자가 말한 춘추대의(春秋大義)의 양이(攘夷) 원칙을 내세우고 있지만, 그 해석은 주나라의 전통적 천하와 천명 개념에 위배된다. 구식곡(瞿式

谷)은 화이지변은 경전을 잘못 이해한 것이라고 지적했다. "공자께서 춘추를 쓰고 이적(夷狄)을 배척하라고 한 것은 오초(吳楚) 같은 나라가 주(周)의 신하인데 왕(王)의 호칭을 썼기 때문에 규탄하는 것이지 먼 곳에 있는 나라를 무조건 배척하라는 얘기가 아니다."[34] 구식곡의 해석이 주나라의 천하 정의에 더 부합된다.

원나라의 군사적 업적은 혁혁하지만 문화적인 성과는 미미하고 특히 송나라와 비교할 때 많이 후퇴하여 문치(文治) 면에서는 내세울 것이 없다. 따라서 원은 '대일통'을 통치 정당성의 근거로 삼고 "자고로 제왕은 사해(四海)를 한 집안처럼 통일해야 정통이다."라고 주장한다.[35] 이로서 천명의 증거는 지리적 지표로 축소되어 대일통만 완성하면 되고 민심의 문제는 사라져버렸다.

하지만 정통의 개념은 처음부터 '일통'만 강조했지 '정(正)'을 강조하지 않았다. 라오종이(饒宗頤)의 고증에 따르면, "이전에 정통을 얘기할 때에 원래 일통을 얘기한 것이었다. 이사(李斯)의 말에서 나온 것이다."[36] 송대 이후의 정통 논의는 기본적으로 구양수(歐陽修)의 정통관을 기준으로 삼았다. 구양수는 공양전(公羊傳)의 입장에서 춘추대의(春秋大義)를 해석하고 '대거정(大居正, 바른 길을 지키는 것을 귀하게 여긴다)'과 '대일통(大一統)'을 근거로 "정(正)은 천하의 부정을 바로 잡는 것이고 통(統)은 천하가 분열된 것을 합하는 것이다."라고 하였다.[37]

'통(統)'은 공간상의 대일통이고, '정(正)'은 대의명분이니 둘을 합치면 민심을 얻을 수 있고 민심의 내일통으로 볼 수 있다. 현실에서 민심의 대일통은 불가능한 일이며 어떤 제도나 정권이든 다 일부 사람의 지지만 얻는 것이다. 다만 그 부분의 비율이 어느 정도냐의 차이다. 따라서 공간의 대일통은 계속해서 천명의 기본 상징이었다.

청나라의 경우에, 만주족이 거주했던 동북 지방은 원래 명나라의 관할지였고 청나라가 집권한 후 대체로 명나라의 제도를 계승하였다. 그리고 청나라는 명나라보다 훨씬 넓은 지역으로 판도를 확장하였고 민생 상황을 볼 때 청나라 건국 후150년 동안은 중국 역사에서도 손꼽히는 성세(盛世)로 평가되기 때문에 청나라의 정통성에 대한 질의는 원나라보다 훨씬 약했다. 하지만 명나라의 유가 유민(遺民)이 볼 때 청나라에는 여전히 정통성의 문제가 있다. 왕부지(王夫之)는 명의 망국을 송나라의 망국으로 비유하면서 이렇게 말했다. "송나라가 망하면서 황제(黃帝), 요순(堯舜)부터 도법(道法)이 전해져 내려온 천하도 함께 망했다."[38] "망천하(亡天下, 천하가 망했다 혹은 천하를 잃었다)"는 고염무(顧炎武)가 제기한 개념이다. 그는 이렇게 말했다. "왕조의 성이나 국호가 바뀌는 것을 망국이라고 하고, 인의(仁義)가 막히고 짐승을 몰고 사람을 잡아먹거나 사람끼리 잡아먹게 되는 것을 망천하라고 한다."[39] 고염무는 물론 고국(명나라)을 그리워하지만 '망천하' 논술은 청나라를 대상으로 한 것이 아니었다. 그가 "인의(仁義)가 막혔다"고 예를 든 것은 진(晉) 왕조였는데 이 진(晉)나라는 이적(夷狄)이 아니었다. 왕부지가 추가 설명한 '망천하'는 중원 문화의 절단인 것처럼 보이지만 이는 사실과 다르다. 청나라가 중원 문화를 추종하는 것은 의심할 여지가 없다. 청이 계승한 세계관, 역사관과 윤리 질서 모두 중원 전통에 속한다.

원과 청의 정통성이 의심 받는 진정한 이유는 원과 청의 황제 모두 대한(大汗)의 호칭을 보류하였고, 이 점 때문에 원과 청이 중국 왕조의 전승이 아닌 중국을 정복한 외국으로 간주되는 것이다. 이 점에 대해 현대인은 역사의 현장을 확인할 수 없기 때문에 가장 합리적인 해석을 찾아야 한다. 현대의 이론으로 고대의 상황을 재구축하면 역사 진실에 가까워질 확률이 줄어들 것이다. 고대인의 최대 이익에 부합하는 이성적인 이유로 추측해야 역사적 사실에 더 가까울 수 있다. 정치 이익과 경제 이익을 포함한 최대 이익으로 추론해 볼 때, 중국 왕조의 승계에서 벗어나 자신을 정복자로 정의하는 것은 원이나 청의 최대 이익에 부합하지 않아 그들의 이성적인 선택일 수 없다. 원과 청이 이중 신분을 유지하는 이유는 두 전통의 동일한 지지를 얻어 생활과 생산 방식이 다른 두 지역을 통제하기 위한 것이다. 원과 청은 모두 자신이 전대미문의 대일통 업적을 이루었다고 자부하였으므로, 통치 지역을 나누어 두 개의 나라로 생각했을 리가 없다. 중원의 전통인 천명 관념과 대일통 개념은 원이나 청에게 모두 가장 유리한 정치 신학 담론이다. 대일통 중국의 합법적인 계승사가 되어야 사원, 권력, 이익을 최대한도로 징용할 수 있다. 중국의 역사 계승에 편입하는 것이 원과 청의 최대 이익에 부합하기 때문에 원과 청이 이런 정치 자원을 거부할 이유가 없는 것이다. 명나라와 중원을 쟁탈하기 전에 누르하치가 명 만력(萬曆) 황제에게 보낸 서신에 이미 천하 개념을 인용해 만주족이 중원을 통치하는 정당성을 설명하였다. "천지 사이에 있는 인류부터 곤충까지 다 하늘이 키우고 보살핀 것이다. 너희 남조(南朝)가 양육한 것인가? 만물을 양육한 하늘은 지공무사(至公無私)하여 남조가 대국이라고 봐주지 않는다. 천명이 따르면 천하를 갖는 것이다."[40]

　중국의 개념은 시종 여러 문화가 상호 변화하고 공동으로 구축한 결과이다. 한화(漢化)로 표현된 일방적 동화(同化)도 아니고 서로 다른 문화 간의 상호 배척과 격리도 아니다. 하지만 혼합된 중국 문화 중에 한자를 매개체로 하는 정신 세계가 더 풍부하고 중원 문화가 처음부터 끝까지 주도적인 역할을 하고 있다는 것도 부인할 필요가 없는 사실이다. 북방 기타 민족이 중원에 주인으로 들어와도 중원 문화는 여전히 상호 변화의 주요 자원이다. 앞서 말한 것처럼 중국의 역사 계승에 편입하는 것이 북방 민족에게는 최대 이익이기 때문에 그렇게 할 수밖에 없다. 원나라든 청나라든 그 정치적 정당성 혹은 합법성은 중국 전통 사상, 혹은 주나라의 전통에서 찾을 수 있다. 다시 말하면 천하를 내포하고 있는 국가로서 중국이 만민을 하나로 통합하는 것은 어려운 일이 아니다.

　청나라 말엽이 되어서야 중국은 진정으로 스스로 합리화할 수 없는 신분 정체성 문제에 직면하게 된다. 중국은 더 이상 지리적으로 천하의 중심이 아니고, 정치 권력 면에서도 중심이 아니며, 심지어 지식 생산 면에서도 중심이 아니게 되었다. 만약 일관된 논리대로 천하 개념으로 세계를 볼 때 청나라 말엽의 중국은 더 이상 천하 개념에서 얘기하는 그 '중국'이 아니고 단지 하나의 제후국이다. 동시에 고대 중국의 자신에 관한 서사 담론도 외부 세계의 질의를 받게 되고 타자로부터 온 서사는 또 다른 세계의 논리를 가져 온다. 이 때문에 맥락이 엇갈린 해석과 잘못된 이해가 발생하였다.

　전형적인 한 가지 예는 한(漢)나라 이후, 특히 명(明)청(淸)시기의 조공 제도가 중국이 세계에 강요한 일종의 등급 제도로 인식되었던 것이다. 페어뱅크는 이를 "조공 체계"[41]라고 부르고 이런 제도가 "중국의 세계 질서이며 한 쌍을 이루는 사상과 행위이다. 천백 년 동안 중국의 통치자는 계속해서 그 내용을 발전시켜 영구적으로 보존하게 하였다."라고 설명한다.[42] 하지만 조공 제도를 조공 체계로 이해하는 것은 과장되고 과도한 해석이다. 한나라 이후의 '조공'은 주나라의 조공 명칭을 사용했지만 이미 실질적인 지배력이 없고 유명무실하다. 주나라의 조공은 제후가 천하체계에 대해 지고 있는 정치 경제적 의무이다.

제후가 제공한 공물은 세금과 다르지만(세금보다 약함) 주나라의 천하체계 유지 비용을 분담하는 역할을 한다. 하지만 한(漢)나라 이후의 조공 제도는 단지 일종의 정치적 상상이고 극소수 중국 왕조와 가까운 조선, 월남, 유구를 제외하면 대부분의 조공국은 중국과의 예속 관계를 인정하지 않았다. 중국 왕조와 조공국 사이에도 정치 경제적인 지배 관계가 형성되지 않았다. 따라서 한나라 이후의 조공은 일종의 외교 관계일 뿐이고 지배적 관계인 '체계'나 '질서'와 거리가 멀다. 한(漢)당(唐)부터 명(明)청(淸)까지의 조공은 많이 주고 적게 받는 형태였다. 조공자에게 후한 답례를 주었기 때문에 대다수의 조공국은 조공을 무역의 기회로 보고 심지어 다투어 조공하려 하였고, 무역 적자의 부담을 느낀 중국은 조공의 횟수와 공물 수량을 제한하기까지 했다.[43] 따라서 당시 주변 국가가 이해하고 있었던 조공은 정치적 의미보다 경제적 의미가 훨씬 크다는 것을 알 수 있다.

또 역(반대 방향)조공 현상도 주목해야 한다. 한무제(漢武帝) 이전에 한나라는 흉노와의 장기간 경쟁에 지쳐 평화를 위해 많은 재물을 흉노에게 해마다 갖다 바쳤다. 리윈첸(李雲泉)이 말한 것처럼 이것은 한나라가 흉노한테 역조공한 것으로 봐야 할 것이다.[44] 중원 왕조가 강한 경쟁자에게 역조공하는 현상은 매우 흔하였으며 송나라와 요(遼)금(金)도 역조공 관계였다. 이런 사실로 볼 때 고대에 조공은 통용된 정치 책략이고 중원 왕조의 전유물이 아니며 보통 세력이 강한 측이 조공을 받는 것이다.

중원 왕조의 섭외 정책은 조공 외에도 화친(和親)이 있는데, 사실 조공과 화친 두 가지 전략이 장기간 동안 병존하였다. 물론 조공이 주류였고 화친은 보조였지만 그렇다고 중원 왕조와 주변의 관계를 단순히 조공으로 귀결할 수는 없다. 옌밍수(閻明恕)의 연구에 따르면 현대 역사학에서 화친의 역할이 과소평가되었다고 한다. 화친 정책은 상(商)주(周)부터 청나라까지 계속 이어졌는데 이것은 결코 우연한 사건은 아니며, 또한 압박에 의한 임시 방편이 아니라 장기적인 책략이었다. 여기에 중원 왕조가 수동적으로 진행한 소극 화친도 있었고 주동적으로 한 적극 화친도 있었다.[45]

　　조공 관계 중 그나마 정치적 의미가 있는 것은 책봉(冊封)과 정삭(正朔) 사용이다. 책봉은 더 친근한 관계를 의미하며 위급한 상황이 있을 때 중국한테 도움을 청할 수 있는 것이다. 정삭은 중국 황제의 기원으로 날짜를 표기하는 것인데, 일부 사람은 조공국이 중국의 기원을 사용하는 것은 중국의 역사 서술을 공동의 역사로 인정하는 것이라고 본다. 이 논리대로 본다면 오늘날 중국과 세계 대부분 국가가 서양 기원을 사용하는 것도 서방의 정삭을 받들어 행하는 것으로 봐야 하지 않을까.

12장 주

1 서방에서 유행하는 관점은 수메르
  문명이 중국 문명과 인도 문명보다
  일찍 발생했다고 본다. 최근 수십년의
  고고학 발견에 의하면, 수메르 문명과
  비슷한 시기에 중국에도 문명의 흔적이
  있다. 예를 들면 원시적 농업, 조잡한
  토기 등이다. 하지만 수메르 문명만큼
  발달되지는 않았다고 한다.

2 중국사회과학원고고연구소
  (中國社會科學院考古研究所),
  『中國考古學·新石器時代卷』,
  北京, 中國社會科學出版社, 2010년,
  pp.198~202.

3 위의 책, p.568.

4 위의 책, pp.786~795.

5 장광즈(張光直), 『中國考古學論文集』,
  北京, 生活·讀書·新知三聯書店, 1999년,
  pp.54~55.

6 쉬훙(許宏), 『最早的中國』, 北京,
  科學出版社, 2009년, p.152.

7 장광즈(張光直), 『中國考古學論文集』,
  北京, 生活·讀書·新知三聯書店, 1999년,
  p.36.

8 위의 책, pp.158~159.

9 중국사회과학원고고연구소
  (中國社會科學院考古研究所),
  『中國考古學·夏商卷』, 北京,
  中國社會科學出版社, 2011년, p.81.

10 장광즈는 이리두 문화가 하(夏)
   문화일 것 같다고 추측한다. 하지만
   최종적으로 확정하지 못하는 이유는
   "아직까지 이리두 문화의 문자 자료를
   발견하지 못했다"는 점에 있다.
   장광즈(張光直), 『古代中國考古學』,
   北京, 生活·讀書·新知三聯書店, 2013년,
   pp.376~377. 하지만 문제는 지금의
   증거로 보아 이리두 시기에는 아직
   문자가 형성되지 않았을 것이니 아마
   '문자 자료'도 찾지 못할 것이다.

11 쉬훙(許宏), 『何以中國』, 北京, 生活·讀書·
   新知三聯書店, 2014년, pp.145~148.

12 위의 책, pp.117~119.

13 리우칭주 편(劉慶柱主編),
   『中國考古發現與研究-1949~2009』,
   北京, 人民出版社, 2010년, p.196

14 중국사회과학원고고연구소
   (中國社會科學院考古研究所),
   『中國考古學·夏商卷』, 北京,
   中國社會科學出版社, 2011년, pp.107~123.

15 쉬훙(許宏), 『最早的中國』, 北京,
   科學出版社, 2009년, pp.205~207.

16 위의 책, pp.146~147.

17 장광즈(張光直), 『古代中國考古學』, 北京,
   生活·讀書·新知三聯書店, 2013년, p.346.

18 『상서(尚書)·다사(多士)』, "惟殷先人,
   有冊有典"

19 중국사회과학원고고연구소
   (中國社會科學院考古研究所),
   『中國考古學·夏商卷』, 北京,
   中國社會科學出版社, 2011년, p.125.

20 천명쟈(陳夢家), 『中國文字學』, 北京,
   中華書局, 2011년, p.11.

21 쉬훙은 이리두 유적의 궁전 면적은
자금성이 7분의 1밖에 안되지만
그 형태로 보아 이리두 궁전이 이후
중국 궁전의 원형임을 알 수 있다고
한다. 쉬훙(許宏), 『最早的中國』, 北京,
科學出版社, 2009년, pp.80~84.

22 량스청(梁思成), 『中國建築史』, 天津,
百花文藝出版社, 1998년, p.15.

23 '배천'이 가장 먼저 등장한 것은
『상서(尙書)·군석(君奭)』의
"殷禮陟配天(은나라는 하늘에 예배하고
제사하였다)"의 대목이다. 그리고
가장 먼저 해석한 것은 『예기(禮記)·
중용(中庸)』이다. "唯天下至聖,
爲能聰明睿知, 足以有臨也. 寬裕溫柔,
足以有容也. 發强剛毅, 足以有執也.
齊莊中正, 足以有敬也. 文理密察,
足以有別也. 溥博淵泉, 而時出之. 溥博如天,
淵泉如淵, 見而民莫不敬, 言而民莫不信,
行而民莫不說. 是以聲名, 洋溢乎中國,
施及蠻貊, 舟車所至, 人力所通, 天之所覆,
地之所載, 日月所照, 霜露所隊, 凡有血氣者,
莫不尊親, 故曰配天. (오직 천하의
지성이어야 총명과 예지로 충분히
임할 수 있다. 관대하고 부드러워 충분히
포용할 수 있다. 강하고 굳세어 충분히
고집할 수 있다. 단정하고 장중하며
중심을 잡고 바르게 행동하여 충분히
공경할 수 있다. 조리 있고 세밀히
관찰하여 충분히 분별할 수 있다. 넓고
깊은 원천이 있어 수시로 나타난다.
넓음은 하늘 같고, 깊음은 심연 같다.
백성들이 보면 공경하지 않는 이가 없고,
말하면 백성들은 믿지 않는 이가 없고,
행동하면 백성들은 기뻐하지 않는 이가

없다. 이로써 명성이 중국에 넘쳐서
오랑캐 지역에까지 뻗쳐서 배와 수레
이르는 곳과 사람의 힘이 통하는 곳,
하늘이 덮고 있는 곳, 땅이 받치고 있는
곳, 해와 달이 비치는 곳, 서리와 이슬이
내리는 곳의 모든 혈기가 있는 사람들은
높이 받들고 친하지 않는 이가 없다.
고로 하늘의 이치에 맞춘다고 하는
것이다.)"

24 양쿠안(楊寬), 『中國古代都城制度史』,
上海, 上海人民出版社, 2006년,
pp.25~36.

25 Nassim Nicholas Taleb, *Antifragile:
Things that gain from disorder*.
Random House, 2012, p.3. (나심
니콜라스 탈레브, 『안티프래질』, 안세민
역, 와이즈베리(2013).) 안티프래질은
무질서와 불확실성으로부터 이익을
얻을 뿐만 아니라, 살아남고 번영하기
위해서 무질서를 원하는 특성을 뜻하며,
탈레브가 '깨지기 쉬운'을 의미하는
프래질(fragile)에 '반대'라는 의미의
접두어 안티(anti)를 붙여 만들어낸
신조어다.

26 야오따리(姚大力), 『蒙元制度與政治文化』,
北京, 北京大學出版社, 2011년, p.270.

27 요나라 관련 자료는 모두 다음에서
인용함. 왕커(王柯), 『民族與國家-
中國多民族統一國家思想系譜』, 北京,
中國社會科學出版社, 2001년, pp.119~128.

28 왕퉁링(王桐齡), 『中國民族史』, 長春,
吉林出版集團, 2010년, p.376.

29 거자오광(葛兆光), 『宅茲中國』, 北京,
中華書局, 2011년, pp.41~42.

30 라오종이(饒宗頤), 『中國史學上之正統論』,
中華書局, 2015년, pp.157-161.

31 천가오화, 스웨이민(陳高華, 史衛民),
『中國政治制度通史·第八卷』,
바이강 편(白剛主編), 北京, 人民出版社,
1996년, p.60.

32 위의 책, pp.37~38.

33 장자오위(張兆裕), 「明代華夷之辨」,
中國社會科學院歷史研究所主編
『古史文存·明清卷上』, 2004년,
pp.265~277.

34 구식곡(瞿式谷), 『職方外紀小言』, 시예팡
(謝方), 『職方外紀校釋』, 北京中華書局,
2000년, p.9. "吾夫子作春秋, 攘夷狄,
亦謂吳楚實周之臣而首奸王號, 故斥而弗與,
非謂凡在遐荒盡可夷狄擯之"

35 『원사(元史)·권161(卷一百六十一)·
열전제48(列傳第四十八)』,
"自古帝王非四海一家不為正統"

36 라오종이(饒宗頤), 『中國史學上之正統論』,
北京, 中華書局, 2015년, p.6.

37 구양수(歐陽修), 『正統論上』, 라오종이
(饒宗頤), 앞의 책, 114쪽에서 재인용.
"正者, 所以正天下之不正也, 統者,
所以合天下之不一也"

38 왕부지(王夫之), 『송론(宋論)·
권15(卷十五)·도종(度宗)』

39 고염무(顧炎武), 『일지록(日知錄)·권13
(卷十三)·정시(正始)』, "易姓改號謂之亡國,
仁義充塞而至於率獸食人, 人將相食,
謂之亡天下"

40 『청입관전사료선집1(清入關前史料選輯1)』,
北京, 中國人民大學出版社, 1984년,
pp.289~296.

41 페어뱅크 편(費正清主編),
『中國的世界秩序-傳統中國的對外關系』,
北京, 中國社會科學出版社, 2010년, p.283.

42 위의 책. p.1.

43 쩡여우궈(鄭有國), 『中國市舶制度研究』
福州, 福建教育出版社, 2004년,
pp.214~220.

44 리윈첸(李雲泉), 『萬邦來朝-朝貢制度史論』,
北京, 新華出版社, 2014년, p.13.

45 옌밍수(閻明恕), 『中國古代和親史』, 貴陽,
貴州民族出版社, 2003년, p.157.

13장

왜 중원을 쟁탈하는가

중원 쟁탈을 축록(逐鹿, 사슴 사냥)으로 비유한 것은 『사기(史記)』의 다음 구절에서 연유한다. "진(秦)이 사슴을 잃어 천하가 다 쫓는다."[1] 여기서 사슴은 최고 권력을 비유하는데 왜 사슴으로 권력을 상징하였는지는 확실하지 않다. 권력은 정치 게임의 '사냥감'이니 동물로 권력을 상징하는 것은 이해가 간다. 하지만 고대에 사냥감은 상당히 많고 또 사슴보다 더 크고 힘센 동물도 많았다. 중원이 발전하는 시기는 '홀로세 기후최적기'[2]여서 기후는 따뜻하고 식물도 많아 소, 곰, 호랑이, 표범뿐만 아니라 심지어 코끼리와 코뿔소도 있었다. 그래서 왜 사슴을 권력의 상징으로 했는지는 생각해볼 필요가 있는 문제다. 사슴의 문학 이미지가 문헌에 가장 일찍 등장한 것은 『시경(詩經)·소아(小雅)·녹명(鹿鳴)』의 "유유녹명(呦呦鹿鳴, 사슴이 운다)"인데 여기서 사슴은 따뜻하고 온화한 이미지여서 권력과 거리가 멀어 보인다. 장광즈는 고대 유적에서 점치기용 사슴 견갑골이 발견된 것을 근거로 축록(逐鹿)은 이런 종교적 의미와 관련 있다고 추측한다.[3] 하지만 이것은 충분하지 않다. 사슴 견갑골로 점치기를 하겠지만 고대 점치기할 때 더 많이 쓰인 것은 소의 견갑골이고 더 귀하게 여긴 것은 거북이 껍질이다. 즉 종교적 의미가 있는 상징을 찾는다면 이 둘이 사슴보다 더 적합했을 것이다. 따라서 우리는 아래처럼 좀 다르게 추론해 본다. 호랑이나 코끼리는 힘의 상징으로는 더 적합하지만 단순한 피동적 사냥감이 아니라 격투의 대상이다. 좀 온순한 사냥감이어야 경쟁적 사냥 게임의 대상이 될 수 있다. 사슴은 눈에 띄는 형상을 갖춘 동물로서 멧돼지, 산양, 여우보다 화려하고 또 왕관 같은 뿔이 있어 권좌의 상징으로 적합하다. 여기에 다른 증거도 있다. 『주역』에는 "사슴을 쫓는데 산림 관리원이 없다. 사슴은 숲속으로 숨었고 군자는 잘 판단하여 포기하는 것이 좋다."[4]라는 말이 있는데, 이것은 그 당시 사슴 사냥이 이미 전문 관리원의 지도하에 진행되는 왕과 귀족의 경쟁 놀이가 되었다는 것을 보여준다. 따라서 사슴은 이런 맥락에서 권력 쟁탈의 상징이 되었을지도 모르겠다.

중원 권력을 쟁탈하는 이유는 거부하기 힘든 유혹이 있기 때문이다. 중원을 핵심으로 하는 넓은 공간에서 각종 정치 세력은 최대의 자원을 확보하기 위해 최대의 권력을 쟁탈한다. 어떤 세력은 스스로 참여하였고 어떤 세력은 연쇄 관계 때문에 피동적으로 말려들기도 하였다. 앞에서 말한 것처럼 중원 쟁탈 게임의 특성은 소용돌이 효과이고 일단 말려들면 (일부 흉노와 돌궐의 부족처럼) 토지와 이익을 포기하고 먼 곳으로 떠나버리지 않는 한 빠져나오기 힘들다. 각 세력의 흥망성쇠는 일시적인 줄거리이고 중원 쟁탈 게임의 역사 구조는 아니다. 앞에서 중원이 권력의 중심점이 되는 논리를 분석했고 여기서는 중원이 중심점이 되는 역사적 맥락과 과정을 설명할 것이다.

　　권력 쟁탈은 왜 중원에서 이루어졌는가? 쉬훙은 두 가지 해석을 제시했다. 하나는 카네리오(Robert L. Carneiro)의 '한계 이론(The Circumscription Theory)'인데, 조건이 좋은 지방에 자원이 집중되어 있어 사람들이 몰려와 인구 밀도가 높아지고 중심 지역 거주자는 포위된 상태가 되어서 자기 보호를 위해 거점의 규모를 확대해야 하는데 그 결과 이 지역에서 격렬한 충돌이 발생한다는 것이다. 쉬훙은 고대 중원에 이런 상황이 존재했다고 본다. 또 하나의 해석은 자오휘(趙輝)의 '중심 이론'인데, 중원은 광역의 중심에 위치해 있어 교통, 물류와 정보의 중심이 되었고 이 때문에 많은 정치 경험을 누적하여 더욱 성숙해졌고 주변 지역은 학습 기회가 적기 때문에 경쟁에 불리하다는 것이다. 즉 자오휘는 중원의 성공은 경제력보다 교통 조건과 더 깊은 관련이 있다고 본다.[5] 이 두 이론은 다 중원이 역사의 중심이 된 이유를 어느 정도 설명할 수 있지만 여전히 의문점이 남는다. 장강 유역의 자연 자원과 인구는 황하 유역보다 적지 않았고 문명도 (약간 늦게 시작했을지 모르지만) 비슷하게 발달했다.

기술과 교통 조건도 중원보다 뒤지지 않았다. 그런데도 왜 중심이 되지 못하고 춘추 시대까지도 야만인 취급 받았을까? 또 만약 교통, 물류 조건이 더 결정적 요소였다면 왜 서역(西域)은 중심이 되지 못했을까? 더 광대한 지역의 유통으로 볼 때 서역은 물류와 정보의 중심이다. 서역은 동쪽으로 중원, 서쪽으로 중앙 아시아 심지어 중동과 연결되어 있어 동서 방향에서 물자와 기술을 도입할 수 있는 좋은 위치 조건에 있다. 실제로도 서역을 통해 중원에 들어오거나 서방으로 간 문물은 상당히 많은데 왜 서역의 지위는 중원보다 못할까?

올슨의 국가 이론은 또 다른 해석을 제공한다.° 한 국가가 성공하려면 강대한 집단 행동 능력이 필요하다. 하지만 올슨의 이론에 따르면 작은 집단이 집단 행동을 형성하기 쉽고, 큰 집단은 무임 승차 등의 문제로 집단 행동이 무산되는 경우가 더 많다. 따라서 규모가 큰 집단인 국가가 성공하려면 무임 승차 문제를 극복할 수 있는 최소 조건을 마련해야 한다. 이 최소 조건은 첫째, 보편 공유할 수 있는 이익, 이것은 유가(儒家)가 상상한 '덕이 있는 나라'와 비슷하다. 둘째, 선택적 인센티브 제도, 이것은 법가(法家)가 강조한 상벌 제도와 비슷하다. 역사 전설에 따르면 중원에 있었던 왕조는 모두 성왕의 덕치와 상벌 제도를 겸비하였기 때문에 대체로 올슨의 조건에 부합한다. 하지만 올슨의 이론은 중원 쟁탈의 승리자가 승리한 이유를 설명할 수 있을지 모르지만, 왜 중원이 쟁탈의 무대가 될 수밖에 없었는지 그 필연성을 설명하지는 못한다.

앞에서 언급한 교통 조건이나 정치 경제 사회의 종합 발전 지표 모두 쟁탈을 유발하는 요인이지만, 이것 외에 무시 못할 또 하나의 원인은 기타 자원이 풍부한 지역과 비교할 때 중원이 더 공격하기 쉽고 전쟁의 비용이 더 적다는 것이다. 이것도 쟁탈을 조장하는 요인이 된다. 아무튼 경제 조건, 교통 조건 혹은 전쟁 비용 모두 중원 쟁탈의 우연성을 설명할 수 있지만, 그 필연성을 설명할 수는 없다. 우리가 설명해야 하는 것은 개별적인 중원 쟁탈 사건이 아니라 중원 쟁탈의 지속성과 필연성이다. 달리 말하면 중원 쟁탈이 왜 소용돌이처럼 되었고 왜 구심력을 계속 유지하는가? 일단 소용돌이가 형성되고 나서는 중원 쟁탈은 우연적 행동이 아니라 필연적 게임이 되었다.

인류가 각종 자연을 극복하는 기술을 개발하기 전까지 세계는 예측할 수 없고 지배할 수 없는 존재이다. 따라서 인류가 존재의 수수께끼를 푸는 길은 '마법'이다. 점치기는 가장 일찍 사용된 마법이고 후에 발명된 서면 문자는 모든 마법을 깨는 최대 마법이다.

문자는 모든 사물을 사람이 점유할 수 있는 형식으로 보관하는데, 이렇게 하여 과거도 보존하고 미래도 설계한다. 이로써 자연에 속하는 시간을 사람이 보유할 수 있는 역사로 바꿨다. 따라서 문자는 유심(唯心)의 세계를 창조했고 또 '혼(魂)을 잡는' 방식으로 객관적으로 존재하는 유물(唯物)의 세계를 서술하였다. 이것이 가장 위대한 마법이다. 사람은 문자를 통해 신통력을 갖게 된다. 그래서 창힐(蒼頡)이 문자를 만들 때 귀신이 밤에 울었다고 한다. 인류가 유물론의 방식으로 세계를 점유할 수 없을 때 유심론의 방식으로 세계를 점유한다. 즉 모든 것을 해석할 수 있는 정신 세계를 창조하여 삶을 시간과 장소의 구속에서 벗어나 '유심(唯心)적'으로 온 세계 모든 시간에 존재할 수 있게 한다. 마법은 힘이다. 따라서 고대 사람에게 마법은 반드시 쟁취해야 할 대상이다. 고대의 중원에서 발생한 '절지천통(絶地天通, 천지의 연결을 끊다)' 사건은 바로 마법을 쟁탈하는 전투였다. 성왕은 무술(巫術)의 권리를 민간으로부터 회수하였고 이것은 왕만이 세계를 점유할 수 있다는 것을 의미한다. 하지만 무술과 달리 문자라는 최대 마법은 선천적으로 보편 공유할 수 있고 어떤 권력에 의해 독점할 수 없는 특성을 갖고 있다. 따라서 문자의 마법이 개척한 정신 세계를 나눠 갖는 것은 생존을 위한 보편적 행위가 된다. 중원에서 가장 먼저 문자가 발달되었고 또 한자를 매개체로 하는 정신 세계도 형성되었다. 먼저 발전한 이 정신 세계가 세계에 대한 해석권을 선점했을 뿐만 아니라 중국이라는 존재의 역사성도 차지하였다. 이 정신 세계를 나눠가지면 역사도 공유하게 되고, 이미 많은 사람이 공유하는 이 정신 세계를 공유하면 더 큰 정치 범위 확장을 얻을 수 있으며 자신의 존재에도 더 유리하다. 따라서 중원의 가장 특수한 자원은 바로 한자를 매개체로 하는 정신 세계이고 이 무형 자산이 지리적 위치나 경제 자원보다 더 중요하다. 중원 쟁탈의 소용돌이는 물론 여러 힘이 작용하여 형성한 것이지만 그중 가장 결정적인 동력은 중원의 정신 세계와 그 전통을 공유하는 자격, 그리고 지식 생산 능력과 역사 해석권을 쟁탈하기 위한 것일 가능성이 크다.

물론 이는 합리적인 정치 논리를 근거로 한 추론일 뿐이다. 하지만 이 추론이 성립된다고 가정한다면 다음의 이야기 전개도 논리에 맞을 것이다. 역사상 중원의 정신 세계 쟁탈에서 가장 성공한 예는 당연히 주공(周公)을 위시한 주나라 정치가 집단이다. 주나라는 중원의 서북쪽에 있고 서융(西戎)과 가깝다. 주나라가 중원에 진격하여 은상을 대체한 후 주공은 '덕(德)'의 개념으로 천명의 귀속 이유를 다시 정의하여 은상이 천명을 독점하고 조상과 천제(天帝)를 일치시키는 전통을 수정하였고 천명 개념을 "오로지 덕 있는 자를 돕는다(惟德是輔)"라는 보편적 천도(天道)로 전환시켰다. '덕'은 '행위(行)'로 실행해야 확인할 수 있으며 행위는 또한 역사의 내용을 구성한다. 따라서 주공이 중원 정신 세계의 역사성을 확립했다고 할 수 있다. 이런 전환을 통해 주나라의 새 관념을 하(夏)상(商)의 전통에 성공적으로 접속하였고 중원의 정신 세계와 역사에 대한 해석권을 점유하였다. 더 나아가 주나라가 창조한 천하 관념은 중원의 정신 세계를 공간의 극치까지 확대하였다. 그래서 주공의 사상은 시간과 공간 개념상의 정치 신학 혁명이라고 할 수 있다. 즉 시간은 역사로 전환하고 세계를 천하로 전환하며 이것으로 중국의 존재 방식을 위해 대용량의 역사성과 세계성을 마련하였다. 즉 하늘의 무궁함과 부합하여 단절이 없는 역사성이 생기고, 대지의 광대함과 부합하여 무외(無外)의 세계성이 생긴다. 이런 정신 세계의 가능한 용량은 거의 극치에 가깝다. 여기서 중국문화의 조숙함을 알 수 있고 또 후대에도 이것을 계속 사용하는 이유를 이해할 수 있을 것이다.

　주왕조의 쇠락은 제후에게 다시 중원 쟁탈의 기회를 주었고 수백 년 동안의 춘추전국시대는 기본적으로 중원 쟁탈의 소용돌이 모형을 결정하였고 중원을 쟁탈하려는 지속적인 구심력을 형성하였다. 이후의 각 왕조는 계속 이 소용돌이 효과를 강화시켜 왔다. 이 소용돌이는 항상 중원에 있는 것은 아니다. 하지만 이 소용돌이가 아무리 이동해도 쟁탈 게임은 중원의 정신 세계를 벗어나지 않았고 계속 소용돌이 모양을 유지하였다. 북방 사막의 세력이 점차 중원 쟁탈의 가장 강력한 경쟁자가 되고 그 실력이 중원 정권보다 더 커졌을 때 소용돌이의 중심은 중원에서 유연(幽燕)지방으로 옮겨가고 이에 맞춰 왕조의 수도도 서안(장안), 낙양에서 북경으로 이동했다. 저우전허(周振鶴)의 연구에 따르면 금(金)과 원(元)의 수도에 대한 설명이 이미 천하의 중심(中)에 대한 해석이 변했다는 것을 보여준다. 금나라는 북경을 수도로 정하고 이름을 '중도(中都)'라고 불렀는데 그 이유는 "연경(燕京)이 천지의 가운데에 있다.(唯燕京乃天地

之中)"였다. 즉 북경(연경)이 이미 천하의 중심이 되었다는 것이다. 원나라도 북경을 수도로 정할 때 비슷한 말을 했다. "천자는 가운데 있어야 하고, 연(燕)이 아니면 안 된다.(天子必居中, 非燕不可)"7 송대 이후 중국의 경제 중심이 이미 강남으로 옮겨졌다는 사실로 보아 정치 게임 소용돌이의 중심이 경제 중심과 항상 일치하는 것은 아니라는 점을 알 수 있다.

중원 쟁탈 세력의 변화는 공격자와 방어자의 경제적 고려와 관련성이 있다. 경제와 군사 능력의 범위 안에 경쟁 각 측이 감당할 수 있는 비용의 최대치와 수익의 최대치의 비교가 군사 모험을 할지 말지를 결정한다. 공격과 방어 모두 최적의 통제 가능 자원을 확보할 때 진행한다. 이 관점으로 다음의 현상을 설명할 수 있을 것이다. 왜 중원 왕조의 실력이 북방 유목 민족보다 명백히 강할 때도 초원을 정복하려고 하지 않고 그저 압박을 주는 정도로 만족하는지? 반대로 초원의 세력은 일단 힘이 중원보다 강하게 되면 반드시 남하하여 자신의 왕조를 수립하려 하는지? 그 이유는 최고의 자원이 중원에 있기 때문이다. 『염철론(鹽鐵論)』에는 한나라 때 왜 무력으로 흉노를 정복해야 했는지에 관한 변론이 기록되어 있다. 주화(主和)파는 중원 왕조가 무력으로 북방 부족을 정복하는 것이 부적절한 이유를 이렇게 설명하였다. "흉노의 땅은 넓고 말도 빨리 달려 기동력이 좋다. 우리가 군대를 적게 보내면 효과가 없고, 많이 보내면 백성이 병역에 시달린다. 병역이 너무 많으면 힘이 빠지고 군비 지출이 너무 많으면 재정이 어려워진다."[8] 그리고 군사 작전을 해도 흉노를 잡을 수 없다. "흉노는 무궁한 호수에서 방목하고 동서남북으로 끝이 안 보인다. 빨리 달리는 전차와 말이 있다 해도 잡을 수 없다."[9] 따라서 흉노를 상대할 때에는 자위와 방어가 좋다. "토지를 탐내서가 아니고 백성의 피해를 막는 것이다."[10] 반대로 북방 민족이 중원을 공격하거나 통치하는 일은 비용은 적고 수익은 매우 크다. 일단 중원을 통제하면 풍부한 경제적 보상뿐만 아니라 정치와 정신적 자산도 함께 얻을 수 있다. 리훙빈(李鴻賓)은 동북의 민족이 중원과의 왕래가 밀접하여 더 많은 상호 이해가 있기 때문에 중원 쟁탈에 관심도 많고 따라서 중원의 주인이 될 조건도 더 많이 있었다고 한다.[11] 사실이 그러했다. 몽골을 제외하면 중원 입주에 성공한 선비, 거란, 여진, 만주 등은 다 동북쪽의 민족이었다.

중원 쟁탈에 참여한 각 세력의 상호 작용은 중국의 분합(分合, 분리와 통합) 문제를 불러일으켰다. 유럽의 역사에도 분합이 있었는데, 통합의 원인은 제국이었고 분리의 원인은 민족과 종교 때문이었다. 유럽은 분리에 대한 관심이 통합의 동력보다 컸는데 그 원인 중 하나는 민족과 종교의 구심력이 제국보다 크기 때문이었다. 고대 중국에는 일신교가 없어 각종 신앙은 상호 포용하면서 공존할 수 있었고 민족주의나 인종주의가 없어 문화 차이에 대한 인식은 천하일가의 신념보다 약해 각 민족은 역시 공존할 수 있었다.

하지만 정신 측면의 이유는 통합의 필요조건이지 충분조건은 아니며 결국은 '통합'을 추진할 수 있는 실제 행동이 필요한데, 쟁탈 게임 소용돌이의 구심력이 바로 통합을 추진하는 동력이다. 말려들면 일부분이 될 정도로 소용돌이의 구심력이 강해지면 중국은 소용돌이 같은 존재가 되고 소용돌이 효과로 '통합'이 필연적 추세가 된다. 어느 경쟁 참가자에게도 '분리'는 최대 이익을 주는 결과가 아니며 단지 경쟁력이 부족할 때의 자기보호 책략이다. 달리 말하면 '통합'은 소용돌이의 대세이고 '분리'는 소용돌이와 대항하며 교착 상태에 빠진 과도기적 현상이다.

진(秦)나라 이후의 역사를 보면 중국의 남북 대치 혹은 여러 세력이 할거하는 상태는 심지어 대일통의 기간보다 길다. 흉노, 선비, 거란, 여진, 몽골 등 민족이 세운 국가가 북방을 차지한 기간은 중국 역사의 절반이 넘고, 또 원나라와 청나라처럼 중국 전체를 통치한 시간도 300년이 넘는다. 이 외에 서남부 민족도 있었다. 앞에서도 얘기했지만, 소용돌이 구조 때문에 경쟁에서 패해도 여기서 빠져나갈 수 없다. 경쟁에서 패해서 '통합'을 거부하면 완전히 배제되어 모든 이익을 잃게 되고 심지어 삶의 터전도 잃고 먼 곳으로 사라지게 된다. 중국의 소용돌이는 계속 여러 민족을 흡입하여 필연적으로 다민족 다문화가 공존하는 상황을 만들어낸다. 다민족 다문화는 어떻게 공존하는가? 바꾸어 말하면 어떻게 '통합' 중에 '분리'를 유지하는가? 이것이 모든 왕조가 반드시 해결해야 하는 문제이다. 이렇듯 만민이 공존한다는 사실 때문에 중국은 계속 혼합된 제도를 실시하였다. 이것이 바로 일국양제 혹은 일국다제(多制)이다.[12]

일국다제는 주나라가 발명한 것인가? 주나라의 천하체계는 많은 내용을 내포하고 있지만, 천하체계는 일개 국가의 질서가 아니라 세계의 질서이기 때문에 일국다제라고 할 수 없고 다문화 체계라고 보아야 한다. 진나라의 제도 변경 때문에 중국은 하나의 '국가'가 되었지만 '천하'의 포용 유전자 때문에 중국의 역대 왕조는 대체로 주나라의 "풍속을 바꾸는 것을 요구하지 않는다.(不求變俗)"[13]는 원칙을 따랐다. 물론 풍속이 전혀 변하지 않는 것은 아니다. 각 민족은 공존 속에 계속 상호 변화해 왔다.

한나라는 흉노와 경쟁하고 서역과 교통하면서 여러 민족과 어떻게 공존해야 하는지의 문제에 직면하게 된다. 한(漢)은 진(秦)의 제도를 계승하여 '일통(一統)' 제도로 주(周)의 '협화(協和)' 질서를 대체하였다. '일통' 제도는 직할 지역의 '동(同)'의 문제는 해결할 수 있지만 '부동(不同)'한 민족 사이의 '화(和)'의 문제는 해결하지 못한다. 군사 실력이 비슷하여 정복할 수 없는 흉노를 상대하면서 한나라는 화친(和親) 방식으로 흉노를 조공 체제에 편입했다고 하지만, 흉노는 결국 한나라와 경쟁 관계이고 가맹자가 아니기 때문에 조공이라는 표현은 사실에 맞지 않다. 한나라의 새 정치 실험은 서역 나라와의 교류에서 온 것이다. 서역에는 소규모의 부족 국가가 산재해 있었고 부족 간에, 그리고 흉노와의 충돌이 있어 왔다. 이 나라들은 실크로드에 위치하여 한나라와 무역의 이익을 공유하고 있어 한나라와 협력하고 보호받으려는 수요가 있다. "서역은 한의 위엄과 덕망을 사모하여 내부로 소속되기를 원한다.(西域思漢威德, 咸樂內屬)"[14] 한나라의 통치가 서역까지 연장할 때 문화 차이로 문제가 발생한다. 군현제(郡縣制)의 직접 통치 방식은 새로 가맹한 서역 국가에 적용하기 어렵고 따라서 한나라는 '도호(都護)'라는 질서 연장 제도를 발명하였다.[15] '도호'는 일종의 감독관 제도인데 한나라가 설립한 서역도호부(西域都護府)는 지위가 군(郡)에 해당하지만 군과는 다르다. 도호부에는 태수(太守, 행정 주관)를 두지 않고 도위(都尉) 혹은 교위(校尉, 군사 주관)를 두었다. 즉 도호부는 군사 관리 기관이고 사회 관리 기관이 아니라는 뜻이다. 도호부의 주요 기능은 군사 거점으로 둔전(屯田)을 하며 서역을 관리하는 것인데, 가장 많을 때는 50개 나라를 관리하였다고 한다.[16] 행정 관리 기능이 없기 때문에 도호부는 서역 각 나라의 자치 질서에 간섭하지 않고 단지 서역과 중앙 왕조와의 협력 관계를 유지하는 것이다. 도호부는 중국에서 가장 일찍 실시한 '일국다제'이고 그 같은 기미(羈縻)[17] 원칙은 훗날 수(隋)당(唐) 때의 기미 제도에 기초가 되었다.

십육국(十六國) 시기 북방의 유목 민족이 중원에 들어와 여러 개의 왕조 정권을 수립하였는데 그 통치하에 있는 한인(漢人)이 많아 '호한분치(胡漢分治)' 제도를 실시하게 되었다. 흉노인 유연(劉淵)이 세운 한(漢, 前趙)나라에서 가장 먼저 호한분치를 실시하였는데, 황제 본인은 호(胡)와 한(漢) 두 민족의 군주를 겸임하고 그 아래 두 개의 관료 시스템이 있어 각각 호인과 한인을 관리하였다. 기본 구성은 호인이 군대를 가고 한인은 농사를 지으며, 호인 관리(官吏)는 군대를 담당하고 한인 관리는 경제 사회를 담당한다. 따라서 '호한분치'는 사실 '병민(兵民)분치'라고도 할 수 있다.[18] 이렇게 함으로써 국가를 '군대'와 '사회' 두 개의 공간으로 나누어 말로는 양제(두 개의 제도)이지만 정치상의 양제가 아니라 오히려 사회 격리 제도처럼 느껴진다. 이에 비해 당나라 기미 제도의 정치적 성격이 더 강하다. 당나라는 통치 지역이 넓어 중원 이외 지역에 행정 단위로 기미주(羈縻州)를 설치하였다. 그 관할 지역 내의 제도는 대체로 그 지역 주민의 원래 풍속을 따르고 상당 정도의 자치권을 가지고 있다. 기미주의 자치 정도는 각각 다른데 자치 정도가 가장 높은 지역은 전통 제도를 그대로 유지하고 행정 수장부터 각급 관료 모두 본족 사람이 담당한다. 그 다음은 중앙에서 행정 수장을 감독관으로 파견하는 것이고, 자치 정도가 더 약한 곳은 실무 관료까지 파견하여 현지 관료와 공동 관리하는 것이다.[19] 후세의 토사(土司) 제도는 기미 제도의 후속판이라고 볼 수 있다. 요(遼)나라 때는 번한(蕃漢) 분치를 하였는데 북(北)추밀원(樞密院)은 거란의 법으로 거란인을 관리하고 남(南)추밀원은 한(漢)의 법으로 한인을 관리하였다.[20] 요나라의 통치 방식은 앞에서 언급한 남북조의 방식과 달리 민족 격리의 성격은 없고 단지 풍속을 더 많이 따르는 것뿐이었다. 요나라의 조정에 재상(宰相), 추밀사(樞密使), 원수(元帥), 상서(尙書), 절도사(節度使) 등 고위 직에 오른 한인(漢人)이 상당히 많았고 한덕양(韓德讓) 같은 경우 재상, 남북 추밀사를 역임하고 진왕(晉王)까지 봉해졌으니 이미 권력의 최고봉에 도달한 것이다.[21] 원나라의 제도는 더 복잡하다. 대체로 몽골의 제도를 골간으로 하고 일부 기타 민족의 법을 추가했는데 예를 들어 법률은 몽골법, 한인법, 회교법을 종합하였다.[22] 하지만 원나라는 관할 지역이 넓어 대부분 지방의 상황은 통치자에게 새로운 경험이었으며 제도가 정착하기도 전에 이미 패망하였다. 명나라는 대체로 당나라의 제도를 승계하여 변방의 각 민족은 전통 제도를 유지할 수 있었다. 이 중 원나라가 서남 지역 관리를 위해 발명한 토사(土司) 제도[23]는 명대에 와서 성숙한 제도로 발전하였다. 청나라도 명나라의 제도를 이어받아 중원 지방에서는 고도로 한화(漢化)된 제도를 실시하고 각 변방은 자치와 중앙의 감독이 혼합된 제도를 실시하였다. 요컨대 '중국'은 줄곧 여러 제도를 내포한 정치 질서였고 선진(先秦)의 천하 시대에는 다문화체였고 한(漢) 이후는 일국 다제의 상태였다.

경쟁의 소용돌이 모형으로 형성된 중국은 다민족 다문화의 혼합체인데 다문화와 다민족이 어떻게 상호 변화하고 융합하는지가 관심의 대상이다. 상호 변화하고 융합한다고 하지만 '한족'과 '한문화'는 항상 주축이었기 때문에 이런 융합은 사실

'한화(漢化)'라고 일반적으로 얘기한다. 이것은 대단히 혼란스러운 문제인데, '한(漢)'이라는 개념은 그 사체가 복잡할 뿐만 아니라 자주 '중국'과 혼동된다. '한족(漢族)'이란 현대의 개념으로 거슬러 올라가서 정의한 것인데, 사실 원래 중국은 민족국가가 아니고 계속 성장하는 존재이고 그 규모는 경쟁 게임에 의해서 결정되며 소용돌이에 들어온 세력과 집단은 모두 중국의 시조의 하나가 된다. 황제(黃帝)와 염제(炎帝)는 서융(西戎) 혹은 동이(東夷)이고 은상(殷商)도 동이(東夷)에서 왔다. 주(周)는 서융과 하(夏)의 혼합이고 수나라와 당나라의 왕실은 선비족 혈통이 있고, 원과 청은 말할 필요도 없다. 고대 중원에 있었던 민족(하(夏)상(商)주(周) 등)과 이어서 중원에 들어온 흉노, 선비, 돌궐, 거란, 여진, 몽골, 만주, 그리고 강(羌) 장(藏) 묘(苗) 등 민족이 계속 융합한 결과가 지금 '한족'이라고 명명하는 집단이다. 정확하게 말하면 옛날 중국에는 '한족'과 '비한족' 같은 구분은 없었다. 일부 북방 혹은 서북의 민족도 하(夏)상(商)주(周) 시기 때 원래 중원 부근에 살고 있었다. 왕통링(王桐齡)의 연구에 따르면, 춘추시대에도 많은 북방 부족의 제후국이 중원에 있었고 주로 섬서(陝西), 산서(山西), 영하(寧夏), 하북(河北), 산동(山東), 하남(河南) 등 지방에 분포되어 있다가 중원 경쟁에서 밀려나자 북방으로 후퇴한 것이다. 북적(北狄)이 세운 마지막 국가 중산국(中山國)은 전국 시대 중기 때 조(趙)나라에 의해 멸망되었다.[24] 한나라 때부터 북방 세력이 강해지면서 다시 중원 쟁탈 게임에 참여하였다. 장(藏)족의 경우, 토번(吐蕃)의 장족은 비교적 늦게 중원 쟁탈에 참여하였고, 청해(青海), 감숙(甘肅)의 장족은 훨씬 일찍 경쟁에 참가하여 거점을 세운 적도 있다. 서기 763년 토번은 중원 왕조의 수도 장안을 함락시킨 바 있다.

아무튼 이런 경쟁 소용돌이 구조를 보면 '중국'은 '한'보다 훨씬 큰 개념이다. 역사에 대해 어떤 가치관을 바탕으로 서술하든 모두 편차가 발생하므로, 소용돌이의 동력 구조와 성장 방식과 관련된 역사적 사실로 판단해야 진실에 더 근접할 수 있다. 역사책에 나오는 '역사적 사실'은 가끔 역사 서사에 의해 구성된 것이다. 원나라를 예로 든다면, 명(明)이 서술한 원사(元史), 원나라 관방의 기록, 몽골의 서사, 그리고 서역 국가의 원에 대한 서사 등을 통해 본 원나라는 모두 차이가 있으며, 이것이 바로 가치관에 의한 서사다. 따라서 우리는 가장 수렴된 '같은 단위로 비교할 수 있는 사실(the commensurable facts)', 즉 앞에서 말한 정치적 경제적 '최대 이익'으로 해석 가능한 사실만 가지고 보아야 할 것이다. 이 기준으로 볼 때, 원나라는 몽골을 종주국으로 하지만 원에게 가장 큰 이익은 중원에 있다. 그래서 스스로 중국 황제가 되기로 한 것은 이성적인 선택이다. 같은 논리로 원순제(元順帝)가 패하고 북방으로 철퇴한 후에도 원의 황제라고 자임하고 북원(北元)정권을 이끌며 명과 대치했다.

왕통링의 『중국민족사』는 자세한 자료로 중국 여러 민족의 상호 동화 과정을 서술하였다. 그의 고증에 따르면 진(秦) 왕조 이후 역대 왕조와 국가는 서로 다른 많은 민족에 의해 세워졌다. 금(金)과 청(淸)은 여진(만주)족이 세웠고, 전조(前趙), 후조(後趙), 하(夏), 북량(北涼), 원(元)은 몽골족이 수립한 왕조이고, 전연(前燕), 후연(後燕), 서연(西燕), 남연(南燕), 서진(西秦), 남량(南涼), 북위(北魏), 북주(北周), 북제(北齊), 요(遼)는 몽골과 여진족의 혼혈인 선비(鮮卑), 거란(契丹)이 만들었고, 후당(後唐), 후진(後晉), 후한(後漢)은 회(回)족이 세웠고 전진(前秦), 후진(後秦), 후량(後涼), 서하(西夏)는 장(藏)족이 세웠다. 또 한족으로 알고 있던 많은 나라 중, 제(齊)는 한족과 동이(東夷)의 혼혈이고, 진(秦)은 한족과 서융(西戎)의 혼혈이며, 진(晉)과 연(燕)은 한족과 북적(北狄)의 혼혈이고, 대리(大理)는 한족과 묘(苗)족의 혼혈이다. 또 한족의 왕조로 알려진 진(秦), 한(漢), 진(晉), 수(隋), 당(唐), 송(宋), 명(明)은 모두 여러 민족의 혼합체였다.[25]

고대에 각 민족의 자기 중심 의식이 어느 정도였는지 모르겠지만, 최소한 외족은 피해야 할 금기 대상으로 여겨지지는 않았고 넘을 수 없는 민족의 장벽도 없었다. 한 정권에게 정치 권력은 가장 요긴한 이익이다. 한 왕조가 기타 민족과 정치 권력을 나누는 것을 거부하는지 여부가 민족 의식을 점검하는 가장 좋은 방법이다. 중국 역대 왕조를 보면 정치 권력 혹은 통치 계급은 항상 다른 민족에게 개방적이었다. 왕통링은 상세한 증거를 나열하여 역대 왕조의 고위층 관료에 다른 민족 출신이 많이 있었다는 것을 설명하였다. 한족의 왕조를 보면 수(隋)나라는 흉노, 선비 등 호인(胡人) 관리가 51명이 있었고, 당나라에는 선비, 돌궐, 고구려, 토번, 거란, 회흘(回紇), 일본, 인도 등 출신 122명이 있었는데, 그중에는 명장(名將) 명신(名臣)도 있었다. 예를 들어 위지경덕(尉遲敬德), 원진(元稹)은 선비인, 가서한(歌舒翰)은 돌궐인, 고선지(高仙芝)는 고구려인, 이극용(李克用)은 사타(沙陀, 토번 계열)인이다. 송나라 때는 선비, 흉노, 돌궐, 당항(黨項, 토번 계열), 아랍 등 출신 인물이 34명 있는데, 명장 호연찬(呼延贊)은 흉노인이었다. 명나라 때는 몽골, 여진, 회골(回鶻) 출신인물 174명이 있었다. 반대로 비한족이 세운 왕조 중 역사에 기록된 한족 고위 관리도 많았는데 요(遼)나라 때는 68명이었고, 그중에는 최고의 권좌까지 올라간 한덕양과 조연수(趙延壽) 같은 사람도 있었다. 금(金)나라 시기에 한족 관리는 277명이나 있었고, 원나라 때는 공로를 세워 몽골 이름을 하사 받은 한족 관리가 37명이 있었는데 그중 명장 사천택(史天澤), 장유(張柔), 장홍범(張弘範)도 있었다.[26] 청나라의 경우 한족 관료가 사실 만주족 관료보다 더 많아 통계할 의미조차 없다. 또 하나의 중요한 점검 기준은 통혼이다. 중국 각 민족 사이의 통혼, 특히 왕실이 외족과 통혼하는 것이 매우 보편적이었고 금기는 없었다. 송대와 원대만 좀 특별한 경우였다. 송나라가 더 극단적으로 왕족과 외족의 통혼을 금지했고 원나라 왕실도 한족과 통혼하는 일이 드물어 입궁한 한족 여인은 9명뿐이었고 공주는

한족과 통혼하지 않았다.27

　　그리고 이른바 '한문화'도 여러 문화를 혼합하여 만들어낸 결과이다. 한문화의 특징에 대해 한 마디로 서술하라면 아마도 '한자를 매개체로 한 개방적인 정신 세계'라고 할 수 있을 것이다. 이 정신 세계는 역사상 이미 많은 문화를 흡수하였고 또 계속해서 성장하고 있다. 여러 문화와 상호 변화하는 과정에서 제도, 복식, 미술, 음악, 음식, 도구, 언어, 습관 등이 모두 변화하였지만 유독 매개체로 하는 한자는 초(超)안정성을 유지해 왔다. 한자는 한문화의 가장 기본적인 유전자를 탑재하고 있다고 할 수 있다.

　　한자의 초안정성은 아마 한자의 도상(圖像, 이미지)적 특성과 관련이 있다. 한편으로 매개로서의 한자는 외부 세계를 표현하여 대상(對象)의 세계를 구축하고, 다른 한편으로는 자체가 도상인 한자는 또 스스로 충족하는 도상의 세계를 창출한다. 한자의 이런 도상적 특성 때문에 한자는 단순 기표(記標, 시니피앙, signifier)적 기능만 있는 것이 아니라 독자적 의미를 가진다. 언어의 음성에 포함된 의미는 기의(記意, 시니피에, signified) 혹은 지시 대상(referent)을 의미한다. 다시 말하면 음성 기호의 의미는 그 지시 대상(reference)에 있다. 기호 자체는 독자적 의미가 없고, 만약 가리키는 대상과의 약속 관계가 없다면 기호도 의미가 없다. 하지만 도상(圖像)으로서의 한자는 지시 대상(시니피에)으로서의 의미와 자체 표현 의미 등 이중의 의미가 있다.

공손룡(公孫龍)의 난해한 명언 "사물은 가리키는 대상이 아닌 것이 없다. 하지만 손가락은 가리키는 대상이 아니다.(物莫非指, 而指非指)"[28]도 어쩌면 한자의 특수성에 대해서 말하는 것일지도 모른다. 즉 모든 사물은 문자의 지시 대상이지만 문자 자체의 의미는 그 지시 대상은 아니다. 한자는 '가리키는 자'로서 당연히 기호의 지시 기능이 있다. 하지만 한자 자체도 도상(圖像)이기 때문에 '천하에 없는(天下之所無)', 즉 대상 세계로부터 독립된 정신 세계를 구축할 수 있었다.

한자 도상이 구성한 것은 정신 세계뿐만 아니라 동시에 구성 기능을 갖춘 정신적 주체도 만들어 냈다. 이 정신적 주체는 사유 대상(cogitatum)의 역할과 사유 능력(cogito)을 모두 겸비하였으나 익명의 주체이고 문화의 주체이다. 따라서 한 중국인의 사유는 늘 개인의 심령 주체와 통용의 한자 주체 등 이중의 주체가 있고, 또 이 이중의 주체로 세계를 바라본다. 심령이 세계를 바라보는 동시에 한자도 세계를 바라본다. 그 전형적인 상황이 고전 시(詩)인데, 한편으로는 시인이 본 외부 세계를 표현하고 다른 한편으로는 시인이 한자로 구성한 스스로 충족하는 도상 세계를 보여준다. 따라서 고전 시에는 자연 세계와 도상 세계가 시각적으로 중첩하는 효과가 있다. 한자 도상은 정신의 형(形)을 나타내며 '형이상'과 '형이하'가 서로 만나는 지점이기도 하다. 한자로 인해 특수성이 보편성을 띠게 되고, 과거가 현재로 소환되며 역사성이 현시(現時)성을 지니게 된다. 이러한 의미의 깊이는 분명 큰 정신적 유혹이다.

　중국의 한화(漢化)는 한문화 정신 자체의 흡인력 때문이기도 하지만 한문화가 수많은 세력의 공동 목표가 된 것은 경쟁자의 이성적 선택과 관련이 있을 것이다. 소위 이성적 선택은 우선 최대의 안전을 추구하는 것이고 그 다음은 최대의 자원을 확보하는 것이다. 혼합으로 형성된 '한인'은 중원 인구의 대다수를 차지하기 때문에 중원에 들어온 다른 세력에게 한문화를 이용하는 것이 일종의 우세 전략(dominating strategy)으로 정치 안전과 경제 이익을 확보할 뿐만 아니라 한문화의 정신적 해석력과 지식 생산력으로 정권의 최대 지속력을 획득할 수 있다. 한자를 매개로 하는 정신 세계가 최대의 정신 저장 공간 및 최대의 정보 생산 능력, 즉 최대의 정보 입력과 출력 능력을 갖고 있기 때문에 정치 신학과 역사 서사를 구축할 때와 사회의 조직 및 제도를 수립할 때에 중요한 자원이 될 수 있다. 서방의 정신 세계가 동아시아에 들어오기 전에 한자를 매개로 한 정신 세계는 이 지역에서 가장 뛰어난 정신 자산이다. 그러기 때문에 한문화는 모든 이가 이용하려고 하는 공동 자원이 된 것이다.

　중국은 여러 세력이 경쟁하는 장소로서 승패가 정해지지 않았다. 중요한 것은 경쟁 게임의 소용돌이의 크기이며 그에 따라 중국이 결정된다. 경쟁 게임에 참여한 지방은 중국의 내부가 되고 경쟁 게임에 관여하지 않은 지방은 외부가 된다. 중국의 '내외'에 대해서도 그동안 많은 오해가 있었던 것 같다. 선진

(先秦)의 천하 시대에, 천하의 무외(無外) 원칙에 따라 천하에는 경계선이 없었다. 하지만 지방 정권이 관할하는 땅에는 경계가 있었다. 따라서 제후 정권의 관할지로 볼 때 내외의 구분이 있는 것이다. 주천자(周天子)의 왕기(王畿)로 볼 때 모든 제후국은 외부이다. 그리고 각 제후국도 서로에게 외부이다. 종친 관계가 있는 각 분봉 제후국, 즉 제하(諸夏)에게 사방에 있는 동이(東夷) 서융(西戎) 남만(南蠻) 북적(北狄) 등은 외부가 된다. 천하체계에 들어온 모든 제후국에게는 아직 천하에 편입되지 않은 먼 사해(四海)의 땅이 외부다. 천하체계가 종결된 후 중원 전체가 진(秦)의 직할지가 되었고(왕기가 천자의 직할인 것처럼) 중원 이외의 지방은 아직 다스리지 않은 외부가 되었지만 외국이라는 개념과는 다르다. 진한(秦漢) 이후 천하는 더 이상 정치 제도가 아니지만 여전히 관점과 시야를 제공한다. 따라서 내외는 중국의 내외를 지칭하는 것이 아니라 다스리는 땅과 다스리지 않는 땅의 차이이고 정권을 경계로 하는 개념이지 국경선을 두고 보는 내외 개념이 아니다.

여기서 줄곧 '중국'의 국경선으로 잘못 이해된 장성(長城)에 대해서도 설명할 필요가 있다. 일반적으로 진(秦)이 장성을 만들었다고 하지만 사실 진 이전에 중국에 이미 여러 개의 장성이 있었고 그 유적도 아직 있었다. 춘추전국시대에 제후들 간 패권 다툼 혹은 합병 때문에 전쟁이 빈번히 일어났다. 각국은 자기 방어 혹은 중원 공격을 위해 군사 최전선에 지형에 따라 군사 시설을 건축하였는데 그게 바로 장성이다. 제(齊)나라가 가장 먼저 남부 국경 지대에 천리에 달하는 장성을 지었다. 이 중에 서남쪽 장성은 진(晉)나라를 방어하기 위한 것이고 정남과 동남쪽 장성은 초(楚)나라와 월(越)나라를 방어하기 위한 것이다.²⁹ 제(齊)나라는 초(楚) 월(越)과 붙어 있지 않고 사이에 여러 소국이 분포되어 있지만, 초와 월은 자주 국경을 넘어 전쟁을 하였다. 그 외에 초(楚) 노(魯) 위(魏) 진(秦) 연(燕) 조(趙) 중산(中山) 등의 나라도 각자 장성을 지었다. 이 장성들은 주로 중원을 침공하는 다른 제후국을 방어하려는 것이었고 북방 유목 민족을 방어하려고 만든 것은 극히 부분이다. 예를 들면 제(齊)의 장성은 전부 중원 제후를 방어하기 위한 것이고, 연(燕)과 조(趙) 모두 북장성과 남장성이 있는데 북장성은 유목 민족을 방어하는 것이고 남장성은 중원 제후를 막는 것이다. 중산(中山)의 장성은 서쪽에 있는데 주로 조(趙)를 방어하기 위한 것이다.³⁰ 초(楚)의 장성은 북쪽에 있는데 중원을 방어하거나 공격하기 위한 것이다. 따라서 각국 장성의 위치는 경쟁자가 어디에 있는지에 따라 결정된다는 것을 알 수 있다. 진나라가 중원을 통일한 후 경쟁 상대는 북쪽에만 남아 있고 서역은 당시 아직 중원 경쟁에 참여하지 않았기 때문에 진나라의 장성은 북방 유목 민족을 방어하기 위한 것이다. 진(秦) 이후의 왕조가 건설한 여러 장성을 보아도 그 성격을 알 수 있다. 북위(北魏)가 내몽골 일대에 지은 장성은 같은 유목 민족인 유연(柔然)을 방어하기 위한 것이고[31] 고구려가 지은 장성은 중원의 당나라를 방어하기 위한 것이다.[32] 요(遼)는 지금의 흑룡강 요녕 내몽골 일대에 긴 장성을 지었는데, 주목해야 할 것은 장성의 밖에 있는 지역(동북 지방, 그리고 러시아 동시베리아까지)도 요(遼)의 관할하에 있고 외국은 아니었다. 즉 요의 장성은 완전히 요(遼)의 내지(內地) 거의 한 가운데에 있었고 국경선과 무관하며 주로 여진(女眞)과 실위(室韋) 등 부족의 반란을 예방하기 위한 것이었다.[33]

대부분의 장성이 진(秦) 장성과 명(明) 장성이 겹치는 지대 혹은 근방에 위치한 이유는 이 일대가 바로 고대 중국의 양대 경제 지역, 즉 유목 경제와 농경 경제의 분계선이고, 동부 계절풍(습윤) 기후와 서부 건조 기후의 분계선이면서 400mm 등우선이기도 하기 때문이다. 이 분계선은 또 '후환융(胡煥庸) 라인'[34]과 대체로 일치한다. 이 선은 완전한 직선은 아니고 지형의 변화에 따라 약간 구부러지고 교차하는 연결선인데, 후환융은 일찍이 통계 자료를 통해 중국의 지형, 강수량, 인구의 분포가 거의 일치한다는 것을 증명하였다. 이 선에는 여러 가지 의미가 중첩되어 있기 때문에 상당 정도로 중원 쟁탈 게임 양상에 영향을 주었다. 이 선을 따라 고대 중국은 대체로 유목 세력과 농업 세력 두 지역으로 구분되고, 또 일국양제 혹은 일국다제를 실시할 때 제도의 분계선이기도 했다. 물론 이런 구분은 대략하는 것이고 장성 바깥에도 농업이 없었던 것은 아니다.

긴 시간으로 볼 때 이 두 지역의 군사 역량은 대체로 균등하고 서로 흥망성쇠가 있었다. 하지만 경제 생산 방식 및 생활 방식의 차이 때문에 장성 라인은 양대 세력의 균형선이 되기 쉽다. 양대 세력이 지쳐서 휴전하거나 이성적으로 강화(講和)를 할 경우 대부분 이 선에서 멈추게 된다. 물론 매번 균형을 이룬 양상은 각각 다르다. 예를 들면 하투(河套, 허타오) 지역은 건조 지역에 속하지만 관개 조건이 양호하여 목축 농업 모두 가능하며 전국 시대 이래 계속 주인이 바뀌었다.[35] 대개 보면 중원 쟁탈 게임이 동서의 경쟁에서 남북의 경쟁으로 바뀌었고[36] (어느 특정 세력이 대일통을 달성한 시기를 제외하면) 장성 일대는 가장 대표적인 게임의 균형선이 되었다. 물론 장성은 유일한 균형선이 아니다. 남북 대치 구도에서 북방이 우세한 시기가 더 많았기 때문에 균형선도 남쪽으로 옮겨져 회하(淮河)진령(秦嶺)선, 그리고 장강(長江)으로 이동했다. 아무튼, 장성은 국경선 혹은 변방이 아니라 중원 쟁탈 게임의 중심지였고 중국의 남북 중간선이었다. 이 점을 이해하면 중국의 핵심이 게임 소용돌이의 이동에 따라 중원에서 북경으로 이동한 것도 이해할 수 있을 것이다. 북경은 이 게임 균형선 부근에 있어 남북을 동시에 통제할 수 있는 유리한 조건이었다. 따라서 남북을 동시 통치할 능력이 있는 왕조는 모두 북경을 수도로 한 것이다.

1. 사마천(司馬遷), 『사기(史記)·
회음후열전(淮陰侯列傳)』. 반고(班固),
『한서(漢書)·괴통전(蒯通傳)』에도 있음.
"秦失其鹿, 天下共逐之"

2. 만즈민(滿誌敏),
『中國歷史時期氣候變化研究』, 濟南,
山東敎育出版社, 2009년, pp.92~118

3. 장광즈(張光直), 『中國考古學論文集』,
北京, 生活·讀書·新知三聯書店, 1999년,
p.53.

4. 『주역(周易)·상경(上經)·준괘3(屯卦三)』,
"卽鹿無虞, 惟入於林中, 君子幾不如舍"

5. 쉬훙(許宏), 『何以中國』, 北京,
生活·讀書·新知三聯書店, 2014년,
pp.96~99.; 자오후이(趙輝),
「以中原爲中心的歷史趨勢的形成」,
『文物』2000년, 第1期.

6. 올슨(Mancur Lloyd Olson)의
다음 책 참조. 『權力與繁榮(Power
And Prosperity)』, 『國家的興衰
(The Rise and Decline of Nations)』,
上海, 上海世紀出版集團, 2005년.
『集體行動的邏輯(The Logic of
Collective Action)』, 上海,
上海三聯書店, 1995년. (국내 번역서로,
멘슈어 올슨, 『집단행동의 논리』,
최광 역, 한국문화사(2013); 멘슈어 올슨,
『지배권력과 경제번영』, 최광 역,
나남(2010)이 있다.)

7. 저우전허(周振鶴),
『中國歷史政治地理十六講』, 北京,
中華書局, 2013년, p.256.

8. 『염철론(鹽鐵論)·비호제38
(備胡第三十八)』, "匈奴之地廣大,
而戎馬之足輕利, 其勢易騷動也.
少發則不足以更適, 多發則民不堪其役.
役煩則力罷, 用多則財乏"

9. 『염철론(鹽鐵論)·서역제46
(西域第四十六)』, "匈奴牧於無窮之澤,
東西南北, 不可窮極. 雖輕車利馬,
不能得也"

10. 『염철론(鹽鐵論)·벌공제45
(伐功第四十五)』, "非貪壤土之利,
救民之患也"

11. 리훙빈(李鴻賓), 「逐鹿中原-
東北諸族南向拓展的秘密」,
『中國社會科學報』, 2015-1-29.

12. [옮긴이] '일국양제' 혹은 '일국다제'는
덩샤오핑이 홍콩, 마카오의 반환과
향후 대만의 통일을 위해 제시한 통합
정책이다. 핵심 요지는 사회주의 중국과
통일한 후에도 홍콩 등 지방은 자본주의
체제를 유지할 수 있다는 것인데,
글 중에 나오는 주나라 천하체계에 대한
설명과 통하는 점이 많다. 다만 저자
자오팅양은 바로 이어지는 부분에서
천하는 국가가 아니기 때문에 '일국다제'
라고 할 수 없다고 말한다. 현재 홍콩,
대만 등 중국 주변의 정세를 볼 때 많은
연상을 하게 하는 대목이다.

13. 『예기(禮記)·곡례(曲禮)』.

14. 반고(班固), 『한서(漢書)·권96하
(卷九十六下)·서역전(西域傳)』.

15. 반고(班固), 『한서(漢書)·권70(卷七十)·
정길전(鄭吉傳)』.

16 명샹차이(孟祥才), 『中國政治制度通史·
第三卷』, 白剛主編, 北京, 人民出版社,
1996년, pp.257~258.

17 기미(羈縻)는 왕조가 변경 지방을
관리하는 방식인데, 구체적인 정책은
시대와 지방에 따라 다르지만 기본
원칙은 중앙이 통제하는 지방 자치이다.
요충지에는 군대를 주둔하지만 지방의
전통 생활과 통치 방식은 간섭하지
않는다.

18 황휘시엔(黃惠賢), 『中國政治制度通史·
第四卷』, 白剛主編, 北京, 人民出版社,
1996년, pp.72~80.

19 위루녠(俞鹿年), 『中國政治制度通史·
第五卷』, 白剛主編, 北京, 人民出版社,
1996년, pp.256~260.

20 리시어후(李錫厚), 바이빈(白濱),
『中國政治制度通史·第七卷』, 白剛主編,
北京, 人民出版社, 1996년, pp.74~87.

21 왕퉁링(王桐齡), 『中國民族史』, 長春,
吉林出版集團, 2010년, pp.394~398.

22 야오따리(姚大力), 『蒙元制度與政治文化』,
北京, 北京大學出版社, 2011년, p.280.

23 [옮긴이] 토사(土司) 제도는 중앙 정부가
서남 변방의 소수 민족 수장에게 관직을
부여하고 통치를 위임하는 제도인데,
원나라 때부터 시작하여 청나라가
멸망할 때까지 지속되었다. 토사 직위는
세습할 수 있고 통치 지역에서는 고도의
자치 권력을 행사하였다.

24 왕퉁링(王桐齡), 『中國民族史』, 長春,
吉林出版集團, 2010년, pp.18~28.

25 왕퉁링(王桐齡), 『中國民族史』, 長春,
吉林出版集團, 2010년, 서문(序言).

26 위의 책, pp.335~525.

27 위의 책, pp.440~441.

28 『공손룽자(公孫龍子)·지물론(指物論)』.

29 뚜안칭보(段淸波), 쉬웨이민(徐衛民),
『中國歷代長城-發現與研究』, 北京,
科學出版社, 2014년, pp.1~17.

30 위의 책, pp.114~156.

31 뚜안칭보(段淸波), 쉬웨이민(徐衛民),
『中國歷代長城-發現與研究』, 北京,
科學出版社, 2014년, pp.247~248.

32 위의 책, pp.284~285.

33 위의 책, p.304.

34 흑룡강 흑하(黑河)에서 운남 등충(騰衝)
까지 그은 선으로 중국을 동서로 나눔.
후환융(胡煥庸), 「中國人口之分布-
附統計表與密度圖」, 『地理學報』,
1935년 第2期.

35 저우전허(周振鶴),
『中國歷史政治地理十六講』, 北京,
中華書局, 2013년, pp.75~77.

36 푸스녠(傅斯年), 『民族與古代中國史』,
石家莊, 河北教育出版社, 2002년, p.3.

14장

변화로서 존재한다

중국의 원류와 성분은 복잡하고 다양하지만 아무리 변해도 바뀌지 않는 중심 요소가 있다. 장광즈는 이것을 중국 문명의 "연속성 형태"라고 부른다.[1] 중국이 연속적으로 존재하는 원인은 아마도 중국 자체가 일종의 성장 방식이기 때문이다. 『주역』의 형이상학은 중국적 사유방식의 근본이다. 존재의 목적은 영원히 존재하는 것(永在)이다. 어떻게 영원히 존재하는가? 그것은 변화에 있고 '생생(生生, 사는 것을 살게 한다)'과 '일신(日新, 날로 새로워진다)'에 있다. 『주역』의 형이상학은 '변하지 않는 존재'의 존재론(ontology of being)이 아니라 '변화함으로써 존재하는' 존재론(ontology of becoming)이다. 『주역』의 존재론은 중국이 존재하는 방법론으로 전환하였다. 모든 것이 변화하고 있고 변수는 알 수 없다. 그러면 존재의 도리는 바로 변통하는 데에 있다. 즉 시종 변화와 같은 보조를 맞춰야 한다는 것이다. 변통은 계속 존재하기 위한 것뿐만 아니라 그 존재로 하여금 모든 변화에 대응할 수 있도록 더 큰 포용력을 갖추게 하는 것이다. 노자는 『도덕경』에서 응변력이 있는 사유 방식을 물(水)에 비유하여 설명하였다. 효과가 가장 좋은 존재 방식은 물처럼 틀에 따라 형체를 이루고 시기에 따라 대처하는 것이다. 이러한 '물의 방법론'은 중국이 왜 잘 변화하고 잘 존재하는지 설명할 수 있을 것이다. '성장의 방법론'으로 존재하는 중국은 '변화함으로써 존재하는' 무한성을 갖추었다. 따라서 중국은 하나의 '세계'처럼 존재할 수 있으며 '세계적' 수용 능력을 구비하고 대립면을 융합하는 방식으로 성장할 수 있는 것이다. 맹자의 "지나가면 교화되고 존속하면 신묘하게 된다.(所過者化, 所存者神)"[2]라는 말은 중국의 지속성을 설명할 수 있을 것 같다.

　그리스 신화에 '테세우스의 배(The Ship of Theseus)'라는 이야기가 있다. 어떤 배의 갑판이 낡아서 그것을 새것으로 갈고, 이렇게 부품 하나하나를 교체해서 마지막에 그 배의 모든 부품이 새것으로 교체되었다. 그런데 이 배는 외관상 여전히 원래 그 배이다. 중국도 비슷한 상황 아닐까?

14장주

1 장광즈(張光直),『美術, 神話與祭祀』,
   北京, 生活·讀書·新知三聯書店, 2013년,
   p.130.

2 『맹자(孟子)·진심상(盡心上)』.

3부

천하 질서의 미래성

15장

세계의 역사는
아직 시작하지 않았다

세계사는 문제 있는 개념이다. 인류는 아직 "세계를 세계로 다룬다(관자의 "천하를 천하로 다룬다"는 표현을 빌려 씀)"는 경지에 도달하지 못했기 때문에 '세계로서의 세계(the world qua a world)'는 아직 존재하지 않는다. 이런 상황에서 세계사라는 표현은 오해를 유발할 수 있는 일종의 허구다. 우리가 생활하고 있는 '세계'는 여전히 물리적 의미의 세계 즉 지구이고, 아직 세계적 이익으로 정의하고 세계인이 공유할 수 있는 세계가 아니다. 우리가 살고 있는 세계는 물리적 성질 외에는 정치적 신분이나 정치적 존재 질서를 갖고 있지 않다. 따라서 '세계'는 여전히 '비세계(non-world)'다.

　이 세계가 아닌 세계에서 아직까지 보편 공유되는 역사가 없다. 근현대 이전에 각 지방은 각자의 역사가 있다. 근현대의 식민주의, 해외 시장 개척, 제국주의 등은 세계 각지를 연결시켰고, 각 지역의 다양한 여러 역사(histories)는 유럽의 역사에 의해 한 덩어리로 엉켜져 여러 역사의 복합 역사(a complex history of histories)가 되었다. 하지만 이것은 세계사가 아니고 유럽 세력의 확장사이다. 세계 각지의 역사는 유럽의 패권 이야기 속에 단지 피동적인 부속 줄거리에 불과하다. 유럽의 확장사를 세계사로 위장한 것이 지금까지도 유행하고 있는 소위 세계사의 기본 틀이다. 현대의 발전이 극치에 도달한 후 나타난 글로벌화 운동은 확실히 모든 사람을 어디서나 진행 중이고 빠져나오기 힘든 게임에 말려들게 했다. 하지만 지금까지도 모든 사람이 받아들일 수 있는 게임 규칙이 나오지 않았다. 아무도 빠져나올 수 없는 게임이 세계에서 진행되고 있지만 모두 공유할 수 있는 세계는 되지 못하였다. 따라서 이는 실패한 세계(a failed world)이다. 글로벌화는 현대성이 만들어 낸 '제 무덤을 파는 자'이며,<u>1</u> 이 때문에 현대화 게임은 스스로 초래한 혼란에 빠지게 되고 앞길이 안 보인다.

특히 글로벌화 때문에 현대 제국주의가 세계를 지배하는 각종 책략이 예측 못한 반작용을 야기하고 있고 세계도 무질서 상태에 빠지게 되었다. 이것은 재앙이지만 동시에 새 게임 규칙을 만들기에 좋은 시기이기도 하다.

냉전이 끝날 무렵 나온 후쿠야마의 '역사의 종말' 담론은 오만하고 유치한 상상이었다. 그것은 헤겔식의 서사 구조를 통해 신학 이야기를 부적절하게 차용하였다. 이 논의는 종국에 메시아(구세주)가 온다고 가정하지만, 하느님은 그것이 냉전이 끝나면 온다고 말하지 않았다. 더구나 하느님은 민주 제도가 메시아라고 말한 적도 없다. 선지자가 전달한 하느님의 메시지를 보면 하느님은 아마 민주제를 지지하지 않을 것이다. 하느님의 뜻(天意)은 민주의 동의가 필요하지 않다. 내가 하고 싶은 얘기는 종교적 입장을 지지하자는 것이 아니라 선지자의 이야기와 민주의 이야기는 별도의 이야기이고 같은 논리로 서술해서는 안 된다는 것이다. 민주의 이야기는 근현대 진보주의의 논리를 따르고 있는 것인데, 진보는 진화처럼 종점이 없는 것이다(인류가 멸망하지 않는 한). 그런데 진보주의를 기독교 서사 논리와 접목하면 현대의 미신 이야기가 되어버린다. 양자의 결합은 과학도 아니고 신학도 아닌 이데올로기적 미신일 뿐이다.

진정한 세계사는 세계 질서에서 출발하여 인류 공동 생활을 서술해야 한다. 세계 질서는 어느 패권 국가나 열강의 연맹이 세계를 통치하는 질서가 아니라 세계 공동 이익을 기준으로 하는 세계 주권 질서이다. 어느 한 나라가 세계를 위해 만든 게임 규칙이 아니고 세계가 모든 나라를 위해 만든 게임 규칙이다.

주나라의 천하체계는 한정된 지역을 포괄하는 '세계적' 정치 질서이고, 이것은 세계 정치의 개념적 실험이며 세계 역사를 예고한 것이다. 세계는 지금까지도 천하가 되지 못했고 진정한 세계 역사는 아직 시작도 하지 않았다.

세계가 아직 천하가 되지 못한 것은 세계가 지금까지 계속 무정부 상태 혹은 홉스가 말한 자연 상태였고 동시에 보편적으로 인정된 세계 제도 혹은 보편 수용되는 세계관이 없어 정치 주체로서의 세계를 형성할 수 없었기 때문이다. 사람은 지리학적으로 세계에 속하지만, 정치학적으로는 국가에만 소속된다. 따라서 세계는 남용되고 약탈 당하는 공공 자원, 빼앗기고 파괴되는 생존 공간에 불과하다. 세계의 진정한 문제는 소위 '실패한 국가(failed states)'2 때문이 아니라 '실패한 세계(failed world)' 때문이다. 만약 세계가 실패한 세계로 장기간 지속된다면 강대국을 포함한 어떤 국가든 부정적 외부성 문제를 극복할 수 없을 것이고 협조와 협력이 결여된 세계에서 안전과 발전을 확보할 수 없을 것이다. 역설적인 것은 모든 국가가 세계의 안전과 협력이 국가의 생존과 발전의 조건이라는 것을 알고 있지만, 세계 정치의 문제를 진지하게 대하지 않고 있다. 그 원인의 하나는 세계 공동 이익이 항상 국가 이익보다 뒤처져 있고 패권 국가는 늘 국제 착취 체계를 유지하려 하기 때문이다. 하지만 세계의 각종 위험 요소가 증가하면서 우리는 국가 이익이나 개인 권리를 대하는 것처럼 진지하게 세계를 생각해야 할 것이다. 앞에서 서술한 것처럼 주나라의 천하체계라는 특별한 경우를 제외하면 자연 상태에서 발전해 나온 정치는 국가 정치이고, 국가 정치에서 파생된 것은 국제 정치인데 이는 한 발 더 나아가 세계 정치로 발전하지 못하고 있다. 국가 정치는 대내 정치이고 그 핵심 문제는 권력과 이익, 권리와 의무의 분배다. 국제 정치는 대외 정치로서 세계의 다른 국가와의 정치인데 그 핵심 문제는 국가 간의 이익 게임 즉 협력 혹은 경쟁 혹은 투쟁 심지어 전쟁의 선택이다. 비록 국제 정치가 처리하는 것은 세계 속의 정치 문제지만 그것은 세계 정치가 아니다. 왜냐하면 국제 정치는 세계 이익을 위한 것이 아니라 국가 이익을 위한 것이고, 세계의 평화와 협력을 위한 것이 아니라(구호는 맞지만) 상대방을 이겨 이익의 최대화를 실현하기 위한 것이다. 심지어 이렇게 말할 수 있다. 국제 정치는 공정하거나 정당하게 국가 간의 이익 충돌을 해결한 적은 거의 없고, 오히려 국가 간의 모순을 가중시키고 국가 간의 이익 충돌을 더 복잡하게 만든다. 국제 정치가 공정하게 국가 간의 충돌을 해결한 경우가 있다면 그것은 쌍방이 실력상 대등하거나 협력해야 하는 이익이 존재했기 때문이다.

국가 정치의 본질은 최대한으로 공정한 제도 혹은 게임 규칙을 수립하는 것이다. (물론 개별적으로 비이성적인 정부가 자기 이익의 최대화를 추구하는 것을 배제할 수는 없다.) 하지만 국제 정치는 제도도 없고 공정한 게임 규칙을 추구하는 것도 아니며 단지 타인과 제로섬 경쟁을 하는 전략(strategies)만 있다. 하나는 국가의 대내 관리 시스템이고 하나는 국가의 대외 투쟁 시스템인데 양자는 사실 하나이다. 즉 국제 정치는 국가 정치의 외부에 있는 다른 정치가 아니라 국가 정치에 부속된 대외 전략뿐이다. 이것을 알면 왜 세계는 시종 무정부 상태이고 계속 진정한 정치의 단계에 진입하지 못했는지 이해할 수 있을 것이다. 국제 정치는 사실 정치로 위장한 적대 상태(hostilities)이다. 그 결과 세계는 무정부 상태인 공유지(the commons)가 되었고 여기서 가장 큰 규모의 '공유지 비극(the tragedy of the commons)'이 일어난다. 패권 국가의 의식 속에 자기 나라 이외의 모든 지방과 바다는 다 지배 가능한 공유지이다. 비록 명백하게 이렇게 말하지는 않지만, 국제 정치의 본질은 이렇다.

　'베스트팔렌 조약'[3]은 세계 공유지 비극 문제에 대한 역사적인 해결 방안이었다. 이 조약을 기초로 점차 주권 국가 체계가 발전하였고 서로 국가 주권을 인정하는 방식으로 세계 공유지를 분할하고 각자의 '재산권'을 명확하게 하였다. 재산권 혹은 소유권을 명확하게 하는 것이 공유지 비극에 대한 효과적인 해결책으로 정착한 것은 사실이지만, 이와 동시에 새로운 문제가 등장하였다. 즉 주권 국가 체계로 인해 세계의 분열이 합법화되었고 국가 주권 때문에 세계의 개념과 세계 이익이 부정된 것이다. 현대 주권 국가 체계라는 혁명적인 성취는 국가의 발전을 대대적으로 촉진하였지만 모든 국가가 그 혜택을 본 것은 아니다. 기술과 경제가 먼저 발전한 소수 열강이 세계의 지배자가 되었다. 또 초기 열강의 주권만 상호 인정 받았고 세계 기타 대부분의 국가 혹은 지역은 여전히 획정이 안 된 공유지이며 임의로 침략 정복할 수 있고 식민지로 개척할 수 있다. 두 차례의 세계대전 이후 전 세계적인 해방과 혁명 운동 때문에 거의 모든 나라는 주권 국가가 되었고 이런 신 주권 국가 체계는 세계에 대한 분할을 기본적으로 완성하여 더 이상 공유지는 존재하지 않게 되었다.

하지만 이 포화 상태인 주권 국가 체계는 세계 공동 이익을 위하는 세계 체계가 아니고 패권 국가에 종속되어 있는 제국주의 체계이다. 경제학에서는 재산권만 명확하게 한다면 이성적 협력이나 협상으로 경제 이익 충돌의 문제를 해결할 수 있다고 주장한다. 이 원리는 부분적으로 맞다. 정확하게 말한다면 이것은 공정한 게임 규칙이 있을 때 유효하다. 하지만 제국주의 체계에서는 효력을 발휘하기 힘들다. 주권에 대한 보편적인 승인 때문에 영토 합병이나 분할은 거의 사라졌지만(전혀 없는 것은 아니다) 영토 합병 대신 경쟁이라는 방식이 등장했다. 현대의 경쟁 규칙은 전 세계가 보편적으로 이익을 얻는 방식이 아니라 유럽이나 미국이 제정한 그들에게 유리한 규칙, 즉 경제, 정치, 문화 등의 측면에서 세계를 지배하는 규칙이다.

'지배(domination)'는 기묘한 개념이다. 그것은 직접적인 침략이 아니고 형체가 없는 압박, 착취와 통제를 의미한다. 마르크스가 가장 먼저 자본주의가 세계를 착취하는 문제를 발견했다. 마르크스의 영향을 받은 현대 급진 사상가는 지속해서 자본주의의 착취 면모를 밝혀왔고 이 논의는 이미 상식이 되어서 더 말할 필요가 없다. 하지만 자본주의에 대한 급진 사상가들의 비판은 시종 '계급'의 개념을 넘지 못하였다. 세계를 가로지르는 계급 개념은 국내 착취보다 더 심각한 국제 착취, 즉 선진국의 세계 기타 지역에 대한 착취를 덮어 버렸다. 세계 기타 지역의 피착취자를 고려한다면, 서방 선진국 내부에서 착취 당하는 노동 인민도 사실상 국제 착취의 수혜자이다. 따라서 서방 국가 인민의 이익과 세계 기타 국가 인민의 이익은 일치하지 않는다. 비록 다 노동자이긴 하지만 같은 계급이라고 할 수 없다. 설령 세계 '기타 지역'의 인민이 서방에서 추천하는 정치적 해방을 얻었어도 그에 상응하는 경제적 해방을 얻을 수 없고 여전히 서방 국가의 노동 인민과는 다른 계급이다. 국제 착취를 고려하지 않고 계급을 논하는 것은 매우 위험하고 국제 착취의 문제가 해결되기 전에, 혹은 제국주의의 지배 규칙이 해소되기 전에 세계 각지의 '인민'은 같은 범주에 속하지 않는다.

마르크스의 전 세계 무산 계급이 연합한다는 상상부터 최근 급진학자의 상상까지, 예를 들어 피케티의 전 지구 통일적 고세율 상상,[4] 네그리와 하트의 '다중(multitude)'이 연합하여 자본주의에 반항하고 공공 자원(the commons)을 집단적으로 자치 관리 하는 상상[5] 등등은 모두 참신하지만, 모택동이 지적한 '세 개의 세계' 간 불평등 문제를 해결하지 못하고 있다.

평등과 민주는 한 국가 내에서 부의 분배에 변화를 줄 수 있지만, 약소 국가가 국제 체계에서 착취당하는 지위를 바꿀 수는 없다. 이것은 동등하게 중요하지만 서로 대체할 수 없는 문제이다. 개발도상국에서 피케티의 평등 정책이나 네그리와 하트의 사회 평등 운동 및 집단 자치 정책을 시행하는 것이 그 개도국에 과연 정말로 유리한지는 아직 예측할 수 없다. 물론 여러 가지 가능성은 있지만, 그중 하나가 국가 경쟁력을 잃어 그 개도국이 부자가 되기 전에 먼저 쇠락하는 함정에 빠지게 될 가능성이다. 유럽 급진 좌파의 '글로벌'한 관점은 서방 국가 인민의 이익 개선에 도움을 줄지는 모르나 국제적 착취와 압박을 해소하는 데에 도움이 될지, 국제 게임 규칙의 불평등한 상황을 개선할 수 있는지에 대해서는 아직 더 많은 증명이 필요하다.

오늘날의 국제 지배 체계는 아마 제국주의의 최고 단계일 것이다.(레닌은 제국주의는 자본주의의 최고 단계라고 함) 이것은 매우 성숙된 지배 방식으로 군사 개입의 강도는 약화되었지만 생존 필수 자원에 대한 통제는 더 강화되었다. 생존 필수 자원이란 세계 금융 자본 시스템, 첨단 기술, 에너지와 농업 등을 지칭하고, 이런 것에 대한 통제를 바탕으로 제국주의는 더 나아가 세계에 대한 보다 심층적인 지배, 즉 게임 규칙의 제정과 지식에 대한 해석까지 확보할 수 있다. 게임 규칙의 제정권과 지식에 대한 해석권을 독점할 수 있는 것이 철저한 제국주의다.

현대 제국주의가 세계를 지배하고 통제하는 논리는 강대하지만 치명적인 약점도 갖고 있다. 우리는 앞에서 이미 모방 책략과 저항 책략의 문제를 분석한 바 있다. 이 두 개 모두 압박에 대한 약자의 반응인데, 그중 약자의 저항 책략은 제국주의 질서에 대해 어느 정도 파괴를 가할 수는 있지만 제국주의를 전복하기에는 부족하다. 하지만 모방 책략은 제국주의가 대응하기 어려운 도전이다. 왜냐하면 이런 모방이 제국주의 책략의 효력을 상실하게 만들기 때문이다. 소위 '그 사람의 행위를 그 사람 자신에게 돌려주는 상황(以其人之道還治其人之身)'이 되는 것이다. '모방 실험'에서 보여준 것처럼 어떠한 적대적 책략도 모방이 가져오는 대칭적인 보복을 견디지 못하고 딜레마에 빠지거나 심지어 궁멸하게 된다. 오직 공동으로 이익을 보는 책략만이 보편적 모방을 받아들일 수 있다. 따라서 평화와 협력을 보장할 수 있으려면 공동으로 이익을 보는 게임 규칙만이 가능하다. 이것은 매우 명백한 이치다. 하지만 왜 전 세계의 공정은 아직 기대하기 힘들까? 그 원인도 매우 명백하다. 패권 국가가 여전히 우세를 차지하고 있고 또 온갖 수단과 방법을 이용하여 그 우세를 유지하려고 하기 때문이다. 또 하나의 딜레마는 강자만이 보편적 이익을 실현할 수 있는 세계 제도를 만들 수 있지만 강자는 늘 자기 이익의 극대화만 추구한다는 데에 있다.

진리는 문제를 해결할 수 없다. 문제의 진정한 해결은 역사의 임계점을 기다려야 한다. 여기서 주나라가 천하체계를 수립한 역사적 원인을 되돌아볼 필요가 있다. 운 좋게 승리를 거둔 주나라는 여러 나라 맹주의 지위를 얻었다. 주는 작은 나라였으므로 "하나로 여럿을 다스리고" "작은 것으로 큰 것을 다스리는" 정치 상황을 해결해야 했다. 따라서 보편적으로 이익을 얻을 수 있는 세계 제도를 만드는 것이 유일한 이성적 선택이었을 것이다. 이러한 역사적 기회는 중복되지 않고 아마 다시는 찾아오지 않을 것이다. 하지만 글로벌화와 과학 기술의 발전은 또 하나의 갈 길을 선택해야 하는 역사의 임계점을 만들어 낼 가능성이 있다. 한편으로는 미래에 고도로 발달한 기술로 인해 작은 집단 심지어 개인의 능력이 국가 질서를 파괴할 수 있을 만큼 향상될 수 있다. 압박을 받거나 야심이 있는 작은 집단은 고도의 기술을 보유하고 있기 때문에 매우 위험한 존재가 될 수 있고, 제국주의에 치명적인 타격을 입힐 수도 있는 상황이다. 다른 한편, 고도로 발달한 기술은 사회와 국가를 전례없이 강하게 만들면서 동시에 취약하게 만든다. 탈레브(Nassim Nicholas Taleb)는 현대 사회의 이런 불가피한 취약성 때문에 각종 비이성적인 반항 세력의 파괴를 견디기 힘들 것이라고 분석했다.⁶ 다가오는 파괴적 도전은 어떤 의미로 볼 때 일종의 '종말 문제'라고 할 수 있다. 기술의 고도 발전이 가져오는 파괴력은 패권에 대한 위협이 아니라 전체 세계에 대한 위협이다. 이것 때문에 어떠한 이익 충돌이나 정신 충돌의 결과도 매우 위험하게 될 수 있다. 이런 위험은 패권의 종말 문제일 뿐만 아니라 전 인류의 종말 문제일 수도 있다. 이 종말 문제의 위험성은 최후의 심판이나 최후의 결전에 있는 것이 아니라 인류가 고도 기술의 파괴력을 견딜 수 없다는 데에 있다. 따라서 이것은 세계의 종말일 가능성이 크다. 이에 대해 유일하게 가능한 구원은 바로 모든 국가와 모든 사람이 이익을 얻을 수 있는 세계 제도를 수립하고, 경쟁 논리를 바꾸는 새로운 게임을 창출함으로써 보편적 포용성과 공존성을 갖춘 세계 체계를 만드는 것이다. 이것이 바로 천하체계의 현재적 의미와 미래적 의미다.

15장 주

1 [옮긴이] 『공산당선언』의
   "부르주아지는 자신의 무덤을 파는
   일꾼을 생산한다."에서 따온 표현이다.

2 'failed state'는 미국이 주로 사용하는
   개념으로 한 국가가 기본적 기능을
   상실하여 사회가 혼란에 빠진 상태를
   가리킨다.

3 '베스트팔렌 조약'은 1648년 10월 24일
   뮌스터시와 오스나브뤼크시에서 각각
   체결한 일련의 평화 조약으로, 30년
   전쟁의 종결을 선언한다. 조약에 서명한
   측은 신성로마제국 황제 페르디난트 3세,
   스페인왕국, 프랑스왕국, 스웨덴제국,
   네덜란드공화국, 신성로마제국 제후,
   제국자유도시 등이 포함됐다.

4 Thomas Piketty, *Le capital au XXIe
   siècle*. Paris: Edition du Seuil, 2013.
   (국내 번역서로 토마 피케티,
   『21세기 자본』, 장경덕 역, 글항아리
   (2014)가 있다.)

5 Michael Hardt and Antonio
   Negri, *Empire*. Cambridge, Mass:
   Harvard University Press, 2001;
   Multitude. New York: Penguin
   Books, 2004; *Commonwealth*.
   Cambridge, Mass: The Belknap
   Press of Harvard University Press,
   2009. (국내 번역서로 마이클 하트,
   안토니오 네그리, 『제국』, 윤수종 옮김,
   이학사(2001); 마이클 하트, 안토니오
   네그리, 『다중』, 조동환 등 옮김,
   세종서적(2008); 마이클 하트, 안토니오
   네그리, 『공동체』, 윤영광 등 옮김,
   사월의책(2014)이 있다.)

6 Nassim Nicholas Taleb, *Antifragile*.
   London: Random House, 2012.

16장

칸트 문제와 헌팅턴 문제

칸트는 인류 사회에 대한 전쟁의 치명적인 위협을 의식하여 '영구 평화'라는 문제를 제기하였다. 칸트가 제기한 문제는 그의 시대에는 매우 앞선 것이었다. 사실 당시 유럽의 열강은 야심차게 세계를 분할하는 경쟁을 하고 있었고, 전쟁의 유혹이 평화의 유혹보다 컸다. 두 차례의 세계대전 이후에야 평화의 유혹이 드디어 전쟁의 유혹을 초월한 것이다. 그런데 평화 의식이 전쟁 의식을 초월한 것이 세계대전의 교훈 때문인지 핵무기의 파괴적 위협 때문인지 우리는 아직도 판단하기 힘들다.

칸트의 평화 이론에는 이상주의적 환상과 현실주의적 설정이 각각 하나씩 있다. 이상주의적 환상은 '세계 시민'으로 구성된 '세계 공화국'이다. 이는 세계를 초대규모의 국가로 변신시키는 것으로, 칸트 스스로 이 비현실적인 환상을 부정하였는데, 그 이유는 모든 나라가 다들 어느 큰 나라에 합병되는 것을 원하지 않을 것이고 또 세계가 정말로 한 나라가 된다면 전제국가로 발전될 가능성이 더 크다는 것이다. 그래서 칸트는 이성적으로 더 확실한 방안을 제시하였는데, 즉 '자유국가'로 구성된 평화 연맹이라는 구상이다.[1] 그 당시 자유국가라는 것은 전제국가와 구별되는 공화국을 지칭하는 것이다. 자유국가 연맹이 평화적인 이유는 자유국가는 유사한 제도, 정치 문화와 가치관을 공유하고 있기 때문이다. 칸트 이론의 현실판이 유럽연합이다.

　칸트의 이론은 분명 위대하다. 하지만 그 평화 조건의 제한성 때문에 세계 규모의 평화 문제를 해석하거나 해결할 수 없다. 우선, 칸트의 평화 실현 조건은 각국의 제도와 가치관의 동질성이다. 이 조건은 전 세계 범위 내에서 만족될 수 없는 것이다. 세계의 수많은 나라는 서로 다른 문화, 가치관, 정치 제도를 갖고 있어서 이 많은 나라를 동질성이 있는 국가로 만드는 것은 상상하기 어렵고 각종 문화와 종교를 통일하는 것은 더욱더 상상하기 어렵다. 따라서 칸트의 방안은 문화가 고도로 비슷한 지역, 예컨대 유럽에 적용해볼 수는 있지만, 세계 평화 문제를 해결할 수는 없다. 그 다음으로, 정치와 문화 방면에 동질성이 있다고 해서 이익 충돌이 일어나지 않는다는 확실한 보장은 없다. 칸트의 평화 방안은 국가 간의 협의일 뿐이지 국가 이익을 초월한 공동 이익 체계가 아니다. 따라서 각국 사이에 심각한 충돌이 발생하지 않는다는 보장은 없다. 칸트는 자유국가끼리는 이성적으로 분쟁을 해결할 수 있다고 믿었고 이런 믿음은 현대에 와서 민주국가끼리는 전쟁이 없다는 이야기로 다시 서술된다. 이 이야기도 논쟁거리가 많지만, 그것은 중요하지 않다. 비록 무력 충돌인 전쟁은 없지만, 기타 변형된 전쟁, 예를 들어 금융 전쟁 혹은 기타 타국의 이익을 손상하는 행동은 계속 가능하다. 국가 이익은 생존과 밀접하게 관련되어 있어 정치 문화가 비슷하기 때문에 사라지지 않는다.

칸트의 방안은 지역의 협력을 추진할 수 있지만, 국제 충돌을 해결할 수 없다. 특히 글로벌화 이후의 새로운 충돌, 그리고 헌팅턴이 제기한 문명의 충돌 문제, 예를 들어 이스라엘-팔레스타인, 서방과 러시아, 서방과 중동 이슬람 세계, 그리고 중국과 미국의 충돌을 해결하는 데에는 한계가 있다. 헌팅턴의 문명 충돌 담론에도 여러 가지 문제점은 있다. 예를 들어 문명에 대한 분류와 주요 문명의 특성에 대한 묘사 모두 논란이 많지만, 그가 제기한 문제는 분명 유효하고 깊이 생각해 보아야 하는 문제이다. 정치 제도의 유사성은 문명의 충돌을 극복할 수 없다. 즉 정치적 이데올로기의 대립은 문명의 충돌만큼 심각하지 않다. 따라서 냉전의 종식은 역사의 종결이 아니라 새로운 역사 단계의 시작이다. 이 점에서 헌팅턴은 더 선견지명이 있는 것이다. 냉전 후 세계의 충돌과 변화는 이미 '역사의 종말'은 너무 성급한 단언이라는 것을 증명하였다. 하지만 '문명의 충돌'이 과연 가장 핵심적인 충돌인지는 여전히 의문이 남는다. 헌팅턴의 예측에 부합하는 일부 문명 충돌 현상이 나타난 다음, 새로운 양상의 냉전이 다시 등장하였다. 이번에는 용어가 바뀌어 공산주의 대 자유주의가 아니라 전제국가 대 민주국가의 냉전이 된 것이다. 이를 꼭 냉전 모델의 회귀로 볼 필요는 없다. 다만 여기서 알 수 있는 것은, 이 세상 모든 종류의 모순은, 이데올로기의 충돌이든 문명의 충돌이든, 국가 이익의 충돌이든 계급 이익의 충돌이든, 아니면 권력과 이익의 충돌이든, 모두 사라진 적이 없고 다만 시기마다 주요 모순을 달리하며 나타난다는 것이다. 그리고 또 생각해야 할 것은, 정치 제도의 유사성이 모순과 충돌을 극복할 수 없는 것처럼 문명의 유사성도 모순과 충돌을 해소하기에는 충분하지 않다는 것이다. 사실 유사한 문명을 갖고 있는 국가도 문명의 유사성 때문에 권력과 이익의 문제에서 양보한 사례는 극히 드물다. 이것은 문명 충돌 문제의 중요성을 부인하는 것이 아니라 다만 문명 충돌이 가장 핵심적인 충돌이 아닐 수도 있다는 것을 강조하고 싶은 것이다. 각종 모순 요인이 조건과 시대에 따라 주요 모순이 될 수 있으니, 중요한 문제는 어떤 모순이 더 주요한가가 아니라 어느 모순이든 충돌이나 전쟁으로 발전하지 않으려면 어떤 질서가 있어야 하는가이다.

현대인은 이성적 대화를 통해 분쟁을 해결하려 하며, 대화 이론도 발전시켰다. 대화는 비용이 가장 적은 게임이고 그 본질은 구두 협상으로 총칼을 사용하는 싸움을 대신하는 것이다. 이론상 만약 이성적 대화가 충돌을 해결할 수 있다면 칸트의 평화는 세계 평화가 아니더라도 지역의 '영구 평화'는 달성할 수 있을 것이다. 하지만 언어 게임으로 행동 게임을 대체하는 것은 어디까지나 기대일 뿐이다. 현실을 볼 때, 언어는 행동을 대체할 수 없고 대화는 늘 덜 중요한 분쟁만 해결해 준다.

대화가 갖는 한계성은 사실 일반적으로 대화는 충분히 이성적이지 않다는 데에 있다. 만약 대화가 충분히 이성적이고 진정한 선의를 갖춘다면 충돌을 해결할 수 있는가? 이 문제는 하버마스가 상상한 이상적인 담론 조건하에서의 이상적 대화(의사소통), 즉 충분히 이성적이고 충분히 평등하고 충분히 솔직한 대화를 참고해 볼 수 있다. 하버마스의 이상적 대화는 거의 유토피아에 가깝고 심지어 너무 순진하여 역효과만 일으킨다. 예를 들어 하버마스는 대화할 때 '진실한 말'만 하도록 요구한다. 하지만 진실한 말이 반드시 문제를 해결할 수 있는 것은 아니고 심지어 어떤 경우에는 재난을 초래할 수도 있다. 하지만 유토피아적 성질이 근본적 어려움인 건 아니다. 하버마스의 이상적 대화의 진정한 한계는 한 가지 근본 문제를 도외시한 것이다. 즉, 생존의 근본 이익과 관련된 일이면 아무리 이성적으로 대화해도 여전히 양보할 수 없는 문제다. 그리고 생존의 의미와 관련된 주제, 예를 들어 종교, 정신 세계, 가치관 등은 역시 대화를 통해 서로 타협을 이룰 수 없는 것이다. 충분히 이성적이고 선의의 대화로 도달할 수 있는 극한은 서로 이해하고 서로 동정하는 정도이고, 상호 이해와 동정심 때문에 자신의 생존 이익과 생존 의미를 부정하는 양보를 절대로 할 리가 없다. 이 한계성은 "상호 이해는 상호 포용을 보장할 수 없다"로 요약해 볼 수 있다.[2] 여기서 어려운 점은 '생각(思, minds)'의 상호 이해는 필연적으로 마음(心, hearts)의 상호 포용을 도출할 수 없고, 또한 몸(身, bodies)의 이익 일치를 도출할 수도 없다. 그래서 상호 이해에서 상호 포용으로의 필연적 전환은 사실상 존재하지 않는다.

롤스는 칸트의 사상을 계승하고 발전했다고 평가받는다. 그가 제시한 새 '만민법(law of peoples)'[3]은 확실히 칸트의 평화 이론에서 고려하지 못한 정치 문제를 보충하였는데, 과연 칸트가 이에 동의할지는 의문이다. 왜냐하면 롤스의 많은 구상은 칸트의 보편적 선의지 기준에 위배되기 때문이다. 국제 정치 분야에서 롤스의 이론은 특출하지 않고 그가『정의론』에서 밝힌 국내 정치 관련 이론보다 훨씬 못 미친다. 여기서 롤스를 언급하는 이유는 그의 국제 정치 이론과 국내 정치 이론은 공정 문제에 관해 큰 차이가 있어 국제 정치 이론의 한계를 전형적으로 보여주고 있기 때문이다. 롤스가 볼 때 국내 사회의 공정 원칙은 국제 사회에 적용할 수 없다. 특히 약자를 보호하고 분배를 공정하게 하는 '차등 원칙(difference principle)'은 절대로 국제 사회에 적용해서는 안 된다. '차등 원칙'은 경제적 이익을 분배할 때 약자에 편향하도록 하는 것인데, 이는 사회 질서를 유지하기 위해 지불해야 하는 비용 혹은 투자이다. 그렇지 않으면 생존의 곤경에 빠진 약자는 사회 질서의 파괴자가 될 우려가 있기 때문이다. 이 차등 원칙은 한 사회가 약육 강식 상태로 퇴화하지 않게 하는 안전 장치라고 할 수 있는데, 롤스는 국제 관계에서 이 원칙을 제외시켰다. 이것은 국제 사회의 공정을 삭제한 것과 마찬가지다. 약육강식의 세계에서 약자는 강자의 압박과 착취를 감당할 의무가 없고 당연히 수단 방법을 가리지 않고 반항할 것이며, 따라서 세계는 위험해질 수 있다. 이에 대해 롤스가 생각한 대응책은 간섭이다. 그는 필요한 경우 비협조적 국가에 대해 강제로 제재 혹은 간섭을 할 수 있다고 말한다. 그 이유는 '만민법'하에 자유롭고 합당한 인민은 무법국가에 대해 관용을 베풀지 않을 권리가 있다는 것이다.⁴ 이 낡아빠진 주장은 결국 현대판 신제국주의일 뿐이다. 그리고 칸트는 이런 국제 원칙을 절대로 인정하지 않을 것이다. 칸트는 이미 사전에 롤스의 국제 이론을 부정하였다. 칸트는 국가 간의 분쟁에서 "어느 한쪽도 정의롭지 못한 적으로 규정될 수 없다.(왜냐하면 그러기 위해서는 판단하는 법정이 있어야 하는데 그런 법정이 존재하지 않는다.)"고 본다.⁵ 분명한 것은, 아무도 일방적으로 정의를 심판하는 특권을 갖고 있지 않다.

유엔은 국가 간 충돌을 해결하고 세계 평화를 유지하기 위한 노력의 위대한 성과로 볼 수 있다.(Stephen C. Angle이 지적한 것처럼, 나의 전작 『천하체계』⁶에서는 유엔을 과소평가했다.)⁷ 하지만 유엔은 결국 주권 국가 체계에 종속된 국제 협상 기구이고, 세계의 관리 기구도 아니고 세계 정치 제도는 더더욱 아니다. 유엔은 여전히 '국제성'에 한정되어 있고 '세계성'에 도달하지 못했다. 따라서 유엔의 모든 규범은 '세계 제도'가 아니고 '국제 규칙'일 뿐이다. 유엔은 각국에 협상과 흥정의 공간을 제공하고 폭력을 거래로 대체하려는 제도이며, 평화 이상과 이성적 대화 개념이 혼합되어 나온 결과물이다. 하지만 유엔을 통해 각 측이 모두 만족하는 해결을 본 사안은 대체로 별로 심각하지 않은 분쟁이다. 국가 이익과 관련된 중대한 사안에서는 유엔의 결의 혹은 협상 결과가 모든 당사자를 만족시키기 어렵다. 더 심각한 문제는 아무도 '공정'에 대해 만족하지 않는다는 것이다. 모든 주권 국가가 이익의 최대화를 추구하기 때문에 '공평'을 '공정'으로 받아들이기 힘들고 따라서 공정하다는 사실에 만족할 리도 없다. 이런 분쟁을 조정하기 위해 유엔은 이미 혼신의 힘을 다했지만 그 제도적 역량은 한계가 있다. 대화와 중재로 분명 전쟁은 감소했겠지만, 충돌과 모순은 전혀 감소하지 않았다. 각 측이 어느 정도 균형을 이루었어도 비협력 게임의 내시 균형이지 사람들이 상상하는 '윈-윈'은 아니다. 우리는 유엔을 비난할 이유가 없다. 유엔은 결국 실권이 없는 조직이고 그 본질은 협상 기구이지 권력 기구는 아니다. 특히 주권 국가보다 높은 정치 권력이 부재하기 때문에 제국주의 집단의 행위와 세계에 대한 지배를 저지할 능력이 없다. 따라서 유엔은 세계를 다스리는 모형으로는 아직 턱없이 부족하고 현재의 주권 국가 체계를 초월할 수 없다. 요컨대 유엔은 주권 국가 개념보다 상위에 있는 세계 개념이 아니다. Stephen C. Angle은 건설적인 상상을 제시했다. 그는 유엔의 성질을 변화시켜 천하체계로 발전시키는 것이 더 경제적인 방법이라고 생각한다. 현재의 기구를 폐기하고 처음부터 다시 시작하는 것보다 기존의 국제 기구를 명실상부한 세계 기구로 바꾸는 쪽이 더 실현 가능하다는 것이다.[8] 하지만 유엔은 기본적으로 현대 주권 국가 체계의 정치 논리에 구속되어 있어 세계 제도로 탈바꿈하기 어려울 것이다. 내 생각에는 만약 미래에 천하체계가 실현된다면 그 기초는 글로벌 금융 시스템, 기술 시스템, 인터넷 등 진정한 실권을 갖고 있는 기구나 조직일 가능성이 더 크다. 아니면 역으로 글로벌 금융 시스템, 기술 시스템, 인터넷 등을 세계가 공유하고 공동 관리하는 글로벌 시스템으로 바꾸는 것이 천하체계를 실현하는 중요한 전제 조건일 것이다.

　　물론 미래 세계의 가장 중요한 문제는 어떻게 정치 행위의 논리와 사고방식을 바꾸는가에 달려 있다. 만약 정신적인 혁명이 없다면, 물질적인 혁명은 세계를 더 위험하게 만들 뿐이다.

1 칸트(康德),
「世界公民觀點下的普遍歷史觀念」와
「永久和平論」,『歷史理性批判文集』, 北京,
商務印書館, 1997년. (국내 번역으로는
「세계 시민적 관점에서 본 보편사의
이념」,『칸트의 역사철학』, 이한구 역,
서광사(2009)에 수록됨; 그리고
(단행본)『영구평화론』, 이한구 역,
서광사(2008)가 있다.)

2 저자 자오팅양의 다음 글 참조.
"Understanding and Acceptance",
*Les Assises de la Connaissance
Reciproque*, ed. Alain Le Pichon,
Paris: Le Robert, 2003. 내용 중
하버마스의 의사소통 대화이론에 대한
비평이 있다.

3 존 롤스(羅爾斯),『萬民法』, 哈爾濱,
吉林人民出版社, 2001년. (국내 번역서로
존 롤스,『만민법』, 장동진 등 역,
동명사(2017)가 있다.)

4 위의 책, p.86.

5 칸트(康德),『歷史理性批判文集』,
北京, 商務印書館, 1990년, p.102.
인용한 부분은『영구평화론』에 있는
말이다.

6 자오팅양(趙汀陽),『천하체계
(天下體系)』, 南京, 江蘇敎育出版社,
2005년. (자오팅양,『천하체계 –
21세기 중국의 세계인식』. 노승현 역,
길(2010).)

7 Stephen C. Angle, *Contemporary
Confucian Political Philosophy*.
Bristol: Polity Press. 2012, p.79.

8 *ibid.*, p.79.

두 가지 외부성,
타고난 외부성과 만들어진 외부성

정치의 논리는 정치 질서와 사고방식에 의해 결정된다. 그리고 정치 질서와 사고방식은 결국 권력을 행사하는 정치 단위가 결정한다. 근대의 시작부터 오늘날까지 정치의 논리는 '개인'과 '국가', 이 두 개의 가장 중요한 역할을 하는 정치 단위에 의해 결정되었다. '천하'라는 정치 단위가 결여되었기 때문에 정치 논리의 최대 유효 범위는 국가에 국한되었고 세계는 망각되었다. 앞에서 논의했던 것처럼 국제 정치는 국가 정치의 부속물이고 단지 국가를 위해 봉사하지 세계를 위해 행동하지는 않는다. 따라서 현대 정치는 자신의 논리를 위배하면서 세계 정치로 발전해나갈 수 없다. 엄밀히 말하면 우리가 세계 정치를 기대하는 이유는 '최선의 가능 세계' 같은 이상을 추구하기 위한 것이 아니다. 사실 우리는 세계 정치가 더 좋은 정치라고 단언할 수 없다. 어떤 정치가 더 좋은지의 문제는 맥락에 따라 결정되며 보편적인 기준은 없다. 세계 정치가 필요한 이유는 인류의 생활이 이미 세계 정치를 필요로 하는 단계에 와 있고 세계 정치가 아니면 인류의 안전, 공존, 협력이 불가능하기 때문이다. 다시 말하면 세계 정치는 객관적 수요이지 가치관이 아니다. 여기서는 정치 논리의 유효성만 논한다.

근본적으로 정치는 인류 생활의 안전과 협력의 문제, 즉 부정적인 '외부성' 문제를 해결하기 위한 것이다. 따라서 정치는 외부성 때문에 일어난 충돌을 해소하기 위해 질서를 구축하고, 질서로 외부성의 부정적 측면을 해소하기 위해 협력을 한다. 자연 상태에서는 모든 사람 밖에, 혹은 '우리' 집단 밖에 항상 서로 자유 행동을 제한하는 타고난 외부성을 지닌 타자가 존재한다. 이것은 순자, 홉스 그리고 대다수 원시 상태에 관한 이론이 인정하는 객관적 사실이다. 타고난 외부성을 지닌 타자는 생존 경쟁 문제를 유발한다. 홉스가 묘사한 것처럼 생존 경쟁은 필연적으로 참혹했을 것이다. 비록 생존 경쟁은 참혹하지만, 충돌은 절대 해소 불가능한 것은 아니다. 이것은 타고난 외부성의 중요한 특징이다. 이론과 사실이 모두 증명하듯이 비록 수많은 파멸적인 제로섬게임의 사례가 있었지만, 생존경쟁은 여전히 어떤 이성적인 게임 균형에서 멈출 수 있다. 협력의 균형이든 비협력의 균형이든 모두 일종의 인정되거나 묵인된 이익분할이다. 따라서 생사가 걸린 경쟁은 반드시 생사를 건 결전을 해야 하는 것이 아니며, 오히려 어느 정도 받아들일 수 있는 이익의 분배를 추구할 가능성이 더 크다.

원시상태의 자연논리를 따른다면 적어도 두 가지 정치 진화의 가능성이 있으므로 두 종류의 정치 논리로 발전할 수 있다. ① 순자 모형. 협력의 이익으로 유혹하여 외부 사람을 내부의 구성원으로 바꿔 안정적 협력 질서를 수립하는 것이다. 이것은 내부화의 논리다. ② 홉스 모형. 강자가 강권 통치를 하여 외부인으로 하여금 패권 질서에 복종하게 한다. 이것은 외부 정복의 논리다. 사실 이 두 종류의 정치 논리는 모든 지역의 정치 발전 과정 속에 항상 동시에 존재하였다. 그리고 역사적 사실로 볼 때 내부화의 논리는 보다 중국적 사고방식에 가깝고 정복의 논리는 보다 유럽의 사고방식에 가깝다. 이것은 단지 경험적 사실로 얘기한 것이고 필연적 원리는 아니다. 장기간의 역사로 볼 때, 특히 미래까지 고려해서 볼 때, '제도가 같은 방향으로 수렴'되는 현상과 추세가 있다는 것을 알 수 있다. 세계 각지의 정치 경험과 제도 실험이 서로 참고할 수 있는 공유 지식이 되면서 각국의 정치는 모두 남의 장점을 배우고 자신의 단점을 보완하여 여러 요소를 혼합한 제도가 되었다. 오늘날 세계 각국의 정치 제도는 이미 현저하게 혼합형 특징을 가지고 있기 때문에, 간단하게 자본주의 혹은 사회주의 혹은 기타 무엇이라고 명명하기 어렵다. 예를 들어 유럽, 중국, 미국의 제도 모두 자본주의와 사회주의 요소를 갖고 있고, 다만 그 비율과 조합이 다를 뿐이다. 각 나라의 제도가 비슷해지는 심층 원인은 이익 분배 다툼이 아니기 때문에 사활을 걸 필요가 없고, 따라서 한 사회가 점차 '합리적'인 분배 방식으로 조정되는 데에 있다. 합리적인 제도는 항상 서로 유사하다. 요컨대 생존과 관련된 가장 엄중한 문제에 대해서 사람은 오히려 더 이성적으로 판단하고 선택한다. 따라서 더 쉽게 협력을 하거나 화해를 할 수 있다. 반대로 생사나 존망과 관련이 없는 문제에 있어서 오히려 사람들은 협력을 거부한다.

사실 가장 화해하기 힘들고 심지어 불공대천한 충돌은 왕왕 생존과 직접 관련이 없거나 심지어 전혀 관계가 없는 문화 충돌이다. 여기서 헌팅턴의 견해를 상기할 필요가 있다. 타자의 문화 혹은 문명의 외부성은 그 성질로 볼 때 자아의 생존에 대한 치명적인 위협은 아니다. 문화적 차이는 다른 정신 세계를 의미하며 정신 세계의 차이는 제로섬 게임이 아니다. 서로 관심이 없어도 최소한 "각자 좋아하는 것을 좋아할 수 있다.(各美其美)"(페이샤오퉁의 말이다) 심지어 서로 왕래하지 않아도 생존에는 지장이 없다. 따라서 도저히 참을 수 없는 문화적 타자의 외부성은 인위적으로 만들어진 것이다. 타자의 문화(혹은 문화적 타자)는 선천적으로 부정적인 외부성이 있는 것이 아니며, 그 부정적인 외부성은 만들어진 것이다. 역사 초기에 일부 문화는 지리적 간격 때문에 교류하지 않았지만, 일단 교제할 기회가 생기면 문화 간의 유익한 상호 작용은 자연스러운 일이고, 이들은 서로 영향을 주거나 서로 융합한다. 초기의 문화는 기본적으로 문화의 경계를 두지 않았으며, 뚜렷한 유동성과 변천성을 가지고 있었다고 말할 수 있다. 여러 문화가 어떻게 서로 적대적인 관계로 변모했는가? 이는 해석이 필요한 문제이다.

모든 문화는 하나의 정신 세계이며, 이 정신 세계는 또 모든 사물에 대한 해석 시스템이기도 하다. 서로 다른 정신 세계는 원래 해석의 차이가 있지만, 이러한 차이는 옳고 그름과 관계없고 단지 다른 관점일 뿐이다. 관점의 불일치는 결코 부러움이나 질투를 일으킬 정도는 아니다. 왜냐하면 모든 문화는 자기 기준으로 세상을 바라보고 자신의 문화에 만족하기 때문에, 타자의 문화가 내린 해석을 적대시할 필요가 없고, 서로 태연하게 있으면 될 것이다. 문화 사이에 불신이 생겨도 문화적 차이로 전쟁을 치를 필요는 없다. 타자의 문화를 적대시하려면 다음 두 가지 배타적 요소가 있어야 한다. ① 독단론. 즉 자기 문화의 정신 세계가 유일한 진실이고 다른 정신 세계는 허구라는 신념이다. 이는 일종의 인식론적 오류(epistemological fallacy)이고, 진리의 개념을 가치관 분야에 남용한 것이다. ② 유아독존의 권력 요구. 자기 문화의 정신 세계가 유일하게 올바르기 때문에, 가치 판단을 할 수 있는 권력을 반드시 소유해야 하며, 더 나아가 다른 문화의 정신 세계를 대체하거나 다른 정신 세계를 개종시키는 권력을 보유해야 한다는 생각이다.

여러 문화 중에 일신교(一神敎)만 이런 문화 독단론과 유아독존의 요구를 만들어 낼 수 있다. 하지만 모든 일신교가 이 두 요소를 동시에 갖추는 것은 아니다. 유대교의 경우 일신교

이긴 하지만 특수주의의 일신교로서 적용 대상은 '하느님의 선민'에만 국한되고 다른 사람에게는 해당되지 않는다. 따라서 독단론의 신념은 있지만, 유아독존의 보편 권력에 대한 요구는 없다. 역사적 전환점은 기독교의 출현이다. 기독교는 유대교의 특수주의 일신교를 보편주의로 바꾸었고 결국 독단과 유아독존 두 성질을 겸비하게 되었다. 기독교는 정치의 '4대 발명', 즉 선전, 심령 관리, 군중(동원), 정신의 적을 통해 정신 세계의 정치학을 창조하였다.1 이로부터 기타 문화는 용납할 수 없는 이교로 여겨지고, 불구대천의 정신적 적(敵)으로 반드시 배척되거나 개종시켜야 한다. 기독교는 서방이 생각하는 '보편적 문명'의 기초이며 동시에 현재의 문화 대립을 초래한 진정한 원인이다. 이런 의미에서 기독교는 전 세계에 영향을 준 '절지천통(絕地天通)' 사건이다.2 '절지천통'처럼 기독교는 각지 문화의 신과 소통하는 권리를 폐지하고 각지 문화의 신성성을 없애며 전 세계의 신과 소통하는 권리를 독점하려 든다.

기독교가 정신 세계를 통일하려는 대업은 결코 성공을 거두지 못했고, 그 결과 세계의 정신 전쟁을 초래했다. 이것이 바로 헌팅턴이 생각한 문명의 충돌이고, 칼 슈미트는 이것을 "적을 식별하는" 정치 모형이라고 총괄했다. 기독교가 그리스 문명을 정복한 이후 서방 세계에서는 이교도를 식별하는 투쟁 논리가 형성되었다. 이후 세계는 대립과 전쟁의 장소로 여겨졌고, 세계를 정복해야 하는 사명감이 '세계' 개념의 선험성과 완전성을 파괴해 버렸다. 이로부터 세계는 신성을 잃었고 기독교를 보편적으로 실현하는 장소로 전락하였다. 달리 말해 세계는 더 이상 주체성이 없는, 단지 하나의 대상이 되어 버린 것이다. 따라서 세계 속의 만물과 만민도 자기의 역사를 상실하였다. 기독교 문명의 일부가 되기 전에 어떤 역사와 문화도 버림받고 무의미한 존재에 불과하다. 기독교 신학의 논리는 후에 기타 세속 분야에도 응용되었다. 예를 들어 현대 서방의 '보편적 문명'에 계몽되기 전에 다른 지방은 줄곧 몽매한 상태였다, 공산주의에 의해 해방될 때까지 다른 지역의 역사는 줄곧 암흑이었다, 민주주의가 실현되기 전의 사회도 항상 고난이었다, 등등이다. 만약 세계에 한 종류의 정신만 있다면 '세계의 세계성(the worldness of a world)'을 잃어버리게 된다. 세계의 본질은 공간의 크기에 있지 않고 그 풍부성에 있다. 만약 다양한 존재가 없다면 세계가 아니라 단지 하나의 물건일 뿐이다. 춘추시대에 '동(同)'과 '화(和)'의 토론은 이미 이 도리를 잘 설명하였다. 만약 만물이 다 같다면 만물은 하나의 물건과 같고 하나의 사물의 복제일 뿐이다. 오직 다양한 사물이 있어야 '화(和)'를 이룰 수 있고 세계가 형성될 수 있다. 만약 세계가 하나의 종교, 하나의 가치관, 하나의 정신 세계로 통일된다면, 이 세계는 공간적으로는 광활하지만, 정신상으로는 하나의 사물로 축소되어 더 이상 세계일 수 없다.

　　일신교의 신학 논리를 정치 논리에 적용하여 문화적 외

부성(타자)을 만들어 내고 그 타자와 양립할 수 없는 적대 관계를 형성하는 것은 정치적으로 미숙한 행동이다. 오직 '화(和, compatibility)'의 기초 위에 있는 정치만이 진정한 정치이고, '동(同, universality)'을 기초로 하는 정치는 단지 통치이지 정치(政)의 요소는 없다. 정치의 개념에는 통치와 권력보다 더 깊은 뜻이 포함되어 있다. 만약 정치가 '배천(配天)'의 질서, 즉 만물의 성장을 촉진하는 '생생(生生, let all beings be in becoming)'의 질서, 또는 존재의 풍부성을 추진하는 '풍요(richest variety of beings)'의 질서를 실현하지 못한다면 진정한 정치라고 할 수 없다. 정치는 권력을 운용하지만, 그 목적은 권력이 아니라 포용적인 존재 질서를 창제하여 만물을 성장하도록 하는 것이다. 정치는 하늘에 맞추는 것이지 신에 맞추는 것이 아니다.

모든 문화의 정신 세계에는 다 나름의 신성(神聖)성이 있다. 각 문화의 신성한 사물이 해석하는 것은 생존의 이익이 아니라 생존의 의미이다. 한 정신 세계에는 신격화된 산과 강, 대지, 초목, 그리고 역사적 인물까지 어우러져 파괴할 수 없는 초시간적 존재를 형성한다. 바로 이런 신격화된 산하와 역사가 있기 때문에 한 민족은 공유할 수 있는 영혼이 있는 것이고, 이것이 한 문화 내 집단 동원 능력의 원천이다. 모든 정신 세계의 내재적 신성성은 정복할 수 없는 초월성을 지닌다. 하지만 서로 다른 정신 세계가 서로 외부성이 된다고 해서 필연적으로 적대 관계가 된다는 것은 아니다. 오직 보편주의적 일신교가 세계를 통일하려고 할 때 정신 세계의 적대 관계가 나타난다. 일신교의 정신적 대일통 세계관과 반대로 천하 개념의 세계관은 모든 정신 세계를 용납할 수 있고 모든 정신 세계가 각자 안정된 거처에 머물고 서로 피해를 주지 않게 할 수 있다. 이런 의미에서 천하는 복수 가능 세계를 수용할 수 있는 세계(an inclusive world of possible worlds)이고, 정신적 대일통이 아니라 존재의 대일통이다.

일신교의 신학 논리를 정치 논리로 삼는 서방 문명은 현대의 문명 충돌을 유발하였다. 헌팅턴이 인정한 것처럼 서방의 기타 지역에 대한 문화 도전은 "일방적"이다. 그리고 "서방이 세계를 얻은 것은 사상, 가치 혹은 종교의 우세 때문이 아니라(기타 문명 중 서방 문명에 귀의한 사람은 별로 없다) 조직적으로 폭력을 사용하는 우세 때문이다." 그 결과 1914년에 서방은 지구의 84%를 지배하였다.<u>3</u> 하지만 천하이론이 밝힌 것처럼 정복으로 물리 세계를 점유하여도 그 정신 세계를 점령할 수 없다. 이 점 때문에 정복의 논리는 결국 역전 지점에 도달할 것이다. 역사상 많은 위대한 제국의 흥망이 흥망은 불가피한 운명이라는 점을 설명하는 듯하다. 하지만 이것은 단지 신비주의적 이야기에 불과하다. 여기서 말하는 '전환점'은 신화가 아니라 반항적 균형이 나타나는 시점이다. 다른 말로 하면 대칭적 반격 책략이 나타나는 시점이다. 여기서 관건이 되는 조건은 현대에서 책략, 기술, 조직, 그리고 사회 동원 방식 등은 점차 공유할 수 있는 '공동 지식'이 되었다는 것이다. 이것은 효과적인 반항이 가능하거나, 혹은 피압박자가 효과적인 보복 능력을 획득함으로써 제국주의의 우세를 효과적으로 상쇄하거나 해소할 수 있다는 것을 의미한다. 제국주의의 정치 논리가 효력을 잃을 때까지 아마 여러 개의 전환점이 필요할 것이다. 그중 몇 개를 살펴보면, 첫째, 2차대전이 끝난 후 전 세계에서 주권 국가가 연달아 탄생하였다. 이것은 식민주의의 종언을 의미한다. 둘째, 냉전 때 형성된 핵무기 균형, 즉 상호 확증 파괴이다. 이런 균형에는 극단적 위험이 내포되어 있다. 그 다음으로, 비국가 조직 테러리즘의 출현이다. 이것은 전 세계적인 재난의 예언이다. 그리고 가장 중요한 전환점은 아마도 인터넷을 징표로 하는 글로벌화 추세이다. 이것은 적극적인 의미를 가진 낙관적인 변화다. 이런 전환점은 제국주의는 지속할 수 없는 정치라는 것을 알려준다.

17장 주

1 저자의 다음 책 참조. 『壞世界研究』, 北京, 中國人民大學出版社, 2009년, pp.200~210.

2 본서 1부 7장 「천명」 부분의 '절지천통' 관련 논의 참조.

3 새뮤얼 헌팅턴(塞繆爾·亨廷頓), 『文明的沖突與世界秩序的重建』, 北京, 新華出版社, 1999년, pp.36~37. 국내 번역서는 새뮤얼 헌팅턴, 『문명의 충돌』, 이희재 역, 김영사(2016)가 있다.

18장

경계와 무외

현대 정치의 중요한 특징이 '경계'이다. 다시 말하면, 현대 정치의 기본 원칙이 바로 모든 사물에 대해 명확하게 정의할 수 있는 '구분'을 짓는 것이다. 그 결과 여러 가지 법적 경계가 생겼다. 그중 가장 영향력 있는 경계는 개인 권리와 주권 국가이다. 개인 권리는 개인의 경계를 획정하였고 주권은 국가의 경계를 획정하였다. 물론 사물을 구분하는 것은 현대의 발명이 아니며 또한 유럽 문화의 전유물도 아니다. 모든 문명에는 다 어느 정도 구분 짓는 전통이 있다. 하지만 현대 정치의 구분 방식만이 생활과 세계를 심각하게 바꿔놓았다.

현대 정치의 경계 구분은 적어도 다음 몇 가지 면에서 생활의 성질을 바꿔놓았다. ① 명확성. 전통적인 구분은 늘 명확하지 않았다. 보통은 묵인된 습관에 따라 구분하고 항상 많은 논쟁의 여지를 남긴다. 현대의 각종 경계는 보통 법률의 인정을 받은 명확하게 정의된 구분이고 그에 따른 권리와 의무, 권력과 한도 등도 명확하다. ② 폐쇄성. 전통 사회의 구분은 명확하지 않기 때문에 완전히 폐쇄적인 경계를 형성하기 힘들다. 즉 전통적 구분은 한 사물의 특성을 나타낼 수 있지만 다른 사물과 명확한 구별을 짓기 어렵다. 논리적으로 말하면, 전통 구분은 '이 사물은 적어도 a, b, c 등 특성이 있다.'라고 서술하는 것인데 이 묘사는 a, b, c와 일치하지 않는 다른 특성도 있는 것을 배제하지 않는다. 현대 구분은 '이 사물은 a, b, c, d 등 특성이 있고 기타 이것과 다른 성질은 배제한다.'라고 서술하는 것이다. ③ 주권. 명확하게 정의할 수 있는 폐쇄적 경계가 경계선 내부의 전체 권리 즉 주권을 구축한다. 주권의 최소 정치 단위는 개인이고 최대 정치 단위는 국가다. 주권의 철학적 기초는 주체성이다. 개인의 권리나 국가의 주권 모두 주체성이 있다. 하지만 모든 주체성이 있는 존재가 다 인정된 주권을 소유하는 것은 아니다. 예를 들어 현대 정치에서는 문화 주권을 정의하지 않았다. 이것은 의미심장한 문제이다.

경계는 기타 존재와 선을 명확하게 긋는 독립적 존재를 구축하였다. 앞에서 서술한 것처럼 정치 단위는 정치 사고와 정치 질서를 결정한다. 현대의 정치 단위, 즉 개인과 국가는 타자와 경계를 명확하게 하는 독립적 존재이기 때문에 그 사고방식도 배타적 이익의 최대화를 우선적으로 추구할 것이다. 달리 말하면 배타적 이익이 반드시 공유 이익보다 우선할 것이다. 이 논리를 따르면 협력자를 제외한 모든 타자는 모두 어느 정도의

'부정적 외부성'을 지닌 존재이기 때문에 각 독립된 단위 간의 충돌은 불가피하다. 이익의 극대화는 끝이 없는 과정이기 때문에 충돌은 영원히 해소되지 않을 것이다. 개인이 서로 외부성이 되는 문제는 이미 국가에 의해 해결되었다. 국가는 법률과 질서로 경계 지은 사회를 구축하여 개인 간의 외부성 문제를 내부 문제로 전환하였다. 하지만 소위 국제 사회에 대해서는 상황이 전혀 다르다. (사실 국제 사회라는 개념은 정확하지 않다. 국제 공간은 사회조차 아니다.) 국제 '사회'에는 표면적으로 국제법이나 기타 국제 협약과 조직이 있지만, 실질적으로는 여전히 홉스의 자연 상태에 머물러 있다. 국제 문제에 있어서 경계는 하나의 역설이다. 한편으로 경계는 각자 침범할 수 없는 주권을 획정하여 상호 인정하는 이익 분배를 의미한다. 다른 한편으로 타자의 경계를 침범해야 더 큰 이익을 얻을 수 있다. 따라서 자신의 경계 밖의 모든 공간은 약탈할 수 있는 공유지로 묵인되었다. 주권 국가 체계에서 만약 한 주권 국가가 충분히 강대하면 이익 최대화의 논리에 따라 제국주의로 발전할 것이다. 이것은 근대의 이야기이다. 근대의 이야기는 지나가고 있다. 더 무서운 포스트모던의 문화가 위선을 명분으로 악행과 테러 활동을 자행하고 있다.

먼저 근대 이야기를 계속해 보자. 제국주의의 본질은 바로 세계 모든 지역을 마음대로 약탈할 수 있는 공유지로 이해하는 것이다. 구체적으로 말하면 유럽과 북미 이외의 '세계 기타 지역'은 모두 착취할 수 있는 공유지로 묵인되었다. 대영제국을 전형으로 하는 이런 제국주의 모델은 제2차 세계대전이 끝날 때까지 지속하였다. 이런 의미에서 우리는 제2차 세계대전을 제국주의 정치 논리를 종결하는 한 전환점으로 이해할 수 있다. 식민지, 반식민지 및 기타 압박받은 전통국가가 주권 국가로 전환하고 유럽 국가의 제도, 기술, 책략을 모방하면서 어느 정도의 반격 혹은 보복 능력, 아니면 최소한 비협조의 능력을 갖추게 됨에 따라, 공유지를 직접 점유하는 근대 제국주의 책략은 더 이상 최적 책략이 아니다. 왜냐하면 세계는 이미 주권 국가로 가득 차 있고 더 이상 공유지가 없기 때문이다. 따라서 세계 지도자의 지위를 이어받은 미국은 제국주의에 대해 제도 혁신을 실시하여 근대식 제국주의를 글로벌 제국주의로 전환하였다. 미 제국주의는 근대 제국주의의 일부 여전히 유효한 책략을 계승하고 강화하였다. 근대 제국주의의 식민 체계는 이미 불가능하다. 하지만 불평등한 국제 무역 체계는 여전히 유효하다. 이것은 대영제국의 유산이다. 또 영어를 매개체로 하는 지식 패권과 불평등한 지식 전달 체계도 여전히 유효하다. 이것은 대영제국의 더 중요한 유산이다. 이 지식 패권 체계는 전파 방식과 담론 규칙을 독점하면서 모든 사물, 사회, 역사, 생활과 가치에 대한 일신교 방식의 서사를 홍보하였고, 기타 문화의 지식과 역사의 맥을 끊어버려 다른 정신 세계를 무의미한 파편으로 해체시켜 그 신성함과 완전성을 상실하게 하였다. 지식 패권은 진보주의라는 신앙(일신교의 한 속세 버전)으로 기타 모든 역사의 역사성을 부인하고 세계를 '역사가 있고 진보하는' 중심과 '역사가 없고 정체된' 주변으로 구분하여 이런 불평등한 서사로 기타 지방의 지식과 정신을 퇴화시키고 심지어 기타 문화 전통과 정신을 폐기 처분하게 만든다. 미 제국주의는, 근대 제국주의가 기타 국가에 가한 정치 패권, 경제 지배, 지식 패권을 한층 더 강화시켜 전 세계가 전방위적으로 미국에 '종속'하는 구도를 형성하였다.[1] 미국이 좋아하는 표현대로 한다면 '미국의 리더십(American leadership)'인데, 조셉 나이(Joseph S. Nye)는 이 '미국의 리더십'의 근원을 '하드파워'와 '소프트파워',[2] 즉 미국이 주도하고 조종하는 세계 정치 권력 체계, 글로벌 자본과 시장 체계, 그리고 담론 체계로 설명하였다.

미 제국주의에는 주권 국가 체계를 초월하여 '세계 구도'를 구비한 또 다른 두 가지 발명품이 있다. 하나는 금융 패권이고 다른 하나는 주권을 초월한 인권 정책이다. 챠오량(喬良)의 분석에 의하면 미국은 달러 패권을 통해 역사상 최초의 '금융 제국'을 만들었는데 이는 완전 새로운 천재적 발명이다. 1971년 달러와 금 사이의 태환이 폐지되고 브레턴우즈 체제가 붕괴되면서 "미국은 전 세계를 상대로 '완벽한 폭풍'이라고 할 수 있는 운동, 즉 글로벌화를 추진하였다. 종이인 달러화의 기초 위에 전례 없이 방대한 금융 제국을 건설하는 것이다. 이 제국의 촉각은 지구 구석구석까지 뻗어가 모든 곳에서 기계적으로 같은 시나리오를 연출한다. 달러가 세계로 흘러가고 부는 미국으로 흘러간다."3 달러 패권은 세계의 거래와 부의 결산 방식을 통제하면서 폭리를 취할 수 있고 동시에 미국의 자본 조달과 지배적 지위를 확보할 수 있었다. 여기서 무(無)에서 부를 창출하는 기묘한 전환이 있는데, 무적의 군사력이 달러의 신용으로 전환되고, 달러의 신용은 달러의 수출을 보증해 주고, 달러의 수출은 수많은 부를 바꿔 오는 방식이다. 달러의 패권은 일종의 순수하고 철저한 자본주의의 착취가 되었고, 실체가 없는 '자본'으로 전 세계적인 착취를 실현하였다. 일단 도전에 부딪히면, 미국은 달러 자본의 우세로 금융 전쟁을 일으켜, 기타 화폐 혹은 기타 지역의 경제에 심각한 타격을 주고, 심지어는 무력 간섭까지 한다. 챠오량의 판단에 따르면 최근 20~30년 동안 미국이 일으킨 몇 차례의 전쟁은 모두 달러의 패권을 수호하기 위한 전쟁이었다.

　미 제국주의의 또 다른 발명품은 인권 패권으로, 그 상징적인 구호는 "인권은 주권보다 높다."이다. 따라서 인권을 명분으로 다른 국가를 '합법적으로' 간섭하고 억제하고 조종할 수 있으며 심지어 전쟁까지 일으킬 수 있다. 이론상으로 말하자면, 인권은 확실히 민족국가 체계를 돌파할 수 있는 보편 원칙이지만, 문제는 이것이 미국의 특수 이익을 수호하는 데 사용되고 있다는 데 있다. 미국 패권의 묘기는 '보편을 특수로 바꾸는 것'이다. 즉 미국이 보편적인 가치에 대한 특수 해석권을 가지고 있다는 것이다. 이 '보편을 특수로 바꾸는' 묘기는 왕년에 기독교가 '특수를 보편으로 바꾸는' 것과 비견할 만하다. 사도 바울은 기독교의 특수한 신념과 예수의 수난과 부활 같은 특수한 이야기를 세계에 대한 보편적인 구원으로 해석하여 기독교가 보편성을 얻게 되었다. 오늘날 미국은 경제와 군사의 압도적 우세를 이용하여 보편적인 인권 개념의 해석권을 독차지하여, 보편 관념의 해석권을 사유화한 셈이다. 이것이 '하드파워'를 기초로 하여 '소프트파워'를 점유하는 것이고, 기독교가 계속 완성하지 못한 신권(神權) 대일통의 꿈을 향해 가고 있는 것이다. '특수를 보편으로'부터 '보편을 특수로'까지 두 번의 전환은 한 국가가 세계를 통치하는 야심 찬 책략이며, 그 기발함은 정말 감탄을 자아낸다.

　　이 글로벌 제국주의 게임에서 미국은 강력한 파워로 인해 게임의 승자가 되었을 뿐만 아니라, 게임의 종류를 선택할 수 있는 유일한 주체가 되었고, 또 유일하게 게임의 규칙(룰)을 제정할 수 있는 당사자가 되었다. 그리하여 미국은 세계 게임에서 유일한 법외(法外) 주체가 되었고, 참가 선수, 게임 규칙 제정자, 게임 종류 결정자 등 세 개의 신분을 한몸에 지니게 되었다. 그래서 미국은 주권 국가 체계를 넘어 이중의 경계를 가진 세계 유일의 특수 국가가 되었다. '이중의 경계'란 국제 사회가 공동으로 인정하는 주권의 유형 경계와 미국이 일방적으로 세운 권력의 무형 경계를 지칭한다. 무형의 경계는 미국이 실제로 통제하거나 지배하고 세계 대부분 지역을 덮고 있는 금융 시스템, 미디어 시스템, 인터넷, 담론 생산 체계, 그리고 전 세계를 아우

르는 군사력이 포함되어 있다. 한마디로 미국의 무형 경계는 세계 대부분 지역을 포함하고 있다고 할 수 있다. 미국의 패권은 이렇듯 성공적이며, 심지어 거의 천하체계에 가까운 세계 체계를 창조할 수 있게 되었지만, 왜 '미국 치하의 평화'는 (여전히 효력을 발휘하고 있지만) 지속되기 어렵고 서서히 그 권위를 잃어가기 시작할까? 비록 미국의 쇠락 가능성에 관한 분석은 많이 있지만, 기본적으로 모두 전통적인 흥망성쇠 이론에 속하며, 주로 전략적인 실수 혹은 외부의 도전에 관한 연구이고, 진정한 원인은 제국주의 자체의 논리적 한계라는 것을 인정하지 않는다.

제국주의는 비록 세계를 통치하려는 야심을 갖고 있지만, 세계 이익을 기준으로 하는 세계관이 없이 오직 국가관만 있으며, 국가만을 최고 주체로 삼고 세계는 통치의 대상으로 간주한다. 따라서 제국의 지배력이 어디까지 확장되든 그 이익과 가치관은 국가의 눈높이에 한정되어 있고 이것이 제국주의 논리의 한계다. 즉 '천하무외'의 세계관이 없다면 진정한 보편 질서를 세울 가능성은 없는 것이다. '천하무외'의 세계관이 없기 때문에 제국주의는 근본으로부터 보편 질서가 성립되는 조건을 잘못 이해하여 보편성(universality)이 보편화(universalization)로부터 온다고 착각하였다. 이것은 매우 심각한 오해인데, 논리적으로든 현실적으로든 보편성은 보편화의 조건이지 그 역은 성립하지 않는다. 다시 말해 보편성이 있어야 보편화할 수 있지, 보편적 홍보를 통해서 보편성을 얻는 것은 절대 불가능하다. 이것이 일방적 보편주의와 포용적 보편주의의 근본 차이이고, 또 제국주의의 세계 체계와 '협화만방'의 천하 체계의 근본적 차이이다.

천하 개념이 의미 있는 이유는 '무외'의 세계, 즉 내부성만 있고 외부성이 없는 세계만이 보편 질서가 성립할 수 있는 존재론적 조건이라는 것을 밝히고 있기 때문이다. 따라서 만약 하나의 세계 질서가 보편적이 되려면, 그 전제는 세계의 내부화이다. 즉 내부화는 보편성의 존재론적 조건이다. 오직 세계의 내부화를 실현해야만 보편 질서를 세울 수 있고, 더 나아가 보편 질서를 보편화시킬 수 있다. 반대로, 정치의 외부성이 존재하는 한 세계는 세계가 될 수 없고 세계의 보편적 질서는 존재할 수 없다. 내부화된 세계가 없는 조건에서, 자신의 질서를 보편적인 질서로 확대하려고 한다면 반드시 외부 존재의 반항에 부딪치게 된다. 따라서 세계 질서의 구축은 우선 '천하무외'라는 선험적 개념을 인정한 뒤 세계 내부화라는 정치 논리로 세계 보편 질서를 수립해야 한다.

'무외(無外)' 원칙을 거부하는 어떤 정치 논리도 배타적 이익의 극대화를 추구하기 때문에 반드시 세계를 착취자와 피착취자, 통치자와 피통치자로 분열시킨다. 이것이 바로 외부성을 구축하는 것이고 '무외(無外)'의 내부성과는 정반대의 논리다. 제국주의의 정치 논리가 최종적으로 성공할 수 없는 것은 바로 자신이 극복할 수 없는 곤경에 봉착하기 때문인데, 이러한 곤경들은 왕왕 역설적인 성격이 있다. 그중 몇 개를 살펴보자.

① 순자의 역설. 협력자 역설이라고도 할 수 있다. 협력은 절대 수량 면에서 더 큰 이익을 가져올 수 있기 때문에 모두 협력을 필요로 하지만, 사람이 반드시 자신의 이익 극대화를 추구한다고 가정한다면(이른바 경제적 인간 가설) 반드시 이윤 분배에서 불공평한 문제가 생겨나 충돌이나 협력 파괴로 이어진다. 이 문제는 내부화된 정치 단위에서만 해결될 수 있다. 정치 이론과 역사적 사실 모두가 증명하듯이 국가든 공동체든 심지어 범죄 조직이든 내부화된 정치 단위는 법적 효력이 있는 분배 제도나 재산권 제도를 통해 이익 분배 불공정의 문제를 해결할 수 있다. 여기서 문제는 세계가 내부화된 정치적 존재가 되기 전에 보편적으로 인정받는 이익 분배 제도는 존재할 수 없다는 것이다. 따라서 강요된 패권주의적 게임 규칙은 반드시 지속적인 저항 혹은 비협력으로 인해 해체된다. 압도적인 폭력과 기술로 어느 정도 유지할 수 있지만, 강압 책략은 결국 더 큰 어려움을 불러온다.

② 모방자 역설. 앞에서 설명한 '책략 모방 실험'에 의하면, 지식과 기술을 독점할 수 없는 환경에서 어떠한 경쟁력 있는 게임 책략이든 장기적으로는 다 공동 지식이 될 것이고, 모든 게임 참가자는 필연적으로 가장 경쟁력 있는 책략을 모방할 것이며, 그 결과는 죄수의 딜레마 형식의 균형을 이루거나 공멸하는 것이다. 관건은 배타적 이익을 극대화하는 책략을 추구하

거나 폭력에 호소하는 책략은 반드시 보편적 모방, 즉 보복 행위를 견뎌내지 못하므로, 보편적으로 인정되거나 보편적으로 효과적인 게임 규칙이나 제도를 세울 수 없다는 것이다. 패권 논리로 보편 질서를 세우는 시도는 필연적으로 역설적 결과를 가져올 것이다. 그것이 질서를 세우려고 시도하는 동시에 질서의 반항자를 만들어 내기 때문이다.

③ 독점 해석권의 역설. 정신을 표현하는 매개체를 통제함으로써 정신, 가치와 진리에 관한 독점적 해석권을 확보할 수 있을 것 같지만, 독점 해석의 위신을 보장하기 어렵다. 문제는 독점 해석의 책략에 있는 것이다. 패권국가는 패권의 정당성을 증명하기 위해 정당한 개념으로 각종 패권 행위를 묘사하고 해석하는데, 예를 들면, 평화와 인권, 해방의 이름으로 전쟁을 일으키고, 자유와 민주라는 이름으로 자유와 민주를 파괴하며, 인권의 이름으로 다른 사람의 인권을 부정하고, 정치적 올바름의 명분으로 전통 가치를 부정하는 행위 등이다. 이렇게 하면 정당한 개념은 모두 죄악을 내포하는 개념으로 바뀌게 되고, 이로 인해 해석권의 역설이 발생한다. 즉 만약 좋은 개념이 모든 행동의 합법성을 내포하고 있다면, 좋은 개념은 저절로 사라질 것이다. 왜냐하면 '좋음'에는 반드시 '나쁨'이 포함되어 있기 때문이다. 다 알다시피 이런 논리 정리가 있는데, "가짜 명제는 참 명제를 포함한 모든 명제를 내쏘하고 있다."는 것이다. 이는 논리적으로는 맞는 정리이지만 이와 유사한 구조를 가진 정치

적 해석은 재앙이다. 즉 만약 정당 개념에 모든 행위가 내포되어 있다면 이 정당 개념은 가짜 개념이라는 것이 증명된다. 달리 말하면 만약 어떤 논리 규칙이 "참 명제는 가짜 명제를 포함한 모든 명제를 내포한다."라면 이 규칙은 자동으로 붕괴된다. 참 명제에 가짜 명제가 포함되어 있다면 그 참 명제도 믿을 수 없는 것이 된다. 이와 같은 구조로, 만약 정당 개념에 모든 행위의 이유가 포함되어 있다면 정당 개념에는 죄악도 내포하고 있다는 것이 된다. 그러면 정당 개념은 마찬가지로 붕괴된다. 개인, 민족, 국가, 종교를 정치 단위로 하여 발전한 정치 논리가 보편적으로 공유되는 세계 질서로 발전하기 어렵고, 세계 규모의 문제를 해결하기 어려운 이유는 이런 경계 있는 개념들은 원래 세계를 위해 생각하지도 않고, 세계를 위해 준비된 개념도 아니기 때문이다. 글로벌화의 조건하에서, 세계에는 이익을 공유할 수 있는 보편적인 질서가 필요할 것이다. 그렇지 않으면 세계는 포스트 제국주의 시대의 무질서를 감당할 수 없을 것이다. 제국주의의 질서가 유명무실할 정도로 약화될 때 세계는 상상하기 어려운 각종 테러 활동, 종교 운동 혹은 비이성적인 모험에 의해 파괴될 것이다. 그러므로 미래의 세계에는 새로운 천하체계가 필요하다. 다른 말로 하면, 세계는 천하로 변해야 한다. 그래야만 세계의 안전을 보장할 수 있다. 세계 전체를 '천하무외'의 논리로 내부성만 있고 외부성이 없는 천하로 만들어야 보편적으로 공유되는 세계 질서가 가능할 것이다.

1 소위 '종속'이란 것은 "일부 국가의
경제가 종속된 다른 국가의 경제 발전과
확장에 의해 제약된 상태. … 종속 상대
때문에 종속 국가는 낙후하고 착취 받는
국면에 빠진다." 다음 책 참고.
테오토니오 도스산토스(特奧托尼奧·
多斯桑托斯), 『帝國主義與依附』, 北京,
社會科學文獻出版社, 1999년, p.302.

2 나이는 미국이 소프트파워를 강화하여
하드파워의 부족을 보완해야 한다고
호소한다. 하지만 미국은 이미 "로마제국
이래 가장 강대한 역량"이다. Joseph
S. Nye, *The Paradox of American
Power: Why the World's Only
Superpower Can't Go It Alone*.
London: Oxford University Press.
2002. 참조. (중국어판 約瑟夫·奈约瑟夫·
奈, 『美國霸權的困惑』, 2002년,
世界知識出版社) (국내번역서는 조지프
나이, 『제국의 패러독스』, 홍수원 옮김,
세종연구원(2002)이 있다.)

3 미국 달러의 패권에 관해서는 다음 글
참조. 喬良(챠오량), 「美國人為何而戰」,
『中國青年報』, 2011-02-25,
「金融與戰爭-美元霸權與中美棋局」,
『國防參考国防参考』, 2015년 第11~12期.

19장

신천하의 물질 조건

종결될 것은 역사가 아니라 현대이다. 언젠가 역사가 종결될지도 모른다. 어쩌면 영원히 종결이 없을지도 모른다. 그것은 우리가 알 수 있는 것이 아니다. 후쿠야마의 역사종말론은 이미 헌팅턴의 문명충돌론에 의해 너무 성급한 결론으로 증명되었다. 하지만 문명충돌 논의는 아직 해결되지 않았고 다시 부각되었지만 낡은 문제이다. 진정한 새 역사는 글로벌화가 시작한 새로운 게임이다. 비록 역사의 종결은 아직 기미가 안 보이지만 그 자체는 심각한 문제다. 이 문제의 근원은 기독교의 상상으로 거슬러 올라간다. 하지만 기독교의 상상은 단지 역사 종말의 한 가능성일 뿐이다. 만약 미래의 어느 시점에 역사가 종결한다면 아마 선과 악의 결전이 있을 것 같지 않고, 신의 최후 심판이나 최후 구원이 있을 거라는 보장도 없다. 가장 현실적인 버전은 인류의 종결, 인류의 자살적인 종결일 가능성이 크다. 이것은 인류가 자신이 구원받지 못한 것에 대한 최종 심판이고, 이것은 가장 나쁜 버전(판본)이지만 논리적으로는 가능성이 가장 크다. 인류의 자살적 행동은 근대성부터 시작했다. 인류가 모든 사물의 주체가 되려고 했을 때 시작했고, 인류가 신이 되려고 했을 때 시작했고, 인류가 탐욕을 정당한 권리로 재해석했을 때 시작했다.

근대성은 우선 이기심을 정당한 것으로 인정하였다. 일관된 논리로 자기 이익의 극대화 추구를 이성적 행위로 정의한 이 근대성의 원칙은 필연적으로 모든 나쁜 요소를 포함하게 된다. 이기심은 원래 이미 모든 나쁜 일의 가능성을 내포하고 있다. 이기심의 정당화는 모든 나쁜 일의 필연성을 암시한다. 근대성의 또 다른 추구는 자연을 정복하고 무한하게 발전하는 것이다. 이런 진보주의적 사고방식은 인류 행위의 위험성을 대대적으로 증가시켰다. 핵무기, 전자 무기, 유전자 무기 등으로 인류의 상호 살상 능력은 극도로 증강하였고, 유전자 조작, 인공지능 로봇 등 자연의 한계를 돌파하는 행동은 인류 멸망의 가능성을 더 증가시켰다. 과학적 예언이나 공상과학 스토리가 반드시 현실화되는 것은 아니지만 이런 허구적 예언과 이야기는 인류의 진정한 사고방식을 보여주고 있다. 즉 인류는 원래 이렇게 생각하고 있다는 것이다. 만약 상응하는 기술 능력만 있다면 인류가 그런 위험한 짓을 할 가능성은 매우 크다. 공상과학 이야기는 예언이 아니라 인류 속마음의 사백이나.

새로운 게임으로서 글로벌화는 현재 근현대 질서를 해체

하고 있는데, 이는 정치 질서뿐만 아니라 사회 질서와 문화 전통도 포함하고 있다. 글로벌화 이래 과학 기술의 가속화된 발전은 유사 이래 인류 사회에 가장 위험한 일종의 불균형 상태를 초래하였으며, 기술 능력은 질서의 자기 통제력을 넘어섰다. 이러한 불균형 상태는 심화되고 있으며, 기술력과 질서 능력의 격차가 빠르게 벌어지고 있다. 한편으로는 기술 발전이 날로 새로워지고 있고, 다른 한편으로는 질서 능력이 점차 감소하고 있다. 만약 제때에 충분한 통제력을 갖춘 세계 질서를 세우지 못한다면, 일단 기술 능력이 임계(臨界)점에 도달하게 되면 능력이 바로 권력으로 전환되고, 사람의 능력이 하느님에 가까워지면 인류는 재앙의 임계점에 도달하게 된다. 그것이 바로 종말이다.

진보론자는 항상 낙관적으로 이러한 경고를 거부하지만, 그들의 낙관론은 전적으로 신념에 의지한 것이지 현실적 근거나 담보는 전혀 없다. 사람은 왜 하느님이 될 수 없는가? 미래의 일은 증거가 없지만, 논리적인 우려는 할 수 있다. 하느님과 달리 사람은 전지전능하지 않고, 하느님처럼 무수한 가능 세계를 갖고 있지 않다. 인류가 선택할 수 있는 다른 세계는 없고 단지 하나의 유한한 세계에서 무한성을 실현하려고 시도할 뿐이며, 그것은 현실적으로 불가능하다. 칸토어의 세계1는 수학에만 존재하고 현실 세계에서는 반드시 세계의 붕괴를 초래한다. 무한성은 무한히 많은 가능성을 의미한다. 따라서 인간의 유한한 능력에 대해 말하자면, 영원히 예측할 수 없고 통제할 수 없는 요소들이 존재한다는 것을 의미한다. 하느님처럼 무한한 가능성과 대등한 무한한 능력을 갖추지 않았다면, 유한한 현실 세계에서 무한한 꿈을 실현하려고 하는 것은 반드시 유한한 현실 세계의 붕괴를 초래할 것이다. 인류에게 있어 이러한 종말은 바로 인류의 자기 재판이다. 인류는 스스로 창조하고 통제할 수 없는 힘에 의해 멸망하거나 동족상잔 때문에 멸망할 가능성이 크고, 아니면 자연의 보복에 의해 멸망할 수도 있다.

앞에서 말한 바와 같이, 경쟁을 본성으로 하는 현대 게임은 흥성할 때 활력이 넘치는데, 그 비밀은 소수의 국가가 기술상의 비대칭적인 우위 때문에 세계를 분할 착취할 수 있었다는 것이다. 전 세계에서 점차 보편적인 현대화가 이루어졌을 때, 특히 정보 기술의 신속한 보편화로 독점되었던 지식이 공동 지식으로 변하고 비대칭적인 우세가 점차 사라지게 되면, 경쟁 게임에서도 점차 이익을 얻을 수 없게 될 것이다. 우리는 이미 글로벌 게임에 들어갔지만 새로운 제도가 아직 형성되지 않았으며, 여전히 근대 게임의 옛 규칙을 고수하고 있다. 이러한 부조화 상태 때문에 이미 사고와 행동은 자주 무력화되기 시작했다. 현대의 사고와 행동 양식으로 새로운 게임과 새로운 문제에 대처하는 것은 왕왕 효과가 없을 뿐만 아니라 심지어 그 반대의 결과를 초래한다. 예를 들어 이미 발생한 글로벌 금융 위기, 기후 변화, 테러 활동, 지역 동란 등 위기에 대해 사람들은 속수무책이다. 일이 뜻대로 되지 않는 것은 이 시대 각종 행동의 전형적인 상황이다. 그래서 세계를 다스리는 일은 이미 시급한 문제가 되었다. 글로벌화 이전에 '인류 공동 운명'을 말하는 것은 문학적 수사(修辭)일 뿐이었다. 하지만 지금은 이미 현실적이고 엄숙한 문제로 변했다.

현재의 글로벌 게임은 상응하는 규칙이 없는 상태로 인해 다시 한번 '원시 상태(original situation)', 즉 현재 보이는 안정성이 결여되고 위기가 곳곳에 도사리고 있는 세계가 되었다. 세계 질서가 부재한 상황에서, 인류는 결과를 예측하기 어려운 위험천만한 일을 저지르고 있다. 특히 엄청난 힘을 내포하고 있는 기술 혁명, 즉 생물학, 인공지능, 인터넷이 결합된 기술 혁명은 인간의 존재 방식을 완전히 변화시킬 가능성이 높다. 일부 과학자들의 예측에 따르면, 천지를 뒤집어 놓을 이런 기술 혁명이 얼마 멀지 않았다고 한다. 특히 위험한 것은, 기술 진보는 일반적으로 의심할 여지 없는 인류의 진보라고 여겨지지만, 통제되지 않는 기술 진보가 거대한 재난과 심지어 인류의 멸종을 초래하지 않을까? 이론상으로 기술 자체는 잘못이 없다. 하지만 기술은 거부할 수 없는 유혹으로 인류를 스스로 제어할 수 없게 만들 수 있다. 인간의 자신감은 가장 믿을 수 없는 것이다.

설령 우리가 기술 자체의 위험을 판단하기는 어렵다고 하더라도, 기술 발전이 야기할 수 있는 정치적 문제는 매우 현실적이다. 기술 진보가 장래에 아무도 대처할 수 없는 새로운 전제(專制)로 발전될 수 있을까? 사람이 원한다면 그것은 전적으로 가능하다. 예를 들면, 인류는 기술이 모든 사람에게 제공하는 '전면적인' 서비스가 탐나서, 기술 시스템이 모든 사람에 대해 정보를 감지하고 모니터링을 하는 것을 수용할 수 있다. 사람은 어디에 가든 즉각 센서가 그 사람의 모든 정보를 감지하고 '유용한' 정보를 제공함으로써 모든 사람에게 양질의 서비스를 제공할 수 있게 된다. 하지만 사람도 이 때문에 기술의 전방위적인 서비스에 대해 벗어날 수 없는 의존 상태에 빠질 수 있다. 마치 마약에 의존하는 것처럼. 사실 현재 인터넷과 휴대전화는 이미 시작 단계의 중독 상태를 만들어 내고 있다. 전방위적인 서비스는 가능한 한 많은 선택의 자유와 충분한 평등을 제공하는 것 같으나, 동시에 이로 인해 모든 사람의 생활과 사상이 조종당하기도 한다. 이것은 새로운 형태의 전제인데, 자유와 평등을 제공함으로써 전제를 실현하는 것이다. 모든 사람은 자유롭고 평등한 것 같지만 모든 '선택의 자유'는 전면적 서비스에 의해 정의되고 제조되기 때문에 자유는 창조성을 잃어버린다. 이것은 모든 사람이 원하고 필요로 하는 가장 좋은 서비스를 제공하는 매우 편안한 새로운 독재가 될 것이다. 미래의 신 전제는 자유와 민주를 통해 성공할 것이다.

아마 누군가는 이런 서비스를 거절할 것이다. 그러나 아마도 이 자유 권리를 행사할 사람은 매우 적을 것이다. 왜냐하면 사람들은 생활에 필요한 각종 서비스를 잃지 않으려고 할 것이기 때문이다. 서비스가 생존에 필요한 대부분을 공급하게 될 때, 사람들이 저항할 수 없는 최고 권력이 된다. 하지만 이것은 강제적인 권력이 아니고 조종하는 권력이다. 모든 사람이 기술 시스템이 제공하는 생활 서비스를 필요로 하기 때문에 모두 스스로 자발적으로 통제 받기를 원하게 된다. 현재 상황을 볼 때, 은행, 인터넷, 미디어, 시장 등 시스템은 이미 초보적이거나 부분적으로 서비스 권력과 합류하였는데, 미래의 기술 체계가 전면적으로 체계화된 서비스를 제공하는 전면적인 독재를 형성하는 것도 상상할 수 있을 것이다. 경제와 기술이 고도로 발달하면 생존 문제는 해결되고 남는 것은 자유와 민주의 생활을 누리는 일이라는 생각은 현대의 환상이다. 그리고 공산주의와 자유주의의 공통적인 환상이다. 이와 반대로 고도로 발달한 기술은 모든 사람의 기본적인 생존 조건을 복잡한 기술 시스템에 깊이 접목할 것이다. 생존은 오히려 고대보다 더 복잡한 난제가 될 것이다. 생존은 더 이상 노동을 하면 해결할 수 있는 간단한 문제가 아니라, 자신을 시스템에 융합시켜야만 생존할 수 있는 번거롭고 성취감과 창조성이 전혀 없는 기계적 과정이 될 것이다.

　미래의 권력은 서비스에 의해 결정될지도 모른다. "서비스는 힘이다.(service is power)"[2] 더 편리하고, 더 잘 배합되었고, 더 포괄적이며, 더 광범위한 글로벌 서비스는 글로벌 시대에 새로운 권력의 토대가 될 것이다. 마오쩌둥은 일찍이 권력은 반드시 "인민을 위해 봉사(서비스)해야 한다."고 지적하였다. 당시에는 단지 정치상의 아름다운 희망이었을지 모르지만,

오늘날 볼 때, 이 구호는 마치 의도하지 않게 예언적인 메시지를 내포하고 있는 것 같다. 가장 많은 사람에게 서비스를 제공하면 가장 큰 권력을 얻을 수 있다, 즉 최대 서비스를 최대 권력으로 바꿀 수 있다는 것이다. 하지만 주의해야 할 것은, 권력의 목적은 서비스가 아니라 서비스를 통해 독재 권력을 얻는 데에 있다는 점이다. 미래의 인류는 어쩌면 전면적인 서비스 시스템에 종속되어 시스템의 최면 속에 '자발적으로' 체제화(institutionalized)될지도 모른다. 새로운 독재는 현대의 자유와 민주가 해결할 수 있는 문제가 아니다. 왜냐하면 자유와 민주를 부정하는 이 새로운 독재는 바로 자유와 민주에 힘입어 성공했기 때문이다. 그것은 자유와 민주의 역설적인 산물이다. 현대인은 시장과 민주주의를 발전시키고 독재를 타도하였으나, 충분히 발전된 시장과 민주는 오히려 새로운 형태의 독재를 낳았다. 이런 역전은 불합리해 보이지만 필연적인 발전이다. 민주와 시장의 원리는 똑같다. 둘 다 대중의 선택으로, 모두 권력의 독점을 피하는 효과적인 방법이다. 그러나 문제는 권력은 민주와 시장보다 훨씬 똑똑하며, 권력은 어떤 기회도 놓치지 않는다. 새로운 권력은 대중의 선택에 영합하고, 나아가 대중의 선택을 만들어 낸 후에 대중이 필요로 하는 서비스를 통제하고, 결국 민주와 시장의 선택을 통해 권력은 새로운 독재를 실현하게 된 것이다. 이런 새로운 형태의 독재가 강력한 이유는 그것이 바로 시장과 민주제도에 기생하고 있기 때문에 여기서 벗어나는 것은 거의 불가능하다. 이 대목에서 플라톤의 예언이 생각난다. 정치는 순환하는 것이고 독재 때문에 사람이 민주를 찾지만, 민주는 결국 독재로 전환된다. 이 문제는 현재로서는 해결할 방법이 없다.

여기서 위험한 것은 새로운 체계적인 권력(systematical power)이 내포하고 있는 체계적인 폭력(systematical violence)이다. 이런 폭력은 체계화된 생활 방식 어디에나 존재하며 하소연할 곳도 없고 고발하기도 어려운 폭력이다. 억압자는 바로 일상 생활 전반에 필요한 시스템이기 때문에 그것에 대해 책임을 지는 특정 행위 주체를 찾을 수 없다. 내 기억이 틀리지 않았다면, 슬라보예 지젝이 이러한 폭력에 대해 지적한 적이 있다. 체계화된 폭력은 기술과 경제 시스템뿐만 아니라 정보 시스템과 담론 시스템 등 모든 사람과 사물을 체제화할 수 있는 시스템에서 비롯된다. 체계화된 폭력은 사람을 직접 해치는 것이 아니라 규칙, 제도와 절차를 통해 자유를 박탈하고, 각종 가능성을 제한하며, 프로그램에 따라 사람을 통제하는 것이다. 이러한 통제는 규정하기 어려운 범죄이다. 그것은 사람들이 인정하는 게임 규칙을 통해 정신을 '합법적으로' 통제하는 것이다. 비교해 보자면, 독재 정부는 힘으로 사람들의 분노를 억압하는 낮은 수준의 독재이고, 체계화된 폭력은 훨씬 높은 수준의 독재이다. 그것은 관념 데이터베이스를 규정하는 방식으로 사람의 사고 능력을 잃게 하고, 사람들은 생각할 때 시스템이 인정한 정치적으로 올바른 어휘만 찾아 쓸 수 있다. 체계화된 독재는 가짜 사상을 만들어 낸다. 그것은 단지 기계처럼 지령을 반복하거나 아니면 의미가 엉클어진 어휘와 개념을 통해 혼란스러운 사상만 생산하는 것이다. 사상을 표현할 때 정치적으로 올바른 어휘만 사용할 수 있다면 사람은 정당한 어휘로 죄악을 표현할 수밖에 없다. 예를 들어 전쟁이 발동한 이유는 인권이고 살인범을 용서하는 이유도 인권인데, 피해자의 억울함을 호소하기 위해 살인범을 징벌하는 것은 인권 위반이다. 현재 우리 눈앞에서 벌어지고 있는 현상은 많은 매체, 심지어 학술적 관점도 비슷한 말과 담론을 사용하고 있다는 것이다. 이는 매우 위험한 상황이다. 왜냐하면 오직 백치의 말만 보편적으로 비슷하다. 언론 매체가 제공하는 담론은 이미 현대의 신학으로 변했다. 이런 심령에 대한 지배야말로 가장 심각한 폭력이다.

민주는 이미 납치되었고, 벗어나기 힘든 상태에 처해 있다. 왜냐하면 민주 제도 자체에 납치에 저항하기 어려운 약점이 내포되어 있기 때문이다. 예를 들어 선호도 합계(aggregation of preferences)는 결함이 많은 공공 선택 방식이고, 개인별 합리적 선택의 합계(the aggregation of individual rational choices)는 오히려 비이성적인 집단 선택(collective irrational choice)을 가져온다. 민주는 또 이익 집단이 선전과 선거를 조종하는 것을 막기 힘들다. 왜냐하면 그런 조종 수단은 모두 절차상 합법적이기 때문이다. 잘 나타나지 않는 문제도 하나 생각해 볼 수 있다, 헌법이 마지막 보장인 것처럼 여겨지지만 헌법 자체의 합법성을 어떻게 확정하는지는 늘 명확하지 않다. 민주는 일반적으로 헌법의 합법성을 증명하는 것으로 인식되지만, 이 점은 매우 의심스럽다. 논리적으로 볼 때, 헌법의 유효한 포괄 범위가 전체 국민이기 때문에, 헌법은 모든 국민이 완전 일치하여 동의하는 보편적인 계약이어야 한다. 하지만 모든 국민이 일치 동의한다는 것을 증명하기는 어렵다. 그리고 다수의 의견은 전체 일치와는 또 다르다. 따라서 이론상으로 보편적 이성(universal reason)만이 보편 일치 의견을 증명할 수 있다. 하지만 문제는 보편적 이성은 민주로 정의할 수 없는 것이다.

사람들이 아직도 현대의 민주를 수호하고 누리고 있을 때 새 권력은 이미 몰래 민주를 변경시켜 데모크라시(democracy)에서 '퍼블리크라시(publicracy)'[3]로 바꿔놓았다. 나는 퍼블리크라시(publicracy)라는 용어로 원래 개인 선택을 기초로 하는 민주가 점차 대중 여론(public opinions)을 기초로 하는 정치로 바뀌고 있다는 것을 설명하려고 한다. 사람의 선택을 지배하는 대중 여론은 매체와 유행하는 관점이 전달한 의견이고, 이런 대중 여론은 또 체계화된 권력에 의해 만들어진 것이다. 여기에 사람의 정신이 유도되어 체제화되다가 나중에 자발적으로 체제화하는 과정이 함축되어 있다. 주의할 것은 '퍼블리크라시'는 민주의 대립면이 아니라 민주가 내포한 결과다. 권력은 타인을 지배할 수 있는 기회를 놓치지 않는다. 민주 제도가 공공 영역을 창출하였으니 권력은 기회를 노려 암암리에 공공 영역을 지배하고 '퍼블리크라시'로 민주를 유명무실하게 만든다. 민주는 독재의 껍데기가 되고 진정한 권력은 게임의 규칙을 정하고 게임의 상품(경제 이익)을 주는 시스템이다. 이론상 퍼블리크라시가 반드시 독재로 귀결될 필연성은 없다. 만약 대중 여론이 막후 권력이 만들어 낸 것이 아니고 보편 이성의 결과라면 좋은 정치로 발전할 수도 있다. 옛날에 아리스토텔레스는 이성 변증법이 대중에게 영합하는 광장 토론을 대신할 수 있기를 기대했는데, 그것이 바로 좋은 퍼블리크라시를 추구하는 것이다.

세계화가 낳은 새로운 권력은 경계를 존재 방식으로 하는 현대 정치 주체가 아니라 글로벌 네트워크 방식을 채택한 새로운 주체라는 점에서 정치의 근본적 변화를 예고하고 있다. 앞에서 서술한 것처럼 정치의 주체 단위, 즉 이익의 결산 단위가 게임의 규칙과 사유 방식을 결정한다. 현대 정치의 기본 주체 단위인 개인과 민족 국가는 모두 자기 이익의 최대화를 추구하는 주체이다. 따라서 현대 정치 게임은 경쟁적이고 대립적일 수밖에 없다. 그럼 글로벌 게임의 이익 결산 단위는 무엇일까? 미래의 글로벌 게임이 어떻게 발전될지 확인할 수 없지만, 현재 관찰할 수 있는 사실로 보았을 때 글로벌 게임에서 이익을 계산하고 결산하는 단위는 '네트워크식 존재(network existence)'라고 말할 수 있다. 이것은 주권 국가 개념을 넘어서는 신형 주체의 출현을 의미한다. 이 주체는 경제 주체로 시작하였고 지금까지도 아직은 경제 주체지만 그 잠재력으로 보아 향후 주권 국가와 맞먹거나 심지어 주권 국가를 조종할 수 있는 정치 주체로 발전할 가능성이 크다.

　글로벌화가 심화되면서 우리가 알 수 있는 것은 글로벌화의 최대 수익자는 어느 나라도 아니고 네트워크 방식으로 전 세계에 존재하는 새로운 권력 단위라는 점이다. 세계 금융 자본 체계, 뉴미디어 체계, 인터넷과 휴대전화 및 기타 첨단 과학 시스템이야말로 현재 글로벌 게임의 최대 수혜자이며, 또 세계에서 가장 큰 권력이 될 전망이다. 비록 금융 체계, 미디어 매체 및 기타 기술 체계는 여전히 부분적으로 국가의 제약을 받고 있지만, 실제 운영 상황과 미래 전망을 보면, 모든 네트워크 방식의 권력 체계는 그 그물망을 확대하고 있으며, 전 세계에 거미처럼 곳곳에 그물을 치고, 모든 행위 공간과 언론 공간을 빈틈없이 통제하고 있다. 이런 권력은 점진적으로 국가를 납치하고 조종하고 있으며 현재 이미 부분적으로 각국 정부를 글로벌 자본과 기술 시스템의 대리인으로 변화시키고 있다. 미디어는 무엇이 환영받을 수 있는지를 결정하고, 금융 자본은 무엇이 이익을 얻을 수 있는지를 결정하며, 첨단 기술은 미래의 모든 가능성을 결정한다. 글로벌 금융 시스템, 뉴미디어 시스템과 첨단 기술 시스템은 바로 초보적으로 형성된 새 독재 권력이다. 그들은 주권 국가와는 완전히 다른 방식으로 세계를 통치한다. 비록 지금은 초보적인 통치에 불과하고, 주로 경제 분야에 한정되어 있지만, 미래에 진정한 정치 권력으로 발전할 가능성이 매우 높다.

권력은 항상 가장 적합한 경로와 공간을 찾아서 성장하고, 늘 새로운 형식을 선택하여 새로운 게임에 적응한다. 네트워크 형식이 바로 글로벌화 조건하에서 권력이 가장 잘 생존 성장할 수 있는 조건이기 때문에 네트워크처럼 퍼져나갈 수 있는 모든 시스템은 글로벌 권력 집단의 구성원이 될 것이다. 이런 신권력은 정부를 구성할 필요가 없고 군대와 경찰도 없다. 신권력은 보편적이고 필수적인 '최고 서비스'를 제공함으로써 인민의 의존성을 조성하고 더 나아가 인민을 지배한다. 그리고 시스템에 대한 인민의 의존을 통해 국가와 정부를 지배한다. 바로 이런 의미에서 서비스는 권력이다. 더 정확하게 말하면, 자본, 기술, 서비스 삼위일체의 결합이 권력이다. 자본은 모든 신기술과 협력하여 권력을 얻을 수 있는 기회를 놓치지 않는다. 미래의 신권력은 분명 정부와 국가를 뛰어넘는 통제력을 가질 것이고, 나아가 진정한 새 정치 주체가 될 것이다. 이를 현대 주권 국가의 '경계 권력'과는 다르게 '체계화 권력(systematical powers)'이라고 부를 수 있다.

'체계화 권력'이 정의한 글로벌 게임은 정치의 존재론적 조건(ontological condition)을 바꿔 놓았다. 체계 혹은 시스템은 관계(relations)로 구성되고, 실체 단위인 국가와 개인의 중요성은 쇠퇴한다. 전 세계가 체계화되는 상황에서는 관계의 속성이 실체의 속성을 결정한다. 관계는 실체의 성질을 다시 정의하고 동시에 새 게임의 행동 방식과 규칙을 정의한다. 존재(existence)는 더 이상 독립성과 완정성을 갖고 있지 않고 공존(co-existence)의 함수가 된다. 이 점은 천하 개념에 내포되어 있는 형이상학 원칙, 즉 '공존이 존재보다 우선이다.(existence presupposes coexistence)'를 확인해주는 것 같다. 일단 각 존재 사이에 더 강력한 상호 의존성이 형성되면, 최대의 생존 기회 혹은 최적의 생존 전략은 더 이상 배타적 이익의 최대화가 아니고 공동 이익의 최대화가 될 것이다. 상호 의존의 조건하에 배타적 이익의 최대화를 추구하면 반드시 좌절과 실패를 자초할 것이다. 왜 제국주의 패권 정책의 효과가 날로 사라지는지 그 원인은 바로 글로벌 게임의 존재 조건이 변화했기 때문이다. 공존의 이익이 배타적 이익보다 더 커질 때 대항적인 책략은 더 이상 득을 볼 수 없을 것이고, 오직 체계화 권력만이 공동 이익을 통제하면서 그중 가장 큰 이익 지분을 획득할 수 있다.

다가오는 미래에 각종 글로벌 시스템은 세계를 더 긴밀하게 연결시킬 것이고 이것이 바로 신 천하체계를 위해 물질적 조건을 준비하는 것이다. 하지만 체계화된 물질 세계가 자동으로 '천하'로 발전하지는 않는다. 왜냐하면 글로벌화의 세계는 아직도 천하의 정신성을 갖추지 못하였고, 이기적인 체계화 권력은 이익을 공유하는 세계 제도를 제정하지 않을 것이기 때문이다. 모든 사람에게 속하는 세계는 반드시 세계 이념으로 생성해야 한다. 세계 이념이란 관자(管子)의 "천하를 천하로 다룬다" 원칙이나 노자의 "천하로 천하를 본다" 원칙이다. 하지만 이런 세계 이념은 분명 체계화 권력이 의도하는 것은 아니다. 글로벌 자본, 기술, 서비스, 삼위일체를 대표로 하는 체계화 권력은 비록 주권 국가와는 다른 형태의 정치 주체지만 여전히 자신의 이익 극대화와 권력 극대화를 추구하고, 세계 공동 이익의 수호자가 아니라 새 독재 세계의 통치자가 되려고 할 것이다. 그 잠재 능력으로 보았을 때 오히려 현대 제국주의보다 더 위험할 수 있다.

우리는 미래에 무슨 일이 발생할지 알 수는 없지만, 미래의 가능성을 분석할 수는 있다. 신흥 글로벌 체계화 권력이 자본-기술-서비스 삼위일체 결합 모델을 그대로 유지하면서 경제 권력에서 정치 권력으로 한 단계 더 발전시킨다고 가정한다면, 다음과 같은 가능성이 있다.

① 세계를 착취하는 이익이 전쟁의 이익보다 크기 때문에 가능한 한 전쟁을 피할 것이다. 이 점은 진보라고 할 수 있다. 그러나 특정 상황에서 주권 국가를 조종하여 국지전을 일으켜 완고한 장애물을 제거할 가능성은 배제할 수 없다.

② 일단 세계를 완전히 통제할 수 있는 능력을 갖추게 되면, 권력에 대한 관심이 경제적 이익에 대한 관심보다 많아질 것이다. 체계화 신권력의 이념은 '기술이상주의'일 가능성이 높다. '기술이상주의'는 첨단 과학기술로 모든 사람의 삶을 끊임없이 변화시키고 새롭게 정의하려고 하는 시도인데, 그러기 위해서는 한편으로는 계속 양질의 서비스를 제공해야 하고, 한편

으로는 독재 권력이 필요하다.

③ 기술의 무한한 발전에 대한 관심은 최고의 관심사이다. 적어도 권력에 대한 관심에 못지않다. 체계화 권력 아래 과학 기술은 미래의 유일한 종교로 변모하여 모든 문화의 금기를 거리낌 없이 파괴하고 자연, 신, 도덕 전통에 도전하게 될 것이다. 이 때문에 위험천만한 기술적 성과, 특히 생물학, 인공지능, 그리고 신에너지 등이 결합된 '혁명적' 성과가 나올 가능성이 높다. 이런 놀라운 기술적 성과가 어느 정도까지 갈지에 대하여 과학자들은 여러 가지 추측을 하고 있지만 어느 것이 더 실현 가능한지는 아직 알 수 없다. 그러나 한 가지 확실한 점은 미래의 기술은 사람으로 하여금 뛰어난 능력을 갖게 할 수 있지만, 그 능력과 상응하는 고상한 도덕을 갖추게 할 수는 없을 것이다. 따라서 금기 없는 기술 발전이 인류의 종말을 가져올 가능성이 인류를 더 행복하게 할 가능성보다 훨씬 크다.

④ 기술 혁명은 막강한 능력과 절대 권력을 가진 초인(超人)의 통치를 가져올 가능성이 높다. 가장 약하게 말한다면, 초인 집단은 새로운 지배 계급이고, 좀 더 강력하게 말한다면 초인은 매우 강력한 새로운 생물 종이 될 것이다. 너무 현저한 실력 차이 때문에 혁명의 가능성이 사라지고, 계급 투쟁도 옛날 이야기가 되어 버릴 것이다. 심지어 '생물 종(種) 차별'이 출현하여 인종주의(차별)를 우스꽝스러운 과거로 만들 수 있다. 소위 문명 충돌도 역사가 될 것이다.

기술 혁명 때문에 오늘날 우리가 직면하는 대부분의 정치 문제는 더 이상 존재하지 않을 것이다. 비트겐슈타인이 지적한 바와 같이, 어떤 문제들이 해결된 이유는 답을 찾아서가 아니라, 문제가 사라졌기 때문이다. 옛날의 문제는 사라질 수 있다. 하지만 세계의 종말은 더 이상 문학적 상상이 아니라 심각한 문제로 등장할 것이다. 우리가 계속 생각해야 하는 문제는, 만약 이익을 공유하는 세계 제도를 창조하여 이기적 이익 극대화를 추구하는 행동 논리를 변화시키지 않는다면, 무한히 발전하는 기술이 무한의 이기심과 결합하면서 인류의 종말이나 문명의 종말을 초래할 가능성이 매우 크다는 것이다. 인류가 자연을 정복하는 기술을 확보하려고 하면서 동시에 이기적인 자연 본성을 보존하려는 것은 존재론적인 불균형이며, 이러한 불균형은 인류의 파멸을 초래할 가능성이 있다. 이기적인 자연 본성을 바꾸는 것은 불가능하다. 만약 한 생명체가 이기적 자연 본성을 상실하면 생명을 보호하는 기제를 잃은 것이고 따라서 더 이상 존재할 수 없다. 또한 인류는 자연의 일부이기 때문에 자연에 복종해야 하고, 자연을 넘어서면 통제를 잃고 자멸할 가능성이 높다. 자연 질서는 과학 기술이 넘어서서는 안 될 존재론적 경계이다. 기술의 무절제한 발전은 인류 생존의 최대 위기가 될 것이다.

　　체계화 신권력의 기술 독재는 아직 미래의 이야기다. 더 긴박한 위험은 지금 여전히 패권지위를 유지하고 있는 제국주의가 위험천만한 기술 발전에 똑같이 큰 관심을 보이고 있고, 또 이것으로 패권을 유지하려고 한다. 위험을 예측할 수 없는 기술을 발전시키는 것은 사실 비이성적인 행위인데, 하지만 이런 비이성적인 행위는 세계를 지배하는 가장 큰 권력으로부터 나오고 있다. 국제 기구를 통해 국가 권력 혹은 체계화 권력의 비이성적 행위를 저지하기를 기대하기는 어렵다. 오직 국가 체계보다 높은 세계 보편 질서를 세워야만 제국주의 패권 및 글로벌 체계화 신권력을 제약할 수 있으며, 그래야만 세계는 헤어날 수 없는 기술 독재나 세계의 광기와 파멸을 피할 수 있다. 신천하체계의 의미는 바로 여기에 있다.

19장 주

1 　칸토어의 세계는 수학 개념이며, 수학자 칸토어(Georg Cantor)가 집합론으로 정의한 무한대의 수의 세계이다.

2 　저자가 프랑스 작가 레지 드브레(Régis Debray)와의 대화에서 "서비스는 파워다"라고 표현한 적이 있다. 다음 책 참조. 『兩面之詞』, 北京, 中信出版社, 2014년, pp.179~183. (자오팅양·레지드브레 저, 『동양과 서양이 편지를 쓰다』, 송인재 옮김, 메디치미디어 (2016).)

3 　publicracy는 저자가 democracy의 구성을 참고하여 창조한 영어 단어이다. 그리고 중국어로는 '代主'라고 표현하였다. 더 자세한 설명과 용법은 다음 책 참조. 『兩面之詞』北京, 中信出版社, 2014년. (자오팅양·레지드브레 저, 『동양과 서양이 편지를 쓰다』, 송인재 옮김, 메디치미디어 (2016).)

신천하체계 사전

앞에서 고대의 천하체계 이야기를 했다. 그것은 천년에 한 번 나올까 말까 하는 특수한 역사 상황에서 발생한 정치적 창제였다. 오늘날의 글로벌화는 또 다른 매우 특수한 역사 상황이다. 비록 3000년 전의 문제와는 전혀 다르지만 유사한 정치적 창조력이 필요하다. 세계가 패권 체제의 지배에서 벗어나기 위해, 또 미래의 가능한 첨단 기술 전쟁이나 기술 시스템의 전면적 독재에서 벗어나기 위해서는 근대 이래의 패권 논리를 뛰어넘는 전 세계인의 새로운 천하체계를 만들어야 한다. 이런 의미에서 고대의 천하체계는 오늘의 세계를 위한 현재성과 내일의 세계를 위한 미래성을 모두 갖추었다.

신천하체계가 해결하려고 하는 것은 현재 세계의 문제이므로, 고대 천하체계의 복사판일 수는 없다. 신천하체계는 인류가 보편적으로 행복할 것이라는 신화가 아니라 인류의 보편적 안전과 공동 이익을 추구하는 제도일 뿐이고, 또한 세계를 지배하는 새로운 시스템이 아니라 세계의 '무외(inclusive)', 즉 예외 없는 감독 체계일 뿐이다. 이 신천하체계는 세계가 근대 이래의 배타적(exclusive) 존재 방식을 포기하고 공존의 존재 방식으로 전환하는 것을 감독하고 이렇게 함으로써 인류 운명의 철저한 패망을 피하고자 한다.

우리는 미래 사회의 실제 상황을 알 수 없기 때문에 미래에 천하체계가 실현 가능할지 여부도 예측할 수 없고, 미래 천하체계의 구체적 제도 안배도 알 수 없다.

그러나 미래의 천하체계가 가능하다면 신천하체계의 '사전'에는 고대 천하 관념과 계승 관계가 있는 키워드가 담겨질 것이다. 여기에서는 롤스가 '사전적 순서(lexical order)'라고 부르는 방식으로 해석해보고자 한다.[1] 하지만 여기에서 순서에 대한 이해는 롤스와는 조금 다르다. 롤스의 순서는 전자가 후자보다 우선한다는 것을 분명히 하는데, 전자가 후자보다 중요하다고 함으로써 똑같이 중요한 상황에 직면하게 될 때 맞게 될 선택의 어려움을 피할 수 있다. 여기에 제시하는 순서는 전자가 논리적으로 우선이라는 것, 즉 전자가 후자를 내포하고 있고 후자는 전자를 실천(구체화)한다는 것을 보여줄 뿐 중요성을 비교하는 것은 아니다. 전자와 후자 모두 없어서는 안 될 만큼 중요하기 때문이다.

1. 천도(天道).

천도는 자연의 이치이고 자연 신학 혹은 형이상학의 개념이다. 천도는 증명할 필요가 없다. 그것이 이미 모든 사물의 존재 방식에서 충분히 드러났기 때문이다. 공자는 하늘은 말을 하지 않고 뜻만 전한다고 한다. 비트겐슈타인의 비슷한 표현을 빌린다면 천도는 '말할 수 없는 것'이다. 천도는 인류 존재의 한계선이고 사람은 한계를 넘어서 천도를 증명할 수 없다. 다시 말하면 천도는 선험적(transcendental)인 것이다. 천도를 위배한 일은 모두 스스로 파멸을 초래하는 행위이고 자아 부정에 해당된다. 자연의 도리(the way of nature)는 과학의 대상이 아니고 과학이 정의하는 자연 규칙(the laws of nature)이 아니라 자연이 스스로 조화로움을 유지하는 변화 방식(the way of auto-harmonizing)이다. 자연이 자신의 조화로움을 유지하는 존재 방식이 인류 존재 방식의 참조 기준이다.

1.1. 배천(配天).

천도가 모든 존재가 존재할 수 있는 기준이므로 천도에 속하는 인도(人道)도 천도에 부합해야 한다. 이것이 배천(配天)이다. 배천은 자연은 자유의 경계이고 만물은 인류의 경계라는 것을 의미한다. 이와 반대되는 것은 역천(逆天, 하늘에 역행하는 일)이다. 즉 만약 자연이 자유의 정복 대상으로 여겨지거나 사람의 의지가 만물을 이해하는 척도로 이해된다면 하늘에 역행하는 일이다. 만약 사람이 하늘의 뜻을 배반하거나 존재의 본의(telos of being)를 배반한다면 인류가 조성한 자연 불균형으로 스스로 멸망할 것이다. 따라서 천도는 인류 존재의 절대적 한계이고 사람은 오직 천도의 범위 내에서만 자유롭게 창작할 수 있다. 예를 들어 수레바퀴의 발명, 언어의 발명, 항생제의 발명 등은 모두 천도에 부합하는 창작이다. 하지만 핵무기 발명이나, 유전자 조작으로 영생하는 초인류를 창조한다거나 인간과 기계를 결합한 신생물종을 만드는 일은 천도에 역행하는 창조다. 인류 자유에 천도의 한계가 있다는 의미는 다음과 같다. 만약 어떤 자유로운 창작에 인류의 자유 능력이 통제할 수 없는 위험이 내포되어 있다면 그것은 하늘에 역행하는 것이다. 천하체계의 가장 기본적인 책임은 제도적 권력으로 결과를 감당할 수 없는 인류의 역천(逆天)행위, 특히 결과를 통제할 수 없는 기술 행위나 정치 행위를 제한하는 것이다. 이것은 인류의 생존과 안전을 위한 것이다.

1.2. 생생(生生).

자연이 만물을 생성하였기 때문에 자연의 본의는 모든 존재를 계속 존재할 수 있게 하고 모는 생명을 번성하게 하는 것이다. 모든 존재가 존재할 수 있으려면 가장 중요한 조건은 공존이다. 달리 말해 만약 공존할 수 없다면 어떤 존재도 존재할 수 없다. 이것은 하늘의 뜻이니 천하체계의 의도도 그럴 것이다. 즉 반드시 보편적으로 혜택 받는 제도로 세계의 다양성을 보호하고, 공존 원칙으로 상생의 존재 관계를 구축하며, 세계 공존의 이익이 배타적 사리(私利)보다 많도록 하는 것이다.

1.3. 무외(無外).

인류가 공존하는 필요조건, 혹은 인류가 보편적으로 안전하고 영원한 평화를 누릴 수 있는 조건은 '천하무외', 즉 세계를 내부화하여 오직 내부성만 있고 더 이상 외부성이 없는 무외(無外)의 세계를 만드는 것이다. 천하체계는 '무외'를 감독하는 제도로서 세계의 보편적 질서를 유지한다. 이것은 제국주의나 패권주의를 반대한다. 왜냐하면 천하체계는 세계의 것이지 어느 특정 국가 것이 아니기 때문이다. 즉 관자의 말처럼 "천하를 천하로 다룬다.(以天下為天下)"거나 『예기』에 나오는 말처럼 "천하는 공공을 위한 것이다.(天下為公)"라는 것이다. '무외' 세계의 이상 상태는 온 누리가 한 가족, 즉 모든 사람이 천하를 공유하면서 가족의 상태를 이루는 것이다. 이러한 '무외' 세계의 이상 상태는 실현되지 못할 수도 있다. 우리가 기대하는 것은 단지 '무외' 세계의 기본판, 즉 세계의 내부화이다.

2. 관계이성.

이것은 인도(人道)의 기본적인 원칙이다. 인도는 천도를 기준으로 삼기 때문에 반드시 모든 사람의 보편적인 안전을 지키는 것을 제일 가는 목표로 삼는다. 따라서 인도의 이성적 원칙은 관계이성이다. 이것이 우선 고려하는 것은 상호 안전이고, 전쟁 배제는 기본적인 요구이며, 경쟁은 서로에게 피해를 최소화하는 범위 내로 제한한다. 천하체계의 제도 이성은 관계이성을 원칙으로 삼는데, 이는 천하가 배타적인 존재 단위가 아니라 최대 규모의 공존 단위이기 때문이다. 따라서 다음의 원칙이 나온다.

2.1. 상호 피해 최소화.

이것은 생생(生生) 원칙의 직접적인 응용이다. 상호 피해 최소화는 공존 관계의 필요조건이고, 이는 위험을 최대한도로 기피하는 이성적 선택을 만족시키므로 가장 철저한 이성 원칙이다. 상호 피해 최소화는 최소의 위험을 의미하기 때문에 이성적으로 선택할 때 분명 자기 이익 극대화보다 우선적인 선택이다.

2.2. 상호 이익 최대화.

이것은 덕(德)과 화(和)의 책략, 즉 보편적으로 이익을 얻는 책략과 이익을 상호 보완하는 책략을 나타낸다. 상호 피해 최소화가 소극적인(negative) 이성 원칙이라면, 상호 이익 최대화는 적극적(positive) 이성 원칙이라고 할 수 있다. 그러나 상호 이익 최대화가 자기 이익 극대화보다 더 이성적인 책략인지는 직접 비교할 수 없고 구체적인 조건 하에서만 확인이 가능하다. 천하가 글로벌화의 상호 의존 상태를 조건으로 삼는 이상, 사람들이 고도로 상호 의존하는 조건하에서 상호 이익의 최대화는 자신 이익 최대화보다 각 개인이나 국가의 이익을 촉진시킬 수 있기 때문에 더 이성적인 선택이 된다. 이런 의미에서 상호 이익 최대화는 자기 이익 최대화보다 우선이다. 그 구체적인 방안은 다음과 같다.

2.2.1. 공자개선.
상호 이익 최대화의 기본 구상은 공자의 "자기가 서고 싶을 때 남도 서게 하고, 자기가 이루고 싶을 때 남도 이루게 한다."라는 원칙에서 나온 것이다.[2] 공자의 원칙은 광범위한 의미가 포함되어 있는 보편 원칙으로 정치, 경제, 윤리 등 다방면의 의의가 있다. 윤리학에서는 이것을 공자 원칙의 적극적 표현이라고 하며 이것은 기독교 황금율의 적극적 표현과 비교적 큰 차이가 있다. 공자원칙의 소극적 표현은 "내가 원하지 않는 것은 남에게도 하지 않는 것"[3]이며 이것은 기독교 황금률의 소극적 표현과 일치한다. 여기서 정치경제학의 의미에서 공자원칙 즉 공자개선을 이해한다면 그 기본 뜻은 다음과 같다. 한 제도가 "사회 전체의 이익이 파레토개선을 달성할 때 모든 개개인의 이익도 예외 없이 파레토개선을 실현하는 것"을 보장할 때, 그리고 오직 그럴 때에만, 이 제도가 보편타당하다고 할 수 있다. 다시 말해 사회 전체 이익의 파레토개선은 반드시 모든 개개인의 이익의 파레토개선이어야 한다. 한 사람의 이익도 손해 보는 일이 없는 것이 아니라, 모든 사람의 이익이 개선되어야 한다는 뜻이다.

2.2.2. 줄이고 보충하는 도리(補損之道).

이는 노자의 말 "하늘의 도리는 남는 것을 줄이고 부족한 것을 보충하는 것이다."[4]에서 따온 것인데, 일종의 자연균형 조절의 원리이다. 노자는 어떤 사물이 과도하게 발전하거나 어떤 사람의 이익이 과도하게 증가하면 불균형을 초래하고 불균형은 반드시 재앙을 초래한다고 믿었다. 따라서 이런 불균형을 막아야 한다. 노자 원칙은 롤스의 빈곤 구제 원칙, 즉 차등의 원칙(difference principle)과 부분적으로 상통하지만 그 출발점은 다르다. 롤스의 원칙은 평등을 이유로 하고 있지만, 노자의 원칙은 평등과 관계없고 단지 존재론적 균형의 이유에서 나온 것이다. 즉 모든 사물은 오직 균형 잡힌 상태에서만 존재할 수 있고 균형이

깨지면 모든 사물은 생기나 활력을 잃는다. 가장 큰 이익을 얻은 사물도 이 과도한 이익 때문에 쇠락한다. 노자가 지적한 것처럼 "사물은 줄이면서 이득을 얻을 수 있고 더하면서 손해 볼 수 있다(物或損之而益, 或益之而損)", 따라서 강자의 이익을 감소시키는 것은 오히려 강자의 생존을 보호해주는 것이다. 그렇지 않으면 "강자는 제명에 못 죽는다."[5] 이것으로 볼 때 노자 원칙은 약자를 편애하는 평등이 아니라 균형을 통해 모든 사람의 생존 활력을 보장하는 것이고 그럼으로써 모든 사람의 상호 이익을 보장하는 것이다. 이런 균형 원리는 『주역』의 음양 균형 개념에서 왔을 가능성이 크고, 여기서 '음양'은 균형을 이루는 성질의 은유이고 모든 존재의 활동력은 동적 균형 상태에 있다는 의미이다.

2.2.3. 상호 구원.

이는 상호 이익 최대화 원칙 중 가장 적극적인 목표이다. 비록 이상적이지만 현실성이 없는 것은 아니다. 상호 구원은 '덕(德)'의 충분한 실현인데 "사람을 죽음에서 면해주고 재난에서 구해주고 근심에서 풀어주고 급할 때 도와주는 것이 덕이다. 덕이 있는 곳을 천하가 따르게 된다."[6] 이말의 뜻은, 만약 거래 조건이나 기타 조건을 따지지 않고 타인이나 기타 국가를 어려움에서 구원해 준다면 충분한 덕을 실현하는 것이고 천하는 "온 세상이 한 가족(四海一家)"의 개념에 더 가까워진다.

3. 포용적 보편주의.

이는 현재의 의미를 지닌 고대 천하체계의 또 다른 중요한 유산이다. 세계에는 다양한 문화와 가치관의 차이, 심지어 충돌이 존재한다. 이는 기정 사실이다. 일신론의 사고방식은 자신의 가치관을 세계의 주도적 가치관, 즉 보편가치로 보고 기타 가치관을 관용할 수 있는 문화적 다양성(diversities)으로 보는 경향이 있다. 이러한 '관용(tolerance)'은 다른 문화에 대한 존중이 아니라 다른 문화를 주도적 문화를 장식하는 부속 지위로 격하시키는 것이다. '관용'이라는 개념에는 불평등의 의미가 함축되어 있다. 천하체계는 이러한 수식적인 '다양성'이 아닌 문화의 '다원성(pluralism)'을 인정하고 있다. 보편가치에 대한 이해에는 잘 보이지 않는 오류가 하나 있다. 일반적으로 보편가치는 '모든 개인에게 적용되는(applied to every individual) 가치'로 이해된다. 하지만 이런 이해는 논리적으로 성립될 수 없다. 왜냐하면 문화마다 다 자기의 가치관을 모든 사람에게 보편 적용할 수 있다고 믿는다. 따라서 다음과 같은 역설이 발생한다. 어느 한 문화가 자기의 가치관이 모든 사람에게 적용된다고 이해할 수 있다면, 다른 모든 문화도 자기의 가치관이 모든 사람에게 적용될 수 있다고 이해할 수 있다. 이런 결론은 특수주의만 정의할 수 있지 보편주의를 정의할 수 없다. 이와 달리 포용적 보편주의는 보편가치를 '모든 관계에 적용할 수 있는(applied to every relation) 가치'로 이해한다. 즉 보편가치는 '관계'를 통해서만 정의할 수 있지 '개체'로 정의할 수 없다. 포용적 보편주의가 정의하는 보편주의는 역설을 피할 수 있다. 따라서 다음의 명제가 성립된다.

3.1. 대칭적 관계로 정의할 수 있는 가치는 보편가치.

모든 문화의 황금률, 예를 들어 공자의 원칙 혹은 『성경』의 황금률은 모두 이런 대칭 관계로 정의되는 보편가치를 나타내며 이것이 관계성 보편가치에 대한 실증이다. 대칭적 관계로 정의되는 보편가치는 반드시 보편적 승인을 얻을 수 있고 이것은 관계성 보편가치에 대한 논리적 증명이다.

3.2. 대칭적 관계로 정의할 수 없는 가치는 특수가치.

특수가치는 어느 특정 문화의 집단적 선호이고 단지 그 문화의 내부에만 적용된다. 하지만 외부와의 관계에는 적용할 수 없다. 즉 남에게 강요할 수 없다.

미래는 예측할 수 없다. 따라서 천하체계의 '사전'도 개방성을 유지한다. 여기서 토론한 천하체계의 어휘는 모두 어느 정도 고대 천하체계의 요소를 계승하였다. 하지만 이런 고대 사상의 요소는 모두 현재의 문제에서 다시 서술되고 또 새롭게 정의된다. 따라서 만약 새로운 천하가 있다면 그것은 고대의 천하와는 다를 것이다. 신천하체계와 관련하여 많은 해외 학자는 다음과 같은 질문을 제기한다. 만약 미래의 세계가 정말로 천하체계가 형성된다면 그것은 누구의 천하이고 누구의 질서인가? 중국의 패권으로 이어지지는 않을까? 다시 말하면, 천하체계는 이론상으로 전 세계의 이익을 생각하지만, 그 속에 중국이 세계를 통치하는 방안이 숨겨져 있지 않을까? 칼라한(William A. Callahan)이 한 다음의 말이 대표적이다. 천하체계는 "중국 통치하의 평화(Pax Sinica)"일 가능성이 크다. 칼라한은 또 다음과 같이 질문한다. "자오팅양은 서방이 타자의 이익을 희생하면서 자신의 특수한 세계관을 강요한다고 지적한다. 이것은 맞는 비평이다. 하지만 그 자신도 같은 일을 하고 있지 않은가? 그도 특수한 중국 관념을 세계에 추진하려고 하지 않는가?"[7] 하지만 "모든 사람이 다 천하체계에 편입되고 싶어하는 것은 아니다."[8] 이것은 매우 의미 있는 질문이다. 나의 대답은 이렇다. 우선 천하는 중국에서 온 개념이지만 세계의 것이다. 마치 인권 개념은 유럽에서 왔지만 세계의 것인 것처럼. "천하체계에 편입되는 것을 원치 않는다"는 문제에 대해, 칼라한은 천하체계와 현실의 중국을 혼동한 것 같다. 그는 현재 많은 나라는 중국에 통치되는 것을 원치 않는다고 생각한다. 이는 분명 맞는 판단이다. 하지만 이 주제와는 무관한 논술이다. 지금의 중국은 주권 국가이지 천하체계가 아니다. 현재의 중국에 대한 질문을 천하체계에 대한 질의로 사용할 수는 없다. 나의 천하체계에 관한 논의는 다음과 같은 것을 설명하고자 한다. ① 천하체계는 세계의 것이고 어느 특정 국가의 소유가 아니다. ② 천하체계는 개방적이고 모든 국가와 인민에 대해 열려 있다. ③ 천하체계의 목적은 보편 호혜의 존재 관계를 창출하여 세계의 공동 이익과 공유 이익이 배타적 이익보다 크도록 하는 데에 있다. 따라서 천하체계에 가입하는 유인이 천하체계를 거부하는 이득보다 더 크게 된다. 물론 미래에 천하체계가 형성되더라도 반드시 모든 나라가 가입을 원하지는 않을 것이다. 사람마다 자기 뜻이 있으니까.

미래의 천하는 누구의 천하인가? 이는 대답할 수 없는 문제이다. 왜냐하면 아무도 미래를 미리 알 수 없으니까. 기껏해야 보르헤스식의 답을 할 수밖에 없을 것이다. 미래는 시간의 갈림길이다. 이렇게 될 수도 있고 저렇게 될 수도 있다. 물론 이런 대답은 만족스럽지 않다. 사실 이건 대답이라고 할 수도 없다. 사실, 이 질문이 진정으로 묻고 있는 것은 '우리는 누구의 천하를 기대해야 하는가?'이다. 하지만 이렇게 질문을 해도 나는 '누구'의 천하를 기대해야 할지 대답할 수 없다. 사실 이것은 근대적 사고방식에 의해 잘못 유도된 질문이다. 근현대 정치의 논리에 따르면 반드시 어떤 가장 강한 나라 혹은 민족이 세계 경쟁에서 최종 승리하고 세계를 지배하는 질서를 수립해야 한다. 이러한 상상은 사실 오늘날에도 이미 환상이고 미래의 세계에서는 더더욱 환상일 것이다. 앞에서 논의했던 것처럼 국가 단위의 권력은 점점 실권을 잃어가고 있고 새로 부상하는 권력 형태, 즉 체계화 권력이 글로벌 시스템의 방식으로 점점 많은 국가의 권력을 지배와 통제하기 시작했다. 이런 체계화된 권력이 다가오는 미래에 세계 정치의 실권을 장악할 가능성이 매우 크고, 국가는 권력의 대리권만 보유하게 될 것이다. 따라서 미래의 세계는 한 국가의 패권체계가 될 가능성이 거의 없고, 오히려 국가 패권 체계의 종언이 될 것이다. 여기서부터는 이미 상상과 억측일 수 있는데, 신천하체계는 여러 글로벌 시스템(특히 금융, 기술과 인터넷) 위에 수립된 관리 감독하는 권력일 가능성이 더 크다. 고대 천하체계인 주왕조는 종주국이 만국을 관리 감독하는 네트워크 체계였다. 이 제도적 요소가 글로벌 조건하에서 변화하는 논리에 따른다면 신천하체계는 세계가 공유하는 어느 기구가 각종 글로벌 시스템을 관리 감독하는 네트워크 체계일 가능성이 있다. 아무튼, 신천하체계는 어느 국가의 소유일 수 없고 모든 국가 혹은 권력이 공유하는 세계 권력일 것이다. 이것이 아마 가장 이성적인 정치 결과일 것이다.

　　마지막으로 좀 다루기 어려운 문제를 토론해보고자 한다. 즉 고대 천하체계의 예악(禮樂) 제도는 신천하체계의 요소가 될 수 있는가? 고대 천하체계의 설계자 주공(周公)은 분봉 제도(분

권과 자치를 통합한 세계 정치 제도)를 제정한 것 외에도 예악 제도
를 창제하였다. 앞에서는 예악에 대해 간략하게 언급만 하였는
데, 그 이유는 예악은 고대 중국의 특수 문화이지 세계 보편 제
도와 관련이 없기 때문이다. 고대 사람은 이미 천하제도는 보편
적이지만 예악은 특수하다는 문제를 인식하였다. 따라서 예악
을 보편적으로 확장시키는 것을 부정하였고 이것이 "예는 가서
가르치지 않는다.(禮不往敎)"는 원칙이다. 전해지는 바에 따르
면 주공은 하(夏)상(商) 두 왕조의 문화적 득실을 참고하여 고대
중원 지방 고급 생활방식을 대표할 수 있는 예악 제도를 창제하
여 천하만국이 참고할 수 있는 문화 모범으로 하였다. 즉 주공
은 예악을 문화적 본보기로 설정하여 자발적으로 와서 배울 수
있지만(來學) 남에게 강요할 수 없다고(往敎) 보았다. 여기서 주
공이 보편 원칙과 특수 제도 간의 관계를 잘 조율한 것을 알 수
있다.

여기서 예악과 관련하여 주제에서 살짝 벗어난 문제를 토
론하겠다. 이것은 세계 제도의 문제와는 관련이 없지만, 세계의
정신성과 관련이 있다. '예'는 다른 사물과 사람에게 각각 다른
대우를 해준다는 의미이다. 즉 다른 방식으로 다른 존재를 존중
해주는 것이다. 순자는 예를 '분(分, 나눔, 구별)'이라고 정의하였
는데, 매우 정확하게 본 것이다. 다른 존재(사람, 사물 등)에 대해
다른 예우를 하는 도리는 복합적인 문화 표현이다. 여기에는 윤
리, 사회 등급과 미학적 의미가 포함되어 있고, 생활 가치관 전

체를 전달하는 일종의 방식이다. '예'는 나눠 가질 수 있는 상호 존중을 창조하였다. 하지만 만약 내부의 정신이 없다면 '예'의 외부 형식, 즉 예의(禮儀)는 경의가 될 수 없다. 공자가 "사람이 어질지 못하면 예악을 어찌하겠는가?(人而不仁, 如禮何? 人而不仁, 如樂何?)"[9]라고 한 말이 바로 이런 뜻이다. 악(樂)은 꼭 음악에 한정된 것은 아니고, 모든 경험에 공유할 수 있는 미학적 전달 방식을 부여한다는 의미다. 나누어 가질 수 있는 미학적 방식으로 경험을 표현하는 의도는 제멋대로 방자하게 나타난 경험을 감정에 대한 경의와 존중으로 수렴할 수 있게 하는 것이고, 동시에 공유하는 자에 대한 존중이기도 하다.

주공이 예악을 창제한 깊은 뜻은 아마도 생활 세부 절차에 대한 경의를 만들면서 생활의 신성(神性)을 창조하려고 하는 데에 있었을 것이다. 모든 사물에 신성을 부여함으로써 전체 세계는 정신성을 갖게 된다. 만물의 신성은 신으로부터 온 것이 아니라 생활의 엄숙함에서 오는 것이다. 이 점은 『주역』의 사상과 일치한다. 자연 만물은 그 변화로 사람에게 신성한 소식을 전달한다. 따라서 만물은 모두 존중할 만하다. 만물을 존중하는 것은 바로 천지를 존중하는 것이고 바로 천도와 인도가 일치되는 것이다. 따라서 사람의 생활도 신성을 갖추게 된다. 생활 속의 모든 사물에 신성이 있어야 생활은 의미가 있다. 만약 흘러가는 생활이 스스로 소실하는 과정에서 신성을 만들어 낼 수 없다면, 그리고 만약 신성이 오직 절대적이고 영원하고 완벽한 신에게만 있다면, 생활은 무의미하다. 예악은 바로 생활에서 신성을 증명한다. 그래서 공자는 예악의 붕괴를 지대한 죄악으로 본다. 일단 예악이 붕괴되면 사람은 모든 사물을 존중하지 않게 될 것이며, 만물의 척도에 대한 경외심은 사라지고 대신 인간의 자유를 만물의 척도로 삼게 된다. 이렇게 되면 궁극적으로 모든 기준이 사라지고, 모든 경험, 감정 및 예술은 임의적이고 방자하게 되며 순간에 나타났다가 아무 의미도 남기지 않고 순간에 사라진다.

정치 제도는 단지 좋은 세계, 즉 안전하고 평화롭고 협력이 가능한 세계를 보장할 뿐이다. 하지만 좋은 세계가 반드시 좋은 생활, 즉 생활 과정 자체가 의미 있는 생활을 보증하지는 않는다. 좋은 세계는 좋은 생활의 필요조건이지 충분조건은 아니다. 이 책에서는 천하체계가 더 좋은 세계를 만들어 낼 수 있는 이유에 대해서만 논했고, 이 세상에서 어떻게 더 좋은 생활을 할 수 있는지에 대해서는 다루지 않았다. 오늘날과 같이 정신성을 잃은 세계에서, 어떠한 예악으로 경험을 구원할 수 있는가? 왕년에 공자도 속수무책이었다. 육경(六經) 중의 악경(樂經)은 이미 사라진 지 오래여서 현재까지도 예악(禮樂)의 전모를 확인할 수 없는 실정이다. 고고학자는 고대 무덤에서 많은 고서를 발견했지만 『악경』은 아직 흔적도 없다. 『악경』의 실종은 어쩌면 하나의 은유로 볼 수 있을 것이다.

20장 주

1 John Rawls, *A Theory of Justice*. Cambridge, Mass.: Harvard University Press, 1971, pp.42~43. (존 롤스, 『정의론』, 황경식 역, 이학사 (2003).)

2 『論語(논어)·雍也(옹야)』. "己欲立而立人, 己欲達而達人"

3 『論語(논어)·衛靈公(위령공)』. "己所不欲, 勿施於人"

4 老子(노자), 『道德經(도덕경)·第七十七章 (제77장)』. "天之道, 損有餘而補不足"

5 老子(노자), 『道德經(도덕경)·第四十二章 (제42장)』. "強梁者不得其死"

6 『六韜(육도)·卷一(권1)·文韜(문도)』. "免人之死, 解人之難, 救人之患, 濟人之急者, 德也. 德之所在, 天下歸之"

7 William A. Callahan, Tianxia, Empire and the world. In Callahan and Barabantseva (ed): *China Orders the World*. Baltimore, Maryland: The Johns Hopkins University Press, 2011, p.105.

8 *Ibid*, p.104.

9 『論語(논어)·八佾(팔일)』.

부록: 베를린 토론회

천하 제도에 관한
존재론적 논증과 질의

¶

2019년 11월 4일 베를린자유대학교 철학과에서 『천하, 세계와 미래에 대한
중국의 철학(天下的當代性)』 독일어판에 대한 토론회를 개최하였다.
한스 피거 교수(베를린자유대학교 철학과 주임교수)가 사회를 맡았고
저자 자오팅양은 토론자의 질문에 대해 대답을 하였다. 중국어로 정리하여
학술지 『世界哲學』(2020년 제3호)』에 발표한 토론 내용을 번역하였다.

헌법적인 천하

자오팅양:

오늘 토론회에 참석하신 모든 분께 감사드립니다. 책 속의 관점 외에 제가 최근에 생각하고 있는 문제를 보충해서 소개해드리 겠습니다. 그것은 미래의 천하체계에 의미가 있을 수 있는 '지 혜로운 민주(smart democracy)'라는 구상입니다.

제가 재구축한 천하 개념은 모든 사람을 위한 모든 사람 의 세계 질서입니다. 그것은 유토피아가 아니라 실현 가능한 공 유의 세계이어서, 공토피아(contopia)라고 부를 수 있겠습니다. 천하는 3000년 전 중국 정치의 출발점이며, 고대 그리스의 도 시국가와는 선명하게 대비됩니다. 중국의 정치 사유는 '국가' 차원에서 시작한 것이 아니라 '세계' 문제에서 시작했다는 것을 천하 개념이 보여주고 있습니다. 이것은 너무 일찍 태어난 글로 벌 거버넌스에 대한 정치 상상이었습니다. 하지만 오늘날 세계의 정세와 기술 조건은 이미 민족국가 체계와 맞지 않고, 따라서 다시 천하 개념을 환기하여 미래 세계의 거버넌스를 생각해봐야 할 필요가 있습니다.

제가 천하 개념을 다시 소환한 이유는 두 가지입니다. 첫째, 저는 오랫동안 칸트의 평화이론을 신봉했지만, 나중에 그것이 헌팅턴의 문명충돌이론을 극복하지 못한다는 것을 알게 되었습니다. 칸트식의 평화는 비슷한 가치관과 종교, 정치 체제를 공유한 국가들 사이에만 적용되고, 문명의 충돌은 이런 조건에서 벗어나 있는 심각한 문제입니다. 둘째, 세계의 정치 문제를 해결하려면 지금의 국제 정치는 효과가 없습니다. 지금의 국제 정치는 단지 위협, 제재, 간섭, 균형, 냉전과 전쟁 등 적대적 책략으로 구성된 효과 없는 게임에 불과하고, 심각한 충돌을 해결한 적이 없습니다. 오도된 일반적인 견해와 달리, 진정한 정치는 적을 찾는 것이 아니고, 전쟁도 정치의 연속이 아닙니다. 사실 적을 만들거나 전쟁을 발동하는 것이야말로 정치가 실패했다는 증거입니다. 정치는 적을 동무로 바꾸는 예술이어야 합니다. 그렇지 않으면 의미가 없습니다. 저는 대립을 뛰어넘는 천하 개념으로 돌아가서, 세계헌법이 보장하는 평화 체계를 다시 생각해보려고 합니다. 오늘날까지도 세계는 여전히 '원초상태'에 머물러 있는 비(非)세계이고, 홉스가 말한 자연상태와 별 차이가 없으며, 그 안에 대항, 반감, 문명의 충돌이 가득 차 있습니다. 무정부상태인 세계와 질서정연한 국가는 극도로 비대칭적입니다. 이것은 세계성이 결여된, 효력 잃은 세계입니다. 천하체계가 구축하고자 하는 정치 세계는 전 세계 규모의 과학기술, 경제, 기후, 문명 등 문제를 효과적으로 해결할 수 있는 그런 세계입니다. 우리 모두가 볼 수 있듯이, 17세기에 탄생하여 19세기까지 발전한 근현대 이론은 이미 힘을 잃었고 현재와 미래의 새 문제를 해결할 수 없습니다.

천하체계는 공존 존재론(ontology of coexistence)의 기초 위에 세워졌고, 세 가지 헌법 개념을 포함하고 있습니다. 첫째, 세계의 내부화. 즉 모든 사람과 모든 국가는 하나의 같은 공존 체계 속에 포함되어 있어서, 세계 전체가 안(내부)이 되고 더 이상 밖(외부)이 없다는 것입니다. 둘째, 관계이성. 이것은 '상호 적대의 최소화'가 '배타적 이익의 최대화'보다 우선한다는 이성적 사고방식입니다. 따라서 '개인 이익의 최대화'를 추구하는 개인이성과는 정반대입니다. 셋째, 공자개선(Confucian Improvement). 즉 어떤 개인의 이익이 개선될 때, 그리고 오로지 그럴 때, 다른 모든 사람의 이익도 개선이 되는 상황입니다. 이것은 모든 사람에 대해 예외 없이 적용되는 이익 개선이기 때문에 파레토 개선보다 우월합니다. 공자개선은 모든 사람이 동시에 파레토 개선을 실현하는 것과 같다고 할 수 있습니다.

미래의 천하 정치는 '지혜로운 민주(smart democracy)'의 도움이 필요할 것인데,[1] 그것은 기자(箕子)의 사상을 근거로 하는 민주 모델입니다. 위대한 정치가 기자는 주나라의 천하체계를 위해 민주적인 의사 결정 방안을 제시하였는데, 비록 역사 속에서 실시한 적은 없지만 '지혜로운 민주'를 위한 원초적 구상을 제공하였습니다. 기자 방안의 요점은 인심(人心, 사람의 마음)과 천의(天意, 하늘의 뜻)의 일치를 추구하는 것입니다. 그 투표 방식은 5표를 설정하고 그 중 3표는 인심을 대표하는데, 그것은 군주의 의견 1표, 대신의 의견 1표, 그리고 평민의 의견 1표로 구성합니다. 그리고 남은 2표는 점치기 의견으로 천의를 대표합니다. 문명의 초기에 점치기는 미신이 아니라 믿을 수 있는 지식으로 간주되고, 그것은 오늘날의 과학에 대한 믿음과 같은 것입니다. 오늘의 상황에서는 점치기 표는 당연히 과학 전문가의 표로 바뀌게 될 것입니다. 기자 방안의 취지는 집단 의사 결정의 신뢰성은 민주 제도 자체에 지혜로운 요소가 내포되어야 하고, 지혜를 포함하는 민주에는 반드시 지식의 가중치가 들어가야 한다는 것입니다.

기자의 창의력 있는 투표 규칙은 대략 다음과 같습니다.

R1:
만약 한 안건에 군주, 대신, 평민, 그리고 두 종류의 점치기 모두가 동의한다면, 이 안건은 최적의 선택이다.

R2:
만약 어느 안건이 인심표는 1표만 얻었지만(그것이 군주, 대신, 평민 누구의 표든 상관없음) 점치기표 2표가 모두 찬성하면 이 안건은 조건부로 합리적이다.

R3:

만약 점치기표 중 1표가 반대한다면, 인심표 3표가 모두 찬성하더라도 이 안건은 통제할 수 있는 국내에서만 실시할 수 있고, 대외 행동은 하지 말아야 한다.

R4:

만약 점치기표 2표가 모두 반대한다면, 인심표 3표가 모두 찬성하더라도 절대로 실행해서는 안 된다.

여기서 볼 수 있듯이, 지식표에는 사람의 선호보다 더 많은 가중치가 부여되었습니다. 지식에 가중치를 둔 목적은 지식이 민주를 이끌게 하고, 지식의 도움으로 사람들이 더 이성적인 결정을 할 수 있게 하는 것입니다. 지식에 가중치를 둔 개량판 민주 제도는 새로운 천하체계에 적용할 수 있습니다. 군주제가 없어진 상황에서 5표는 3표로 줄일 수 있습니다. 인심표는 1표만 남기고, 그것은 현재의 민주 제도처럼 다수 민중의 의견을 대표합니다. 지식표 2표는 그대로 두고, 과학위원회, 인문위원회 등 2개의 지식위원회가 결정합니다. 지식위원회의 구성원은 덕망이 높은 과학자와 인문학자 중에서 선발합니다. 이들은 정부와 정당의 영향력으로부터 자유롭고, 신뢰할 수 있는 지식을 대표합니다.

투표 절차는 두 단계로 구성됩니다. 우선 인민이 자기의 의지대로 투표하여 안건을 상정한다. 그 다음, 지식위원회는 이 안건에 '가중치'를 부과하여 찬성 혹은 반대를 결정한다. 이 방식은 의사 결정을 두 부분으로 나눈다는 의미입니다. 즉 인민은 무엇을 원하는지를 결정하고, 지식위원회는 무엇이 실행 가능한지를 결정합니다. 민주를 이렇게 설계하면, 민주 제도는 자체의 지혜를 갖추게 되고, 인심의 맹목성을 최저 수준으로 낮추면서 제도 자체를 통해 비이성적인 선택을 피할 수 있습니다.

보편주의 vs. 천하 - 중국의 칸트

한스 피거(Hans Feger):
베를린자유대학교 철학과 주임교수

보편주의에 대한 서로 다른 견해를 토론할 때 문화상대주의에 빠져들기 쉽습니다. 저는 칸트 전통의 '서양' 보편주의와 유가 전통의 '동양' 보편주의(천하) 사이에서 유사성을 찾지 않을 것이고, 최대한 양자 간의 첨예한 차이를 보여드리려고 합니다. 『진리와 방법』에서 가다머는 "타자에게 개방한다는 것은 나를 반대하는 일부 사물을 받아들여야 한다는 의미다. 비록 아무도 그렇게 요구하지 않았더라도."라고 말했습니다.[2]

칸트는 개인을 출발점으로 하여 자유의 보편화를 실현하려고 했었고, 또 도덕원칙(절대명령)이 한 사람의 행위를 결정하는 의지 준칙이라고 보았습니다. 누군가는 여기에 '구속받지 않는 자아(unencumbered self)'라는 꼬리표를 붙일 수도 있습니다. 예를 들어 마이클 샌델이 이런 식으로 롤스를 비판한 적이 있습니다. 하지만 도덕은 결코 한 개인의 행동이 아니고, 개인 행위를 위한 자기 결정에 국한된 것도 아닙니다. 칸트의 맥락에서, 자율적으로 규제하는 도덕 이론은 동시에 정치적 자유 개념의 기초이기도 합니다. 칸트의 도덕법칙이든, 아니면 그의 법률원칙이나 정치적 정의를 위한 책략이든, 모두 자율적으로 규제하는 도덕 이론을 통해 그 배후에 있는 인간의 자유 의지와 연결할 수 있습니다. 심지어 행위의 책임 귀속 가능성(imputability)과 법률 능력도 행위의 자유성을 기초로 해야 합니다. 책임 귀속 가능성이 없다면, '행위'를 한 개인은 결코 사건 결과의 당사자가 될 수 없습니다.[3]

이와는 대조적으로 중국의 전통 사상에서는, 개인을 스스로 규칙을 정하고 자율적인(autonomous) 사람으로 보는 것이 아니라, '관계 계통' 안에서 책임과 관심으로 자신을 정의하는 구성원으로 봅니다. 중국어에서 '윤리(ethics)'의 뜻은 바로 '인간 관계의 준칙'입니다. 모든 사람이 태어날 때부터 사회로부터 책임과 의무를 부여받기 때문에 그들은 '무지의 장막'(롤스의 개념)을 통해 정의를 실현할 수 없습니다. 뚜웨이밍의 설명에 따르면, 중국의 개인은 인간 관계에 의해 형성된 동심원의 중심에 있고, 각 동그라미는 서로 영향을 미치고 교차합니다. 인간 관계의 동그라미는 가정부터 시작하여 직장과 생활에서 접촉한 사람, 친구로 확장하고, 그 다음으로 공동체, 국가, 마지막으로

전 우주까지 확장합니다.⁴

　이 같은 관계가 따르는 규칙은 법(laws)이 아니라, 관계를 지향하는 특정 사회 조건하의 윤리 준칙과 의례(rituals)입니다. 이는 사람들의 상호 관심, 선의, 동정심, 감사, 그리고 사회의 조화로운 상태를 나타냅니다. 유가 윤리의 보편성은 경계가 없으며, 그 목표는 '천하의 모든 사물을 보살피는' 것입니다.(북송의 범중엄(范仲淹)이 말한 '천하를 자기 책임으로 삼는다.'와 대략 같은 취지.) 이런 목표는 보편성이 있는 통일체(unity)를 실현하는 것이 아니라, 세계의 전체성(wholeness of the world)을 실현하는 것입니다. 칸트가 말하는 보편성은, 중국에서는 언급된 적이 없습니다.

　중국의 '천하체계'를 칸트의 보편주의와 비교한다면, 그 모순과 차이는 뚜렷하게 나타날 것이고, 두 원칙 간의 대립도 부각될 것입니다. 칸트의 도덕철학은 '모든 도덕법칙과 책임의 유일한 원칙'인 자주자율하는 개인 의지의 바탕 위에 세워진 것입니다. 이 자주자율성은 선한 행동 규범의 근원이 아니라, 단지 규범이 구속력을 갖는 내재적 본성입니다. 하지만 칸트는 '의도된 도덕(morality of intention)'을 주장하는 이론가는 아닙니다. (이에 비해) 중국의 전통 도덕 이상은 감정의 공유와 이타주의를 기초로 하는 규범과 예의이고, 그 목표는 지고의 미덕인 인(仁)을 함양하고 실현하는 것입니다. 이것은 일종의 경험적인 목표이고, 여기서 도덕의 모범은 국가에서 가장 높은 등급에 있는 사람입니다. 바로 이런 방식을 통해 유가의 윤리가치는 독재통치를 유지하고 이어가는 수단이 됩니다.

자오팅양:

중국과 유럽 사상 경로의 차이점에 대해 선생님께서 깊이 있게 토론해 주셨습니다. 제가 토론을 이어가 보겠습니다.

일반적으로 철학적 관점은 그 기초가 되는 존재론적 '단위'의 영향을 받게 됩니다. 이 기본 단위는 어떤 것이 가장 중요한 일이고, 또 어떤 것이 사색할 가치가 있는 문제인지를 결정합니다. 중국 철학은 늘 개인 개념이 없다는 이유로 비난을 받게 되는데, 중국의 전통 철학에 정치 단위로서의 개인 개념이 없다는 것은 분명한 사실입니다. 하지만 그렇기 때문에 중국의 개념 속에 개인이 존재할 자리가 없다고 하면, 사실과는 다른 과장된 말입니다. 중국의 전통 화법에서는 한 사람을 '개인'이라고 부르지 않고, 자아(己)를 몸(身)으로 정의합니다. 노자는 생활의 양식에 따라 분석 단위를 몸(身), 가정(家), 고을(鄕), 나라(邦), 천하로 나눕니다. 이는 근현대 유럽의 '개인, 공동체, 민족국가'라는 계열과 대조되며, 서로의 관심 대상이 다르다는 것을 알 수 있습니다. '몸'은 생명 단위이지 정치 단위가 아닙니다. 정치 단위는 정치 권력의 실천 수단이고, 생명 단위는 경험과 도덕의 실천 수단입니다. 개인 개념의 결여는 왜 중국 철학에 자주자율성(autonomy) 개념이 없는지를 잘 설명해줍니다. 하지만 제가 잘못 기억하지 않았다면, 절대적 개인을 정의하는 자주자율성의 개념은 유럽에서도 그리 오래된 것은 아닙니다. 이 개념의 형성은 데카르트, 루터, 혹은 더 이른 시대의 철학자로 거슬러 올라갈 수 있지만, 대부분 칸트의 공헌입니다. 이 점은 아마 선생님께서 더 잘 알고 계실 것입니다. 자주자율성(개념)이 없다는 것은 확실히 중국에 많은 재앙을 가져다주었습니다. 저도 개인의 자주자율 개념을 중국 철학에 이식하는 것에 찬성합니다. 왜냐하면 이는 좋은 사회를 만들 때 없어서는 안 될 요소이기 때문입니다.

하지만 (한 문화에서) 어떤 개념이 없다고 무조건 나쁜 것만은 아닌 것 같습니다. 선생님께서 가다머를 인용하였는데, 이 문제를 아주 잘 설명하는 듯합니다. 인용한 말은 서방의 사고방식 중 타자에 대한 뿌리 깊은 두려움을 보여줍니다. 푸코의 지식고고학의 관점에서 볼 때, 이는 기독교에 자리잡은 이교도 개념의 유산입니다. 다행히도 중국 문화에는 이교도라는 개념이 없습니다. 타자에 대한 두려움 때문에 기독교의 보편주의는 일방적 보편주의일 수밖에 없고, 폐쇄적 문화를 조장하고 다른 문화를 받아들이기를 거부합니다. 이는 이데올로기의 대립이 낳은 '베를린장벽'보다 더 심각한 문제입니다. 제가 포용적(양립 가능한) 보편주의(compatible universalism)를 주장하는 이유도, 가장 좋은 세상은 라이프니츠가 말한 것처럼 '가장 풍부한 사물의 집합'으로 구성되어야 한다는 점을 증명하고 싶었기 때문입니다. 포용적 보편주의는 가치관이 아니라 방법론입니다. 이를 통해 가장 풍부한 사물의 공존 관계, 그리고 각종 철학과 가치관의 포용 관계를 구축하고, 동시에 어떤 특수 가치관의 독단적 지위를 부정합니다.

칸트의 절대명령(정언명령)은 위대한 지적 창작입니다. 하지만 칸트는 주체성 이외의 가능성을 소홀히 하였습니다. 괜찮다면, 저는 절대명령을 세 종류로 확장하고 싶습니다. 첫 번째 절대명령은 물론 칸트의 절대명령으로 주체성에 기초한 자주 자율성입니다. 두 번째 절대명령은 주체 간의 공동 인식과 관련된 것인데, 즉 기타 주체가 모두 동의하는 것을 고려하는 것입니다. 예를 들면 '교류 과정에서 개인적인 언어를 사용하지 않기'는 하나의 주체 간 절대명령이 될 수 있습니다. 하버마스는 (비록 이 개념을 직접 사용하지 않았지만) '이상적인 대화(의사 소통) 조건'을 정의할 때 이런 절대명령을 몇 가지 설정하였습니다. 그리고 세 번째 절대명령은 논리적 쌍조건 관계(iff) 형식으로 표현되는 관계 절대명령으로, 사람의 공존 관계를 다룹니다. '존재란 바로 타인과 공존하는 것이다'는 인류 존재의 선험적 진리입니다. 여기서 출발하여 저는 새로운 도덕 황금률을 제시하고 싶습니다. '남이 원하지 않는 일을 남에게 베풀지 말라'는 것입니다. 이것은 기존의 전통적인 황금률과 비교할 때 미세하지만 중요한 변동이 있습니다. 이 개량된 황금률도 절대명령이라고 할 수 있을지 모르겠지만, 제가 강조하고 싶은 것은, 만약 개인의 자주자율성과 관련된 절대명령이 합리적이고 필요한 것이라면, 사람과 사람의 관계에 대한 절대명령도 그와 마찬가지로 합리적이고 필요하다는 것입니다. 관계 절대명령에 가장 부합하는 논리 형식은 쌍조건 관계, 즉 p가 성립할 때, 그리고 오직 그럴 경우에만 q가 성립한다(p iff q) 입니다. 이 윤리 법칙은 공자가 말한 '인(仁)', 즉 임의의 두 사람이 모두 동의하는 최적의 상호 관계입니다. '인'의 관계는 쌍조건 관계와 같은 구조이기 때문에 '인'은 윤리 측면의 쌍조건 관계로 이해할 수 있습니다. 천하체계의 윤리성은 바로 관계 절대명령의 바탕 위에 세워진 것입니다.

선생님은 유교 사회에 롤스의 '무지의 장막'이 존재하지 않는다고 정확하게 지적하셨습니다. 하지만 실험적으로 설정한 이론인 '무지의 장막'은 지금까지 어느 사회나 어느 역사에서도 존재한 적이 없습니다. 이 이론의 영향력은 매우 광범하지만, 저는 별로 동의하지 않습니다. 사실 게임이론으로 인류 사회를 설명할 때 '무지의 장막' 가정이 꼭 필요하지는 않습니다. 그리고 롤스가 세운 규칙을 따르더라도, '무지의 장막'의 논리적 귀결은 롤스의 원래 취지에서 벗어나서 예상하지 못한 결과로 이어질 수 있습니다.

롤스의 조건과 게임이론의 계산을 따라가면, 적어도 두

가지 결과가 모두 합리적입니다. 하나는 유명한 '차등의 원칙(principle of difference)'을 포함한 롤스 자신의 결론입니다. 또 다른 더 합리적인 해답은 철저한 평등입니다. 이것은 모든 사람이 같은 보상 혹은 분배를 받는 상황인데, 공산주의에 가깝습니다. 롤스에게 이것은 분명 안 좋은 결과일 겁니다. 왜냐하면 롤스는 공산주의를 별로 좋아하지 않았으니까요. 하지만 그의 '무지의 장막' 조건하에서 만약 게임이론의 위험 기피 원칙을 엄격하게 지킨다면, '모든 사람이 같은 수량을 받는 것'이 최적의 선택일 것이고, 따라서 '공산주의'가 가장 가능성이 높은 논리적 결과가 될 것입니다. 롤스가 자유주의를 변호하기 위해 고의로 자신이 제기한 문제를 잘못 푼 것이 아닐까 약간 의심스럽습니다. 그는 알게 모르게 '무지의 장막' 게임에 참여한 사람은 모두 자유주의자이고, 자유주의에 대해 깊이 알고 있다고 설정하였습니다. 하지만 불행하게도 이는 롤스의 이론이 실패했다는 뜻입니다. 왜냐하면 모든 참가자가 '모든 것에 대해 무지하다'는 전제를 위반하고 있기 때문입니다.

천하가 제기하는 문제

로저 에임스(Roger Ames):
북경대학교 교수

천하는 중국인이 자주 사용하는 단어이고, 보통은 '세계'를 의미합니다. 동시에 천하는 중국 전통 경학(經學)의 지정학 개념으로서, 깊은 역사적, 철학적 의미가 포함되어 있습니다. 지금이 용어는 변화 중인 세계 질서와 세계 정치를 바라보는 중국식 모델, 즉 '천하체계'로 인식되어 폭넓게 토론되고 있습니다. 비록 천하 개념에 대해서는 여러 가지 해석이 있지만, 중국이 국제관계를 이해하는 과정에서 이 개념이 나타났다는 것만큼은 확실합니다. 이 개념은 모든 정치 경제 활동에서 각국 사이에 상호의존적 관계가 존재한다고 봅니다. '세계'로서의 천하는 '생명력 있는 관계(vital relationship)'를 가장 높은 위치에 두고, 민족국가 같은 분리된 주권 실체는 생명력 있고 유기적인 관계의 이차적 파생물(second-order abstraction)로 봅니다.

천하를 틀로 삼는 중국은 어디에서 왔는가? 이 문제는 중국 역사학자의 관심 대상이었습니다. 현재 우리 눈앞에 놓여 있는 이 책에는 철학자 자오팅양 선생이 제시한 답이 있습니다. 선생은 중국에 대한 가장 영향력 있는 해석이 중국을 억지로 서방의 개념과 범주에 집어넣었을 뿐만 아니라, 여기에는 많은 편견과 고정 관념이 들어 있다고 주장합니다. 따라서 중국과 서양 학자를 향해 '중국을 다시 생각한다'라는 도전장을 내밀었고,[5] 또 매우 독특한 중국 '소용돌이' 모델을 통해 천하라는 정체성이 어떻게 중국의 중원 대지 위에서 점차 구축되었는지를 설명하였습니다.

천하 정체성의 형성은 일련의 상호 관련된 '문화적 유혹'에 의해서 추진된 것입니다. 그중 가장 중요한 유혹 요인은 중국의 문자, 공유할 수 있는 문화를 탑재한 경전 텍스트, 그리고 핵심 문화로부터 발전한 정치 신학입니다. 바로 이러한 호소력이 있는 요소 때문에 중원 및 주변 지역에 있는 각 부족은 소용돌이 안으로 빨려들어갔습니다. 소용돌이 모델은 3000년 전의 하(夏)상(商)주(周) 시기에 형성되었고, 그 이후 여러 형태로 청나라가 끝날 때까지 지속되었습니다. 자오팅양 선생이 책에서 제기한 이 새롭고 설득력 있는 관점은 우리에게 어떻게 중국을 이해할지 알려줄 뿐만 아니라, 중국인들에게도 어떻게 스스로를 더 잘 이해할지를 알려주고 있습니다.

    중국을 소용돌이로 보는 자오팅양 선생의 이론은 우리에게 경전 텍스트의 핵심 철학 개념을 다시 생각하고, 이를 통해 끊임없이 변화하는 중국의 문화 전통을 정확하게 이해할 것을 촉구하고 있습니다. 우리는 이 이론을 더 넓은 범위에 적용하여 이를 통해 새로운 시각으로 이 시대의 지정학적 구도를 이해하고, 더 나아가 미래의 가능성을 전망할 수 있을지도 모르겠습니다. 숭고한 목표는 있으나 현재 곤경에 빠져 있는 유럽연합을 생각해볼 때, 이 문화적 유혹의 힘을 갖춘 소용돌이 모델이 어떤 도움을 줄 수 있을까요? 오늘날의 유럽은 변화를 추구하고 있지만, 분열적 속성을 지닌 베스트팔렌 사고방식이 고질병처럼 남아 있습니다. 어떻게 하면 정치, 경제, 문화 측면에서 유럽 특유의 천하를 형성할 수 있을까요?

자오팅양:

소용돌이 모델을 설명해 주셔서 감사합니다. 선생님의 질문은 어렵지만 흥미롭습니다. 유럽은 유럽 특유의 천하로 발전할 수 있을까요? 제게는 이 질문에 대답할 수 있을 만큼 충분한 지혜가 부족한 것 같습니다. 솔직하게 말하자면, 제가 보기에 유럽은 거대 소용돌이가 될 수 있는 두 번의 기회를 놓쳤습니다. 첫 번째는 나폴레옹 시대의 프랑스인데요, 만약 당시 프랑스가 기타 유럽 국가와 전쟁을 하는 대신 유럽연합 같은 조직을 만들었다면 가능했을지 모르겠습니다. 두 번째는 1차세계대전 이전 전성기를 누리던 독일인데요, 하지만 당시 독일에는 민주 개혁이 필요했습니다. 당시 영국은 실력과 영향력 면에서 모두 더 앞서 있었지만, 영국과 유럽 대륙은 많은 측면에서 화합하기 어려운 것 같습니다. 제 말이 맞는지는 모르겠네요. 너무 지나친 생각인 것 같기도 합니다.

지금의 유럽연합을 보면, 소용돌이를 형성할 기회는 이미 사라진 것 같습니다. 유럽연합의 결집력이 너무 약하기도 하고, 또 말씀하신 대로 베스트팔렌 사고방식을 포함한 오래된 문제가 많이 남아 있습니다. 유럽연합은 주나라 천하체계 이전의 느슨한 추장국(부족국가) 연합체와 약간 비슷합니다. 중국의 추장국가 시대(요순시대부터 상왕조까지) 말기에 각 지방은 비슷하게 하늘을 숭배하는 신앙이 있었고 각기 다른 지역 문화가 있었으며, 서로 간에 밀접한 교류가 있었고 사람은 자유롭게 이동하거나 이주할 수 있었습니다. 하지만 경제와 군사는 독립적으로 운영되고, 작은 나라가 공동으로 추대한 추장국이 맹주가 되었습니다. 이 점에서 유럽연합과는 많이 다릅니다. 유럽연합은 고도로 발달한 민족국가의 기반 위에 세워진 체계이고, 엄격한 계약관계입니다. 무례를 범하려는 뜻은 전혀 없지만, 국가 차원의 문제, 예를 들어 어떻게 국가를 잘 다스리고, 또는 어떻게 제국주의적인 수단으로 국제 경쟁에서 국가의 이익을 취할 수 있는지에 대해서 유럽은 성숙하고 완전한 정치 사상을 갖고 있습니다. 하지만 세계 차원의 정치 문제를 이해하려면, 유럽 사상은 길을 잘못 들어선 것 같습니다. 유럽 사상은 국가의 시각에서 세계를 바라보고, 국제 정치와 세계 정치를 혼동하게 만들었습니다. 이렇게 된 원인 중의 하나가 바로 천하와 같은 세계성(world-ness) 개념이 없어서 국가의 시각을 뛰어넘어 세계의 공동 이익을 이해하는 세계 개념(worldism)을 형성할 수 없었기 때문입니다. 이런 세계 개념은 자신을 확장하려는 세계주의와 다릅니다. 유럽 제국주의가 실패한 이유는 바로 국가를 다스리는 방식으로 세계를 통치하려고 했기 때문입니다. 이는 세계 규모의 문제와 전혀 맞지 않습니다. 천하 개념의 특색 중 하나는, 바로 고대 중국에서 세계를 다스리는 방식으로 국가를 다스리려고 시도했다는 점입니다. 주나라가 천하체계를 발명한 이유는 천하는 마땅히 천하 모든 사람이 공존할 수 있는 '공동 가능한' 세계(라이프니츠의 개념을 빌려 씀)여야 하고, 이렇게 해야만 '하늘의 이치에 맞출 수 있습니다'(配天). 이는 과학적으로 증명할 수는 없지만 선험적 합리성을 지닌 정치신학입니다. 주나라가 성공한 이유는 여러 다른 문화를 수용하고 전대의 경험과 유산을 흡수하였기 때문이고, 이로써 '풍성하고 찬란한(郁郁乎文, 공자의 말이다)' 주나라 문명을 만들 수 있었습니다. 이 역사는 라이프니츠가 '가장 풍부한 사물의 집합'이라고 표현한 가장 좋은 가능한 세계를 연상하게 합니다. 앞으로 유럽이 '정치 천

하'를 이룰 수 있을지는 모르겠지만, '문화 천하'를 만들 가능성
은 높다고 봅니다. 왜냐하면 유럽은 지식, 사상, 예술 등 분야에
서 아직도 우위를 차지하고 있기 때문입니다.

저는 현대 중국과 유럽 사이에는 대립적인 차이가 없다고
생각합니다. 현대 중국은 이미 여러 문화를 포함한 문명이 되었
고, 여기에 서방 문화도 포함되어 있습니다. 서방 문화는 이미
중국의 내부 요소로 이식되었습니다. 따라서 여전히 전통적 시
각으로 중국을 바라본다면, 많은 오해를 불러일으킬 것입니다.
물론 많은 뚜렷한 '중국적 특성'은 여전히 남아 있고, 특히 방
법론과 철학이 그렇습니다. 예를 들어 중국의 형이상학은 사물
은 완벽하지 않는 상태로 있는 것이 더 좋다고 보는데, 그래야
만 예측할 수 없는 미래의 변화에 대응할 수 있는 공간이 더 많
아지기 때문입니다. 완벽한 사물은 변화의 여지가 없어서 오래
지속할 수 없습니다. 저는 이것을 '불완전주의'라고 부릅니다.
또 변화에 대응하는 방법론 측면을 본다면, 노자가 말했듯이 항
상 '물'처럼 환경에 따라 형체를 이룰 수 있어야 가장 큰 생존 기
회를 얻을 수 있습니다. 또 중국인은 여러 신들을 동등하게 존
경하는데 이것은 서방의 일신교와 대비됩니다. 저는 프랑스 인
류학자 알랭 르피숑과 같이 쓴 책 『일신론의 그림자(一神論的影
子)』에서 '파스칼 내기의 확장' 문제를 토론한 적이 있습니다.[이]
이 책의 요지는, 위험을 기피하는 이성적 가정하에서 파스칼이
제시한 하느님을 믿는 이유가 옳다면, 마찬가지 이유로 다른 모

든 신도 경배할 수 있다는 것입니다. 이것으로 왜 중국인이 다른 종교나 다른 철학을 쉽게 받아들이는지를 설명할 수 있습니다. 하지만 르피숑은 자기는 파스칼의 '상인처럼 약삭빠른 계산의 내기'를 좋아하지 않는다고 제게 말했습니다.

『천하, 세계와 미래에 대한
중국의 철학』에 대한 몇 가지 논평

랄프 베버(Ralph Weber):

바젤대학교 교수

제가 관심을 두는 점이 조금 이상할 수도 있습니다. 이는 주나라부터 전국시대까지의 천하체계 서술과 관련이 있습니다. 이 책에서 자오팅양 선생은 홉스부터 월러스틴까지의 다양한 서양 이론을 인용하였는데, 하지만 선진(先秦)부터 시작하여 중국 전체 왕조의 역사를 관통하는 대일통 전통(monolithic tradition)을 강조할 때, 혹은 정신적으로나마 지속되었다는 천하 이념에 대한 역사적 증거를 제시할 때, 자오팅양 선생은 거의 중국의 학술 성과만 인용하였습니다. 사실 유럽과 미국의 중국 연구 학계에도 대량의 연구 성과가 있습니다. 특히 많은 새로운 문헌이 발굴되면서, 일부 학자는 중국의 고대 역사를 다시 써야 한다고 주장하고 있습니다. 자오팅양 선생은 이런 서양의 연구에 전혀 관심이 없고 오히려 지난 세대의 학자나 대륙의 신진학자의 저술만 인용하였습니다. 그 원인은 아마도 중국 대륙 외부의 학자들이 중국의 대일통 전통에 대해 더욱 비판적 태도를 취하기 때문일 것입니다. 자오팅양 선생이 (유가, 도가, 법가, 묵가를 포함한) 대량의 고전을 인용하여 주나라의 천하를 묘사할 때, 최종적으로 그리려고 한 것은 대일통의 그림입니다. 어떤 관점에 대해 고전 텍스트 간에 불일치가 있을 때, 선생은 논쟁을 보충으로 취급합니다. 따라서 공자가 말하지 않은 부분은 노자로 보충하고, 한비자의 부족한 점은 관자로 보충하는 식입니다. 물론 역사 문헌을 근거로 전국시대의 각 학파를 구별하는 전통적인 방법에도 문제는 있지만, 학설이 서로 다르다는 사실을 무시하고 그들이 같은 문제의식과 이론을 공유했다고 주장하는 것도 타당하지 않습니다. 제가 보기에, 자오팅양 선생은 모든 것을 포괄할 수 있는 천하체계를 얻어내기 위해서 의도적으로 차이를 무시하고 있습니다. 비록 이 책에 많은 역사 자료를 인용하였지만, 책 속에 있는 역사적 내용은 '반역사적(a-historical)'입니다. 자오팅양 선생은 기존의 경전 해석에 동의하지 않고, 오히려 계속 독자에게 『도덕경』이나 『순자』에 나온 이런 말은 사실 이런 뜻이라고 알려주면서 대일통 세계관에 유리하게 해석하고 있습니다.

천하 이론의 구상에 대해 저는 is(존재, 현실)와 ought(당위)에 관련된 철학 문제를 토론하고 싶습니다. 자오팅양 선생은 is와 ought의 구분을 없애려고 시도하는 것 같습니다. 선생의 논술을 보면, 한편으로는 천하체계는 중요하다(is), 그리고 이것은 효과적으로 서양의 민족국가 체계를 대체할 수 있고, 이 서양 체계는 현재의 세계 문제에 대처할 수 없다,라고 하고, 다른 한편으로는, 현대의 중국은 마땅히 천하의 새 중심이 되어야 한다(ought to be), 그리고 미래의 세계 질서를 이끌어야 한다, 라고 말합니다. 이런 얘기를 직접적으로 하지는 않았지만, 책 전체의 구성과 유가 사상에 대한 인용을 볼 때(예를 들면 '공자개선') 모두 이런 결론으로 향하고 있습니다. 하지만 is와 ought의 구분을 없애려는 시도를 가장 잘 보여주고 있는 건 천하 개념 그 자체입니다. 선생의 설명을 보면, 천하체계는 주나라에 존재하였지만, '천하'의 뜻은 하늘 아래의 모든 것, 즉 전 세계이기 때문에 지금의 이 세계도 여전히 천하가 되기를 기다리고 있다, 천하의 성격은 '무외(바깥이 없는 세계)'이기 때문에 그 목표는 가장 큰 포용성과 모든 사람의 공존 가능성(co-existentiality) 으로 설정되었다,고 합니다. 자오팅양 선생이 설정한 천하에는 완벽주의 경향이 있습니다. 따라서 역사 속의 천하(예를 들면 주나라의 제도)나 미래의 가능성(예를 들면 자오팅양 선생이 구상한 미래 세계 질서) 모두 덜 완벽해 보입니다. 이처럼 is와 ought 사이에 오가는 개념은 여러 측면으로 매력이 있고, 또 이론상 공격할 수도 있고 방어할 수도 있는 여유 공간을 만들어냅니다.

자오팅양:

건설적인 비평, 감사합니다. 선생님께서 많은 중국 경전을 읽었다는 것을 알 수 있겠네요. 저는 우선 출토 문헌에 대해 설명하겠습니다. 선생님은 그 문헌들이 진정한 중국의 모습을 더 잘 보여준다고 생각하시는 것 같은데요, 확실히 새로 발굴된 출토 문헌으로 전에 몰랐던 많은 사실을 알게 되었습니다. 예를 들어 어떤 출토 문헌을 보면, 유가와 도가의 사상적 대립이 일반적으로 생각하는 만큼 심각하지 않다는 걸 알 수 있습니다. (양자의 주요 관점은 여전히 차이가 있긴 합니다.) 하지만 저는 출토 문헌이 기존의 전래 문헌보다 더 중요하다고 생각하지 않습니다. 우리가 아는 역사 자체가 역사적으로 구축된 것입니다. 역사는 계속 끊임없이 스스로 발전하고 스스로 창조합니다. 마치 사람이 계속 자신의 언행에 의해 재구성되는 것처럼. 2000년 동안 땅속에 있었던 문헌은 물론 일부 잃어버린 진상을 말해주겠지만, 오랜 시간 동안 사람들에게 알려지고 유통되는 문헌(텍스트)도 마찬가지로 2000년 동안 이어져 왔습니다. 중국인의 사고방식은 이미 유통되고 있는 전래 문헌의 영향하에서 형성된 것입니다. 그러니까 중국인의 사상 구조는 잃어버린 텍스트가 아닌 살아 있는 텍스트에 의해 형성된 것이고, 중국의 구조와 정신은 전래 문헌에 의해 결정된 것입니다. 따라서 저는 전래 문헌과 물질적인 고고학 발견, 예를 들어 발굴된 유적(도시, 건축, 갑골 등)을 더 많이 참고하여 동태적인 중국 역사를 설명하였습니다. 그리고 전래 문헌의 진실성이 출토 문헌보다 못하다는 증거는 아직까지 없습니다. 일부 초기의 역사 기록은 오히려 전래 문헌이 출토 문헌과 비슷하게 오래되었다는 것을 증명해주고 있습니다. 두 종류의 문헌 사이에 차이가 있는 원인에 대한 가장 합리적인 추측은 원시 문헌을 전파할 때 필사 과정에서 발생한 차이 때문이라는 것입니다. 두 종류의 문헌을 비교해 보면 소량의 글자와 구절만 다르다는 것을 알 수 있습니다. 아마도 쓰는 사람이 일부 내용을 추가하거나 삭제했을 것으로 추측됩니다. 물론 제가 출토 문헌의 가치를 폄하하려는 것은 아닙니다. 그것은 우리에게 중국의 망각된 부분을 다시 인식하게 합니다. 하지만 그것으로 장기간의 역사 속에서 형성해온 중국을 설명할 수는 없다는 걸 인정해야 합니다.

또한 제가 서방 학자들의 연구를 많이 참고하지 않은 것에 대해서는 미안하게 생각합니다. 하지만 저는 서방의 맥락에 따라 재구축한 중국 개념과 왜곡된 해석에 구애받지 않고, 원래 중국의 개념을 기반으로 하는 해석을 구축하고 싶었던 것입니다. 서방의 해석은 중국의 사상에 부합하지 않을 뿐만 아니라 중국 사상 안에 있는 많은 이론적 요소를 간과하고 있습니다. (너무 직설적으로 말해 버려서 죄송합니다만.) 예를 들어 페어뱅크는 천하체계를 '제국 조공 체계'로 해석한 바 있는데, 이것은 사실과 많이 다릅니다. 천하체계는 기원전 221년에 종료

천하, 세계와 미래에 대한 중국의 철학   382

되었고, '제국 조공 체계'라고 하는 명대와 청대보다 훨씬 이전의 일이었습니다. 서양 학자들은 고대 중국에 대한 인식이 비교적 적고, 명청에 대해서는 훨씬 많이 알고 있기 때문에 명청 시대를 천하체계와 연결시키기를 좋아합니다. 그리고 서방 학자들은 종종 서방의 개념을 인용하여 대일통 군주제의 중국(기원전 221년-서기 1911년), 심지어 현대의 중국을 '제국'이라고 묘사합니다. 이것을 중국식 농담으로 말하자면 '사슴을 말이라고 부르는 꼴'입니다. 사실 중국은 서방의 제국이나 민족국가의 개념으로 정의할 수 없는 나라입니다. 어떻게 중국을 정의하는지는 중국인 자신에게도 미결의 과제입니다. 저는 중국을 '세계 구조를 내포한 국가'라고 해석하고 싶습니다. 아무튼, 서방 사람들이 쉽게 이해할 수 있도록 중국의 이미지를 단순화하는 것이 크게 나쁠 건 없지만, 학술 연구에는 도움이 안 됩니다. 물론 일부 서방 학자들의 중국에 대한 이해는 매우 깊이가 있습니다. 예를 들어 앞에서 한스 피거 교수는 중국 문화에 자주자율성이 없다고 정확하게 지적하셨습니다. 이것은 확실히 중국식 사유의 심각한 결함입니다. 솔직히 말하면, 서양철학이 저에게 준 가르침이 서방의 중국 연구보다 훨씬 큽니다.

차이점만 보지 않는다면, 중국과 서방의 사상 중에 학술적 의미가 있는 교차점을 많이 찾아볼 수 있습니다. 예를 들어 고대 중국에 공손룡(公孫龍)이라는 사람이 있는데요, 그는 정치철학에는 관심이 없어 당시에는 괴짜로 보였을 겁니다. 『지물론(指物論)』이란 책의 서두에 그는 '사물은 가리킴의 대상이 아닌 것이 없다. 하지만 손가락은 가리킴의 대상이 아니다(物莫非指, 而指非指)'라고 했는데, 이것은 분석철학의 시작으로 보입니다. 또 고대의 전략 사상가 손자는 '지피지기'의 문제를 분석했는데, 이것은 최초로 '공동 지식' 개념을 인식한 게임이론으로 볼 수 있습니다. 아쉽게도 이런 학술 연구 가치가 있는 문제는 서방의 '중국 연구'에 도입되지 않았습니다. 저는 서방의 '중국 연구'가 중국이라는 '발'을 오리엔탈리즘(Orientalism)이라는 '신발'에 억지로 끼워 넣고 있는 것은 아닌지 의심해 봅니다.7

다음으로 선생님이 제기한 가장 강력한 질문, 즉 천하이론은 is와 ought의 구분을 없애려고 한다는 문제에 대해 말씀드리겠습니다. 흄은 당위(ought to be)는 존재(to be)로부터 도출할 수 없다고 했는데요, 저는 이 관점을 좋아합니다. 하지만 이것은 단지 지식론 혹은 과학 문제에 대해서만 유효하고, 형이상학 문제에 대해서는 효력이 없을 것 같습니다. 이 구분을 초월한 사례는 적어도 두 가지가 있습니다. 첫 번째 사례는 신(하느님)입니다. 신이 자연(physis) 혹은 만물을 창조하였고, 신에게는 is와 ought가 동일합니다. 신은 자신의 의지만으로 존재(실재)를 창조할 수 있습니다. 따라서 신의 사고 속에서 윤리학, 미학, 논리, 지식은 모두 동일하고, 모든 것이 신의 의지와 일치합니다. 두 번째 사례는 인류입니다. 비록 인류의 창조는 신의 창조와 비교했을 때 지극히 미미하지만, 인류는 역사와 문명을 창조할 때 신의 창조 정신을 공유하였고, 또 같은 구조를 지니고 있습니다. 즉 is와 ought는 인류가 창조한 제도, 윤리, 정치, 역사 속에서 마찬가지로 하나로 합쳐집니다. 물론 인류의 의지는 바로 존재로 전환할 수 없습니다. 하지만 어떤 존재(is)가 확실히 가능한 당위(ought)인지 선택할 수 있습니다. 따라서 인류 행위를 해석할 수 있는 존재론은 반드시 동시에 창조론(creationology)이어야 합니다. 이상한 단어를 만들어서 죄송하지만, 이 말의 뜻은 인위적인 창조에서 is와 ought는 동일해야 한다는 것입니다. 이 둘은 오직 지식론(인식론)에서만 두 개의 문제로 나눠집니다. 왜냐면 주관성 이외의 존재(실체)를 만나게 되니까요. 다음과 같이 말할 수도 있을 것 같습니다. 존재론과 형이상학은 항상 주술적(enchanting)이고, 지식론과 과학은 탈주술적(disenchanting)이다.(막스 베버의 개념) 두 가지 다 필요합니다. 하지만 문제의 성질에 따라서 지식을 사용할지 형이상학을 사용할지 선택해야 할 겁니다.

자오팅양의 '천하' 문제에 관해서

쑨샹천(孫向晨):
복단대학교 교수·베를린자유대학교 객원교수

역사적으로 볼 때 '천하'는 아직 실현되지 못한 이념입니다. 중국에서 비교적 명확한 역사 기록이 있는 것은 춘추시대부터인데, 당시 주나라는 이미 쇠퇴하기 시작하여 동주(東周)가 되었고, 이 기간 동안 제후국 사이에는 수많은 전쟁이 있었습니다. 사실 '천하' 시대의 역사를 재현할 수 있는 자료가 너무 부족하기 때문에 이것은 유가의 상상에 더 가깝습니다. 서주(西周)의 역사가 '천하' 시기라고 하지만 너무 모호하고 시간도 길지 않아 275년만 지속되었습니다. '천하'의 이상은 너무 취약해서 금방 붕괴되고 말았습니다. 시간으로만 본다면 로마제국이 훨씬 오래 지속되었고, 그리고 통치도 훨씬 효과적이었습니다. 춘추전국시기는 천하가 망해가고 더 튼튼한 국가가 설립되는 과정으로 볼 수 있습니다. 자오팅양 선생이 말한 것처럼, 진한(秦漢) 시기에 실시한 것은 '국가정치'이고, '천하'의 이름을 빌린 전제주의입니다.⁸ 고대 천하 사상의 이론적 잔재는 중국의 경전 속에 보존되었고, 특히 공자가 주례(周禮)를 칭송하는 문장에 자세하게 나와 있습니다. 하지만 유가의 이상은 실현된 적이 없고, 비록 역사 속에 그것을 명분으로 하는 일은 많았지만 '천하'는 하나의 전설일 뿐이었습니다.

고대의 상대적으로 폐쇄된 환경에서도 '천하'는 실현되지 못했습니다. '천하'는 비록 '무외'의 특성을 지녔지만, 실제로 반영된 것은 여전히 개체와 전체의 관계입니다. 고대 세계에는 현대적 의미의 개체가 없지만, 모든 제후국은 하나의 독립 '단위(unit)'로 볼 수 있습니다. 현대의 '개체(individual)' 논리는 고대 제후국에도 마찬가지로 적용할 수 있습니다. 모든 'individual'은 (전체로부터) 독립하고 분리하려는 자연스러운 경향이 있습니다. 따라서 홉스는 개인을 기초로 하는 국가를 창조한 후에 『리바이던』의 마지막에 다음과 같은 자연법 조항을 하나 추가해야 했습니다. "주권이 평화로운 시기에 개인의 권리를 보호했으니, 전쟁 시기에는 개인도 국가를 보위해야 한다." 이것은 홉스의 딜레마이고 동시에 현대 개인주의의 딜레마입니다. 순자처럼 스피노자도 협력을 인류의 타고난(genetic) 특성으로 보았지만, 사람들이 하나의 '전체'를 이루는 것은 어렵다고 보았습니다. 그 다음 루소의 '일반의지'가 등장하여 전체적 사유를 할 수 있는 조건을 제공하였지만, 얼마 지나지 않아 '일반의지'는 전제주의의 온상이 되었습니다. 이것은 진(秦)나라의 통치 논리와 공교롭게도 일치합니다. 그 후 2000년 동안, 진한(秦漢)의 천하(동시에 국가이기도 함)에는 자오팅양 선생이 책에서 반복해서 말한 것처럼 '전제주의'로 발전하려는 충동이 항상 내재되어 있었습니다. 따라서 비록 '천하'는 그 나름의 이상주의적 측면이 있지만, 현실적으로는 아마 그보다 더 전제적일 겁니다.

자오팅양:

풍부한 내용을 담은 평론에 감사합니다. 주나라를 과연 천하의 모범 사례로 볼 수 있는지에 대해 아직 정설은 없지만, 하나의 예인 것만큼은 분명합니다. 먼저 말씀드리고 싶은 것은, 주나라의 역사가 실제로 어땠는지는 천하 이론에서 그리 중요하지 않습니다. 철학의 역할은 위대한 개념과 원리를 전승하고 발전시키는 것이지 역사의 진상을 고증하는 것이 아닙니다. 그건 역사학자의 일입니다.

저는 고대 문헌에 기록되어 있는 주나라의 역사를 신뢰합니다. 그것은 그 기간의 역사를 알 수 있는 유일한 자료입니다. 주나라의 역사가 왕조 수립 이전부터 기록되었다는 것은 이미 증명되었습니다. 비록 그 이후 수백 년 동안 유실되고 수정되고 편찬되었겠지만, 지금 남아 있는 문헌이 2000년이 넘는 고대 기록이라는 것은 확실합니다. 분명한 사실은 주나라가 천하 개념을 발명하였고, 이 이론은 정치를 위해 세계 질서라는 목표를 설정해 주었다는 겁니다. 또 하나의 사실은 주나라가 천하체계에 걸맞은 세계 시스템을 설계하였다는 것인데요, 그것은 하나의 세계 중심(王畿)과 여러 개의 제후국이 공동으로 구성한 네트워크였습니다. 비록 완벽하지 않고, 많은 수정이 필요하지만, 그래도 천재적인 발명입니다. 솔직하게 말하자면, 천하 이론 중의 많은 개념은 제가 재발명한 것이고 고대의 것과 다소 차이가 있습니다. 하지만 어쨌든 주나라의 천하 개념은 이론의 출발점이고 제게 많은 계시를 주었습니다. 천하 이론은 처음부터 역사 자료가 있는 이론이지 역사 서술 자체는 아닙니다. 일부 서방 학자가 주나라 사람이 어떻게 이렇게 진보적이고 현대적인 이론을 생각해 낼 수 있었냐고 질의할 때면 저는 솔직하게 대답합니다. 천하 이론은 저의 발명이라고요. 하지만 천하 개념은 분명히 주나라가 창조했고, 이것은 문학이 아니라 사실입니다. 물론 주나라가 자신이 제시한 천하 이론을 제대로 실시한 적이 없다고 말할 수도 있습니다. 주나라의 통치 지역은 지금의 중국보다도 훨씬 작습니다. 하지만 천하 개념이 포함하고 있는 원칙, 목표와 구조는 그 실천 성과보다 더 중요합니다.

주나라가 얼마나 지속되었는지를 저는 좀 다르게 봅니다.

주나라의 실제 통치 기간은 275년밖에 지속되지 못했다고 하더라도, 천하 모델은 800년이나 지속되었고, 진시황이 새 제도를 실시한 후에야 끝난 것입니다. 춘추전국시대 때 강성한 제후국은 비록 패주(霸主)가 되었지만 새로운 제도를 만들겠다고 생각한 적이 없었고, 천하의 새 종주국이 되겠다는 시도만 했습니다. 비록 모두 실패로 끝나긴 했지만요. 그들이 실패한 이유는 보편적 민심을 얻을 수 있는 성덕(盛德)이 없었기 때문입니다. 고대 중국의 정치 전통에 따르면 천명(天命)의 자격은 위대한 덕행으로 확인해야 합니다. 다니엘 벨(Daniel Bell)은 이런 정치 메커니즘을 '현능정치(meritocracy)'라고 부릅니다.[9] 이것은 민중정치(democracy)와는 다릅니다.[10] 가장 중요한 덕행은 개인의 품격이 아니라 사회와 문명을 위해 중요한 의미가 있는 창조를 하는 것입니다. 전자는 인(仁)의 경지에만 도달하지만, 후자는 성스러움(聖)의 경지를 이룹니다. 전설 속의 고대 성왕과 명신(名臣)은 정치 제도와 예악을 발명했거나, 아니면 백성에게 불 사용, 집 짓기, 경작, 조선, 그물 만들기 등을 가르쳐 줬거나, 아니면 문자, 서적, 역법(曆法) 등 중요한 사물을 발명한 사람들입니다. 천하가 종료될 때 진시황은 원래 천하체계를 재건하려고 했지만, 신하 이사(李斯)가 거부할 수 없는 이유로 그의 생각을 바꿔버렸습니다. 즉 강대한 중앙집권 국가는 비록 '외부가 없는' 천하보다 작지만, 통치자가 갖고 있는 권력은 천하의 군주보다 더 크고, 따라서 제후가 분열하여 전쟁하는 것을 피할 수 있다는 겁니다.

천하와 게임 규칙

루이제 뮐러(Luise Müller):

드레스덴공과대학교 법학과 교수

저의 첫 번째 질문은 관계이성과 '공자개선(Confucian Impro-
vement)', 혹은 공자최적(Confucian Optimum) 같은 이념이 어
떻게 사회 협력을 도출할 수 있고 안정을 유지할 수 있는지에
관한 것입니다. 자오팅양 선생은 완전한 이성은 개인이성과 관
계이성 두 부분으로 구성되었다고 보고 있습니다. 관계이성은
공존과 공동 이익을 가장 우선순위에 두고, 보복과 반대로 상호
피해 최소화와 공동 이익의 최대화를 추구합니다. 저는 이것을
협력 게임의 책략이라고 부르는 것이 타당하다고 봅니다. 협력
의 이념은 타인과의 협력을 통해 우리 자신이 혼자 행동하는 것
보다 더 큰 이득을 얻을 수 있다는 것입니다. 예를 들어 루소가
말한 사슴 사냥 게임의 경우가 있습니다. 몇 사람이 사냥하러

갔는데 모든 사람은 혼자서 토끼 한 마리를 잡을 수 있습니다. 하지만 사슴을 잡으려면 협력을 해야 합니다. 아무도 혼자서 사슴을 잡을 수는 없습니다. 게임이론에서 만나는 가장 큰 문제는 이런 것입니다. 개인에게 가장 좋은 선택과 모든 사람에게 가장 좋은 선택을 어떻게 연결할까요? 이 두 경우는 서로 용납할 수 있는 목표일까요? 만약 아니라면 어떻게 양자를 동시 달성할 수 있을까요? 바꾸어 말하면, 어떻게 모든 사람이 이득을 얻을 수 있는 최적의 협력게임을 만들 수 있을까요?

'공자개선' 자체만으로는 협력을 확실하게 보장할 수 없을 것입니다. 좋은 결과의 최대화를 보장한다 해도, 그것이 효과적으로 작동하기 위해서는 모든 사람이 관계이성에 따라 행동해야 합니다. 따라서 제가 생각하는 문제는, 관계이성을 기초로 하는 협력 시스템은 어떻게 생성되고 안정을 유지할 수 있는가,입니다. 어떤 사람은 호혜적 협력 체계를 유지할 수 있는 유일한 방법은 중앙 정부를 만들어 규칙의 유효성을 보장하는 것이라고 합니다. 예를 들어 중앙 정부는 '공자개선' 책략을 거부하는 사람을 처벌하는 방법을 쓸 수 있습니다. '공자개선'은 이런 방법을 통해 안정성을 확보할 필요가 있을까요? 중앙정부와 유사해지는 것은 필수일까요?

이 책에서 자오팅양 선생은 다른 방법을 통해 상호 보증의 문제를 해결하려고 하는 것 같습니다. 예를 들어 선생은 "상호 구원은 가장 적극적으로 상호 이익 최대화 원칙을 표현하였다"

고 주장합니다.[11] 집중 통제는 필요 없고, 우리가 비강제적인 동기 예컨대 이타주의에 의지할 수 있다는 말일까요? 아니면 우리는 집중 통제를 전제 조건으로 하고, 그것이 이타주의로 발전하는 것을 기대해야 할까요? 아니면 어떤 기제(메커니즘), 예컨대 관계이성 책략에 자발적으로 참여하는 기제가 존재하여 모든 사람의 협력 행위를 보증할 수 있을까요? 다시 정리해 보면, 저의 첫 번째 질문은 이렇습니다. '공자개선'은 어떤 조건하에서 나타날 수 있고 또 안정을 유지할 수 있을까요? 정치 권력의 관여가 필요할까요? 아니면 어떤 심리적 요인이 있어야 할까요? 만약 외부의 강제와 이타주의가 없다면 안정적인 협력은 자발적으로 발생할 수 있을까요?

두 번째 문제는 포용성(inclusion)과 공존(coexistence)이 실현될 수 있는 조건과 관련된 것입니다. 천하체계에서 중요한 이론의 발명이라면 '무외' 원칙, 즉 모든 것이 안에 포함되었다는 것인데, 사실 많은 자유주의 전통 안에 있는 철학자와 정치이론가도 여러 가지 다른 형태의 '무외' 원칙에 동의할 것이라고 저는 감히 말할 수 있습니다. 그리고 우리 모두가 상호 이익을 추구하는 글로벌 협력은 필요하고 또 중요하다는 점에 동의할 것입니다. '무외' 원칙에 이미 모든 사람이 동의했다고 가정한다면, 가장 시급한 문제는 더 이상 글로벌 협력이 바람직하냐의 문제가 아니라 어떤 조건하에서 그것이 바람직한지, 협력의 공평한 조항은 무엇인지, 사람들이 존경하는 공존에는 어떤 규칙이 있는지 등이 문제가 될 것입니다.

일부 추상적 원칙, 예를 들어 효용의 극대화, '공자개선' 등은 우리에게 공존의 구체적 실질적 조건을 충분히 설명해주지 못하고 있습니다. 그런데 이것이 문제의 관건입니다. 우리는 어떻게 어떤 조건이 실질적으로 공평성이 있다고 판단할 수 있을까요? 또 하나의 문제는, 유리함(advantage)을 어떻게 정의해야 하는가? 어떤 기준으로 무엇이 유리한 것인지 결정할 수 있는가?입니다. 자오팅양 선생이 이런 문제를 어떻게 보고 있는지 궁금합니다. (공자개선 이외에) 공평한 공존에 필요한 필요 조건이 있을까요? 물질적이든 제도적이든 혹은 기타 분야이든 말입니다. 종합해 보면, 두 번째 질문은 이렇습니다. 공평한 일체화 혹은 공존의 필요 조건은 무엇인가요? 이런 필요 조건을 협력의 논리로부터 도출할 수 있습니까? 아니면 민주적 절차를 통해서 결정해야 하는 건가요?

자오팅양:

까다롭고 어려운 문제를 제기하셨는데요, 제 한계를 의식하게 하시는군요. 여기서 저는 아마 탁상공론에 가까운 철학적 꼼수를 사용해서 선생님의 질문에 대답해야 할 것 같습니다. 질문에서 말한 세부적인 실천 문제는 대답하기 어려울 것 같네요.

첫 번째 문제부터 이야기하자면, 아시는 대로 안정적인 사회 규칙은 고도로 성숙한 자발적 습관에서 나오거나, 아니면 강력한 권위가 제정한 질서나 법률에서 나옵니다. 전자는 사람들의 암묵적인 합의(tacit consensus)에 기초하고, 후자는 지배적인 권력에 근원합니다. 양자 모두 인류 사회의 '자연'스러운 발전 결과입니다. 이에 비해 현대성은 매우 특이한 모험입니다. 현대성은 사회, 인류, 문명 모두 인공의 '비자연'적인 계획에 집어넣고, 계몽한 자주성이 모든 것을 통제하게 합니다. 이렇게 '각성한' 주체는 모든 자연적으로 생성하는 사물을 반인류, 불합리, 불공정, 불공평한 것으로 취급합니다. 따라서 현대성은 지속적인 혁명 활동이 되었고, 이런 의미에서 현대성은 사람의 개념과 생활을 새로 정의했다고 할 수 있습니다. 하지만 현대성은 거대한 성공을 거둔 동시에 그에 상응하는 심각한 부작용을 낳았습니다. 만약 모든 사람의 주체성에 동등한 권리가 부여된다면, 모든 문제는 영원히 해결할 수 없게 됩니다. 제 이해가 틀리지 않았다면, 현대성은 신과 결별하지도 않았고, 독재를 폐지하지도 않았습니다. 현대성은 모든 사람을 신으로 만들었고, '독재 체제'를 모든 사람의 권리 속에 이식하였습니다. 이것은 개인에게는 좋은 일이지만, 사회와 집단 행동에 해결할 수 없는 모순을 만들어냈습니다. 현대성의 딜레마 중의 하나는 이런 것입니다. 우리는 모두 자신에게 가해지는 독재 통치를 싫어합니다. 하지만 개인 권리로 정의한 경계 내에서는 기꺼이 작은 독재자가 됩니다. 오늘날 서로 경쟁하는 권력과 권리, 호소와 요구, 그리고 스스로 옳다고 생각하는 각종 담론은 이미 분열되고 산산조각 난 사회를 계속해서 압박하고 있습니다. 저는 개인의 권리를 비난하려는 게 아닙니다. 사실 개인의 권리는 우리 모두에게 중요합니다. 저는 현대성의 패배와 그 때문에 처한 곤경에 대해 우려하는 것입니다. 현대인은 정치 권위에 대해 강력한 공포심을 갖고 있고, 주체성의 자유를 상실할까 봐 두려워합니다. 물론 정치 권위는 가장 나쁜 일을 할 가능성이 있습니다. 하지만 곤혹스러운 것은, 민중도 별로 나을 것이 없다는 점입니다. 사실 정치 권위자는 통치자가 되기 전에는 민중의 일원이었고, 많은 민중의 희망 사항은 권위자가 되는 것입니다. 양자는 같은 부류의 사람입니다. 공자와 플라톤의 관점은 오늘날 별로 환영 받지 못할 것입니다. (이 두 사람이 만난다면 좋은 친구가 될 것 같습니다만.) 제가 이 점을 말씀드린 것은 사회 등급 제도를 지지하는 것이 아니라, 우리에게 더 좋은 선택으로 어떤 게 있는지 함께 생각해보자는 것입니다. 현대의 조건하에서, 우리는 다시 전제 권력에 의한 선치(善治)를 기대하지는 않을 것입니다. 하지만 마찬가지로 우리는 대중의 자발적인 행동이 가져다 줄 좋은 결과(예를 들면 '진짜로 효율적인' 시장)를 기대할 수 없습니다. 또한 마찬가지로 민주 제도(대의민주제든 국민투표제든)에 희망을 걸 수도 없습니다. 왜냐하면 이기적인 대중은 (독재 권력과) 마찬가지로 위험합니다. 한 가지 일깨워주고 싶은 점은, 유럽의 민주 제도가 좋은 통치를 할 수 있는 것은 유럽 국가가 모두 고도로 발전한 국가이기 때문입니다.

또한 이타주의에 희망을 거는 것 역시 믿음직스럽지 못합니다. 이런 품성은 매우 희소할 뿐만 아니라 각종 도전에 대응할 수 있는 강인함(robust)이 부족합니다. 이타주의자는 안정적인 사회를 유지할 때 필요한 규모의 집단을 형성할 수 없을 것입니다. 선생님의 질문은 답이 없는 현대성의 문제와 관련되어 있습니다. 즉 현대성이 전통 사회를 해체했지만 충분히 안정적인 새 사회를 건설하지 못했다는 것입니다. 물론 현대 사회가 처음 시작할 때는 좋았습니다. 하지만 시간이 지나면서 내부 모순은 점차 발전에 장애가 되었고, 타락한 시장과 민주 제도는 현대 사회를 구원하지 못하고 있습니다. 옛 제도를 파괴하는 것은 새 질서를 수립하는 것보다 훨씬 쉬운 일입니다. 위대한 창조는 신의 지혜가 필요합니다. 저는 탁상공론만 하는 철학연구자라서 정말 다행입니다. 만약 좋은 사회를 만들 책임이 있는 정치가였다면, 저는 안달이 나서 죽었을 겁니다. 아무튼 실천에 관한 문제에서 구체적인 정책을 제시하기에는 제 지혜가 부족한 것 같습니다.

이론 측면에서 제가 다시 강조하고 싶은 점은, 철학 이론은 모든 가능한 세계를 사색의 범위 안에 넣어야 하고, 적어도 가장 좋은 상황과 가장 나쁜 상황을 포함해야 한다는 것입니다. 이 기준으로 볼 때 많은 유명 이론이 보편적으로 유효하지는 않다는 점을 알 수 있습니다. 예를 들어 롤스의 이론이 그렇습니다. 그의 이론은 자유주의자로 구성된 발전한 사회에만 적용되고, 조금 나쁜 세계의 문제를 해결할 수 없습니다. 독재의 위험이 내포되어 있기 때문에, 저는 정치 권위를 믿지 않습니다. 하지만 민주도 믿지 않습니다. 왜냐하면 민주는 이미 거짓과 사기로 가득 찬 공공 의견에 납치되어 퍼블리크라시(publicracy)로 전락하였습니다. 따라서 저는 관계이성에 기초하여 '공자개선'을 달성할 수 있는 제도를 희망하고, 또 '스스로 지혜를 지닌 민주(smart democracy)'[12]를 기초로 하는 세계헌법을 기대합니다. '스스로 지혜를 지닌 민주'는 '지식에 가중치를 둔 민주' 입니다. 대중만 투표하는 것이 아니라 지식도 투표에 참여하여 대중 의견(doxa)[13]이 아닌 이성지식(episteme)이 헌법을 결정하게 하는 것입니다. 잊지 말아야 할 것은, 모든 사람의 동의를 얻어서 만들어진 헌법은 아직까지는 하나도 없습니다. 제가 이해한 바에 의하면, 헌법은 정부와 모든 사람, 그리고 모든 사람과 모든 사람이 체결한 계약이어야 합니다. 이 기준으로 보았을 때 완벽하게 합법성을 갖춘 헌법은 사실 하나도 없습니다. 만장일치란 거의 불가능합니다. 따라서 보편적 동의에 가장 가까운 제도는 이성에 의해 결정된 제도일 것입니다.

제기해 주신 두 번째 질문은 상당히 깊이가 있네요. 저는 비교적 추상적이고 형이상학적인 논증을 해보겠습니다. 저는 확실히 존재론의 '화법'에서 공존의 필요조건을 도출하려고 시도하였습니다. 간단히 말해, 첫 단계 논증은 이렇습니다. 모든 문제는 사상의 '부정' 기능, 즉 언어 속의 부정사 '아님(不)'의 발명에서 시작됩니다. 존재(being)는 모든 문제의 전제이지만, 존재(being) 자체는 철학적 문제가 되지 않습니다. 존재(being)와 관련한 유일한 분석명제는 'Being is Being(존재는 존재다)'입니다. 이것은 모든 문제가 나타나기 이전의 순수한 필연성입니다. 하지만 그 자체로는 문제가 아닙니다. being에 관해서 만약 이 분석명제를 넘어선 내용을 말한다면, 그것은 반드시 허구로 만들어 낸 '종합명제'이거나 소설일 것입니다. 따라서 being을 연구하는 형이상학은 성립이 안 됩니다. 왜냐하면 being 자체 말고는 아무것도 말할 수 없기 때문입니다. 진정한 문제는 존재의 변화(becoming)에서부터 시작합니다. 변화가 있으니 문제가 발생합니다. 따라서 인류가 '아니다'라고 말할 수 있을 때 철학이 시작됩니다. 부정사를 통해 사람은 '가능성'을 발명했고, 더 나아가 선택, 자유, 미래 등의 개념으로 발전시킵니다. 그 결과, 사람은 스스로 '이렇게 있을 것인가, 저렇게 있을 것인가(to be this or to be that)'라는 선택 난제를 만들어 냅니다. 이로 인해 '어떻게 존재하는가(to be)'가 존재론적인 문제가 되고, 그 극단적인 표현은 '생존이냐 파멸이냐(to be or not to be)'입니다.

두 번째 단계의 논증은 실존(existence)의 문제, 즉 being이 현장에 있을 가능성으로 방향을 전환합니다. 후설이 보는 세계 밖에 머무는 순수 사유와는 달리, 하이데거는 현존(Dasein)

을 세계 속에 있는 존재(being-in-the-world)로 보았습니다. 정확하게 본 겁니다. 사람이 자기 존재를 의식하게 되면, 존재하는(to be) 목적은 영원히 존재하기 위한 것입니다(to be for long). (생명이 유한하다는 존재론적 조건을 고려하여) 저는 이것을 '준(準)'분석명제라고 부릅니다. 다음으로, 존재한다는(to be) 것은 타인과 같이 존재한다는(to be with others) 의미입니다. 이는 자명한 사실입니다. 따라서 존재론적으로 볼 때, 사람의 존재(existence)는 공존(co-existence)을 전제로 합니다. 혹은 다른 말로 표현하면, 공존이 존재보다 우선입니다.

세 번째 단계의 논증은 공존의 최적 전략입니다. 타인과 공존하는 조건하에서 영원히 존재하려면, 서로 안전을 확보하는 위험기피 원칙이 이성적인 가치 판단에서 우선순위를 차지할 것입니다. 이때 반드시 '공자개선' 원칙, 즉 어떤 사람이든 그 한 사람의 이익 개선은 반드시 동시에 모든 사람의 파레토 개선을 가져온다는 설정이 필요합니다. 관계이성에 기초한 이 같은 사고방식은 상호 적대를 최소화하는 노력을 개인 이익의 최대화를 추구하는 노력보다 우선순위에 둡니다.

하지만 이는 단지 순수 이론 측면의 논증입니다. 이론의 출발점을 설정하였을 뿐이지, 가장 효과적인 실천 방안을 필연적으로 도출할 수 있는 것은 아닙니다. '협력 논리'는 순수이론상의 이성 원칙이고, 실제현실에서 벗어났다는 것은 저도 인정합니다. 사실 유효하게 실천할 수 있는 이론이 과연 존재할까에 대해 저는 회의하고 있습니다. 인간성과 생활 환경이 너무 복잡하고 변수가 너무 많아 일일이 이론화할 수 없습니다. 사회의 변화를 예측하는 일은 지진과 전염병을 예측하기보다 더 어려운 것 같습니다.

선생님이 해주신 건의와 비평에 감사드립니다. 반드시 참고하도록 하겠습니다.

몇 가지 기술적 질문

발터 판쿠체(Walter Pfannkuche):

카셀대학교 철학과 교수

개인이성의 한계에 대한 설명이 별로 명확하지 않습니다. 책에서 보면 한편으로는 이성이 개인 이익의 최대화를 목표로 한다면 개인 사이에는 상호 신임과 안정적 합의를 이룰 수 없다고 하였고, 다른 한편으로는 또 우세 전략에 한계가 있기 때문에 총명과 지혜를 소진하면 게임은 전략의 균형 상태에 도달하여 안정된다고 했습니다. 그렇다면 상호 신임이 없어도 안정이 가능하다는 얘기입니다. 그리고 또 다른 문제로, 왜 개인이성은 신임을 만들 수 없다고 보시나요? 맥키(Mackie, *Ethics*, 5장 4절)와 고티엘(Gauthier, *Morals by Agreement*, p.183)은 다음과 같이 지적했습니다. "죄수의 딜레마를 극복하고 협력에서 배제 당하지 않기 위한 최적의 이성적 선택은 절제된 최대화

(constrained maximization) 전략이다. 절제된 최대화 전략을 채택한 자는 타인의 신임을 얻기 위해 스스로 기본 규칙을 준수할 것이다. 그리고 이런 행동으로 이득을 얻을 수 있다면, 이런 원칙을 따르는 사회는 개인이성(개인의 이기심)을 기반으로 구성될 수 있다." 만약 이상의 논증이 성립된다면, 굳이 별도로 관계이성을 추가할 필요가 있을까요? 관계이성만 가능하고 개인이성으로는 안 되는 것이 무엇이 있나요?

그리고 합법성(정당성)에 관한 세 단계 얘기는 순환논법에 빠진 것 같습니다. 그 내용은 대략 다음과 같습니다.

L-1.
어떤 규칙 체계는 합법적이다. 만약 모든 사람이 동의한다면.
하지만 이것은 불가능하다. 따라서 ⇒

L-2.
어떤 규칙 체계는 합법적이다. 만약 대다수의 사람이 동의한다면.
하지만 민주 절차는 대중과 개인 이익에 부합하는 안이 선택되는 것을 보장할 수 없다. 따라서 ⇒

L-3.

어떤 규칙 체계는 합법적이다. 만약 그것이 민심을 나타낼 수 있을 때.[14]

하지만 민심은 모든 사람에게 유리한 법률 혹은 윤리 기준을 의미합니다. 그러므로 모든 사람이 받아들일 수 있습니다. 이렇게 되면 또 다시 L-1으로 돌아가게 되고, 또 다시 만장일치는 불가능하다는 문제에 직면하게 됩니다.

제가 보기에, 여기에서 네 가지 추론을 도출할 수 있을 것 같습니다.

1.

대부분의 상황에서 우리는 다수가 지지하는 규칙에 만족해야 한다.

2.

다수의 폭정(폭력)의 위험을 최소로 낮추기 위해 모든 사람은 정책 결정 과정에 관심을 가져야 한다.

3.

대규모의 공동체에서 참여 기제를 만드는 적절한 방법은 협상 민주이다. 이로써 모든 사람에게 고전적 의미의 정치적 자유를 보장할 수 있다.

4.
대형 사회에는(외부가 없다는 세계 국가에서 더욱 그렇다) 자신의 목표와 신앙이 다수의 민주에 의해 배제되는 소수 집단이 항상 존재한다. 이러한 소수 집단이 사회에서 버림받지 않도록 이민(혹은 세계 국가 내부에서의 자유 이동)을 허락해야 한다. 그리고 같은 국가 내부에서 다른 법률을 허락해야 한다. 즉 다른 지역 사람이 일부 사안에 대한 신념이 다를 경우, 서로 다른 규칙을 적용해야 한다.

마지막으로 정의의 개념에 관련하여, 이 책의 마지막 부분 '신천하체계 사전'의 2.2.1항을 보면, 정의의 개념은 '공자 개선'과 관련이 있는 것처럼 보입니다. 내용에 따르면, 한 시스템이 파레토 개선을 이룰 때 모든 구성원 개개인이 동시에 파레토 개선을 달성해야 한다고 하였습니다.

여기에서 저는 의문이 듭니다. 파레토 개선은 정의의 기준이 될 수 없습니다. 노예제에서도 파레토 개선은 가능합니다. 모든 사람이 파레토 개선을 달성한다는 것은 무엇을 의미하는지요? 그리고 공자의 구호인 '자기가 서고 싶을 때 남도 서게 하고, 자기가 이루고 싶을 때 남도 이루게 한다'는 것도 필연적으로 정의를 도출하는 것이 아닙니다. 자본가도 다른 사람에게 일자리와 소득을 제공하면서 자신의 목표를 실현할 수 있습니다. 그렇지만 이로 인해 자본주의 사회가 더 공정해지지는 않습니다. 그리고 공자의 정의 원칙에 대한 증명이 무엇인가요? 그 기본 관점은 모든 사물이 일정한 균형을 유지해야 생존할 수 있다는 것 같은데,[15] 그렇다고 하면, 약자를 보살피는 것도 평등의 이념에서 나온 것이 아니라, 모든 사람의 생존을 위해 호혜 체계를 만들어 사회의 균형을 유지하기 위한 수단처럼 됩니다. 하지만 생존, 상호 이익, 그리고 사회의 안정성 등은 매우 약하고 모호한 기준이며, 또 여러 다른 수단을 통해 달성할 수 있습니다. 존재론 원리로서의 균형 개념은 제한적으로 특정 분배 질서를 제공하기에 충분한지요?

자오팅양:

정곡을 찌르는, 까다로운 질문입니다만, 설명을 시도해 보겠습니다.

우선 개인이성의 문제점에 대해 분석해보겠습니다. 개인이성은 세 가지 결과를 가져올 가능성이 있습니다. 첫째, 1+1=2. 이 뜻은, 모든 참여자가 공평하고 공정한 이익 분배를 받았다는 것입니다. 물론 좋지만 거의 불가능합니다. 왜냐하면 모든 사람에게 공평 공정한 게임 규칙은 없습니다. 둘째, 1-1=0. 이 것은 함께 죽거나 둘 다 손해 보는 적대 행위를 의미합니다. 셋째, 2+0=2. 이것은 승자 독식의 상황입니다.(승자독식은 좀 과장된 것이고, 실제로는 승자가 거의 다 차지하는 정도일 것입니다. 1.8+0.2=2처럼.) 이와 달리 관계이성이 실현하려는 것은 1+1=3입니다. 수학에서는 말이 안 되겠지만, 존재론에서는 가능합니다. 아마 신에게는 수학 외에도 다른 신비로운 힘이 있는 것 같습니다. 여기서 전달하고자 하는 것은, 만약 개인이성이 도달하기 힘든 공유의 행복을 최대화할 수 있다면, 이런 적극적인 관계는 개인 이득을 초월하는 별도의 이익을 창조할 수 있다는 것입니다. 예를 들면, 사랑이 가져다주는 공유 행복은 분명 '공평 공정'한 이익 분배보다 클 것입니다. 이 예는 약간 억지스러운 것도 같은데요, 아마 진정한 사랑이 드물고 귀해서 전형적인 예로 삼기는 어려울 것 같습니다. 우정이나 호혜 협력으로 바꾸어도 무방합니다. 충분한 신뢰가 있는 협력은 거래 비용을 거의 0에 가깝게 낮출 수 있고, 협조를 통해 더 많은 발전 기회를 만들 수도 있습니다. 더 중요한 점은, 관계이성은 1-1=0 혹은 2+0=2와 같은, 사람을 실망시키는 분배 결과를 배제한다는 겁니다. 관계이성 중에서 모든 사람의 행복은 다 관계의 함수입니다. 비교적 낙관적인 가정은 '공자개선'의 제도 안배에 따라 모든 사람이 단순히 개인이성을 사용하는 것보다 많은 행복, 혹은 적어도 더 많은 이득을 얻게 되는 것입니다. 간단히 정리해 보면, 우선,

관계이성의 가장 큰 장점은 전쟁과 충돌을 배제하면서 가장 나쁜 가능성을 배제하는 것입니다. 그 다음, 호혜 관계는 순환적인 '선물' 제도로(물질적인 선물이든 정신적인 선물이든) 발전할 수 있습니다. 관계이성을 기초로 하는 '선물'은 자비나 연민에서 나온 자선 행위가 아니라 최적의 결과와 최소의 거래 비용을 고려하여 실시하는 호혜에 대한 장려와 상호 협조의 표현입니다. 그레이버(David Graeber)는 『부채, 첫 5,000년의 역사』에서 선물을 주고받으면서 형성된 빚의 순환이 최초의 문명과 인문 제도를 수립하는 핵심 요소였다고 지적합니다. 이 인류학적 발견은 공자가 주장하는 인성의 기초로서의 인(仁)-의(義) 순환과 대조할 수 있습니다. 인(仁)은 보통 조잡하게 benevolence(인자함)로 번역되지만, 사실 인(仁)의 이론적 의미는 '임의의 두 사람 간의 상호 관심'입니다. 그리고 의(義)의 이론적 함의도 일반적으로 번역하는 righteousness(정직함)이 아니라 '사람의 의무(human obligations)'입니다.

관계이성의 예를 몇 개 들어보겠습니다. 갑자기 생각한 것이라서 좋은 예는 아닐 수도 있습니다. ① 중국의 전통 향촌 사회에서는 집을 지을 때 이웃끼리 서로 도와주지만 비용을 받지 않습니다. ② 농작물을 수확할 때, 시기를 놓치지 않기 위해 이웃은 서로 돌아가면서 일을 돕고 역시 비용을 받지 않습니다. 그리고 누가 더 이득이나 손해를 보았는지도 따지지 않습니다. ③ 젊은 사람이 결혼할 때 친구들은 예물을 주는 형식으로 신혼

부부에게 돈을 주고 신혼 생활에 필요한 도움을 줍니다. 하지만 이런 것은 지난 일이고, 1990년대부터 중국에 자본주의가 성행하여 순환 선물의 전통은 이미 점점 사라지거나, 개인 자유에 대한 부담으로 여기게 되었습니다. 순환 선물(제도)의 중요한 점은, 이것이 대칭적이거나 균형을 이루는 것이 아니라는 데에 있습니다. 답례는 반드시 등가일 필요가 없고, 많을 수도 있고 적을 수도 있습니다. 어떻게든 마음을 전달하는 것이 목적입니다. 선물의 목적은 친밀한 관계를 구축하는 것이지 경제 거래를 하려는 것이 아닙니다. 이러한 호혜 관계는 모든 개인의 업무 비용을 낮추는 데 도움이 됩니다. 순환 선물의 기초는 '인의(人義)'입니다.[16] (이것은 자기 이익을 보장하려는 '인권'과 대조됩니다.) 그리고 그 의미는 '사람이란 함께 나누는 존재'라는 겁니다.(이것은 '개인'과 대조됩니다.)[17] 이것은 형이상학적 기본 설정의 차이를 보여줍니다. 즉 인간이라는 존재는 독립적인 개개인이 스스로 정한 것이 아니라 관계에 의해 만들어지는 것입니다.

이제 두 번째 질문에 대답해 보겠습니다. 저의 기본 가정에 순환 논법이 있다는 건 인정합니다. 예전에 저는 논리를 맹신하여 순환 논법에 빠질까 봐 늘 두려워했지만 나중에는 두려워하지 않게 되었습니다. 왜냐하면 순환 논법은 아마 모든 철학 이론이 피할 수 없는 현상이고, 그것이 꼭 틀렸다고 할 수는 없다는 것을 알게 되었기 때문입니다. 순환 논법은 논리학에서 분명 받아들일 수 없겠지만, 현실은 논리로만 구성된 것이 아닙니다. 논리는 수학의 법칙이지 생활의 법칙이 아닙니다. 논리에는 한 차원의 시간만이 있습니다. 하지만 현실에는 여러 차원의 시간이 있습니다. 보르헤스가 말한 '갈라진 시간'처럼요. 만약 어떤 철학 이론이 현실에 충실하다면, 아마도 전제, 가설, 정의 등 기본 개념에 순환 논법이 존재할 것입니다. 사실 수학 체계도 기초 개념에 순환 논법이 존재할 수 있습니다. 예를 들면 힐버트(David Hilbert)의 정교한 기하학 이론이 그렇습니다. 듣기로는 그의 체계는 순환 논증으로 정의된 기본 개념에 기초하여 유클리드 전통 기하학의 불완전한 직관적 해석에서 벗어날 수 있었다고 합니다.

민심의 문제도 정확하게 잘 지적하셨습니다. 민심은 아직 명확하게 규명하지 못한 전통 개념이고, 그 함의는 루소의 일반의지처럼 모호합니다. 저의 맥락에서 민심은 사람에게 보편적으로 좋은 사물이 보편적으로 받아들여진 상태를 의미합니다. 죄송하지만 이 말도 여전히 모호하네요. 하지만 분명한 것은, 민심의 향방과 사람들이 원하는 것은 다릅니다. 예를 들어 선생이 학생에게 좋은 지식을 전달하고 싶어 해도, 학생이 배우고 싶은 것이 아닐 수도 있습니다. 욕구(wants)는 수요(needs)와 어긋날 수 있습니다. 제가 민주에 대해 우려하는 것도 바로 이 점 때문입니다. 민주의 기반은 사람의 욕구입니다. 하지만 '좋은 물건'의 수량은 한정되어 있고, 사람의 욕구에 비해 턱없이 부족하여 사람들이 권리의 이름으로 제기하는 합법적 요구를 만족시킬 수 없습니다. 만약 다수의 욕망과 의견만을 따른다면, 세계는 고갈되고 파멸될 것입니다. 세계를 구원하고 모든 사람의 생존을 보장할 수 있는 것은 대중의 의견이 아니라 이성입니다. 민주는 이미 '퍼블리크라시(publicracy)'로 퇴화하여 더 이상 진정한 민주가 아닙니다. 따라서 저는 집단적 비이성을 방어할 수 있는 '스스로 지혜를 지닌 민주'를 찾고 있습니다. 시간 관계상 여기까지만 하겠습니다.

세 번째 문제와 관련해서, 공자 원칙을 이해할 때, 일반적으로 쓰이는 번역 때문에 오도되기 쉽습니다. 더 정확한 번역은 다음과 같습니다. 'to be established iff let others established, to be improved iff let others improved.'(남을 서게 할 때에만 나도 설 수 있고, 남을 이루게 할 때에만 나도 이룰 수 있다. 己欲立而立人, 己欲達而達人) 제가 이 원칙을 '공자개선'으로 한 단계 발전시킨 것입니다.

정확하게 지적하신 대로, 설령 모든 사람이 파레토 개선을 이루더라도 공정한 사회가 보장되는 것은 아닙니다. 아마 평등의 문제를 생각하신 것 같은데, 현대의 많은 철학자들이 평등 개념에 너무 많은 요소를 집어넣어 이제 평등 개념은 너무 비대해졌습니다. 지금은 어떤 사물이나 분야에도 불평등이 존재할 수 없는 지경이 되었습니다. 하지만 이렇게 되니 오히려 평등 개념을 여러 가지 충돌의 목표로 만들어 버렸습니다. 지금은 어쩌면 평등을 서로 모순되고, 따라서 실현하기 힘든 대량의 요구로부터 구출해야 할 시점일지도 모르겠습니다. 그렇지 않으면 어떤 평등이든 실현할 수 없게 될 것입니다. '공자개선'이 완전하게 공정하거나 전면적으로 평등한 사회를 만들어 낼 것이라고 기대하지 마시길 바랍니다. '공자개선'은 그렇게 강력하지 않습니다. 하지만 비교해 보면, 저는 그래도 '공자개선'은 각종 기타 복지 개선 방안보다 우수하다고 생각합니다. 그것이 파레토 개선이든 칼도-힉스 효율성(Kaldor-Hicks efficiency)이든 말입니다.[18]

제가 우려하는 바는, 현대 이론은 정치적 올바름에 빠져 있는데, 현대성의 '달콤함'에 도취되어 있는 우리는 여기에 내포된 문제점과 위협을 의식하지 못하고 있다는 점입니다. 자아 방종(self-spoiled)에 빠진 현대 이론은 광범위한 적응성이 부족하여 충분히 많은 가능한 세계를 고려하지 못하고, 미래의 도전에도 대응할 수 없습니다. 어떤 좋은 일이 너무 좋게 되면 비현실적이 됩니다. 예를 들어 평등 개념은 합리적이고 실행 가능한 전제가 있어야 좋은 것이 될 수 있습니다. 즉 평등은 윤리적 요구만 고려할 수 없고, 경제 조건을 포함하는 세계의 존재론적 상태도 고려해야 합니다. 덧붙여 말하면, 신에게는 아마 윤리학이 필요하지 않을 것입니다. 신은 상상력과 미학만 가지고도 세상을 창조할 수 있습니다. 아니면 신에게는 우리가 이해할 수 없는 또 다른 초경험적인 윤리학이 있을지도 모르겠습니다. 비트겐슈타인이 말한 것처럼, 신의 초경험적 윤리학은 미학과 같은 것일 가능성이 큽니다.

천하 이론에 대한 평론

슈테판 고세파스(Stefan Gosepath) :
베를린자유대학교 철학과 우수교수

자오팅양 선생에 따르면, 관계이성은 우리에게 필요한 것이고, 이성적으로도 생존에 필요한 것입니다. 선생은 개인 이익의 최대화를 내용으로 하는 개인이성은 이성 개념을 설명하기에 부족하다고 주장합니다.

한 행위를 오직 개인 이익 최대화를 기준으로 계산한다면 이성적이라고 할 수 없습니다. 타인의 이성적 반응도 계산에 포함시켜야 그 행위를 이성적이라고 할 수 있습니다. 아무도 이 세상에서 혼자 존재할 수 없고, 모든 행위는 타인에게 영향을 줍니다. 영향 받은 이해관계자는 이런저런 방식으로 반응을 할 것입니다. 모든 행위가 한편으로는 타인에게 영향을 주고, 다른 한편으로는 영향에 대한 반응을 받아들이기 때문에 쌍방 모두 행위의 결과를 고려해야 합니다. 오직 타인의 간섭이 없거나 결과를 바꿔버릴 위험이 없을 때에만, 그 행위를 이성적이라고 평가할 수 있습니다. 따라서 행위자는 처음부터 모든 영향받는 사람의 이익을 고려해야 하고, 이럴 때에만 개인의 행위가 충분히 이성적이라고 할 수 있습니다. 따라서 자오팅양 선생의 결론은 개인이성은 오직 그것이 필연적으로 집단이성을 도출할 때에만 진정한 이성이라고 할 수 있다는 것입니다.[19] 한 사람은 이성적으로 개인과 타인의 교차 관계를 고려해야 하고, 개인이성은 논리적으로 집단이성으로 전환하고 발전하도록 요구됩니다. 선생에 따르면, 교차 관계 속에서도 보편적으로 유효한 넓은 의미의 집단이성 관념의 도움을 받아야 전체로서의 인류가 협력 속의 도전을 해결할 수 있습니다. 제가 보기에 중요한 이 견해는 넓은 의미의 합리적 선택 이론과 일치합니다. 자오팅양 선생은 우리의 개인적이면서도 집단적인 생활을 '중복 게임(iterative games)'으로 보고 있기 때문에 확실히 개인이성을 집단이성으로 유도할 수 있습니다. 하지만 선생은 또 하버마스의 소통이성은 너무 이상화되었다고 주장합니다. 여기서 질문이 하나 생깁니다. 자오팅양 선생이 생각하는 이성은 도대체 어떻게 해야 집단성을 갖출 수 있을까요? 이성적 고려는 개인의 시각에서 출발하는 것인지요, 아니면 집단 대리인처럼 전체를 고려하는 집단의 시각에서 출발하는 것인지요?

선생이 제기한 '공자개선'은 좋긴 하지만, 마찬가지로 너무 이상적입니다. 만약 모든 참가자가 충분히 긴 시간의 이성적 사고를 할 수 있다면, 그들은 확실히 모든 관계자가 동의하는 계약을 추진할 수 있습니다. 하지만 이것이 자동적으로 모든 참여자의 평등과 상호 존중으로 이어지지는 않을 것입니다. 만약 실력이 균등하지 않아서 어느 한 구성원이 장시간 동안 다른 구성원을 통치하거나 지배할 수 있다면, 이런 통치 관계를 유지하는 것이 우세한 구성원의 이성적 선택이 될 것입니다. 만약 이런 통치 관계가 효율적인 이데올로기에 의해 그럴듯한 정당성으로 포장된다면, 약삭빠른 통치자는 약간의 이익을 얻기 위해 굴복해야 하는 사람들에 대해 불평등한 지배권을 갖게 됩니다. 이런 상황이라면 완전하고 보편적으로 모든 사람의 이익을 만족스럽게 개선했다고 말하기는 어려울 것입니다. '공자개선'은 파레토 개선에 대한 개선입니다. 파레토 개선의 요구 조건이 너무 빈약하기 때문에 보편성이 있는 공자개선이 확실히 더 우수합니다. 하지만 파레토 개선과 비슷한 문제는, 공자개선도 모든 사람이 평등한 복지 수준으로 개선하도록 보장할 수 있는 필연성 조건은 없다는 점입니다.

정치 개념으로서의 '천하'가 아무리 매혹적이라 해도, 우리는 정치적으로 너무 순진해서는 안 됩니다. 천하는 공자까지 거슬러 올라가는 오래된 개념이고 도덕과 윤리의 기초 위에 수립되었습니다. 공자의 도덕 윤리에는 일반적인 문제점이 하나 있는데, 바로 아버지가 어떻게 하는 것이 가족에게 가장 좋은 것인지를 가장 잘 알고 있다고 가정하는 것입니다. 비슷한 원리로 정치 권위는 어떻게 하는 것이 백성에게 가상 좋은지를 가장 잘 알고 있습니다. 따라서 유가는 통치자에게 백성의 희망을 고려하고 그것을 만족시켜야 한다고 요구합니다. 하지만 그것은 가족 내에서 어린이를 대하는 태도와 마찬가지입니다. 복종하는 사람들이 아버지가 좋은 지도자인지 판단할 수 있는 충분한 사상 수준과 지식이 있는지는 확인하기 어렵습니다. 하지만 다른 한편으로, 만약 인민에게 충분한 지식이 있다면, 애당초 정치 권위에 복종할 필요가 어디 있겠습니까? 공자 사상 중에서 등급 제도 요소는 지식과 도덕의 불평등을 미리 설정하였습니다. 이것은 유가 사상에 내포되어 있는 중요한 구성 요소인데, 제게는 심각한 문제점으로 보입니다.

자오팅양:

평론과 질문, 감사합니다.

　　저는 개인이성을 관계이성으로 전환하거나 관계이성으로 개인이성을 대체하자고 주장하는 것이 아니라, 관계이성을 새로운 원소로 이성의 범주 속에 포함하여, 그 안에 관계이성과 개인이성이 같이 있게 하려는 것입니다. 양자 모두 없어서는 안 되는 것입니다. 칸트가 내린 이성(reason)의 정의는, 순수이성과 실천이성 두 부분으로 되어 있습니다. 그 이후 경제학 정치학, 게임이론은 실천이성을 개인이성(individual rationality)의 범위로 축소하였습니다. 그리고 도덕적 요소를 분리하여 단순히 이해타산만 생각하는 개인이성이 되었습니다. 이런 이론으로는 좋은 사회를 만들 수 없습니다. 그러니 저는 실천이성을 다시 정의하고 싶습니다. 하지만 칸트로 돌아가자는 것이 아닙니다. 도덕화의 실천이성은 힘이 너무 약해서, 정치 경제 그리고 일상생활 대부분의 실제 상황에 대응할 수 없습니다.

우선 칸트가 요구하는 조건 없는 도덕이성은 비현실적이고, 사회에서 벌어지는 대부분의 상황에 적용할 수 없습니다. 따라서 조건 있는 이성을 고려해야 합니다. 다음으로, 완전한 실천이성 개념은 적어도 개인이성, 집단이성, 관계이성 세 종류의 이성을 포함할 수 있습니다. 하버마스의 소통이성을 포함할 수도 있겠지만, 소통이성은 개인이성이 소통할 때에만 제한적으로 적용되기 때문에 독자적 의미가 없어서 여기에는 포함하지 않았습니다. 세 종류의 이성은 서로 독립적이고, 서로 환원하거나 대체할 수 없습니다. 따라서 저는 관계이성으로 개인이성을 대체하지 않고, 또 개인이성을 집단이성으로 전환하지도 않습니다. 하지만 확신하건대 개인이성은 생활 문제에 답을 제시하기에는 많이 부족합니다. 집단이성은 우리가 공동체의 의사결정을 할 때 필요하고, 관계이성은 충돌과 적대행위를 해결할 때 개인이성의 이기적 경향을 억제하기 위해 필요한 이성입니다.

집단이성이 아직 해결되지 않은 문제라는 지적은 정확합니다. 이것은 공공 의견도 아니고 단체의 관점도 아닙니다. 경제학과 정치학에서 집단이성은 개인이성의 총합으로 봅니다. 하지만 실망스럽게도 개인이성의 총합이 필연적으로 집단이성을 생성하는 것은 아닙니다. 그 결과가 이성적이라는 보장은 없고, 심지어 비이성적인 경우가 더 자주 발생합니다. 그리고 하버마스의 이성적 협상(대화)도 사소한 오해나 모순만 해결할 수 있을 뿐이지, 문명 충돌이나 종교 대립 같은 중대한 문제는 해결하기 어렵습니다. 왜냐하면 심각한 충돌이 보여주는 것은 사고(minds)의 차이가 아니라 마음(hearts)의 거리이기 때문입니다. 사람 마음의 문제는 개인이성과 이성적 협상의 한계를 드러냅니다. 간단히 말하면, 개인이성의 약점은 자아중심주의와 개인주체성 때문에 국한된 협소한 시야에 있습니다. 저는 의견보다 지식을 신뢰하는 고대 그리스 사람의 태도에 찬성합니다. 하지만 현대 사상은 항상 지식과 정치, 혹은 지식과 권리를 혼동시키고 있습니다. 관계이성은 자아중심주의와 대중주의의 함정에서 벗어나는 데에 도움을 줄 수 있습니다. 관계이성은 우리가 사물을 볼 때, 모든 사람과의 모든 가능한 관계 속에 놓고 보아야 한다는 뜻입니다. 예를 들어 사랑은 의견이 아니라 관계입니다. 다시 말해, 모든 가능한 생활은 오직 관계 속에서만 존재합니다.

지배적 권력이 채택할 수 있는 이성적 책략에 내포된 위험성을 경고하셨는데, 이에 대해서는 저도 전적으로 동의합니다. 뛰어난 중국 작가 리우츠신(劉慈欣)은 자신의 공상과학소설『삼체(三體)』에서 사람을 불안하게 하는 문제를 제기했습니다. 만약 외계 문명으로 꽉 차 있는 우주가 도덕이 없는 사회라면, 즉 극단적인 홉스의 상태라면, 우리는 어떻게 대응해야 할까요? 제가 말하고 싶은 것은, 도덕과 윤리는 인류가 만들어낸 기적이고, 그것은 모든 사람이 약자인 사회에만 존재합니다. 니체가 정확하게 지적한 것처럼 약자에게만 도덕이 필요합니다. 신이 모든 사람을 약자로 만들었으니, 신에게 감사해야 합니다. 이는 인류가 존재론적으로 운이 좋았던 것입니다. 바로 이 때문에 인류는 문명을 발전시킬 수 있었고, 특히 이성을 발명해서 전제와 권력에 대항할 수 있었습니다.

'공자개선'은 모든 사람에게 이득입니다. 하지만 그것은 모든 사람이 '같은 수준의 복지(이득)'에 도달한다는 의미는 아닙니다. 그리고 모든 사람이 모든 일에서 평등하면 '문명의 열죽음' 상태를 유발할 겁니다.[20] 비록 우주 열죽음 이론은 아직 최종적으로 증명된 것은 아니지만, 하나의 이론상 경고로 볼 수 있습니다. 평등에 대해 지나친 환상을 갖지 말라고 일깨워주는 경고 말입니다. 평등은 달콤한 독약과 같아서 모든 사람을 만족시켜주는 동시에 문명을 파괴할 수 있습니다. 중국의 선현도 '유제비제(維齊非齊, 무조건적인 평등은 평등이 아니다)'라고 훈계하셨습니다. 오늘날에는 세상 사람들이 평등에 지나치게 열중하면서 점점 극단으로 가고 있습니다. 비현실적이고 달성할 수 없는 목표를 향해 계속 간다면 세계의 부담 능력을 초과하여 버틸 수 없는 압박이 될 수 있습니다. 저는 이런 것을 우려하고 있습니다. 보다 더 현실적인 '공자개선'은 개인주의가 만들어 낸 죄수의 딜레마, 무임승차, 공유지의 비극 등의 문제를 막아보려고 하는 것입니다. 하지만 그로써 모든 사람이 똑같은 수준의 행복을 얻게 할 수는 없습니다. 천하체계는 모든 사람이 최고의 행복을 누릴 수 있다고 약속하는 유토피아가 아니라, 실현 가능한 수준에서 평화롭고 함께 누리는 '공토피아'를 기대하는 것입니다. 이것은 물론 완벽한 세계가 아닙니다. 하지만 완벽함 자체가 일종의 위험입니다. '불완전주의'에 따르면, 완벽한 사물은 그 완벽함 때문에 취약해집니다.

그리고 지적하신 유가 윤리 안에 존재하는 심각한 문제점에 대해서도 동의합니다. 특히 등급 제도가 그렇습니다. 제가 천하체계를 다시 구상할 때의 목표 중 하나가 바로 옛날의 천하이론에 담겨 있는 안 좋은 부분, 특히 등급 제도와 중심의 패권을 제외하려는 것이었습니다. 그리고 저는 이 이론이 도덕적 주장으로 전락하는 것도 피하려 했습니다. 천하체계는 정치 개념이고, 윤리적 판단으로부터 독립되어야 합니다.

토론8

세계의 세계성

그레이엄 파크스(Graham Parkes):

빈 대학교 교수

책 속에서 천하는 '세계성을 지닌 세계(a world of worldness)', '세계의 세계화(a worldlization of the world)'라고 하는 부분을 읽었을 때, 저는 이것이 하이데거가 『존재와 시간』에서 제기한 '세계의 세계성(Weltlichkeit der Welt)'이라는 존재론적 관념과 어떻게 연결될 수 있는지 생각해봤습니다. 하이데거의 이론은 현대 서양철학사에서 상당히 독창적입니다. 그가 특수사물에 대한 총합으로는 '세계'에 대한 완전한 이해에 영원히 도달할 수 없다고 말할 때, 그가 보인 접근법은 천하 이론과 매우 비슷합니다. 하이데거는 세계를 이해할 때, 의미를 생성하는 '지시연관(Verweisungszusammenhang)'[21]과 '관계 시스템(Relations system)'에서 출발해야 한다고 주장합니다. 제가 보기에 이는 정치 분야에서 사상의 출발점으로서 천하 개념과 공교롭게 맞아떨어지는 것 같습니다.

자오팅양:

하이데거의 견해를 언급해 주셔서 감사합니다. 저는 형이상학을 다룬 책『제일철학의 지점(第一哲學的支點)』에서 그의 사상을 토론한 적이 있습니다. 저는 하이데거가 존재론의 초점을 '세계 속에 있는 존재(being-in-the-world)'의 '현존(dasein)'에 두는 것에 매우 동의합니다. 이런 점은 세계 밖에서 세계를 관찰하는 후설식의 자아와는 다릅니다. 그리고 말씀하신 대로 하이데거가 세계를 '관계 시스템(relational system)'으로 보았고, 이것이 중국의 형이상학과 잘 들어맞는다는 견해에도 동의합니다. 하지만 우리가 다루려고 하는 문제는 조금 다릅니다. 하이데거의 철학은 '세계 속에서 존재하는' 개인의 상태를 잘 설명하였지만, 정치와 사회 측면에서 공존(coexistence) 상태를 설명하지는 않았습니다. '세계 속의 존재'로서 개인에 관한 이론은 개인의 경험을 설명할 수는 있지만 인류 사회의 공동 문제에 답할 수는 없습니다. 저는 정치의 존재론적 문제를 설명하려 하고, 공존 문제를 통해 '무외'와 '보편적 공동 가능성' 원칙의 존재론적 합리성을 발견하려 하는 것입니다. 따라서 '세계를 위한 세계(a world for the world)'라는 의미에서 세계의 세계성을 이해하고 있습니다.

계몽, 민심과 존중

크리스티안 노이호이저(Christian Neuhäuser):

도르트문트공과대학교 교수

현대의 단면성에 대해 비판을 할 때, 자오팅양 선생의 관점은 호르크하이머와 아도르노의 『계몽의 변증법』에서 보는 것과 매우 흡사합니다. 예를 들어, 선생도 마찬가지로 맹목적인 소비주의와 정신성의 상실을 비판하였습니다. 제가 알기로는, 호르크하이머와 아도르노는 두 가지 측면에서 계몽운동을 비판하였습니다. 우선, 계몽운동은 그 위대한 계획을 실현하고 모든 두려움의 배후에 숨어 있는 원인을 제거하기 위해 모든 신화를 철저하게 파괴하였는데, 그러면서 통제할 수 없고, 이해할 수 없고, 묘사할 수 없어 경외할 수밖에 없는 사물에 대한 감정도 함께 파괴해 버렸습니다. 하지만 이런 것들은 원래 보존했어야 하는 것입니다. 또한 이들은 계몽운동은 단지 지식의 운동

(intellectual movement)이었고, 진정으로 유효한 계몽이 필요한 물질 조건과 사회 구조를 무시했다고 지적하였습니다.

그래서 제가 드리고 싶은 질문은 이렇습니다. 우선, 만약 필요하다면 천하는 전 세계적인 신화를 만들게 될까요, 아니면 지역적인 신화를 만들게 될까요? 천하 자체가 지닌 이성이 단면적 실증주의 이성이 아니라는 것을 보증하기 위해서는 어떤 수단이 필요한지요? 다음으로, 천하의 물질적 전제는 무엇입니까? 누가 이 세계를 소유하게 될까요? 생산수단은 어떻게 분배해야 할까요? 수입은 어떻게 평등할 수 있을까요?

자오팅양 선생이 '민심'을 얘기했는데, 민심이 무엇인지 저는 잘 모르겠습니다. 그리고 전 세계라는 면에서 어떻게 민심을 얻을 수 있을지요? 민심은 정치 제도의 합법성을 민중의 마음에 심어주기 때문에 천하의 실현에 매우 중요할 것 같습니다. 선생은 간혹 민심을 '일반 의지'와 연결시키는데, 이것은 각종 기본 가치에 강력한 포용성을 갖춘 담론 체계를 의미합니다. 그렇다면 어떤 구조, 그리고 어떤 집행자가 이런 담론을 추진할 수 있을까요? 이 담론은 영어 지배하의 철학과 구별되는 전 세계적인 철학으로 구성되는 것일까요? 자오팅양 선생은 민심이 보편적 가치 체계이기 때문에 보편적으로 받아들여질 것이라고 했습니다. 하지만, 어떤 가치가 이성에 의해 받아들여지는 동시에 모든 사람의 마음에도 받아들여질 수 있을까요? 아마도 인권이 그중 하나가 될 수 있겠는데요, 하지만 자오팅양 선생이 지적했듯이 현실에서 인권 개념은 이미 남용되어 많은 국가에서 적용할 수 없습니다. (하지만 자오팅양 선생의 롤스에 대한 이해는 좀 거친 것 같네요. 롤스도 깡패 국가와 피해 받는 국가를 구별하였습니다.) 그렇다면 어떤 절차를 통해야 인권이 민심으로 전환될 수 있을까요? 아니면 적어도 민심에 가까워져서 천하체계의 튼실한 기초가 될 수 있을까요?

다음은 존중에 관한 문제입니다. 상호 존중하는 것이 천하의 구성 요소인 것 같은데, 여기에는 문화와 종교 다양성에 대한 존중이 포함됩니다. 여기서 문제가 되는 것은, 천하체계에서는 모든 사람이 마땅히 얻어야 하는 평등한 도덕 지위(moral standing)를 어떻게 인정받을 수 있는지요? 그리고 이런 도덕적 지위에는 얼마나 많은 내용이 포함됩니까? 모든 사람의 평등 권리가 포함될까요? 만약 그렇다면, 어떤 권리가 포함될까요? 이 점을 명확하게 해야 종교와 문화 등 다양성의 내용에 대해 경계선을 그을 수 있습니다. 오늘날 이 문제는 항상 일부 실천 활동과 혼동됩니다.(예를 들어 성차별, 종교적 오만, 문화적 우월의식(cultural snobbism)같은 것들이요.)

현대의 천하가 고대의 천하와 구별되는 전제 조건 중의 하나는, 사람들이 사회에서, 아니면 최소한 자신의 생활권에서 평등한 구성원으로 인정받아야 한다는 것입니다. 디지털 교류로 인해 사람들 간의 비교나 구별짓기는 글로벌화되었습니다. 이 때문에 가정이나 국가 같은 작은 범위에서 집단 내부의 존중은 더 이상 사람들의 평등과 존중에 대한 수요를 만족시킬 수 없습니다. 이런 상황에서 천하는 어떻게 모든 사람이 평등하게 존중받는 것을 보장할 수 있을까요? 제가 보기에는 이것이 민심의 중요한 측면이고, 천하의 구축에 매우 필요할 것 같습니다.

그리고 대기업에 관한 문제를 하나 얘기하겠습니다. 저자는 이 책의 여러 군데에서 기술 권력의 확장을 비판하였지만, 대기업에 대해서는 전혀 언급하지 않았습니다. 제가 알기로는 대기업은 우리가 사는 이 시대의 가장 강력한 행위 주체입니다. 가장 큰 200개의 경제체 중 2/3가 기업입니다. 기업은 경쟁적 환경에서 이익을 추구하는 구조를 가장 완벽하게 보여주고 있습니다. 따라서 천하체계와 대립되는 존재로 봐야 할 겁니다. 따라서 두 개의 질문을 드리겠습니다. ① 상업적 대기업이라는 장애물이 있는 상황에서 천하체계를 어떻게 실현할 수 있을까요? 혹은 대기업이 천하체계의 추진 동력으로 전환될 수 있을까요? ② 대기업은 천하체계 안에서 존재할 수 있습니까? 만약 그렇다면 어떻게 통제되고 안배되나요? 말씀하신 천하-국가-가정의 구조에서는 기업의 자리를 찾아볼 수 없습니다. 그리고 만약 기업이 허용되지 않는다면, 대규모 경제 사업을 어떻게 효과적으로 추진할 건가요?

자오팅양:

중요한 질문에 감사드립니다.

앞의 두 질문에 대해, 저는 이렇게 말씀드리고 싶습니다. 천하체계는 세계 차원의 문제를 해결하기 위해 생각해낸 것입니다. 지적하신 것처럼, 세계적, 혹은 글로벌 차원의 문제가 지역/국가 측면에서 해결된 경우는 하나도 없습니다. 핵무기든 기후변화든 글로벌 경제위기든 첨단과학(인공지능과 유전자편집)이든 모두 마찬가지입니다. 따라서 천하의 목적은 세계적 신분/정체성을 만드는 것이지, 중국에만 속하는 지역적 정체성을 만들려는 것이 아닙니다. 천하 이론은 전 세계와 모든 사람을 포괄하는 보편 이론이고, 목표는 칸트의 이론이 구상한 것과 비슷한 보편성에 도달하는 것입니다. 천하는 중국 철학에서 따온 개념입니다. 하지만 그것이 중국의 전유물일 필요는 없습니다. 이 이론은 세계 어느 지역의 사람이든 다 제기할 수 있습니다. 리히텐슈타인 공국, 스위스, 브라질, 어느 나라든 가능합니다. 만약 천하가 실현된다면, 모든 사람이 공유하는 세계일 것이고, 어느 특정인이 점유할 수 없습니다. 저는 '공자개선'이 천하가 더 합리적이고 더 공정한 분배 방식을 개발하는 데 도움이 될 수 있기를 기대합니다. 하지만 가까운 미래에 전 세계가 동일한 소득 수준을 달성할 가능성은 없어 보입니다.

계몽은 지식 측면의 운동에 국한되어서는 안 된다는 선생님의 견해에 전적으로 동의합니다. 사실 계몽 운동 이래 사상 자원은 이미 고갈되었고, 현재의 문제에 대응하기 어렵습니다.

천하체계의 물질 조건에 대해서, 저는 적어도 여러 가지 신기술이 포함될 것이라고 생각합니다. 예를 들어 인터넷, 인공지능, 양자기술, 핵융합, 그리고 세계화폐(아마도 디지털일 것이다) 등입니다. 이런 기술은 어느 국가 혹은 지역이 아닌 전 세계에 전면적인 변화를 가져올 수 있습니다. 과학기술은 모든 사람에게 혜택을 가져다줄 수 있지만, 동시에 위험도 가져올 수 있습니다. 따라서 우리에게는 기술이 필요하지만, 동시에 경계도 해야 합니다. 사람들에게는 미래를 예견하는 지혜가 없어서, 늘 예상 밖의 일이 발생합니다. 예를 들어, 당초의 예상과 달리 인터넷은 충분한 민주와 자유를 실현할 수 있는 세상을 만든 것이 아니라, 오히려 사회의 편견, 차별, 유언비어, 증오와 대항을 증폭시키고, 사람들의 프라이버시와 자유가 언제 어디서든 침해되는 세계를 만들었습니다. 지금 우리는 또 크나큰 기대와 깊은 우려를 품고 인공지능, 양자컴퓨터, 유전자편집의 시대를 맞이하고 있습니다. 이런 기술은 거대한 복지를 창출할 수 있지만, 기술을 통치 수단으로 하는 신전제가 될 우려도 있습니다. 우리가 현재 처한 상황은 이렇습니다. 기술은 갈수록 새로워지는데 정치 질서나 제도는 상대적으로 낙후되어 새로운 기술이 가져온 도전에 대응할 수 없습니다. 따라서 저는 기술이 발전할수록 세계 규모의 문제를 해결할 수 있는 새로운 천하체계가 필요할 것이라고 확신합니다. 다시 말하면, 새로운 도전과 같은 규모의 세계 체계가 필요한 것입니다. 천하체계는 민족국가를 소멸하려는 것이 아닙니다. 단지 기존의 국가 체계 위에 더 높은 단계의 체계가 있어야 한다는 것입니다. 여기에 세계헌법에 상응하는 제도가 필요할 것입니다. 다시 말씀드리지만, 유엔 같은 조직은 더 높은 체계가 아닙니다. 유엔의 권력은 민족국가를 초월하지 못하고 있습니다. 미래의 세계는 옛것을 단순하게 '조합'하는 것이 아니라, 재구성해야 합니다.

민심을 루소의 일반의지에 대비하는 것은 적당하지 않습니다. 저는 루소를 인용했던 것을 몹시 후회하고 있습니다. 민심 개념에는 원래부터 명확한 정의가 없었습니다. 대략 모든 사람의 수요를 만족시켜서 보편적 동의를 얻은 경우를 가리킵니다. 수요의 범위는 분명 사람의 욕망보다 적습니다. 그러므로 민심은 이성에 부합합니다. 너무 많은 공짜점심은 사람을 버릇없게 만듭니다. 신은 절대로 공짜점심을 제공하지 않습니다. 인류도 그럴 필요가 없습니다. 즉, 노동은 존중받아야 한다는 겁니다. 공짜점심은 인권과 어느 정도 관련이 있어 보이지만, 인권만으로는 좋은 사회를 지탱할 수 없습니다. 좋은 사회는 권리와 의무 사이에서 균형을 잘 잡아야 합니다. 마치 재정 수지도 균형을 이루어야 하는 것처럼요. 불로소득이 존재하는 제도는 결국 모든 사람에게 재난을 가져다줍니다. 왜냐하면 이 세계는 사람의 욕망을 감당할 수 없으니까요. 인권은 물론 필요한 가치입니다. 하지만 사람의 의무도 마찬가지로 필요한 가치입니다. 우리는 인의(人義)로 인권의 균형을 잡을 필요가 있습니다.

인권에 대해 몇 마디 더 하겠습니다. 이론적으로 보든, 실천적으로 보든, 천부인권이라는 관념에는 재난적인 결말이 내포되어 있습니다. 예컨대 살인범에게 7년 징역이라는 판결이 내려졌다면, 이것은 인권의 승리가 아니라 도덕의 재앙입니다. 우리가 '7년의 징역=한평생의 생명'이라는 황당한 계산법을 받아들여야 한다는 의미니까요. 저는 사형 폐지를 찬성하지만, 범죄자에 대한 징벌은 무고한 피해자의 손실을 고려해야 한다는 것도 강조합니다. 따라서 저는 '문제가 많은 '천부인권'을 '선불인권' 개념으로 대체해야 한다고 주장합니다. 이렇게 해야 인권의 개념이 더 완전해질 겁니다. 간단히 설명하자면, 선불인권은 다음과 같은 의미를 포함합니다. ① 조건 있는 인권으로 무조건적인 인권을 대체한다. ② 모든 사람은 태어날 때 모두 인권을 선불로 받는다. ③ 만약 타인의 인권을 침해한다면 그에 상응하는 자신의 인권도 효력을 상실한다. 바꾸어 말하면, 어떤 사람이 타인의 인권을 존중하는 의무를 포기한다면, 그에 상응하는 자신의 인권을 포기하는 것으로 간주한다. 여기서 쉽게 알아볼 수 있는 것은, '선불인권' 개념의 요점이 권리와 의무 사이의 균형 관계를 회복하려는 데에 있다는 것입니다. 저는 권리보다 의무가 더 중요한 요소라고 생각합니다. 왜냐하면 논리적으로 볼 때, 의무는 필연적으로 권리를 도출(entail)할 수 있지만, 역은 성립하지 않으니까요. 권리는 단지 약한 의미에서 의무를 함축(imply)합니다. 즉 오직 '실질함축(material implication)'의 의미에서 유효합니다. 따라서 권리는 의무를 필연적으로 도출할 수 없습니다. 권리와 의무의 관계에서 의무가 우선의 위치에 있고, 인의(人義)가 인권의 논리적 기초입니다.

그리고 걱정하신 대로 천하체계 안에서의 권리 평등 문제에 대해, 제 생각에는 개인 측면에서 천하는 모든 개개인의 선불인권을 존중해야 합니다. 문화 측면에서 천하체계는 모든 문화에 충분한 발전 공간을 남겨두어야 합니다. 하지만 평등 개념도 명확하지 않은 개념입니다. 그 안에는 가능성이 너무 많고 제한이 너무 없습니다. 예를 들어, 차별 반대의 이름으로 실행되고 있는 정치적 올바름은 모든 사물에 같은 가치를 부여합니다. 하지만 실제 생활에서는 아무도 가치 순위를 없애지 않습니다. 우리는 차별을 반대합니다. 하지만 가치에 순위를 매기는 것은 이미 모종의 차별을 의미합니다. 만약 가치 순위를 없애고 모든 사물에 동등한 가치를 부여한다면, 문명에는 아마도 아무런 의미와 창조력도 없을 것입니다. 그러므로 평등 개념은 여전히 의문투성이입니다.

마지막에 제기한 기업 관련 문제는 재미있고 중요합니다. 부끄럽지만 저는 기업에 대해 연구해본 적이 없습니다. 하지만 기업에 대한 선생님의 깊이 있는 분석에 동의합니다. 제게는 자본주의의 미래를 예견할 수 있는 지혜가 없습니다. 하지만 미래에 대해 예언이 아닌 상상을 해본다면 이런 모양이 아닐까 싶습니다. 역사 속에서 고도로 발전한 문명의 유전자가 미래에서 계승되거나 부흥되고, 그리고 상호 보충하여 혼합된 새 문명을 창출할 겁니다. 즉 자본주의든 사회주의든, 혹은 기타주의든 그 유전자는 완전히 사라지지 않을 겁니다. 이렇게 되지 않겠습니까?

세 종류의 세계주의?
자유주의, 민주, 천하

로빈 셀리카테스(Robin Celikates):

베를린자유대학교 철학과 교수

세계주의(Cosmopolitanism)에 대한 해석에는 여러 가지 다른 이론이 있습니다. 다들 아시다시피 이 말의 원래 뜻은 '세계/우주시민(어원은 κόσμος/kosmos, 즉 세계 혹은 우주; πολίτης/politês, 즉 시민)'입니다. 우선 정치적 세계주의로서 글로벌 정의 세계주의(Global Justice Cosmopolitanism)가 있습니다. 이것은 자유주의적 세계주의 이론의 중심 이론입니다. 캐니(Simon Caney)는 이것을 '사법적인 세계주의(juridical cosmopolitanism)'라고 부릅니다. 그 정의는 다음과 같습니다. "우리는 모두 같은 세계의 시민이다. 따라서 같은 분배 정의 체계에 포함시켜야 한다."[22] 왜 그런가에 대해서는, 보통 두 가지 답이 있습니다. 첫 번째 답은 글로벌 교류 체계는 이미 모든 사람을 참여시키고 상호 의존 상황을 만들어냈다고 지적하는 것입니다. 두 번째 답은 모든 사람은 인간 자체로서 평등하고 존엄하다는 것을 강조하는 것입니다. 반면 민족, 계급, 인종은 모두 우연의 특징으로 간주되며, 분배 정의의 관점에서 볼 때 모두 무관한 변수입니다.

또 다른 정치적 세계주의로서 글로벌 민주 세계주의(Global Democracy Cosmopolitanism)가 있습니다. 이 이론은 세계에는 일종의 글로벌 정치 시스템이 필요하고, 아마도 세계 정부, 세계 의회, 세계 법정이 필요할 것이라고 봅니다. 글로벌 민주 세계주의는 보통 등급제가 아닌 권력이 분산된 연방제를 주장하고, 중앙 통치 형식의 '글로벌주의(globalism)'를 꺼립니다.[23] 칸트가 우려하는 '가장 무서운 독재 통치'를 피하기 위해서입니다.

제가 이해한 바로는, 자오팅양 선생의 천하 이론은 진정한 세계주의 이상을 보여주고 있습니다. 이 이론은 전 세계적인 질서 모델을 주장하는데, 이는 민족국가에서 비롯된 것도 아니고, 권력의 주체가 되는 고립된 개인에서 비롯된 것도 아닙니다.(서양 전통에서 세계주의의 출발점은 국가 중심이거나 개인주의입니다.) 하지만 여전히 일부 기본적인 문제가 있습니다. 제가 보기에는, 천하의 선명한 정치적 특징이 두 가지 문제를 부각시켰습니다. 첫째, 정치 합법성(political legitimacy)과 윤리 정당성(ethical rightness)은 어떤 관계인지요? 만약 전자가 후자를 따라간다면, 정치 합법성은 독립적인 규범과 절차가 있는 범주로 볼 수 없게 됩니다. 그러면 천하는 도덕 이상이지 정치 이상이 아니게 됩니다. '민심'을 이용하여 논증하는 것은 해결 방안이 되는 것이 아니라 오히려 이런 의문을 더 증폭시킵니다. 둘째, 윤리적 정당성, 조화로움(和諧), 인류 공동 이익 등의 개념은 누가 어떤 방식으로 최종 규정하는 건지요? 이런 규정을 하는 것이 정치 활동은 아닌지요? 다시 말해, 오늘날 세계의 윤리적 정당성, 조화로움, 인류 공동 이익은 어떤 것이어야 합니까? 이는 정치적 세계주의의 핵심 문제입니다. 이것이 해결해야 하는 정치 문제가 아닌가요? 자오팅양 선생은 '다원화라는 현실'에 동의합니다. 천하는 다민족과 다문화가 공존하는 곳입니다. 따라서 선생의 이론은 필연적으로 '깊은 다원성(deep pluralism)'이 가져온 잠재적 정치 충돌에 직면할 것입니다. 이런 충돌은 (윤리적 정당성, 조화로움, 공동 이익 등) 규범과 기준을 통해서 해결할 수 없습니다. 왜냐하면 이 규범들은 모두 사전에(ex ante) 정의되었고, 충돌 사건으로부터 독립되어 있기 때문입니다. 그리고 바로 이 발생 가능한 정치적 충돌이 다원화된 현실의 발전을 약화시키고 저해하고 있습니다. 유가의 등급 제도나 (지식과 도덕을 기초로 하는) 엘리트 통치 관념이 자오팅양 선생이 사용하는 이론과 역사구조를 설명하는 데에 도움을 줄 수 있을지도 모르겠습니다. 하지만 이런 설명은 다시 한 번 선생의 이상, 즉 진정한 정치 질서를 제공하려는 비전에 찬물을 끼얹을 수 있습니다. 천하 개념은 우리에게 동질성이 아닌 다양성의 세계주의를 제시해 주고 있지만, 천하 이론으로 세계주의를 다시 생각해 보려면, 여전히 많은 어려움이 있습니다.

자오팅양:

깊이 있는 질문, 감사합니다.

우선 저는 천하체계를 세계주의(cosmopolitanism)와 같은 부류로 볼 수 없다고 생각합니다. 비록 둘 사이에 관련이 있고, 또 상상과 목표 면에서 겹치는 부분도 있지만, 두 가지 중요한 차이점이 있습니다. ① 천하는 세계 시민을 위해 준비한 유토피아가 아닙니다. 천하는 세계에만 속하고 지역적 정체성이 사라지거나 순수한 사람을 신분으로 하는 그런 '세계 시민'을 설정하지 않았습니다. 저는 '세계 시민'은 허구의 개념이라고 생각합니다. 세계가 존재하기 전에 세계 시민은 존재하지 않았습니다. 천하는 실제를 초월한 이상 세계도 아닙니다. 천하는 평화와 공유의 세계를 달성하기 위한 현실적인 목표입니다. ② 천하는 국가가 없는 세계를 만들려는 것이 아닙니다. 천하는 세계 국가를 만드는 것이 아니라 하나의 신세계(혹은 신 체계)를 구세계 위에 덮으려는 것입니다.

천하는 현대의 사고방식을 넘어선 것입니다. 그것은 전통,

역사와 과거를 파기하는 현대적 프로젝트도 아니고, 재건보다 해체가 더 많은 포스트모던식 비판도 아닙니다. 천하체계가 기대하는 미래 세계는 천하체계와 국가 체계 등 두 개의 정치 시스템으로 구성되어 있습니다. 중요한 것은, 천하체계는 하나의 네트워크 구조이고, 개체가 아닌 관계로 정치 단위를 결정합니다. 그리고 천하는 세계 규모의 문제를 해결하거나 통제하려고 시도하는 것입니다. 예를 들어 세계 평화, 문명 충돌, 핵무기, 기후변화, 에너지 문제, 인공지능, 유전자 과학, 인터넷, 글로벌 금융 문제, 의무와 인권 문제 등 세계 차원의 모든 문제가 여기에 포함됩니다. 그리고 각국은 여전히 국내 사무에 대한 재량권을 갖습니다.

정치적 합법성과 윤리적 정당성 간의 관계에 대해, 저는 천하의 윤리적 정당성을 반대하지 않지만, 천하의 정치적 합법성을 더 강조합니다. 특히 세계 평화와 안정, 세계 규모의 경제 시스템과 기술 효율 등의 이슈를 고려할 때면 더욱 그렇습니다. 정치 이성이 천하체계의 가장 중요한 특징이고, 윤리 가치는 부산물입니다. 선생님이 지적하신 대로 정치 합법성은 윤리로부터 도출할 수 없다는 점에 대해 완전히 동의합니다. 사실 천하의 세 가지 '헌법적' 개념, 즉 세계의 내부화, 관계이성, 그리고 '공자개선'은 모두 정치적인 것입니다. 심지어 경제학도 포함되어 있지만 윤리적인 가치와는 완전히 분리되어 있습니다. 윤리도 물론 중요하지만 말씀하신 대로 윤리 가치는 정치 합법성을 논증하기에는 충분하지 않습니다.

조화로움(和諧) 개념을 말씀하셨는데, 'harmony'로 '和'를 번역하는 것이 널리 유행하고는 있지만 좋은 번역은 아닙니다. 중국의 고대 경전에서 '화'의 의미는 '협화(協和)', 즉 포용성(compatibility)입니다. 모든 사람과 모든 나라가 정치적으로 서로 포용하는 그런 관계와 관련된 개념입니다. 또 형이상학에서의 '화'는 서로 다른 사물이 존재 측면에서 포용하는 그런 성질입니다. 저는 라이프니츠의 개념을 차용해서 'compossibility(양립 혹은 공존 가능성)'으로 번역하고 싶습니다. 이 단어는 명확하게 사람 혹은 사물의 공존 가능성을 표현하고 있습니다.

포용성 혹은 공존 가능성으로 정의한 '화'의 개념은 존재론적인 상태를 표현합니다. 따라서 이것은 단순한 이론 개념이고 특정 문화의 특수 가치를 대표하지는 않습니다. 저는 정치 가치든 윤리 가치든 한 종류의 정치 혹은 윤리로는 정의할 수 없다고 생각합니다. 따라서 존재론에 근거해서 정의하는 것이 가장 좋다고 봅니다. 그렇지 않으면 말씀하신 대로 그 자체가 또 하나의 정치가 되어버립니다.

끝으로 다시 한 번 여러분의 심도 있는 토론에 감사드립니다. 그리고 지혜가 부족하여 모든 문제에 다 대답하지 못한 점, 죄송스럽게 생각합니다.

부록 주

1 [옮긴이] 저자는 이 개념을 스마트폰을 연상하게 하는 'smart democracy'로 표현하였지만, '스마트'로 번역한다면 첨단 기술의 인간 통제를 우려하는 저자의 입장과 맞지 않기 때문에 '지혜로운 민주'로 표현한다. 원문은 '智慧的民主'이다.

2 Hans-Georg Gadamer, *Wahrheit und Methode* (Tübingen: Mohr, 1975), p. 343. 중국어 번역본은 伽达默尔, 『真理与方法—哲学诠释学的基本特征』, 洪汉鼎译, 上海译文出版社(1994)가 있다. (『진리와 방법-철학적 해석학의 기본 특징들』, 한스-게오르크 가다머 저, 이길우 외 역, 문학동네(2012).)

3 Kant Metaphysics of Morals VI, 227. 중국어 번역본 참고 『康德著作全集』 第6卷, p.249.

4 Tu Weiming, *Confucian Thought: Selfhood as Creative Transformation*, Albany(1985).

5 趙汀陽, 『天下體系: 世界制度哲學導論』, 北京, 人民大學出版社, 2011, p.1. (자오팅양, 『천하체계-21세기 중국의 세계인식』. 노승현 역, 길(2010).)

6 [옮긴이] 프랑스 철학자 파스칼이 제시한 '파스칼의 내기'의 내용은 다음과 같다. 신이 없는 경우, 신을 믿으면 약간 손해보고, 신을 안 믿으면 이득도 손해도 없다. 신이 있는 경우, 신을 믿으면 최고의 이득을 보고(천국), 신을 안 믿으면 최악의 손해를 본다(지옥). 따라서 통계학 기대치의 관점으로 볼 때 신을 믿는 것이 가장 이득이다.

7 [옮긴이] 중국 고사성어에 발을 깎아 신발에 맞추려고 한다는 '削足適履(삭족적리)'라는 말이 있다. 억지스럽고 어리석은 행동을 비꼬는 말이다.

8 책 속에서는 진한(秦漢)시대를 '전제주의'라고 부르지 않았다. 오히려 책에서는 '전제'라는 서방의 표현에 대해 질문을 던졌다. 본문 11장 주1(p.205)을 참조하라.

9 [옮긴이] '현능정치(賢能政治)'는 다니엘 벨 본인이 사용한 표현이다.

10 [옮긴이] 중국에서도 democracy는 '민주정치'로 번역되지만, '民衆政治'라고 한 원문을 살려서 '민중정치'로 번역했다.

11 이 책의 중국어판 276쪽에서 인용함. (앞의 본문 342쪽 참조.)

12 [옮긴이] 저자가 제기한 'smart democracy'의 중국어 표기를 보면, 이 글의 서두에서는 '智慧的民主'로 썼고, 여기서는 '自帶智慧的民主'로 썼다. 다른 학술 논문에서는 더 간단하게 '智慧民主'로 했다. 요지는 의사 결정을 할 때 전문가나 학자의 의견을 대폭 반영한다는 것이다.

13 [옮긴이] doxa는 플라톤이 두 번째 단계의 지식으로 분류한 것으로, 감각 기관을 통하여 얻은 감각적 지식을 토대로 사람이 대상에 대하여 상식적으로 품게 되는 견해이다. 객관적 검증을 거치지 못하였기 때문에 주관적이라서 완전한 지식이 되지 못한다. 저자가 대중의 의견을 이 그리스 단어로 표기한 것이 흥미롭다.

14 1부 5장 '관계이성'에서 나오는 논증이다.

15 이것은 공자의 원칙이 아니라 노자의 말이다. '신천하체계 사전' 2.2.2항에 나오는 내용이다.

16 [옮긴이] 인의(人義)를 풀어서 말한다면 앞에서 언급한 '사람의 의무(human obligations)'라고 볼 수 있다. 대조적으로 '인권'은 '사람의 권리'이다.

17 영어 단어 개인(individual)의 어근은 '분할(divide)'이고 앞에 부정사 'in'을 붙여 'in-dividual', 즉 '나눌 수 없는 존재'를 뜻한다.

18 [옮긴이] 파레토 개선: 사회구성원 어느 누구의 복지도 감소시키지 않으면서 적어도 한 사람의 복지가 증가한 상태. 칼도-힉스 효율(Kaldor-Hicks efficiency): 어떤 정책으로 사회 구성원의 복지 변동이 발생했을 때, 효용(복지)이 증가한 구성원이 효용이 감소한 구성원에게 보상을 하고도 효용 증대가 있다면 사회 전체의 효용은 증가한 것이다. 이 상황을 '잠재적 파레토 개선'이라고도 한다.

19 이 책의 중국어판 34쪽(앞의 본문 62쪽 내용 참조.)

20 [옮긴이] 열죽음(heat death)은 우주의 종말 가능성의 하나로, 운동이나 생명을 유지할 수 있는 자유 에너지가 없는 상태를 말한다. 물리학에서는 우주 전체의 엔트로피가 최대가 된 상태를 열죽음으로 본다.

21 [옮긴이] 국내에서는 Verweisungszusammenhang을 '지시연관'으로 번역한다. 영어로는 referential context이고, 중국어로도 같은 뜻인 '參照語境(참조문맥)'으로 표현했다.

22 Caney, Simon: Cosmopolitanism and Justice, in: *Contemporary Debates in Political Philosophy*, ed. Thomas Christiano & John Philip Christman, Wiley-Blackwell 2009, p. 389.

23 Walzer, Michael: International Society: What is the Best We Can Do?, *Ethical Perspectives*, 6 (1999), 3-4, 201-210.

천하, 세계와 미래에 대한 중국의 철학

지은이 자오팅양
옮긴이 김중섭

처음 펴낸날
2022년 2월 28일

펴낸이 주일우
펴낸곳 이음
출판등록 제2005-000137호 (2005년 6월 27일)
주소 (04160) 서울시 마포구 월드컵북로1길 52 운복빌딩 3층
전화 02-3141-6126 팩스 02-6455-4207
전자우편 editor@eumbooks.com
홈페이지 http://www.eumbooks.com

편집 이승연
아트디렉션 박연주 | 디자인 권소연
마케팅 이준희·추성욱
인쇄 삼성인쇄

페이스북
@eum.publisher

인스타그램
@eumbooks

ISBN 979-11-90944-61-8 93150

값 25,000원